I0132265

儒学文化与《圣经》文化源流

The Confucious Culture and the

Bible Culture

薛遒

Qiu Xue

978-1-62265-920-3 (online) 978-1-62265-921-0 (paper) The Confucious Culture and the Bible Culture by 薛遒 Qiu Xue

ISBN 9781622659210

9 781622 659210

90000 >

本 书 简 介

　　本书从人类文明的宏观视角确定东西方文化在历史进程中的内在规律与趋同，其间文化比较，则草蛇灰线，迹行于中，而以 5 个历史节点的辩证论析串联始末。节点一（起点）：公元前 500 年，孔子、犹太先知等圣哲崛起人类文明的轴心时代；节点二：公元纪年前后，奥古斯丁基督教思想体系确立与董仲舒儒学思想体系确立；节点三：12 世纪前后，托马斯基督教思想体系高峰与朱熹儒学思想体系高峰；节点四：18 世纪前后，马丁·路德在基督教思想体系内否定基督教与康有为在儒学思想体系内否定儒学；节点五（终点）：卢梭法国大革命与孙中山辛亥革命终结两个思想体系，提升"天下为公"，指明人类文明的全球化方向。

About the book

The book addresses the culture and history of key Eastern and Western countries from a macroperspective based on 5 key historical points, namely: (1). Node 1 (starting point): 500 BC, Confucius, the Jewish prophets and other holy rise of the axis of human civilization era; node two: around AD, Augustus Christian system established and Dong Zhongshu Confucianism system established; Node three: around the twelfth century, the peak of Thomas's Christian thought system and the peak of Zhu Xi's Confucianism; Node four: around the 18th century, Martin Luther denies Christianity and Kang Youwei's denial of Confucianism within the system of Christian ideology;): The Rousseau French Revolution and Sun Yat-sen revolution end of the two ideology, enhance the "world for the public", specify the direction of globalization of human civilization.

目　　录

公元前 500 年：人类的轴心时代

公元前 500 年，人类的轴心时代。
——亚斯培尔斯

那是一个群星璀璨的时代！

《道德经》、《圣经》、《佛经》、《论语》、《理想国》、《十二铜表法》……，东亚和西亚，东方和西方，星光烂漫，交相辉映。

如果说，大自然之星是宇宙演化之节点的物质集聚和能量爆发；那么，人类文化之星则是人类社会发展之内在呼求的强力凝结和崇高回响。

公元前 500 年，小小寰球，风云激荡里旋动人类历史进程的轴心。

"轴心"奠立在历史转折的"轴座"上——

人类文明的重要发源地古埃及、古苏美尔、古阿卡德、古巴比伦、古印度、古迈锡尼、古希腊、古中华……共同演绎类同的历史进程：在氏族和部落联盟的原始公有形态下，生发着奴隶占有和土地买卖的"虫草变异"；即私有经济在公有制的躯壳内蚕食公有制。

《诗经》记载：中国西周末年，"溥天之下，莫非王土；率土之滨，莫非王臣。"(《小雅·北山》) 然而，在以"王"为象征的公天下形态内部，私有经济展现出强大冲击力："人有土田，汝反有之；人有民人，汝覆夺之。"(《大雅·瞻卬》)

《佛本生经故事选·欲望本生》记载：在古印度公有制形态下，私有制渐次生发："别封田地，各立疆畔"，"即寻分地，别立标帜"。

土地"分封"形成两种所有制并存。马克思写道："土地公社所有制在摩奴法典里虽然是占统治地位的形态，可是已发现私有制"，即"公社土地占有制的痕迹以及私人土地所有制同时发生。"(《科瓦列夫斯基关于〈公社土地占有制其解体的原因、进程和结果〉一书摘要》)

公与私主导地位的置换，历经千年或更多时间，到公元前 500 年，已近尾声。

"轴心"矗立起私有制取代公有制的界碑——

古希腊：梭伦改革"在制度中加入了一个全新的因素——私有财产。……随着有产阶级日益获得势力，旧的血缘亲属团体也就日益遭到排斥；氏族制度遭到了新的失败。" 再过几十年到克利斯提尼革命，"旧的氏族制度残余失去了它的最后地盘"(恩格斯：《家庭、私有制和国家的起源》)

古罗马："部落富有宗族开始利用特权，霸占公有土地和财产，并且开始占有和使用奴隶，久而久之他们便成了氏族贵族。"(周启迪：《世界上古史》) 到塞尔维乌斯改革，正式认同私有制，按财产划分等级，确立以财产差别为原则的国家新机构。旧的氏族制度不复存在。

古中华：春秋末年"礼坏乐崩"，生产关系剧烈动荡。"'私家'占有生产资料的形式逐渐变革着'公家'占有生产资料的形式，'私田'蚕食'公田'……'公室'的财富逐渐被瓜分。"(张立天等：《玄境——道学与中国文化》)

商鞅变法明确私有制的地位。他"把旧有的井田制打破,承认土地的私有而一律赋税,这是一个划时代的变革。"(郭沫若:《前期法家的批判》)

如何"划时代"?

两种制度嬗变,私有制脱颖,全面取代公有制。

"轴心"担起为私有制正名的使命——

郭沫若礼赞为私有制奋力搏杀的先驱者:"一些大夫或陪臣们,起先是靠着残酷的剩余劳动的剥削,逐渐起家。等到他们的羽翼丰满了,与更上层的榨取者成为敌对势力,他们必然地要转换作风,把被剥削者的大群作为自己的同盟军,而与公家对抗。"(《古代研究的自我批判》)

这个"公家"便是从部落首领世代沿袭发展起来的以王权为代表的奴隶主集团,其在公有招牌下强行占有公共资源,发展剥削与被剥削的生产关系,形成特权极端私有的"伪公家"、"伪公有制";而新兴阶级与被剥削者的同盟,一如资产阶级在革命时期与工农大众的同盟一样,将自身私利与被剥削者私利相捆绑,形成大多数人之私相聚合的"大公",冲击特权私有。

多数人向极少数特权剥削者的抗争,成就了私有制的胜出。

然而,胜出的私有制很快自我畸化。郭沫若道出世界各文明古国在私有制确立后的共同归宿:"前一时代人奔走呼号,要求奴隶的解放,要求私有权的承认……现在实现了。然而毕竟怎样呢?新的法令成立了,私有权确实神化了,而受保障的只是新的统治阶级。"(《庄子的批判》)

新一轮特权剥削升堂。私有制和私有观念大肆泛滥。古印度、古中华、古希腊、古犹太……,兵燹连天,兄弟相杀。社会陷入大动荡。

规范私有制的课题提上日程。

如何规范?

为私有制正名!

如何正名?

孔子说"仁",释迦牟尼说"平等",苏格拉底说"美德",犹太先知说"救赎"……,千说万说的共同指向:思想革命!

这是耀亮千古的"轴心"之光!

它以公有制和公有观念的崇高内涵,变通并制约、规范私有制和私有观念,指引人类社会的历史进程。

"轴心"张扬人的自性挣脱"神权"的觉醒——

公元前500年,人的理性自觉,掀起了世界文明史的高潮。

在古中华,老子以"人法地,地法天,天法道,道法自然"的决绝(《道德经》),彻底剥夺了原始神的生存权,宣告了人与自然的统一体。

庄子将"个体意识"抽象放大:"天地与我并生,万物与我为一"。(《齐物论》)他融自我于大自然中与道一体,则人的自性便同道、同天地共崛起。庄子狂放处:"道"就是我。

孔子敬神而远神避神:"天何言哉?四时行焉,百物生焉。"(《论语·阳货》)

荀子则将"神"的地位彻底自然化:"列星随旋,日月递照,四时代御,阴阳大化,风雨博施,万物各得其和以生,各得其养以成。不见其事而见其功,夫是之谓神。"(《天论》)

可以说,"中国文化在先秦时代,以孔子的'仁学'为代表,已经实现了由神到人的……突破。"(田刚:《鲁迅与中国士人传统》)

人的自性的觉醒,形成东方文明与西方文明的共振:释迦牟尼以"佛"之名号代言古印度的"觉悟",柏拉图以"理念"的深邃奠定古希腊的哲思,"十二铜表"以"法"的自重挺起古罗马的脊梁,犹太先知以"救赎"的自为张扬以色列精神……

在"神权"的朦胧里,人类文明确定"道德诉求"的指向,开拓自身的崛起路。

"轴心"聚焦民族统一的诉求——

郭沫若在《古代研究的自我批判》中指出:"古时所谓的'国',本是等于部落的意思。"

氏族对于部落的归属,部落向部落联盟的扩张,以及小国在相互侵吞、相互融合中向着大国的聚合,在公元前 500 年,形成世界文明史上民族统一的大趋势。古中华:从八百诸侯共尊周室的部落联合体,经过春秋争霸到战国七雄,民族统一已经成为社会的呼声。

古印度:16 小国间在争斗中此消彼长,不过以血肉之殇为阿育王朝的民族统一做"嫁衣裳"。

古希腊:众多小国向着斯巴达同盟与雅典同盟集聚,以内部相杀和对外侮的抗御成为希腊帝国、罗马帝国乃至欧洲民族统一的滥觞。

古犹太则将民族崩溃的悲情诉说,赋予氏族神到部落神再到民族神的耶和华主题,谱写一曲别样形态的民族统一壮歌,唱彻两千年历史时空,激励以色列终于复国。

……

人类轴心时代在民族聚合中形成,又以新的民族神或民族思想先驱的形式,诉诸更大范畴的民族聚合——世界大同的理想追求。

978-1-62265-920-3 (online) 978-1-62265-921-0 (paper) The Confucious Culture and the Bible Culture

儒学文化源流

一、孔子——中华民族的太阳

孔子是人类阶级社会的旗帜。

"天不生仲尼，万古如长夜。"孔子是中华民族的太阳。

孔子敬慕老子："至于龙吾不能知，其乘风云而上天。吾今日见老子，其犹龙邪！"（《史记•老庄申韩列传》）

老子一派的隐者接舆感叹孔子的命运多舛："凤兮，凤兮，何德之衰？"（《论语•微子》）

郭沫若作《凤凰涅槃》，把中华民族喻为凤凰。

龙邪！凤兮！

老子犹龙；"龙"之腾跃，鼓舞炎黄子孙。

孔子似凤；"凤"之清鸣，激励中华民族。

龙凤竞翔，对立同一。"炎黄子孙"抽象了整个人类；"中华民族"则囊括三代以降阶级社会的中国。老、孔合璧，牢牢地立基于人类文明的本质诉求而打造出形态特异的中华文化。

这个"形态"原不必蜷伏于西方文化形态之下，为自己戴上"哲学"之冠；而"东方文化"足可与"西方文化"并驾齐驱，自名于人类文明之流，独立于世界文化之林。

《论衡•龙虚篇》载孔子语："龙食于清游于清"；孔子说自己："食于清游于浊"。一语中的！孔子学说以原始公有观念的内在崇高，却大行于混浊纷乱的私有制社会。

如果说，老子学说崇奉"清"之抽象，以破为主，破中有立，即否定私有制和私有观念，高擎起人类大同的社会理想；那么，孔子学说则正视"浊"之现实，以立为主，立中有破，借"周礼"之形，建立以"仁"为核心的思想体系，反过来破除"周礼"过时的内容。

孔子总结夏、殷、周的经验和教训，损益周礼，进行改革，建立了百世不能易的学说。《论语•为政》："殷因于夏礼，所损益，可知也；周因于殷礼，所损益，可知也。其或继周者，虽百世，可知也。"

孔子是革命的改革家。

伏尔泰评论："那个圣人是孔夫子，……没有任何立法者比孔夫子曾对世界宣布了更有用的真理。"（《哲学辞典》）

孔子"宣布了"两个"真理"：其一，确立了阶级社会生存与发展的准则；

其二，奠立下春秋战国诸侯相争时代统一中国的理论基石，更为未来中国一统奠定了不可动摇的思想基础。

中华民族历两千余载，尽管有暂时的分裂和外邦侵入，而终归一统，自强于世界民族之林，就在于孔子学说。

宋代宰相赵普对宋太宗说："臣有《论语》一部，以半部佐太祖定天下，以半部佐陛下致太平。"

"定天下"是革命，"致太平"是强国。赵普将孔子学说垂范百世而不衰的社会地位和历史作用，一语道破。

1、 老子《道德经》——响亮的革命宣言

美德即知识
——苏格拉底

郭沫若以浪漫之笔盛评老子："雄浑的鸡鸣之后，革命思想家老子如太阳一般升出，把三代的迷信思想全部破坏了。"（《郭沫若全集·历史编》 转引自李书吉《道学与古代中华民族的进取精神》）

老子何以与如此隆誉相称？

——道！

老子说："有物混成，先天地生。寂兮寥兮，独立不改。周行而不殆，可以为天下母。吾不知其名，字之曰道，强为之名曰大。"（《道德经·二十五章》）

"道"是本体。它超乎人类所赋予的"天"、"地"的概念，是不可名状的混沌状态；它独立存在而不改变，周行万物而不停止。

"道"是万物之根。"道生一，一生二，二生三，三生万物。"（《道德经·四十二章》）

道体现内在规律；而一，则是规律的外在形态。道即一，一即道，道一一体；一体而生二，二也是规律的外在形态，不过是开始展开的形态；至于"三生万物"，则是"万物"与"规律"的对立同一。

然而，老子说"道"，玄而又玄，终归抽象；他没有把"道"说清楚，却笔锋一转："人法地，地法天，天法道，道法自然。"（《道德经·二十五章》）

"大自然"被老子突兀推出。"道"之根，扎在大自然的土壤里："万物莫不尊道而贵德。道之尊，德之贵，夫莫之命而常自然。"（《道德经·五十一章》）。

显然，"物质第一性"成为老子学说的基础。而这"基础"的明确，分明将夏、殷、周三代乃至更前推数千年的"神权"——"天"的统治，凿了个大窟窿。

老子能量几何，竟然向天的权威发动无畏挑战？

事实上，老子是历史进程之节点的形象聚合，他的学说是人民革命之强烈诉求的观念爆发。

历史呼唤老子，人民创造老子。

西周末年，私有制取代公有制以及新兴阶级崛起，严重地削弱了伪公有制名义下恣肆妄为的奴隶主贵族的权势，他们垂死挣扎，加大对人民的剥削："俾民大棘"（《诗经·大雅·抑》）；致人民惶恐不安，"俾民不宁"（《诗经·小雅·节南山》）。

人民愤怒咒骂："硕鼠硕鼠，无食我黍" （《诗经·魏风·硕鼠》）；"黄鸟黄

鸟，……无啄我粟。"(《诗经·小雅·黄鸟》)

人民怒火喷发："不稼不穑，胡取禾三百廛兮？不狩不猎，胡瞻尔庭有悬貆兮？"(《诗经·魏风·伐檀》)

人民反抗蜂起，动摇特权统治。映照在观念上，便是"地上的王权既被否定，天上的神权当然也被否定。……随着奴隶制的动摇，上帝也就动摇了起来。"(郭沫若：《孔墨的批判》)

人的自性的生发，将赫赫巍巍的上帝 ＝ 天，推上了审判台。

为什么上天施予人间的尽是残害？"天之抗我，如不我克。"(《诗经·小雅·正月》)

为什么上天给人民的不是恩惠而是灾难？"瞻卬昊天，则不我惠；孔填不宁，降此大厉。"(《诗经·大雅·瞻卬》)

为什么上天逼得我走投无路？"昊天上帝，宁俾我遯。"(《诗经·大雅·云汉》)

上天不均："昊天不傭！"

上天刻毒："昊天不惠！"

上天不公："昊天不平！"

上天作恶："不弔昊天！"(以上《诗经·小雅·节南山》)

"天威"的落魄，表现为整个社会"怨天，疑天，以至咒天、骂天思想的冲击，和原来被外在天的权威压抑着的个体意识的产生。"(张立天等：《玄境——道学与中国文化》)

人的理性的觉醒！

被人民革命的鼓舞和人民伟力的激励，"老子最大的发明便是取消了殷周以来人格神的天之至上权威。"(郭沫若语。见李书吉《道学与古代中华民族的进取精神》)

从此，中华民族的轴心时代确立了。炎黄子孙从对"神"的跪拜中站立起来，以"道"为主题，掀开了自觉书写历史的崭新篇章；而"道的主题"的明确，也完成了对"物质第一性"的升华。

老子说："道可道，非常道；名可名，非常名。无名，天地之始；有名，万物之母。……此两者，同出而异名，同谓之玄，玄之又玄，众妙之门。"(《道德经·一章》)

"道"与"名"，"无"与"有"，相反相成，对立同一。王弼作释："欲言无邪，而物由以成；欲言有邪，而不见其形。故曰，无状之状，无物之象也。"(《老子注》)

"道"之无状，自在有状之大自然中；大自然之象，显现无物之"道"的内在规律。换句话说，"道"与"物"一体，道 ＝ 大自然；"道"是大自然的抽象，大自然是"道"的具象。

老子学说以"有物混成"、物道一体、物在道中、道在物中的对立同一，令中华文化创立伊始，便自别于西方文化"唯物"、"唯心"的哲学界分。

然而，中华文化与西方哲学，在对立中同一。

苏格拉底说：美德即知识。

反过来，知识即美德。"知常曰明，……知常容，容乃公。"(《道德经·十六章》)

具有准确把握大自然的知识，方可明理；明理才能包容天下；有包容心，自然廓然大公，则美德尽在其中。

老子《道德经》，说出两个深刻道理，以之奠下中华文明乃至世界文明万古不能易的基石。

其一：老子明确"道 = 自然"，然后以"德"配"道"、遵"道"；德与道一体，与大自然一体。于是，人的主观之"德"被赋予了客观的物质属性；或者说，老子发现了"德"本身具有的物质性。

其二：老子明确"德 = 道"，然后以"德"对"道"的认同，将"道"的物质性升华到"德"——人类社会的精神层面，于是，"德"便成为人类进步的理性自觉与主动施为。

具言之，道是自然，其内在规律不依人的意志为转移；而人则是自然之构成，当与自然同俯仰。

人在"道"中，"道"在人中。人若逆"道"，则自弃于"道"，也就失了人的本性，终会自取灭亡；人应认识并依循自然规律，与大自然一体，张扬"道"的本质。如此，便是人的自性的生发，便是"德"。

孔子概言："道者所以明德也，德者所以遵道也。是故非德不尊，非道不明。"（《大戴礼记•主言》）

张立天等阐释："'德'是对'道'的信仰的衍化，是'道'的法则在人类社会中落实于社会层次的人性、人伦、人情等方面的道德行为规范。"（《玄境：道学与中国文化》）

一言譬之，"道"是"德"的客观基础；"德"是人对"道"的把握与主观自觉，是遵循"道"，对大自然之大公属性的理解和认同。

老子说"道"——

"功成身退，天之道。"（《道德经•九章》）

"天之道，利而不害；圣人之道，为而不争。"（《道德经•八十一章》）

"天之道，损有余而补不足。人之道则不然，损不足以奉有余。孰能有余以奉天下，唯有道者。"（《道德经•七十七章》）

"大道汜兮，其可左右，万物恃之而生而不辞，功成不名有，衣养万物而不为主。常无欲，可名于小。万物归焉而不为主，可名为大。以其终不自大，故能成其大。"（《道德经•三十四章》）

大自然遵循自己的运行规律。它没有私欲，只有给予；它生养万物，却从不占物为己有；它不居功，不自恃，不自为万物主宰，永远退隐为最小；可是万物依赖它，实际上它最大。它从不自以为大，才是真正的大。

老子说的其实是"德"。马中评说："在《老子》书中，天道完全是指理性化的人道，是人道的最高标准。"（《中国哲人的大思路》）

"天道"就是"德"。老子不平于私有制社会淫欲横行的现实丑陋，以"道"的抽象，阐扬对"德"的诉求。

大自然之"大"，便是人类社会之"德"："生而不有，为而不恃，长而不宰，是谓玄德。"（《道德经•十章》）

"玄德"无"德"，乃最高之德，这个"德"，是大自然的秉性，是"道"之客体在人类社会的主体形态。

"道"与"德"对立同一，合而为"经"——《道德经》。这个主体与客体即心与物相反相成的有机体，其实是"强名之曰道"。

自"道"入"儒"，中华文化形成独特的东方思辨形态。其指向就是"德"，即人的道德诉求在私有制进程中的核心地位。

为政以德！

魏源评老子："老子，救世之书也。"（《老子本义》）

鲁迅评老子："戒多言而时有愤激,尚无为而仍欲治天下。"(《汉文学史纲要》)
如何"救世治天下"?

老子颂圣人之崇高,代言自己的社会理想:

"圣人为而不恃,功成而不处"。(《道德经·七十七章》)

"圣人后其身而身先,外其身而身存。非以其无私邪?"(《道德经·七章》)

老子是楚国人。楚国进入阶级社会较中原地区晚了 1000 多年,原始公有制距离老子生年并不久远。在楚国,保留着大量氏族社会的风俗、制度、习惯、观念,对老子影响很深;加之老子担任过周朝管理藏书的史官,对远古典籍知之颇多。所以,老子愤慨于阶级社会特权阶层对广大人民的暴虐, 便把殷切的目光回眸原始社会。

母系氏族公有制被老子浓浓地涂抹上公正、平等的理想色彩:"天地相合,以降甘露,民莫之令而自均。"(《道德经·三十二章》)

在母系社会,氏族成员共同占有全部财产,共同劳动,共同分配果实,共同抚养老幼;而氏族领袖无私无我,"贵以身为天下,若可寄天下;爱以身为天下,若可以托天下。"(《道德经·十三章》)

这是人类社会的早期阶段。1877 年,摩尔根出版《古代社会》,"确定原始的母权制氏族是一切文明民族的父权制氏族以前的阶段"(恩格斯:《家庭、私有制和国家的起源》);而且"把这种原始共产主义社会的内部组织的典型形式揭示出来了。"(恩格斯:《共产党宣言》1888 年英文版注)

浩繁的中华文献,留下大量倾情原始共产主义的文字。

《庄子·盗跖》追溯:"神农之氏,卧则居居,起则于于,民知其母,不知其父,与麋鹿共处,耕而食,织而衣,无有相害之心,此至德之隆也。"

《商君书·画策》赞神农氏:"男耕而自,妇织而衣,刑改不用而治,甲兵不起而王。"

《淮南子·齐俗》称颂神农氏"身自耕,妻亲织。"

神农是天下主,却亲自参加男耕女织的劳动,自食其力。神农的行状,固然表述了早期氏族社会因生产力低下的合力共为,但也体现出原始共产主义公正、平等、善良的内在诉求。

原始共产主义如同一面古铜镜,虽粗鄙,却照出私有制社会的丑陋。正因此,"老子对原始社会的肯定和赞扬,主要表现在他对原始社会遗留下来的一些观念的肯定上。而这一肯定又是以他对现实的批判做为契机的。"(张智彦:《老子与中国文化》)

西周末年,贫富悬殊,特权者一手遮天,其厚税重敛致民众衣食无着,其争城掠地致民众辗转沟壑,其奢侈糜烂致民众劳碌病亡。人民在死亡线上挣扎,以至庄子喟叹:"方今之时,仅免刑焉!"(《人间世》)

"仅免刑"的人民麻木于生死之别,引发老子愤然:"民不畏死,奈何以死惧之!"(《道德经·七十四章》)

老子把批判矛头直指特权集团:"民之饥,以其上食税之多,是以饥。民之难治,以其上之有为,是以难治。民之轻死,以其上求生之厚,是以轻死。"(《道德经·七十五章》)

老子教训统治者:少私寡欲,平朴自然,则人民自可有为。"我无为而民自化,我好静而民自正,我无事而民自富,我无欲而民自朴。"(《道德经·五十七章》)

老子抨击统治者借"周礼"之名对社会财富的掠取:"夫礼者,忠信之薄而乱之首。"(《道德经·三十八章》) 他激烈揭穿圣、智、仁、义维护特权剥削的伪

善，以及巧、利对社会的畸化："绝圣弃智，民利百倍；绝仁弃义，民复孝慈；绝巧弃利，盗贼无有。"（《道德经•十九章》）

人类物质文明的发展，小有成就却致人性的异化。物欲蒙蔽人的良知，而仁义、道德、是非、荣辱等，则沦为特权阶层盘剥大多数人的伪善。诚如庄子所判："道隐于小成。""道之所以亏，爱之所以成。"（《齐物论》）

老庄之学对人类私有制社会和私有观念，给予根本否定。

老子"尚柔"。然而，"柔"不过是"刚"的别样形态。老子思想深处，"柔"就是"刚"。其对特权剥削的否定，难道不是"刚"！

柔刚一体，柔刚互用。"天下之至柔，驰骋天下之至坚。"（《道德经•四十三章》）如此之"柔"，难道不是"刚"！

事实上，支撑老子"尚柔"说的，是其社会理想"尚刚"的坚强骨架。

相反，老子眼里的剥削者，杀伐征讨，为虐天下，泛滥着畸形之"刚"。然而刚中寓柔，"刚"的表象下是本质的虚弱。老子申说这个本质："飘风不终朝，暴雨不终日。孰为此者？天地。天地尚不能久，而况人乎。"（《道德经•二十三章》）

老子断言："反者，道之动"。（《道德经•四十章》）人类私有制进程，必以其向相反方向的运动回归"道"的本质："道曰大，大曰逝，逝曰远，远曰反。"（《道德经•二十五章》）

老子坚信："弱者，道之用。"（《道德经•四十章》）被压迫人民一定会强大起来，原始公有原则一定会重新昭彰。"道"，一定在破强的实践中赢得胜利。

"正言若反"。（《道德经•七十八章》）老子以"尚柔"的形式，宣言向特权集团的"刚性"抗争，敲响了剥削阶级的丧钟。

"尚刚"是老子学说的内在诉求。

然而，"尚柔"毕竟是老子学说的基本特征。

老子的理论批判与社会实践还停留在抽象的层面，他的崇高理想与政治主张也依然飞落在原始公有制母权羽翼覆盖的土壤中。

——小国寡民！

有车船而不乘，有军队而不战，"使人复结绳而用之。甘其食，美其服，安其居，乐其俗。邻国相望，鸡犬之声相闻，民至老死不相往来。"（《道德经•八十章》）

老子愤懑于私有制畸化的丑陋，却看不到走出"丑陋"的出路，他的理想社会的蓝图，只能返璞归真："知其雄，守其雌……复归于婴儿。""知其荣，守其辱……复归于朴。"（《道德经•二十八章》）

为着"婴儿"之"朴"，老子鼓吹"愚民"："古之善为道者，非以明民，将以愚之。民之难治，以其智多。"（《道德经•六十五章》）

如此，老子的"人天一体"、"人道一体"便打了折扣。他意在人类社会遵道之行而浑朴于自然；但嚣嚣于生，苟苟于死，虽"天人"相融，却淡化了万物运行的分分合合，尤其淡化了人类为着历史前行"自强不息"的主动作为，以此减弱了其学说的光彩。

《道德经》以辩证法名世；然而老子的注目处：却是"一"。

"一生万物"则"万物归一"。老子认同人类社会乃至大自然丰富多彩的个性变化，但却以阴柔的统一弱化个性的张扬；于是其抗争特权剥削的猛烈，便与泯灭个性、窒息社会生机的消极，成为二律背反。

像西方近代的黑格尔哲学将革命内核束缚于自身的体系一样，老子学说喷发出强烈的革命烈焰，却自囿于原始社会的框架中。他的理性抽象无法从现实中、

从民众中汲取变革社会的力量，只能"致虚极，守静笃，万物并作，吾以观复。"（《道德经·十六章》）

"观"而已。老子置身于"万物并作"之外，没有现实作为；只能怀揣对远古先民淳朴生活的执着，落寞地向着人类来路的深处走去。

"挥手自兹去，山与暮云平"。

夕阳斜影，伴老子一路叹息："吾言甚易知，甚易行；天下莫能知，莫能行。"（《道德经·七十章》）

为什么？

"五千真言"置"实利天下"中玄虚抽象而过于高远。"不言之教，无为之益，天下希及之。"（《道德经·四十三章》）

老子走了。他留下一个亟待突破的思想体系，诉诸来者。

庄子与孔子，直面这个体系。

庄子完成了对体系的抽象超越——

如果说，老子偏重对社会的抽象；那么，庄子则偏重对人生的抽象。老子沉浸在原始公有制的幻影里，诉说被压迫人民的朴素心愿；庄子则升华老子，将其浓墨重彩地铺染上被压迫知识分子的理想色彩。庄子固然期待"德至同于初"（《天地》），认同人类社会的未来走向："始于玄冥，反于大通。"（《秋水》）但他并不打算退回到原始社会中去。

庄子以真人、至人、神人的虚幻和对个体的品格塑造设计未来，他发挥主观意识，勾勒出一个"天地与我并生，万物与我为一"的理想境地："藐姑射之山，有神人居焉，肌肤若冰雪，绰约若处子。不食五谷，吸风饮露。乘云气，御飞龙，而游乎四海之外。"（《逍遥游》）

然而，庄子也依然纵情在主观幻影里，寻不到推进社会的现实之路；他神往的"仙境"，不过是老子避世的浪漫形态。

与老庄避世不同，孔子则是老子的入世形态——

孔子完成了对老子思想体系的现实超越；他清醒地正视私有制，修正老子，将其政治主张变通为人类的社会实践，援"道"入"儒"，为中华民族的历史进程创立了"百世不能易"的学说。

老子之"道"规定了孔子之"儒"的内在崇高，孔子之"儒"发散了老子之"道"的社会功用。

道儒一体，中华文化因此而辉煌于世界文明之林。

2、孔子说"仁"一：孝

1988年1月。巴黎。部分诺贝尔奖获得者感言："如果人类要在21世纪生存下去，必须回头2540年，去吸收孔子的智慧。"（见李翔海：《生生和谐——重读孔子》）

孔子什么智慧？

——仁！

孔子说："仁者，人也，亲亲为大。"（《礼记·中庸》）

亲亲——"仁"的核心。

孔子还有一句："义者，宜也，尊贤为大。"（《礼记·中庸》）

尊贤——"仁"的实用。

孔子的全部智慧:"亲亲"与"尊贤"。

"亲亲"何解?

——孝!

"孝"是孔子学说的基石。

孔子说:"孝悌也者,其为仁之本欤!"(《论语·学而》)

孔子说:"孝,天之经也,地之义也,民之行也。"(《孝经·三才》)

那么,何谓"孝"?

——尊祖。

"伦理原则的核心是尊祖。尊祖意识植根于人类最古老的伦理关系——血缘关系中。"而"尊祖的核心是'孝'。孝,就是肖(相似)、效(效仿),实质是向前人认同。"(马中:《中国哲人的大思路》)

向前人认同什么?

——天下为公。

孔子说:"大道之行"于史有载:当是时,"天下为公,……人不独亲其亲,不独子其子;使老有所终,壮有所用,幼有所长,矜寡、孤独、废疾者皆有所养;男有分,女有归。货,恶其弃于地也,不必藏于己。力,恶其不出于身也,不必为己。是故谋闭而不兴,盗窃乱贼而不作。故外户而不闭,是谓大同。"(《礼记·礼运》)

大同——孔子思想的源头。

孔子说:"信而好古","好古,敏以求之。"(《论语·述而》)

"好古"何解?

《中庸》:"仲尼祖述尧舜,宪章文武。"

尧、舜是原始公有制的形象代言。孔子赞扬他们掌天下权柄却全身心为民众服务,丝毫不谋私利:"大哉尧之为君也!巍巍乎!唯天为大,唯尧则之。""巍巍乎,舜、禹之有天下也而不与焉!"(《论语·泰伯》)

《礼记·表记》载孔子语:"虞帝弗可及也已矣。君天下,生无私,死不厚其子;子民如父母。"

尧舜敬民,垂范天下,则公德蔚然风行。"爱亲者不敢恶于人,敬亲者不敢慢于人。爱敬尽于事亲,而德教加于百姓,刑于四海。"(《孝经·天子、诸侯、卿大夫、士、庶人》)

原始公有的深厚底蕴,成为老子与孔子的立说之根;"公天下"的社会制度,是二者的共同向往。

然而,老、孔同中有异。

老子的血管,连接着原始社会前期母系氏族公有制的脐带;孔子的血统,则同步着原始社会后期以尧舜为象征的父系氏族公有制的脉动。

老子倾心母权制氏族或部落团体没有财产分别、没有阶级差异因而无"孝"无"礼"、混沌一体的粗鄙和谐;孔子立足父权制等级萌芽、阶级分化、奴隶占有和土地买卖等私有制的生发,主张着爱有差等、尊卑分明的制度和谐。

孔子排斥女权。在《论语·泰伯》中,其赞武王重臣,本为 10 人,只因一为女性,便不算数:"有妇人焉,九人而已";而其弟子三千,无一女性,足证孔子对原始父系氏族传统的恪守和父权观念的坚定立场。

此与老子的母权观念底蕴,成为鲜明对比。反映在政治诉求上,便是以母系社会为特征的彻底的公有制与以父系社会为特征的在公有制形态下生发私有制之间的差异。

母系社会"民知其母而不知其父"(《商君书•开塞》),自上而下的母爱施予并维系着氏族血亲团体;父系社会则以自下而上的"孝忠",维护和固化父君威严的等级阶梯。

"孝"是父系氏族社会的产物。它代言着父权制颠覆母权制的道德诉求,是私有制在原始公有制内部生发的观念形态。

这是两种制度的嬗变。"在以血族关系为基础的这种社会结构中,劳动生产率日益发展起来;与此同时,私有制和交换、财产差别、使用他人劳动力的可能、从而阶级对立的基础等等新的社会成分,也日益发展起来。"(恩格斯:《家庭、私有制和国家的起源》)

当生产力进步和经济关系变革推动人类从母系传承的原始群婚制走出,形成父系传承的一夫一妻制,便开始了独立家庭对氏族社会的解体,也开始了个体私有对整体公有的蚕食。

父权制明确"孝"的指向,深蕴对家庭财产独占与继承的私欲内涵;然而,在原始社会后期,公有制依然是主导形态,众多家庭的组合依然共尊着氏族团体或部落联盟在广义上的财产共有;而"孝"则以向氏族祖先、兄弟姐妹、亲戚属员之"亲亲"的发散,从观念上维系氏族或部落的血缘联系和公有架构。

孔子说"亲"说"孝",便是对"基于私利而向公利扩展"之血亲观念的认同与张扬。

大禹为其标杆。孔子称其无可指摘:"菲饮食而致孝乎鬼神,恶衣服而致美乎黻冕,卑宫室而尽力乎沟洫。禹,吾无间然矣。"(《论语•泰伯》)

禹之后,夏、殷、周从原始社会脱壳,三代立国,私有制主导初成;但依然与父系氏族所有制及其观念有着紧密联系。"中国传统社会早期,'国'与'家'都是建立在血缘家族关系基础上的。"(李翔海:《生生和谐——重读孔子》)

以孝立国,血缘分封。杨荣国写道:"周人说'惟孝惟忠',……就是他们以'孝'为'忠'的基础,要从'孝'当中去把握'忠'。"(《中国古代思想史》)

——忠是孝的指向,那么,何为忠?

忠者公也。这个"忠"是忠诚于以"国"为名的血亲团体之"公"。

《诗经•大雅》:"孝子不匮,永锡尔类。""孝"是对氏族团体或部落联盟抑或国家的"类"保全与绵延,是血亲整体的"公"需要。

然而,这个"公"绝不包括全体社会成员;它是排除战俘奴隶、债务奴隶、依附者、被征服者等广大被压迫群体的统治部族内部之"公"。

夏、殷、周一脉相承。以周而论,其自"孝"而"忠",为着维系周部族的内部和谐,保证周政权对广大民众及"八百诸侯"的统辖和治理。

孔子"宪章文武",实则以"宪章"之名行变革之实。他超越周氏族、部落或统治者集团利益的血亲之"公",从对尊长的敬重始,向敬重天下人之"大公"升华:"教以孝,所以敬天下之为人父者也。"(《孝经•广至德》)

老子勾勒了原始母系社会"小国寡民"的草图,遂与现实决绝,西行不知所终。孔子着眼于更切近的原始父系社会,正视"大道既隐"而日下的世风,润滑"孝"的枢纽,打通了私有制与公有制相连接的通道;或者说,以向原始公有原则的致礼,为私有制正名,规定了其向"天下为公"进军的路径。

孔子学说的核心是"仁"。

"仁"是"孝"的政治形态,是"孝"的伦理锁定。

然而,"孝"并不是伦理的制高点;伦理的制高点是"德"。

"德"是孔子学说的内在指向。那么，何为"德"？

《论语•雍也》："中庸之为德也，其至矣乎!"中庸是最高的"德"。

中庸何解？

《尚书•洪范》："无偏无党，王道荡荡；无党无偏，王道平平；无有反侧，王道正直。"中是炎黄先祖对原始公有制的抽象。

《礼记•中庸》："中也者，天下之大本也；和也者，天下之达道也。致中和，天地位焉，万物育焉。"其述尧舜行事："执其两端用其中于民。"中庸即人与大自然的有序和谐。

《庄子•齐物论》："庸也者，用也；用也者，通也；通也者，得也。"所谓"得"，就是"德"；即自"道"而得，从"自然"而得，于是为"德"。

孔子论"中庸"，与老庄论"德"大旨相同，即以德配道、道法自然、无为而治、人天一体的本体论抽象；其与老庄异处，在于孔子的"抽象"明确着"天地位焉"的等级色彩，明确着"执"者，即"父权施予"的自上而下有确定导向而非混沌和谐的"允执其中"。

孔子罕言"本体"，但其"人事"之论，足见取向。

《论语•尧曰》，孔子述尧、舜、禹："允执其中"而"德"行天下。

《论语•卫灵公》，孔子谓舜："无为而治者，其舜也与？"

《论语•八佾》，孔子评乐："子谓韶，'尽美矣，又尽善也'。谓武，'尽美矣，未尽善也'。"

孔安国释孔："《韶》，舜乐名。谓以圣德受禅，故尽善。《武》，武王乐也，以征伐取天下，故未尽善。"（见蔡钟祥：《中国古代文学理论史》）

"韶"是舜时乐曲，体现了舜主天下的和谐淳朴，既美且善；"武"是周武王时的乐曲，武王伐纣是阶级社会的正义战争，应予肯定却并非最好，反映在乐曲中，"武"虽美而未尽善。

《韩诗外传•卷六》，孔子赞子路政绩："我入其境，田畴甚易，草莱甚辟，此恭敬以信，故其民尽力。入其邑，墉屋甚尊，树木甚茂，此忠信以宽，故其民不偷。入其庭，甚闲，故其民不扰也。"

无为而无不为。孔子"中庸"深处，是对老子《道德经》的原则认同；然而，孔子的"无为"，同时是德政或仁政的自觉"有为"。其谓"允执其中"，那个"执"就是主动施为，而那个"中"，也因此打了折扣。事实上，孔子的仁义礼智信没有任何一个是无偏颇的"中"。

罗祖基捕捉到孔学的偏颇，他在《中庸之道的演变及对中国社会的影响》一文中写道："就中庸的本意说，它反对过与不及，标志了不偏不倚；然而，从其实质看，却包含着最大的偏颇。例如，中庸在先秦体现于礼制之中，而礼制的原则是亲亲、尊尊，即首先维护君父的地位和利益，……它从与礼制相结合的时候，就表现了对宗法贵族的偏颇倾向。"（中华书局《文史知识》总第 67 期）

然而，唯其偏颇，孔学方傲然于世两千年。这个"偏颇"，明确地指向"善"。

孔子说："周监于二代，郁郁乎文哉，吾从周。"（《论语•八佾》）

一个"从"字，见其对周德的偏颇。

孔子说："先进于礼乐，'野人'也；后进于礼乐，'君子'也。如用之，则吾从先进。"（《论语•先进》）

又一个"从"字，见其对"野人"即平民百姓之优异者而非特权者的偏颇。

孔子说："不义富且贵，于我如浮云。"（《论语•述而》）

一个"如"字，见其对"义"的偏颇。

孔子说："君子谋道不谋食。君子忧道不忧贫。"（《论语•卫灵公》）

"谋"、"忧"二字，则见其对"道"的偏颇。

孔子的中庸作为崇高道德的抽象，成为老庄学说的主动态，即深刻内蕴着"道法自然"——"天下为公"的主观自觉。而这个"主观自觉"也便正视与适应私有制现实，将等差之爱的偏颇，赋予中庸以倾向性的等级色调。换句话说，就是将抽象的"中庸本体"，具化为阶级社会的"中庸实用"。

这就是"仁"。

仁是对"中庸"的实用，也就是对"德"的实用。

何以实用？

孔子生年，诸侯纷争，豺狼遍野，中原逐鹿，特权集团夺城掠地，底层百姓朝不保夕，人民沦于深重的苦难中。孟子感时："尧舜既没，圣人之道衰，暴君代作，坏宫室以为污池，民无所安息；弃田以为园圃，使民不得衣食。"（《滕文公上》）

中华乱象，乾摇坤荡，"为公"之德迹不留人世，"为私"浊浪一发不可收。整个社会卷动私欲大潮，汹涌澎湃，真个似"来疑沧海尽成空，万面鼓声中。"（潘阆：《酒泉子》）

孔子说："大道既隐"。

那么，"德"作为"道"的主观自觉，则"道隐"而"德"不彰。天下失道失德，颓势已成。孔子说："放于利而行，多怨"（《论语•里仁》）；司马迁补语："自天子至于庶人，好利之弊何以异也。"（《史记•孟荀列传》）

利行天下！ 孔子生活在无德的时代。他哀鸣："吾未见好德如好色者也。"（《论语•子罕》）

稍后的孟子更显激愤："人之所以异于禽兽者几希。"（《离娄上》）

如此乱世，倡"德"则非愚则伪，所以老庄之徒避世以抗议，杨朱之辈"利己"以相争；孔子则变通"德"，提出了"仁"的学说。

庄子讥"仁"："毁道德以为仁义。"（《马蹄》） 那是从变异的视角记录下孔子倡"仁"的时代背景，其实是"道德毁以仁义为"。

—— "仁"是"德"的孔子形态！

《论语•里仁》为孔子形态素描："夫子之道，忠恕而已矣。"

杨伯峻释言：忠与恕是"'仁'的真谛。" 所谓"恕"："己所不欲，勿施于人"；而"忠"，则是"恕"的积极面："己欲立而立人，己欲达而达人。"（见《论语译注》）

尽己为忠，推己为恕。言"忠"言"恕"，第一个字都是"己"。 "孔子仁学的基本品格是'为己'。"（李翔海：《生生和谐——重读孔子》）

孔子学说以对私有制和私有观念的认同，自我轴心，与"孝"切合。他的"仁者爱人"，并非"兼爱"，而是"推爱"，即推己及人之爱，因爱自己而爱亲人、爱众人。"己"是全部"爱"的出发点。

为己求名："君子疾没世而名不称焉。"（《论语•卫灵公》）

为己求官："邦有道，贫且贱焉，耻也。"（《论语•泰伯》）

为己求利："君子有三思而不可不思也：少而不学，长无能也；老而不教，死无思也；有而不施，穷无与也。是故君子少思长则学，老思死则教，有思穷则施也。"（见《荀子•法行》）

这是以自利为中心的"利他"：教导学生，以收获学生对自己的思念；救济穷人，为自己贫穷时得到救济。未雨绸缪，用心良苦。

商品原则，互诚互信，童叟无欺，等价交换。孔学与其身后2000多年亚当·斯密为资本世界规定的商业道德，遥相致意。

但孔子说"仁"，毕竟降低"德"的品格，俯就社会现实，成为私有制的实用；而"德"的"谦让"，也为铜钱锈斑负累而谬传流弊，止步"亲亲"，难以迈出博爱天下的脚步。所以老子批孔："去子之骄气与多欲、态色与淫志，是皆无益于子之身。(《史记·老庄申韩列传》)

其后庄子批"仁"："至仁无亲"(《天运》)，"有亲，非仁也"(《大宗师》)。以"私"为中心，不可能真正"爱人"。

更兼墨子讽"仁"："今王公大人，其所富，其所贵，皆王公大人骨肉之亲……，暴如桀纣，不加失也。"(《尚贤》)以"私"为出发点，必然导致权贵集团对"仁"的反噬。

特权阶层的家族政治，一人得道，鸡犬升天，残民以逞，恣肆妄为……，2500年至而今，孔学难辞其咎。

孔子学说是私有制和私有观念的产物。

然而，孔学赫赫，悬垂中华，则正因其对"天下行私"的充分正视与尊重，并以对"大道之公"的变通，规范和引导历史进程，"自强不息，厚德载物"，方始跃上中天，光耀千古。

私有制大势滔滔。若侧身以观之，则老庄避世，岂非对私有制的纵容？杨朱"为我"，岂非对私有观念的放任？墨子"非攻"，虽施以身体力行的真诚，却终究流为空幻的崇高……。那么，百家争鸣，诸流归一，共聚于孔子学说的麾下，成就儒学思想体系的大成，不亦宜乎！

老子说："江海所以能为百谷王者，以其善下之。"(《道德经·六十六章》)

孔子"善下"，其在《论语·子罕》里说的"权"，就是"下"。

"权"即变通。孔子说"仁"，无非对"德"的"权"，即对"德"的变通。成中英释言："'仁'之为德，可视为一种理性工具。"(《儒学与现代性的整合：探源与重建》)

何谓"理性工具"？

周代殷，已经从殷人明天明鬼中认识到"德"的重要性："殷先哲王，迪畏天，显小民，经德秉哲"(《周书·酒诰》)；周初于是有了重要命题："皇天无亲，惟德是辅。"(《尚书·蔡仲之命》)

然而，西周末，朝政衰落，人事沉沦，统治者为自身的苟延残喘，拼命抬高天威，宣扬周命天授不可颠覆："丕显文武，皇天宏厌厥德；配我有周，膺受大命。"(《毛公鼎铭》)

"天"沦为特权集团的庇护神，相反成为人民仇恨的对象："出自北门，忧心殷殷；终窭且贫，莫知我艰。已焉哉，天实为之，谓之何哉！"(《诗经·邶风·北门》)

天威沦落，遂崛起老子的"自然"之峰，其"道法自然"而配"道"以"德"，表明人的自我意识的确立。

然而，老子予"德"以本体抽象，却没有给出行"德"的具体路径，而以向原始公有制的回眸，断裂了与私有制现实的联系。

"孝，德之本。"(《孝经·开宗明义》)孔子擎起老子的火炬，变"德"为"仁"，以"亲亲"之孝 疏开了"德"行于世的通路。

"仁者，人也"。孔子大写"人"于天地间，将"亲亲"之孝锁定在"仁"的规范内，赋予"孝"以"仁"的主观自为。

这是"人"对"天"的超越。"儒家的人生智慧在中华民族发展史上的重大意义就在于：它在周初创制的礼乐文化的形式规范背后，点出了'仁'作为其根据性，挺立了人的道德主体性，从而完成了对于人之所以为人的理性自觉。"（李翔海：《生生和谐——重读孔子》）

为着这个"理性自觉"，孔子身体力行，垂范后世，改定六经，标定了《诗》、《书》、《礼》、《易》、《乐》、《春秋》对于中华文明的经典地位，为炎黄子孙自我意识的生发与道德培养，注入了永不枯竭的源头活水。

从此，人的主观自为，肩起老子"德"的抽象，开启中华文明大变革的崭新时代。

"仁"是向"德"进步的阶梯。

西周末年，道隐德衰。孔子悲叹："我观周道，幽、厉伤之……周公其衰矣！"（《礼记·礼运》）

孔子说"仁"，发出了向"德"进军的集结令。其立"孝"为先，孝则经过仁的发酵，从氏族狭隘小公的"亲亲"向人类整体大公的"亲亲"扩展，直指天下大同的理想境界："均无贫，和无寡，安无倾。"（《论语·季氏》）

这是仁对孝的回归与完成。"在儒学思想中，'亲'是所有德性的最基本的出发点，"（崔珍皙：《老子的道论及其社会意义》）

这更是仁向德的过渡与升华。中华文明史的整个历史时期，就是这个"过渡与升华"的桥梁。孔子为其铸魂："为仁由己"。（《论语·颜渊》）

自我修养是孔子学说的核心。"修己以敬，修己以安人，修己以安百姓。"（《论语·宪问》）

孔子说"仁"，主要是自省，即对伦理道德的自我认同。孔子以身作则："吾日三省吾身"（《论语·学而》）；他期待人人克制私欲，按礼仪制度行事："一日克己复礼，天下归仁。"（《论语·颜渊》）

然而，私有制中人，私欲横行，"德"之不存，"仁"亦难为。孔子喟叹："我未见好仁者，恶不仁者。"（《论语·里仁》）

孔门弟子三千，贤人七十二，贤而又贤者只颜渊一人，而这一人持仁也不过三个月，其余学生对于仁只是偶尔想到。"回也，其心三月不违仁，其余则日月至焉而已矣。"（《论语·雍也》）

倡仁于天下，却未见天下行仁。

"仁"向"德"的再出发，有待万千心血挥洒。成中英写道："仁的运作不可能只是一种单纯感性的直觉，而是一种综合感性、理性与意志的觉知，……仁者的爱人不是一般的爱而是仁爱，亦即兼含理解的爱。此一兼含理解的爱是要经过一番修养和锻炼才能逐渐完善与精纯的。这就是孔子所说的修己的功夫。"（《儒学与现代性的整合：探源与重建》）

"修己"，就是思想革命。"贤贤易色"（《论语·学而》），改造自己。

这是理性自觉的至高境界。陆游概言："《诗》三百一言以譬之，曰'思无邪'。为圣门三字铭也。"（见王应麟：《困学纪闻》卷七）

此"三字铭"，见之孟子"心学"、墨子"兼爱"、佛说"无我"、耶稣"博爱"，以及柏拉图"善的理念"、犹太先知的"自我救赎"……，直至毛泽东的文化大革命。

人类文明的历史桥梁，内在着公元前500年对观念变革的"轴心"诉求，向着人类互敬互爱至孝至慈的大同世界，延展！

3、孔子说"仁"二：礼

孔子智慧一："亲亲"。

人类是个体性与社会性的统一体，孔子深刻地把握这个内涵，引导个体萌生理性的觉知，领会并认同自身的社会性，将血缘之亲升华为人类同亲；即立足个体之私，导引其自我意识的生发，通过"仁"的主观修为，步入天下大公的殿堂。

——"仁"之于"亲亲"，是灵府的阶梯。

孔子智慧二："尊贤"。

孔子基于对人类私有制历史阶段的正视与自觉，尊重君主集权和官僚体制在阶级社会的必然性与合理性，以对原始公有观念的变通，明确"父权"之"贤"的取向，确定善的等级制。

——"仁"之于"尊贤"，是制度的阶梯。

两个"阶梯"，完成了对"周德"的形式继承和本质升华。

周制："王臣公，公臣大夫，大夫臣士，士臣皂，皂臣舆，舆臣隶，隶臣僚，僚臣仆，仆臣台。"（《左传•昭公七年》）

等级确定，阶梯分明，尊卑不可逾越。

然而，周制同时有了"仁"的呼求。"'仁'之一字早见于周书，它是王者之德，它的内含是'保民'、'安民'与'惠民'，因为只有这样一个王者，才能守其'天命'，维持其统治者的地位。"（成中英：《儒学与现代性的整合：探源与重建》）

"仁"的原意是规范君王为民服务。《周礼》述其大旨："以保息六养万民，一曰慈功，二曰养老，三曰振穷，四曰恤贫，五曰宽疾，六曰安富。"（《地官司徒第二》）

既然源自父权传承的君王专制是人类文明不可跨越的历史阶段，那么，规范君王或者君王的自我规范，便是"仁"的第一要义。孔子笔下的尧、舜、禹，有着对这一"要义"的高度自觉：为天下万众服务，否则"四海困穷，天禄永终"；同样，商汤立国，自省自励："万方有罪，罪在朕躬"；周武代殷，自祷自赎："百姓有过，在予一人。"（《论语•尧曰》）

任天下之君，担天下之责。君主向善的自觉自为，是"尊贤"的内在诉求，"君子无不敬也，敬身为大。"（《大戴礼记•哀公问于孔子》）敬重自身，才是君主的品格。

这是等级制的本质规定。

孔子学说着力处：规范君主。唯如此，才能规范社会，引导人民。"子欲善而民善。"（《论语•颜渊》）

孔子礼赞人民伟力："君者，舟也；庶人者，水也。水则载舟，水则覆舟。"（《荀子•哀公》）

舟、水之喻，以及对尧、舜、禹的褒扬，足见孔子思想深处已经对君主和统治阶层有了明确的定位——人民公仆！

君主必须劳苦在前："先之劳之，无倦。"（《论语•子路》）

君主必须以身作则："政者，正也。子帅以正，孰敢不正。"（《论语•颜渊》）

君主必须尊重人民："上酌民言，则下天上施；上不酌民言，则犯也。"（《礼记•坊记》）

君主必须公正清明："其身正，不令而行；其身不正，虽令不从。……苟正其身矣，于从政乎何有？不能正其身，如正人何？"（《论语•子路》）

此为"仁政"要旨。然而，社会动乱，道德衰亡，孔子宏愿落空。他的学生颜回感言："夫子之道至大，故天下莫能容。"（《史记•孔子世家》）

特权集团腐朽败落不能自已，《诗经•大雅•抑》为其存照："其在于今，兴迷乱于政；颠覆厥德，荒湛于酒。"

人民与特权集团决裂："已而，已而，今之从政者殆而！"（《论语•微子》）

孔子集中人民意志，冷对暴君乱臣，挺嶙嶙傲骨，将一腔轻蔑与愤慨尽情倾洒，骂遍大小官僚："今之从政者"，不过是"斗筲之人，何足算也！"（《论语•子路》）

"天生德于予"！（《论语•述而》）——孔子傲得可以。他特立独行，正气逼人，自谓"英雄临世"、乃至以"帝王师"、"救世主"自居，其与后世李白的凌人盛气和崇高自诩"但用东山谢安石，为君谈笑静胡沙"（《永王东巡歌•其二》），不输半分。

孔子自诩："文王既没，文不在兹乎。"（《论语•子罕》）"文"就是"德"，孔子自谓集周德于一身。其大言之傲，谁与匹之！

孔子自诩："今人与居，古人以稽；今世行之，后世以为楷。"（《礼记•儒行》）与现在的人生活在一起，却与古人志同道合；今世的主张行为，被后世奉为楷模。

孔子气吞今古，其自视之高，谁与俦之！

如此"傲孔"，奔走列国，其剑锋焉能不处处遭折？而其铮铮刚骨，又焉能不与大小官僚们"斗筲之人"产生激烈碰撞，以至一路跌跌撞撞，栖栖遑遑！但他锐气不稍减，一路昂扬，一路展臂，向权贵们掷去投枪；其"所刺讥者皆中诸侯之疾。"（司马迁：《史记•孔子世家》）

想来，孔子"周游列国"，实在是携得三、五弟子的学生军，"上阵父子兵"，孤旅搏杀，向"列国"宣战！

孔子是一个战士。

孔子学说有着对革命的法理认同。他主张"革故鼎新"（《周易•杂卦传》），推崇商汤、周武的正义战争："汤武革命，顺乎天而应乎人，革之时大矣哉！"（《周易•彖传》）

在《礼记•缁衣》中，孔子坚决捍卫人民反抗暴政的起义："大人溺于民，皆在其所亵也。"

胡适为孔子"中庸"证伪。他论孔："一位偏向左的'中间派'。"（《自由主义》）

郭沫若更明确定评：孔子"大体上是站在代表人民利益方面的。" 他的"立场是顺乎时代的潮流、同情人民解放的。"（《孔墨的批判》）

这种"同情"，是人民革命之洪钟在大变革时代的余响。

《国语•晋语》载晋国臣子栾武诛君，很得了鲁国里革的辩护：国君为政刻薄，自私自利，该杀！"君纵私田而弃民事……，以邪临民，陷而不振，用善不肯专，则不能使，至于殄灭而莫之恤也。"

《左传•昭公三十二年》载晋国史墨评鲁："鲁君世从其失，季氏世修其勤，民忘君矣，虽死于外，其谁矜之？"鲁国国君残酷虐民，那么，抛弃腐朽的统治者，转而依附新兴势力，是民心所向。

人民革命造就孔子，鼓舞孔子，甚至使孔子萌生投身革命军的冲动。

《论语•阳货》记载，阳货造反，敦请孔子出仕："怀其宝而迷其邦，可谓仁乎？……好从事而亟失时，可谓知乎？"孔子接受批评："喏，吾将仕矣。"

"将仕"，表明心旌摇动；继而便是"佛肸以中牟畔。佛肸召，子欲往。"以及"公山弗扰以费畔，召，子欲往。"（《论语·阳货》）

两个"子欲往"，很是道出孔子加入造反阵营的急切。他绝望于旧贵族统治的腐朽不堪，期待把"革故鼎新"的政治主张付托于革命军，甚至不顾新兴势力被镇压的危险，急欲亲历险境，与之赴汤蹈火。

"木秀于林，风必摧之。"孔子游说君相，貌可以恭敬，言可以温和，但其咄咄逼人的政治主张和激进作为，很是得罪了权贵门阀，他甚至有着革命党通常难免的被砍头的危险。《庄子·让王》载孔门弟子论孔："夫子再逐于鲁，削迹于卫，伐树于宋，穷于商周，围于陈蔡，杀夫子者无罪，藉夫子者无禁。"

孔子不讳言自己频频"落荒"的尴尬，当听到有人说他"累累若丧家之狗"时，连说"然哉！然哉！" 说的对呀！（司马迁：《史记·孔子世家》）

郭沫若评论："孔子当时至少有一个时期，任何人都可以杀他，任何人都可以侮辱他。这和亡命的暴徒有何区别呢？"（《孔墨的批判》）

那么，如此"暴徒"，所求何为？

孔子激情道白："周文武起丰镐而王，今费虽小，傥庶几乎！"（司马迁：《史记·孔子世家》）

——或许能够象周文王、周武王推翻腐朽政权那样取得革命的伟大胜利吧！

孔子主张阶级斗争。他内心涌浪，欲凭革命造反的狂潮大展平生抱负："如用我，吾其为东周乎！"（《论语·阳货》）

郭沫若评论："孔子想制作一个'东周'，并不是想把西周整个复兴，而是想实现他的乌托邦——唐虞盛世。"（《孔墨的批判》）

"大道之行，天下为公！"此为孔子的终极指向；以"战"求"和"，以"革命战争"创造崭新的"乌托邦"，当是孔子内心的潜在认同和热烈向往。

然而，孔子"从周"之愿，或与郭沫若的"盛誉"有一段距离。

《礼记·礼运》："今大道既隐，天下为家，……谋用是作，而兵由此起，禹、汤、文、武、成王、周公，由此其选也。……是谓小康。"

文、武、成、周为小康。孔子"从周"，其意尚不足为"唐虞盛世"，而是小康。那么，对于"谋用"与"兵起"，他当然不拒绝。"孔子热心于要恢复作为社会之基本规范的典章制度与生活秩序，即'复礼'。在小康之世中，由于'谋用是作'、兵戎四起，虽然难免还要以刑罚杀戮来作为礼乐的辅助，但总比一个礼崩乐坏、天下大乱、臣弑君而子杀父的乱世要好得多。"（李翔海：《生生和谐——重读孔子》）

这是孔子礼赞革命、主张阶级斗争、不拒绝刑罚杀戮的内在逻辑。然而，孔子毕竟是学问家，有着对现实的冷静考量，其以学术思想影响政治，变革社会，是最终的自我定位。《论语·为政》："书云'孝乎为孝，友于兄弟，施于有政。'是亦为政，奚其为为政？" 他的"为政"，便是将内在于氏族血亲传统的原始公有观念加以变通，扩张为指导整个社会的意识形态，规范并推动私有制健康发展。

显然，孔子所处时代不具备汤、武革命的条件，他本人也不具备汤、武革命的品质，他不可能如殷代夏、周代殷一样提出"代周"的狂妄名号；而挟东周之令，规范诸侯，铲除特权，提倡道德，实行仁政，促进中华一统，该是他自评的清醒和胸中的宏伟蓝图吧。

孔子是革命的改革家。

因为"改革"，孔子举起了"周礼"的旗帜；因为革命，孔子在"周礼"的

框架内变革"周礼",即"在'从周'的名义下……,以复古之名行改制之实。"（匡亚明：《孔子评传》）

改制,就是改"周礼"之制,也就是政治制度的变革。

匡亚明写道："周礼本是西周以来关于政治、伦理、道德的总称,'礼'在开始时总是和'敬天'、'祭祖'的宗教仪式相混,而春秋时期开始了'礼'、'仪'分开的观念。"（《孔子评传》）

这种分别,经过孔子的变革,使"礼"从"仪"中脱颖占得主位,"仪"退居次位,"礼"升华为社会制度的抽象。

《左传·襄公三十年》："礼,国之干也。"

《左传·鲁隐公十年》："礼,经国家,定社稷,序民人,利后嗣者也。"

礼是"孝"的固化。孔子说："非礼无以辨君臣上下长幼之位也,非礼无以别男女父子兄弟之亲、婚姻、疏数之交也。"而其根本指向,则是"与民同利"。（《大戴礼记·哀公问于孔子》）

"礼"是"与民同利"的工具,是"天下为公"在私有制社会的政治载体。它始于血族之"亲亲",终于天下人大同之"亲亲",而自身则是两者在私有制社会的政体桥梁。它担着"仁"的精神,以"仪"的外在规定,维系政治制度的和谐。"礼之用,和为贵。"（《论语·学而》）

"和",以"善"为指向。

孔子规定："君君,臣臣,父父,子子"。（《论语·颜渊》）君者为君要待下以仁,臣者为臣要待上以恭,父要有父之慈,子要行子之孝,相互关心,相互尊重,则个体的特性与整体的共性相辅相成,网络以"善",社会和谐。

孔子说"礼",规定了两个基本内涵：其一,君父为轴,"轴"者向仁,这是龙头;其二,按劳分配,仁行其中,这是"龙骨"。二者相连,内定下中华文明两千余年的"百世"之治——善的等级制。

礼制 = 善的等级制。"按劳分配"是其基本形态。

孔子定调:为善者必有名与利的回报。"大德必得其位,必得其禄,必得其名,必得其寿。"（《礼记·中庸》）

孔子肯定求官求财的合理性,同时规范脱贫致富的准则："富与贵,是人之所欲也,不以其道得之,不处也。贫与贱,是人之所恶也,不以其道得之,不去也。"（《论语：里仁》）这里的"道",便是有益社会的"劳"。

孔子对"劳"做了量化："耕也,馁在其中矣;学也,禄在其中矣。"（《论语·卫灵公》）

"耕"是简单劳动;"学"是复杂劳动。"学",内含着时间、精力的先期付出,但不是"掉书袋",不是投机取巧,而是以知识、技能的积累为社会做出更多的贡献,以交换简单劳动"耕"的更多产品。

这在人类思想史上,应该是按劳分配理论的早期形态,其于中华文明史绵亘至今,具有恒久的真理性和实用性。

孟子深得孔学真谛,他在《滕文公》中批驳"贤者与民并耕而食"的主张,认为"农业耕作"和"管理社会"是不同的社会分工,各行各业通过商品交换才得以生存。统治者治理天下,百姓从事生产,是双方劳动的交换。

当然,这个"统治者"必须是"贤者",即善的示范;或者说:人民公仆。

"君主向仁"与"按劳分配",形成孔学大要,完成了"周礼"名号下对"周礼"的变革与升华。孔子很是自得："殷因于夏礼,所损益,可知也;周因于殷礼,所损益,可知也。其或继周者,虽百世,可知也。"（《论语·为政》）

"百世可知"者——善的等级制。

殷承夏，周承殷，"损益"昭彰；那么，周尚德，"继周"便是继承"周德"这个大题目，而"损"德之沦落以及周制沿承氏族传统所固化的贵族等级，"益"之以仁的实用即以按劳分配为主旨的尊善阶梯。

从此，源自原始社会的父权制甩掉了自身的狭隘，一变夏、殷、周三代固执于氏族、部落血亲传承的松散统一，向着炎黄子孙四海一家的广阔前景，迈出了坚定步伐。

中华民族的族体开始形成！中华民族正式诞生！

孔子为秦统一，也为"汉承秦制"而"汉族"之名定，奠定理论根基。尽管后世"门阀"、"分封"……一度回潮，但已无法改变中华民族成长壮大的大趋势了。

时为小边防官的的某君，竟以高瞻远瞩向未来的时空宣布："天下之无道已久矣，天将以夫子为木铎。"（《论语·八佾》）孔子的学生子贡亦相呼应："仲尼，日月也，无得而逾焉。"（《论语·子张》）

孔子——中华民族的太阳。它汇聚起中华民族历史进程的巨大能量，承载着炎黄子孙时代之呼的热情迸发，冉冉东升。

孔子是人民意志的集中和时代观念的抽象。

周以部落联盟立国，其权力体制的构成及演化大体是血族团体向地区团体的过渡，即氏族的解体和社会机体的重组。

孔子生年，周室衰微，华土板荡。封国间的兼并战争与人民迫于战乱的迁徙流动，使三代以降源自氏族的血亲联系如败絮破碎，"孝"的传统观念的碎片化加剧周统治的碎片化，分裂的社会向着新形态的聚合蹒跚前行。

这是伟大的时代变迁。天下大乱，呼唤天下大治。

乱离中人饱尝战火纷飞，身处妻离子散、家破人亡的悲惨境地，渴望和平与安定；而挣脱血亲纽带束缚的各氏族人，已经突破传统观念，将统一的期待诉诸于区域性新关系的民族融合。

氏族、部落或统治集团的"小公"，随着时代的变迁扬弃自我，向中华民族整体"大公"的升华。

孔子说"仁"，为其代言。他为破碎的"亲亲"之"孝"注入生机，继而将其向地区团体、国家社会、中华民族扩张。他敬重管仲："桓公九合诸侯，不以兵车，管仲之力也。如其仁，如其仁。"（《论语·宪问》）

"九合"者，华夏归一。这才是大仁。孔子为自己连同炎黄子孙终未沦为外寇之囚而由衷赞叹：管仲"一匡天下，民到于今受其赐；微管仲，吾其披发左衽矣。"（《论语·宪问》）

中华统一！

春秋时代，这个大课题，不仅生发于民族聚合的内在诉求，而且有着民族存亡之现实危机的深刻内涵。

孔子是社会经济基础与政治体制变革的观念形态。他为中华一统和"百世之制"确定了不能变异的基础理论，其功至伟。

然而，孔子竟也不免趑趄于时代大潮前，没能走出现实的变革之路，终致遥望老子落寞出关的背影，唏嘘惆怅，而欲孤帆远遁："道不行，乘桴浮于海"了。（《论语·公冶长》）

孔子不能避免历史局限。

事实上，当历史进程不具备以现代大生产展现"天下为公"的科学远景时，思想家们只能从以往的思想资料寻找并勾勒理想蓝图。

老子回眸原始母系社会；墨子前进了一步，主张"背周道而用夏政"（《淮南子•要略训》）；孔子则将其社会理想沉吟在周代政治的框架内，他的学说内在着变革"周礼"的革命诉求，却自缚于"周礼"的外壳，"兴灭国，继绝世，举逸民"（《论语•尧曰》），致自己游离于历史进程之外。

在"滔滔者天下皆是"的私有制涌浪前，孔子难能作为，处处碰壁，到头来一筹莫展，绝望哀叹："凤鸟不至，河不出图，吾已矣夫"（《论语•子罕》）

孔子走了。

孔子将其学说之革命性大白于天下的使命，留给了孟子、荀子、韩非……

一如庄子在"心"的领域纵横老子，孟子在"心"的领域纵横孔子。他从抽象的"性善"到抽象的"仁政"，赋予孔学以理想的浪漫升华："乐民之乐者，民亦乐其乐；忧民之忧者，民亦忧其忧。乐以天下，忧以天下，然而不王者，未之有也。"（《梁惠王下》）

孟子赋予君主以"思想革命"的自觉，其仁政的核心是君主"与民同乐"，他将理想中的尧舜之世投影于阶级社会，施于君主绝难承受的"崇高"之重，幻想特权阶层将原始公有原则施行于私有制社会，做到"老吾老以及人之老，幼吾幼以及人之幼。"（《梁惠王上》）

孟子几乎撑裂孔子"仁说"的框架，他以"民为贵，社稷次之，君为轻"（《尽心下》）的亘古之声，绍承并认同老子以德配道、道法自然、人天一体、天下大公之观念，在思想领域里宣告了对"周礼"的革命。

然而，也正因此，孟子将孔学推向疏离现实的空幻；"心学"的绝对化，致其大而无当，司马迁谓之："迂远而阔于事情"（《史记•孟荀列传》）。

孔子学说危机。

于是荀子出。

与孟子讴歌人性、侧重"亲亲"、强调"不忍人之心"、幻想行王道以实现中华一统相异，荀子赞美人为、侧重"贵贤"、主张以威权规范政体、"力战"诸侯、落实中华一统的大目标。

荀子以"贵贤"挤压"亲亲"，独占了"仁"的解释权："贵贤，仁也。"（《非十二子》）

"贵贤"者，即以善为指向的等级制，也就是礼制。

礼制 ＝ 王制。

荀子全部学说立足于"礼"。 他从"礼"的角度纠孟子之偏，继承与变革孔子，以"性恶"之冷酷为孔学注入生机。以至谭嗣同论定荀子在中国儒学思想体系中的地位："二千年来之学，荀学也。"（《仁学》）

荀子以"人定胜天"慷慨豪迈，将孔子"仁学"的理性自觉，推向高峰，在政治领域宣告了对"周礼"的革命。

然而，峦崖突兀则物极必反，荀学从另一个侧面预设了孔学的危机。

荀学给予韩非以深刻影响。

韩非以法家学说的集大成，为儒学思想体系纵贯中华文明两千年奠定下深厚的政治基础。

孔子按劳分配的主张在法家的铁腕下，被落实也被畸化；孔子的礼制——善的等级制也在法家的实践中，经受着光荣与耻辱的砥磨。

法家学说是儒学思想体系的重要构成。

4、韩非：法家在儒学思想体系中的地位

贾谊《过秦论》：秦皇"奋六世之余烈，振长策而御宇内，吞二周而亡诸侯，履至尊而制六合。" 天下归一。

那么，秦统一的底蕴何在？

——公有制和公有观念！

秦处偏僻，原始遗风犹浓，致令孔子心动，赋予其天下一统的期待："处虽僻，行中正。……虽王可也。"（见司马迁：《史记•孔子世家》）

商鞅为秦风佐证："始秦戎翟之教，父子无别，同室而居，今我更制其教，而为其男女之别……"（见司马迁：《史记•商君列传》）

商鞅变法在公元前 4 世纪，其于秦国原始公有制及其观念的浓厚遗风里，确定以中央集权为向心的等级制，对假"公" 之名而行特权贪欲的贵族集团予以"法"的制约，将"私利"的权属向底层群体扩张，鼓励农耕，奖励军功，按劳分配，落实私有制，尊重人民个体私利，从而以事实上对人民整体公利的认同，调动起人民的积极性。

秦遂强盛。

公元前 3 世纪，荀子入秦，其在商君车裂之后数十年，所见却是"商鞅虽死法未败"，向"公"倾斜的商君法依然滋润着秦国大地，壮大着秦国的"民富国强"，竟致荀子讶其"百姓朴"、"百吏肃然"、"士大夫……无有私事也，不比周，不朋党，偶然莫不明通而公"，不由赞叹："古之民也"、"古之吏也"、"古之朝也"。（《强国》）

无私而公——这是秦强而终归一统中华的内在动力。

那么，"公"自何来？

这个"公"， 始自原始社会遗风，成型于法家严格落实私有制，即尊重广大人民私利的政治创新和制度建设。

可以说，孔子以对公有观念的变通为私有制正名，奠定了秦统一的理论基石；法家则绍承孔说，将"礼制"即"善的等级制"在政治领域强力落位，以公天下的内在指向为私有制定则，从而丰富与发展孔学，乃至为汉初董仲舒确立儒学思想体系铸就了坚固底座。

法家明"法"， 然其理论建构之深厚处，则是老子的"道"。

《庄子•天下》引彭蒙语："大道能包之而不能辨之"，那么为"大道"之行而"辨之"，便是法家的担当。

《韩非子•解老》："道与尧舜俱智，与接舆俱狂；与桀纣俱灭，与汤武俱昌。以为近乎，游于四极；以为远乎，常在吾侧；……万物得之以死，得之以生；万物得之以败，得之以成。"

"道"，周流天下，在道家，在儒家，在墨家……，也在法家。

司马迁将法家归入老庄之属：称赞韩非"引绳墨，切事情，明是非，……皆原于道德之意，而老子深远矣。"（《史记•老庄申韩列传》）

"深远"者何？

《管子•心术》："事督乎法，法出乎权，权出道。"

老庄之道，人天一体，公而废私。法家为之落位："以法制行之，如天地之无私也。"（《管子•任法》）

如何"无私"？

《韩诗外传》："齐桓公问于管仲曰：'王者何贵？'曰：'贵天'。桓公仰而视天。管仲曰：'何谓天，非莽苍之天也，王者以百姓为天。百姓与之则安，辅之则强；非之则危，背之则亡。"

慎到《威德》："立天子以为天下，非立天下以为天子也。立国君以为国，非立国以为君也。立官长以为官，非立官以为长也。"

天子、国君、官长，只是民众公仆。这是先秦法家思想之本，也是道、儒主旨的法家形态。"法制礼籍，所以立公义也。凡立公所以弃私也。"（慎到：《威德》）

《文子•上义》释法："法定之后，中绳者赏，缺沉者诛。虽尊贵者不轻其赏，卑贱者不重其刑。……使公道行而私欲塞。"

《韩非子•诡使》释法："立法令者，以废私也，法令行而私道废矣。私者，所以乱法也。"

荀子"废私"以理。他发展孔子，否定僵死的贵族门阀，申明善的等级制："虽王、公、士大夫之子孙也，不能属于礼义，则归之庶人；虽庶人之子孙也，积文学，正身行能，属于礼义，则归之卿相士大夫。"（《王制》）

商鞅"废私"以行。他猛烈冲击贵族等级制，出手无情，刑太子师公孙贾，劓太子傅公子虔，致公子虔被割鼻愧于见人，以奇耻大辱杜门八年不出。凛凛商鞅："所谓壹刑者，刑无等级，自卿相将军以至大夫庶人，有不从王令，犯国禁乱上制者，罪死不赦。"（《赏刑》）

旧的等级制轰然倒塌，新的等级制昂然挺立。惩恶扬善，为人民心中注入一片光明，致商君法"行之十年，秦民大悦，道不拾遗，山无盗贼，家给人足，民勇于公战，怯于私斗，乡邑大治。"（司马迁：《史记•老庄申韩列传》）

这是公有制和公有观念的胜利！

毛泽东为之喝彩："商鞅立法，良法也。今试一披吾国四千年之记载，而求其利国富民伟大之政治家，商鞅不首屈一指乎？"（《商鞅徙木立信伦》）

秦以强盛为"法"正名；而法之大行，则致"周秦之交，中国社会史上一个划时代的变革。"（郭沫若：《明辩思潮的批判》）

商鞅为"变革"揭幕："秦王政后来之所以能够统一中国，是由于商鞅变法的后果，甚至于我们要说，秦、汉以后中国的政治舞台是由商鞅开的幕，都是不感觉怎么夸诞的。"（郭沫若：《前期法家的批判》）

承继商鞅遗烈，韩非以理论的集大成，确立了法家在中国两千多年文明史上的重要地位。

要言之，韩非不仅"集"法家前驱子产、李悝、吴起、慎到、申不害、商鞅之"大成"，而且"集"老子之"道"与孔子之"仁"于法家形态之"大成"。 马中说得对："儒与道的精彩的东西都被韩非有机地融进政治精神之中了。"（《中国哲人的大思路》）、

韩非将老、孔学说付诸中国阶级社会的政治实践。

我不下地狱，谁下地狱？——韩非是自觉下地狱的先驱。其渊源老子，却为"道"的崇高而放弃崇高；其绍承孔子，则为"仁"的实用而重构实用。

韩非理论以"尊私明利"的鲜明色彩，成为认同并适应私有制大行天下的观念形态。

春秋战国，鲁国颁布"初税亩"，齐国实施"案亩而税"……，各诸侯国纷纷对私田课税，意味着私有制在土地这个基本经济体上得到承认；到秦统一以法令规定"黔首自实田"（《史记•秦始皇本纪》），则明确了全国范围的土地私有制。

随着私有制全面取代公有制，私有观念堂皇泛滥；而随着"财产的私有逐渐发展，私有权的侵犯也逐渐发展。"（郭沫若：《前期法家的批判》） 整个社会"邪说暴行有作，臣弑其君者有之，子弑其父者有之。"（《孟子•滕文公下》） 而诸侯间则"争地以战，杀人盈野；争城以战，杀人盈城。"（孟子：《离娄上》）

泱泱中华，于散沙逶迤中山头纷起，遂又旋立旋灭。而热望用世治世的"儒、墨、道等各家的思想主张往往显得既高超又不可行，……法家立说符合社会政治的迫切需求。"（马中：《中国哲人的大思路》）

老子之"道"深刻阐述了宇宙万物的运行规律，却以对"自强不息"的弱化，不能指导现实；而沿着老子之"道"一路走来终致无路的庄子，只能在个体意志的虚幻中自我升华。

孔子之"仁" 固然变革老子，将"道"付诸实践，为私有制"正名"，明确社会的进步指针，然其理想的空幻终难为社会接纳，很大程度上沦为统治集团乃至知识阶层的伪善。

事实上，支撑中国封建社会的政治柱石是韩非的法家理论，其"于公元前3世纪（秦始皇执政时期）转化为实际政治体制，而这种政治体制此后绵延两千余年未有改变。"（马中：《中国哲人的大思路》） 不仅如此，法家学说甚至以其丰富的思想资料和政治实践，成为人类史上资产阶级革命和资本主义法治的滥觞。

"反者道之用"。（老子）

法家以对"道"的逆反即变"天下为公"的虚幻为"天下为私"的强力规范，将老子融于社会实践之中；并以法的权威主张着孔子对私有制的"正名"——礼制，即"善的等级制"。从而以对"按劳分配"的顽强护卫，有力地适应并推动了中华民族的历史进步。

韩非生年，中华社会不能不直面两个重要课题。其一，如何正视私有制大行于世的现实；其二，如何推进华夏一统的历史进程。

孟子为私有制猖獗和特权剥削而愤然："民之憔悴于虐政，未有甚于此时者也。"（《公孙丑上》）

庄子揭示了阶级社会的一般规律："无耻者富。"（《盗跖》）

孔子为世道衰微感叹："吾未见能见其过而内自讼者也。"（《论语•公冶长》）他绝望："天下无道久矣，莫能宗予。"（见司马迁：《史记•孔子世家》）

然而，孔、孟迂腐处，便是对思想革命的偏执；其寄望君子尤其君主的内心修养，虽立意崇高，却效用微薄，难为天下动。

韩非则冷峻地正视私有制和私有观念，淋漓尽致地勾勒了特权阶层尔虞我诈、勾心斗角的官场丑态，把老子、孔子所抽象所推进的人的理性自觉发展到极致，将其诉诸于法、术、势的残酷，"用严刑峻法的精神拷问人灵魂中的私字，用刻峭专制的办法控制人心。"（马中：《中国哲人的大思路》）

韩非师承荀子，认同"性恶说"，试图以对私有制的高度抽象制约私有制。他无情地剥出统治集团光鲜外表下的内瓤："君以计畜臣，臣以计事君，君臣之交，计也。"（《八奸》） 君臣关系是利的关系，互相算计，互相防备。

他明确指出私有制中人追名逐利的本性："利之所在，民归之；名之所彰，士死之。"（《外储说左上》）

他断言："贤者寡而不肖者众。"（《难势》）如此，则不能不施以刑罚的制约："为治者用众而舍寡，故不务德而务法。"（《二柄》）

直面私有制社会为私欲"争于力"的残酷现实，他强调："当大争之世，循揖让之轨，非圣人之治也。"（《八说》） 他形象地设喻："如欲以宽缓之政，治急

世之民，犹无辔策而御駻马。"（《五蠹》）

那么，"威势"者何？

——君主！

老子寄望君主"无为而治"，孔子寄望君主"为政以德"……，到了韩非，对君主的期待一脉相承，"明君"之于历史进步的枢纽地位，成为其立说的前提："事在四方，要在中央；圣人执要，四方来效。"（《扬权》）

历史发展程度不足以为民众自觉自为提供足够条件，"英雄观"、"圣人观"便成为人类的共同幻想。古希腊的柏拉图鼓吹"哲学王"、古印度的佛陀鼓吹"法轮圣王"、古中华的的荀子同样鼓吹"圣 + 王"："圣也者，尽伦者也；王也者，尽制者也；两尽者，足以为天下极矣。"（《解蔽》）

韩非如是。他称颂尧、禹身担劳苦服务百姓的牺牲精神，为原始公有制点赞；他强调"道"的至高地位："弃道理而妄举动者，虽上有天子诸侯之势尊，而下有猗顿、陶朱、卜祝之富，而失其民人而亡其财资也。"（《解老》）

圣人与道一体，与民众一体，公正平等。"若天若地，孰疏孰亲？能像天地，是谓圣人。"（《韩非子•扬权》）

圣人，是韩非赋予君主的最高期待。

这个"期待"的深厚处，是将解决社会私欲泛滥之大难题与中华民族统一之大课题，加之于"圣人"或者"明君"的双肩。

这该是怎样崇高而沉重的付托！

为着这个"付托"，韩非立"法"成轴，殚精竭虑，为"君权的至高无上"做了深入的思考和周密的设计。

法之尊——

"法不两适。"（《问辨》）

"法者，宪令著于官署，刑罚必于民心。"（《定法》）

"法不阿贵，……刑过不避大臣，赏善不遗匹夫。"（《有度》）

"诚有功，则虽疏贱必赏；诚有过，则虽近爱必诛。"（《主道》）

法，公开地诉诸人民，将公平正义昭信天下，实际上提升了人民的政治地位，形成对特权集团的威慑。

法之魂——

"利民萌，便众庶。"（《问田》）

"乡国天下皆以民为德。"（《解老》

"徭役多则民苦，民苦则权势起。……权势灭则德在上。"（《备内》）

"救群生之乱，去天下之祸，使强不凌弱，众不暴寡，耆老得遂，幼孤得长，边境不侵，君臣相亲，父子相保，而无死亡系虏之患。"（《奸劫弑臣》）

法的指向，尊民敬民为"德"。如此将孔子"仁说"与墨子"兼爱"诉诸于法律规范的和谐，抑制豪强，维护民生。

法之要——

"术以知奸。"（《定法》）

"明主治吏不治民"。（《外储说右下》）

"术者，因任授官，循名责实，操生杀之柄，课群臣之能者也。"（《定法》）

"人主之大物，非法则术也。法者，编著之图籍，设立于官府，而布之于百姓也。术者，藏之于胸中，以偶众端，而潜御群臣者也。"（《难三》）

法的运用，在于精化管理艺术以保证国家机器的健康运行。"术"作为行"法"的手段，以对能量巨大的官吏群体知奸、辨奸和锄奸，而非针对民众。

　　法之本——

　　"能独断者故可以为天下王。"（《外储说右上》）

　　"乘威严之势以困奸邪之臣。"（《奸劫弒臣》）

　　"势位之足恃而贤智之不足慕。"（《难势》）

　　"以身为苦而后化民者，尧、舜之所难也；处势而骄下者，庸主之所易也。将治天下，释庸主之所易，道尧、舜之所难，未可与为政也。"（《难一》）

　　法的固化，其根底在于依赖和强化君主专制；而君主专制则是封建社会民族统一和社会进步的抽象，因而是最大的"公"。

　　君主 = 公！

　　韩非直言不讳，他认同的公利是"人主之公利"。（《八说》）

　　韩非学说原于老子"道"之无私，经过孔子"仁"的变通，遂将无私衍化为对天下人之私的伸张；而天下人之私的聚合则成就民族统一之"公"，这个"公"的集中表现便是君主专制——"人主之公利"。

　　韩非精心谋划"法、术、势"三位一体，为君主集权量身打造了足以护体的甲胄和足以统御天下的权杖。

　　法者，显其公；术者，用于公；势者，维护公。三者统一于公，是韩非学说的主旨。

　　韩非的政治本位，不是民本位，而是君主本位。他坚决维护君主集权，表明其对私有制社会的清醒认知和自觉把控，即认知君主集权在私有制社会的必然性，把控君主集权对于民族统一的必要性，从而以"法"对"私"的强化与规范，指明了"天下为公"的深刻底蕴行之于私有制社会的途径。

　　显然，"人主之公利"，归根结缔是适应私有制现实，为私服务的。

　　韩非是孔子的别样形态。他以"法"、"术"二翼为君主之势虎上增威，将父权制提升到无以复加的高度，从而在政治体制上发展和完善了孔子学说；他"主张把家庭生活中的联系纽带乃至人伦之情从政治建设领域彻底排除出去"（马中：《中国哲人的大思路》），一决于法，如此，则适应氏族团体向地区团体的转化，将孔子滥觞的中华统一大课题落实到政治上能够操作的层面。

　　可以说，孟学把孔学的理想主义推向极端，致力于对现实的提升；韩学则把孔学的实用主义推向极端，致力于对现实的掌控。

　　孔子以"仁"立论，明确对权力体制的内在约束；韩非以"法"建说，强化对权力体制的外在制约。儒与法，在对立中同一。

　　然而，一如老、孔、墨终不免流于空幻，韩非也在对"法"的精雕细琢中蹈其覆辙。

　　韩非说：君主"善任势者国安，不知因其势者国危。"而"善任势"便是昭告天下："正直之道可以得利，则臣尽力以事主。"（《奸劫弒臣》）

　　韩非认同私有制社会"利行天下"的现实，同时主张着孔子"不义富且贵，于我如浮云"的义利观，强调按劳分配，惩恶扬善，"使民以力得富，以事致贵，以过受罪，以公致赏。"（《六反》）

　　韩非以"正直之道"为求利的标准，要求君主藉此选拔官吏："论之于任，试之于事，课之于功，故群臣公政而无私。"（《难三》）

　　那么，君主能够秉持"正直之道"吗？

　　后韩非1000多年的朱熹激愤作答："千百年之间，……虽或不无小康，而尧、舜、三王、周公、孔子所传之道，未尝一日得行于天地之间也。"（《答陈亮书》）

　　君多无道！

这个严酷的事实揭示了法家学说的内在矛盾。

在私有制社会，将废私立公大旨诉诸君权，而君权则无非私有制社会的集大成，分明聚天下之私以成一人之私，如此则何以服众？而君主之私也便示范各级官员乃至天下人唯私是从，于是，公法立而私道废的崇高，如何不沦为自我讽刺！

进言之，君主为"知奸"而弄术，则百官相仿效弄权术于朝野，"术"之大行，尔虞我诈；"法"之不存，指鹿为马。于是"官之重也，毋法也；法之息者，上暗也。上暗无度，则官擅为；官擅为，故奉重无前；则征多，征多故富。官之富重也，乱之所生也。"（《八经》）

韩非以凛凛正气高擎法家大旗，揭示特权阶层的霸道与恶劣："犯法为逆以成大奸者，未尝不从尊贵之臣也。然而法令之所以备，刑罚之所以诛，常于卑贱，是以其民绝望。"（《备内》）

为逆作恶者逍遥法外，平民百姓却总在"法"的名义下饱受凌辱。这是"法"的沦落。韩非一针见血："世之所以不治者，非下之罪，上失其道也。"

韩非猛烈抨击在"仁义"名义下的官场丑陋与虚伪：农民种粮反而贫穷，战士卫国竟然枉死。他写道："夫陈善田利宅，所以厉战士也，而断头裂腹、播骨乎原野者无宅容身，身死田夺。"

为国捐躯竟死无葬身地，乃至妻小失去保护，田产被夺，怎不令人心寒！而与之鲜明对照的却是特权剥削："女妹有色、大臣左右无功者，择宅而受，择田而食。"韩非叱问："上以此为教，名安得无卑，位安得无危？"（以上见《诡使》）

天下大乱的根子，便是假公之名而集特权私利于一身的君主集权！因此，韩非认同革命："天子失道，诸侯伐之，故有汤、武。诸侯失道，大夫伐之，故有齐、晋。"（《难四》）

然而，韩非毕竟有着对"天下大势"的清醒把握。

孔子生活在新兴势力冲击旧势力的大动荡年代，所以赞扬"汤武革命"之余，产生投奔革命军的冲动；韩非生年，已是新兴势力战胜旧势力而急需建立新的社会秩序的时代，天下大乱已向着天下一统汇集。基于此，韩非明确维护孔子君君、臣臣、父父、子子的等级制："臣事君，子事父，妻事夫。三者顺则天下治，三者逆则天下乱。"（《忠孝》）

这分明是董仲舒"三纲"的滥觞。

为了制度固化，韩非放弃"天下为公"的指向，竟将人民革命设为反向标的："舜逼尧，禹逼舜，汤放桀，武王伐纣，此四王者人臣弑其君者也。"（《说疑》）

为了君主集权，韩非竟指"贤义"为危机之源，"今舜以贤取君之国，而汤、武以义放弑其君，此皆以贤而危主者也。"（《忠孝》）

至治，才能至善。天下不治，则无所谓善。为了"治"，韩非竟自我否定，实用主义而至于黑白颠倒、是非混淆地斥尧、舜、汤、武为罪人："尧为人君而君其臣，舜为人臣而臣其君，汤、武为人臣而弑其主，刑其尸，而天下誉之，此天下所以至今不治者也。"（《忠孝》）

如此，放弃道义约束，则君权之私可以肆无忌惮，"法"之"公"也便大打折扣。这就不怪董仲舒批评："诛名而不察实，为善者不必免，而犯恶者未必刑也。是以百官皆饰虚辞而不顾实。"（《汉书·董仲舒传》）

"公法"赖"势"以行，"势"以君权为轴，君则集大私于一身，俨然"公法"之敌。显然，以君权之势推行法，"实质上用最大的社会不平等来健全社会的公正体系，来保证社会公正的实现。这本身就是矛盾。"（马中：《中国哲人的大思路》）

矛盾的要点——君主的自我悖逆：君主是民族统一、国家利益之"大公"的象征，然而也是剥夺天下人之利而满足一己之"大私"的渊薮。

二律背反。为公，君主自不容利己损国的的奸邪之徒；为私，君主又不能任用公义正直的廉明之士。

韩非说：无私无欲如许由、伯夷者流，不为名利折腰。"见利不喜，上虽厚赏，无以劝之；临难不恐，上虽严刑，无以威之。此之谓不令之民也。"（《说疑》）

千古以降，朝政迭变，而庙堂上鲜见廉明之士。那原因便在于皇权假"公"之名而行大私，与赏罚不动心、功利不移志的"不令之民"形成强烈反照，水火难容；君主殊难对其以名利收买，以爵禄笼络，以"私"易"私"而驱之使之。

公私不两立。廉明之士不肯用于君主之私，孟子所言"富贵不能淫、威武不能屈、贫贱不能移"者，多令君主侧目；其不以君主为敬，甚至鄙之、厌之，怎不令君主惮之、远之，乃至必欲除之！"赏之誉之不劝，罚之毁之不畏，四者加焉不变，则除之。"（《韩非子•外储说右上》）

要之，君主"伪公"而"实私"，如何容得"浩然正气"行于朝廷，荡于天下？则其诉诸于官吏队伍的，也只能是"伪公"而"实私"之徒，即苟苟于名、营营于利的投机群体。

这个群体因名因利而谄媚于君主专制，也便因名因利而骄横于底层民众；它是君主大私的政治基础，也以贪腐枉法制造着君主集权的内在危机。

中华文明到而今，皇权阴影下，便是一连串在矛盾交错中的踉跄脚印。

韩非强烈地感受到这个"踉跄"，他界分：势者，"使尧、舜御之则天下治，桀、纣御之则天下乱"；他忧郁：君主集权而滥行权势，则"养虎狼之心而成暴乱之事者也，此天下之大患也。"（《难势》）

以势行法，也便以势毁法。韩非依法治国的自信，其实留足了不自信："暴人在位，则法令妄而臣主乖，民怨而乱心生。"（《八说》）

韩非无法解决"法之公"与"暴人"、"暴乱"的矛盾。

原始公有制一去不返，私有制大势已成；而"自然之势，非人力之所得设也"。（《难势》）因此，韩非只能步老、孔、墨的后踵，以法家形态对君主进行规劝："明主使法择人，不自举也；使法量功，不自度也。"（《有度》）如此"则上无私威之毒，而下无愚拙之诛。"（《用人》）

两个"不自"，竟似对牛弹琴，已足堪暴露法家理论的苍白处。

韩非诉诸主观期待：法律面前，人人平等。君执权柄，依法而行。君自觉受法制约，而不是法随君变。

君在法之上，这是形式；君在法之内，这是实质。君主遵法守法，成为法的示范，这是自商鞅而韩非想说不能说、却又隐晦说出的大道理。

根据这个道理，则法平而君平。君主可以不是圣人，但执法而行，则"公平"在其中，善在其中，"仁义"在其中。

如此，韩非完成了向孔子的回归。

这是一个成毁参半的回归。韩非以强权政治发展了孔子学说，成为儒学思想体系的重要构成；而韩学流弊则以强权政治的畸形态成为孔子学说的异化，乃至以"焚书坑儒"的酷虐反噬孔学，使孔学一度"藏之鲁壁"隐忍偷生。

汉承秦制。

汉初大儒董仲舒扬弃孟子，扬弃韩非，将"心学"与"法制"予以中庸的组合，升华孔子，创建了儒学思想体系。而儒学思想体系"基本是一种法家化的思想专制体系，是政治专制在学术领域的转化形式，其灵魂中已有了法家的因素。"

（马中：《中国哲人的大思路》）

从此，孔子学说裹上法家的厚重铠甲，行走于中华历史两千年。

二、 中华文明的历史坐标

德国学者爱德华·策勒尔断言：中国没有严格意义上的哲学和哲学家。

他写道："许多民族都有圣人、先知和宗教改革家，但只有极少数民族拥有哲学家。在古代的民族中，除了希腊人，只有中国人和印度可以加以考虑。"而中国"最深奥体系即老子的道学，与其说是哲学，不如说是玄学；孔子自己承认是'述而不作'者，并笃守宗教，说他是一个哲学家，还不如说他是一个道德说教者。"（《古希腊哲学史纲》）

这是中华文明的耻辱吗？

五·四以来，许多为着民族自尊的知识精英前仆后继，沤尽一个群体的百年心血，勤勤恳恳，用了多少大部头，在搬来西方哲学的同时，也终于将东方文化塞进了西方哲学的范畴：此唯物，彼唯心；甲辩证法，乙形而上学。洋洋洒洒，动辄数十万言，把我们老祖宗分门别类，条分缕析，往哲学的框子里套。

其实，中华文明一定要冠以"哲学"之名吗？老子、孔子、荀子、王充、朱熹、王夫之一定要荣膺"哲学家"之冕吗？

事实上，古往今来，人类的大学问在东、西方以不同形态自成体系地发展着。儒学、佛学、哲学比肩而立，基督教、伊斯兰教、犹太教相为伯仲。百家名世，互有短长之同异；各绽奇葩，决无高下之分别。相与以共同本质，适应不同的社会形态，促进了不同民族历史的发展。各种"学"自应相互补充，相互完善，既不必妄自菲薄，亦不可妄自尊大。

儒学，作为中华民族的主要文化形态，在两千年的阶级社会中，当仁不让地成为中华精神的载体。一部中国儒学史，就是一部高擎中华精神火炬，指引中华民族在私有制条件下不断前进的历史。

1、董仲舒与儒学思想体系的确立

"秦王扫六合，虎视何雄哉。"

春秋战国，几百年烽烟，燃遍中华大地，终于在公元前221年，秦始皇奏响了统一中国的凯歌。

秦立国赫赫威威，然而，弹指间二世而亡。兴衰倏忽，竟是谁主沉浮？

——人民！

秦兴，在于法兴；法兴的内蕴，则是法家精神得到认同以及光大。

秦亡，在于法亡；法亡的实质，在于法家精神遭到背弃乃至践踏。

法家精神——人民精神！ 它是老子"道论"的另类抒发，是孔子"仁说"的别样形态。它以"公天下"的崇高指向，在政权体制的构建上给予私有制社会以强力规范。

商鞅变法，剥夺世袭特权，废井田，开阡陌，计口授田，奖功罚过，在私有制框架内推行公有原则，以法治形态展开"打土豪、分田地"的经济变革，以善的等级制冲击僵死腐朽的贵族等级制，使秦国成为孔子"按劳分配"理论得以落实的首善之区，从而调动了生产阶级——农民的积极性，激发了社会活力。

秦于是兴。

秦兴，在于"公"兴。

然而，曾几何时，"公兴"便沦为"私兴"的垫脚石。商鞅遭车裂，"公法"裂痕布露；李斯诛同窗，私欲足见大观。以至"法愈滋而奸逾炽"。（陆贾：《新语·无为》）至秦皇独步神州，傲视今古，自以为"家天下"从此千世万世。于是，老、孔消泯，法家精神荡然；韩非子唯余流弊，一任君主倚势弄术而枉法：君权恣肆，特权横行，新贵们视民如草芥，随意杀伐。"繁刑严诛，吏治深刻，赏罚不当，赋敛无度……百姓困穷。"（贾谊；《过秦论》）

法家精神不存，法家学说畸化。

秦于是亡。

秦亡，在于"公"亡。

——秦亡，公亡，法亡！

但是，"法"不能亡。

人类社会进入私有制，为私欲的争夺常态化，若没有法的制约，必然天下大乱。"今当试去君上之势，无礼义之化，去法正之治，无刑罚之禁，倚而观天下民人之相与也。若是，则夫强者害弱而夺之，众者暴寡而哗之，天下之悖乱而相亡，不待顷矣。"（《荀子·性恶》）

进言之，法家学说以排山倒海之力促成了中华民族的统一，更为私有制量身打造了与其历史进程相适应的政治架构，生机犹待勃发，岂能为秦殉葬？郭沫若言之确当："韩非之学，实在是有秦一代的官学，行世虽然并不很久，但它对于中国文化所播及的影响是十分深刻的。"（《韩非子的批判》）

因此，刘邦立国，天下归汉，则复兴法家学说，已然是社会的潜在呼声。

复兴，要在革新。革新，要在复兴法家精神；而法家精神便是老子精神、孔子精神。

复兴老子，便是复兴公天下的崇高："圣人无常心，以百姓心为心"。（《道德经·四十九章》）

复兴孔子，则是复兴为崇高的实用，即以对公天下原则的变通，正视、规范和引导私有制的历史进程。

复兴老、孔，经过汉初思想家陆贾、贾谊、晁错……，传承到董仲舒。

董仲舒在时代进步的转折关头，主说"罢黜百家，独尊儒术"，为汉武帝乃至中国 2000 年的君主政治，贡献了一个坚固的理论体系——儒学思想体系。

"发策登汉庭，百家始消伏。"（司马光）孔夫子关于中华一统的学说，秦始皇完成了一半，另一半是董仲舒完成的。"如果说秦始皇利用自己强大的经济、军事实力，横扫诸侯，实现了封建社会政治、经济上的统一；那么，封建社会意识形态领域的统一，则是由董仲舒首倡'独尊儒术'并在最高统治者的推崇下完成的。"（王永祥：《董仲舒评传》）

没有思想统一，中华民族便如散沙，政治统一不能持久。董仲舒博取百家之说，回归孔子，升华孔子，明确"仁"的中心地位，以公有原则为法家学说再注灵魂，焕发其生命活力，将其型塑为儒学思想体系强固的政治基座。

　　"德主刑辅"，儒学思想体系于是确立。

　　千古一帝秦始皇！

　　千古一儒董仲舒！

　　一帝一儒，一武一文；法治德政，刚柔互济。"坑儒"与"尊儒"，则对立同一，相反相成，将一个否定之否定的悲喜"情变"，成就了孔子学说大行天下。孔子，这轮中华民族的太阳，升起来了。

（1）体系之一："天人感应"

　　公元前 500 年，老子开启中华民族的理性自觉，摒弃殷周之"天"的神性，将求索的目光投向自然本体，"道法自然"。然而，这个求索是抽象的。

　　孔子敬天远天而切近人事，他变通老子，化"道"为"仁"，开儒学经世致用之风，为百世立则。然而，其罕言本体，则儒学不成体系。

　　汉兴，董仲舒出。

　　董仲舒吸取阴阳五行说，以对孔子天、地、人"三才"的高度抽象明确本体："天、地、人，万物之本也。"（《春秋繁露•立元神》）

　　董仲舒立足天人一体："天亦有喜怒之气，哀乐之心，与人相副。以类合之，天人一也。"（《春秋繁露•阴阳义》）

　　董仲舒界说天人关系："人之为人本于天，天亦人之曾祖父也。此人之所以上类天也。人之形体，化天数而成；人之血气，化天志而仁；人之德行，化天理而义。"（《春秋繁露•为人者天》）

　　"人副天数"！董仲舒通俗比附："人身犹天也，数与之相参……，人之身小节三百六十六，副日数也；大节十二分，副月数也；内有五脏，副五行数也；外有四肢，副四时数也。"（《春秋繁露•人副天数》）

　　老子说："人法地，地法天，天法道，道法自然。"董仲舒将这句话做了"人法天"的断句，然后具体发挥："圣人副天之所行以为政，故以庆副暖而当春，以赏副暑而当夏，以罚副凉而当秋，以刑副寒而当冬。……王者配天，谓其道。"（《春秋繁露•四时之副》）

　　"天人感应"！庆、赏、罚、刑，比之春暖、夏暑、秋凉、冬寒，参天而行。天成了人格神："国家将有失道之败，而天乃先出灾害以谴告之，不知自省，又出怪异以警惧之，尚不知变，而伤败乃至。以此见天心之仁爱人君而欲止其乱也。"（《汉书•董仲舒传》）

　　董仲舒试图以神与人的有机结合实现对"天"的论证，其比附固然牵强，却是秦汉之交"以人副天"思潮的集成。

　　《黄帝内经•灵枢》："天有日月，人有两目；地有九洲，人有九窍；天有风雨，人有喜怒；天有四时，人有四肢；天有五音，人有五脏……。岁有三百六十五日，人有三百六十节。"

　　《淮南子•精神训》："人头之圆也象天，足之方也象地，……耳目者，日月也；血气者，风雨也。"

　　陆贾《新语•明诚》："治道失于下，则天文度于上；恶政流于民，则虫灾生于地。"

　　老子的"人天一体"道白了人类的自我意识，但历史进程不能止步于天人关系的抽象，而要求对这个"关系"作出具体解释。秦汉之交思潮动荡，便是对这个呼求的回应。

东、西方文明有着同步性。公元前二、三百年，当亚里士多德依据自然科学和社会科学的发展，将古希腊的"人天一体"向具象化的实证科学引导之际，中华民族的"人天一体"也步入实证化之途。汉初发展起来的阴阳五行说、浑天说以及《皇帝内经》的医学成就等，都是试图以自然科学的新进展具体阐释天人关系，表明"天人一体"观念的深化。

"天人感应"是这一进步的成果，是经济与科技发展在上层建筑尤其意识形态领域的反映与抽象。

董仲舒以"神本位"立论，借助阴阳五行将天人关系具象化，明确"天人感应"，意味着中华文明史的新阶段。

如果说，《周易》通过蓍草和卦爻文字对人生、社会的推测，表明对殷商龟卜文化的超越；那么，"天人感应"则进而从天地自然之表象的变化来探究人与自然的关系和人的社会规律，更切近现实，增强了可感性与可接受性。

固然，"神本位"对老子的"自然本体"形成反动。而且，囿于生产力发展水平和人的认识局限，董仲舒的"天人感应"不免流于庸俗。但是，"反者道之动。"（老子） 董仲舒及其所代表的思想群体对天人关系的探索，难道不是适应时代进步，在"天（神）"的名号下，对老子"自然本体"的深化和对天人关系的升华？

事实上，董仲舒变通老子，将老子的"自然本体"置换为"天（神）本体"，而在神本体的虚张声势中，做起了响应、补充和完善孔子的大学问——张扬人的理性自觉，挺立大写的人："人之超然万物之上，而最为天下贵。"（董仲舒：《春秋繁露·天地阴阳》）

人本体！——这是天人感应的实质。

董仲舒说：天，"高其位，所以为尊也；下其施，所以为仁也；藏其形，所以为神；见其光，所以为明。"（《春秋繁露·离合根》）

位处尊为虚，用于仁为实，神藏不可见，可见者为光为明。董仲舒之谓"天"，其实秉承孔子的实用主义：遵循人天一体，敬天而用于人。王永祥一语中的：董学，"自然性是基础，封建人伦性是核心，神圣性是形式。"（《董仲舒评传》）

董仲舒确立天的至高地位："事无大小，物无难易，反天之道，无成者。"（《春秋繁露·天道无二》）

然而，天的权威无非孔子"仁说"的本体依据，为孔学用世治世鸣锣开道。董仲舒说："天之生民非为王也，而天立王以为民也，故其德足以安乐民者，天予之；其恶足以残害民者，天夺之。"（《春秋繁露·尧舜不擅移，汤武不专杀》）

"天人感应"：天 = 民。

尊天以明德。天是德的工具。董仲舒承续者，实为中华文明自远古而今一脉贯通的主线——公。

"公"者，民也。

《管子·霸形》："百姓，公之本也。"

《吕氏春秋·贵公》："昔先圣王之治天下必先公，公则天下平矣。平得于公。……天下，非一人之天下也，天下人之天下也。"

《淮南子·氾论训》："治国有常而立民为本。"

贾谊《新书·大政》："民者，万世之本。……自古及今，与民为仇者，有迟有速，而民必胜之。"

刘向《说苑·建本》："民怒其上，不遂亡者，未之有也。"

"本体论"之"本"——民。

董仲舒尊奉的天是人格神，而天神则是民的代言，执行人民的意志；归根结底，民是神。其虚神立民主旨，合盘托出："天之常意在于利民。"（《春秋繁露·止雨》）

"天"唯民意是从，为民意驱使。即孟子所云"天视自我民视，天听自我民听。" 于是，"人格神" 转化为"神格人"。"民"罩上了"神圣"光晕，人神一体，人天一体。天威即民威，敬天法天就是敬民法民，以此形成对君主专制的强大威慑。

天下为公！

这是"天人感应" 的核心。"圣人法天而立道，亦博爱而无私。"（《汉书·董仲舒传》）

董仲舒回归中华文明之根，将封建社会政治科学的本体构建深深扎入原始公有制的深厚土壤中，从而赋予孔子学说不可摧的地位。

儒学思想体系于是确立。

（2）体系之二："三纲五常"

董仲舒向往的理想社会，是基于现实又悖逆现实的幻影。他描述：古之天下，"上下和睦，习俗美盛，不令而行，不禁而止，吏无奸邪，民无盗贼，囹圄空虚，德润草木，泽被四海。"（《汉书·董仲舒传》）

有上下等级之别却相亲相爱，有官吏平民之分却无剥削压迫，有监狱而空置，有令禁而不用，以至于普天之下，人与自然共同蒙受在祥和的氛围中。

私有制外壳历历，内瓤却经公有原则一番洗礼，很有些脱胎换骨的气象。

那么，如何"脱胎换骨"？

"三纲五常"！它是董仲舒向理想社会过渡的桥梁，甚至本身就几乎是其心目中"万世无弊"的大道。

三纲：君为臣纲，夫为妻纲，父为子纲。

五常：仁、义、礼、智、信。

"三纲"何来？

董仲舒说："王道之三纲，可求于天。"（《春秋繁露·基义》）

天授三纲，则"天人感应"。于是，等级制因"天"固化："阳贵阴贱，天之制也。"（《春秋繁露·天辨人在》） 继而董仲舒以"阳尊阴卑"为之论证："君为阳，臣为阴；父为阳，子为阴；夫为阳，妇为阴。"（《春秋繁露·基义》）

显然，董仲舒"把人世间的等级制度、伦理观念强加到天上，反过来又把这种等级制度、伦理观念作为天的旨意要求人们接受。"（周桂钿、李祥俊：《国学通览·董学》）

假天之威而等级尊卑不可变异。董仲舒"为封建社会的人伦关系和政治制度找到了最根本、最重要的理论依据，奠定了理论基础。"（王永祥：《董仲舒评传》）

"三纲"之制，其实由来也渐。

随着原始公有制解体，母权制被父权制代替，君为臣纲，父为子纲，夫为妻纲作为父权制的基本要件，在阶级社会的现实中早已长足发展。

孔子对"君臣父子"的定调，自不必言；荀子已经将这种伦理规范视为"本体"："君臣父子兄弟夫妇，始则终，终则始，与天地同理，与万世同久，夫是之谓大本。"(《 王制》) 至于韩非则以纲纪之尊和法治之威将其强势定型:"臣事君,子事父,妻事夫,三者顺则天下治,三者逆则天下乱,此天下之常道也。"(《忠孝》)

韩非学说,架起了自孔子而董仲舒的桥梁,更依凭董仲舒对"三纲"的正名,成为儒学思想体系的构成,俨然社会体制的政治支柱。

臣要绝对地服从君,妻要绝对地服从夫,子要绝对地服从父。三个"绝对"是"纲"的本意。如此则消除攻伐掠夺、人各为政的乱象,等级分明,各安其位,社会安定、民族统一。

那么,谁来维护"三纲"?

——"五常"。

"三纲五常"以对孔子学说的条理化,明确了严格的等级制和维护等级制的日常规范,成为儒学思想体系的基本框架。

历代统治者总是以"三纲"为本,"五常"为用;"五常"为"三纲"服务。而董仲舒本意则相反,"三纲"只是"五常"的结果和表现形式。

"五常"者,"仁"为首;而行"仁",则君为首。

董仲舒说:"《春秋》深探其本,而反自贵人始。故为人君者,正心以正朝廷,正朝廷以正百官,正百官以正万民,正万民以正四方。"(《春秋繁露•二端》)

人天一体,皇帝是天之子,自然就是人民之子。人民之子为贵人,在于有侔同天地的好品德。那么,"君为臣纲",就要以最高的标准严格待己,以最好的仁德示范"臣",示范天下。这是"三纲"之本。

贾谊说"三纲":"令主主臣臣,上下有差,父子六亲,各得其宜。"(《新书•俗激》)

"差"是形式,"宜"则其质。"宜"之质,规定了"仁"在"三纲"中的至高地位。

董仲舒举孔子修《春秋》为例:

鲁宣公十五年,楚师围宋,久围不下只余 7 日粮,便议决撤军。这时,楚国司马子反与宋国华元相见,华元说被围之宋已经易子而食,城将破。司马子反闻之恻然,说:"我军也只剩 7 日粮,攻不下城就撤军。" 送走华元,司马子反据实禀告楚王,并请楚王放弃攻城。

按照等级制,司马子反为楚将,不能里通外国,将自身困境通报敌方;更不能以下谋上,挟君撤兵。子反的行为严重破坏了等级制,然而孔子却对子反高度称赞。

这是为什么?就因为子反之"仁"。

"仁"为等级制之本,离开"仁",等级制便失去灵魂。灵魂不在,则等级制便如大厦倾。维护"仁"的核心,才能维护等级制,使其健康发展。

——善的等级制!

这是孔子"君臣父子"大旨的张扬:君要德侔天地,博爱万民,严以律己,宽以待人;臣要体达君意,服从并协助君实现大公无私的天意。

董仲舒阐释孔子:"屈民而伸君,屈君而伸天,《春秋》之大义也"(《春秋繁露•玉杯》)

"屈民而伸君"是善的等级制的形式:就个体而言,民为贱,君为贵,民要服从君;"屈君而伸天"是善的等级制的实质:君为贱,天为贵,天即民。天意就是民意。就整体而言,君要服从民。

董仲舒定制"人天":"天地之符,阴阳之副,常设于身,身犹天也。"(《春秋繁露•人副天数》）　于是，天之警示亦人之警示，天之赏罚亦人之赏罚。君主为天之子，亦即人之子。这个"人"是抽象，即人的整体，董仲舒说以"爱人类"，将"君"置于人的群体之下。

至高者，实至卑。君之"上位"，实在是君之"下位"，是代言人民意志的特定形态。"王者配天"实在是"王者配民"的另类表述：帝王者，人民公仆。"为人主者，以无为为道，以不私为宝……此人主所以法天之行也。"（董仲舒：《春秋繁露•离合根》）。

善的等级制，在"天本体"下挂了号，通过人天关系的辨证，将"公天下"的原则和私有社会等级制的现实有机地结合起来。

在董仲舒看来，等级制的固化首先是"仁"的固化。以"仁"为标准而等级制则变动不居。他指出：世袭贵族"未必贤也。且古所谓功者，以任官称职为差，非谓积日累久也。故小材虽累日，不离于小官；贤材虽未久，不害为辅佐。是以有司竭力尽知，务治其业而以赴功。今则不然。累日以取贵，积久以致官，是以廉耻贸乱，贤不肖混淆，未得其真。"（《汉书•董仲舒传》）

董仲舒强调由地方官从普通百姓中推举贤才，冲击僵化的政权体制。这类同法家注重实践按能授职以破除门阀等级的主张："明主之吏，宰相必起于州郡，猛将必发于卒武。"（《韩非子•显学》）。

董说成为汉武帝政治实践的理论支撑。武帝擢用奴隶出身的卫青大败匈奴，提升屡立战功的霍去病 24 岁当了准国防部长，赏功罚过别贵贱，不拘一格用人材，成就一代雄风。

王永祥在《董仲舒评传》中称赞董学为"封建社会人类学的普泛化，或叫泛封建社会人类学。"这已接触到董仲舒的实质。所谓"泛"，其实就是用公有观念来规范私有制，用天人一体的普遍性来界说阶级社会的特殊性，用超阶级的人类之爱来指导等级制健康发展，亦即董仲舒之谓："仁者所以爱人类也。"（《春秋繁露•必仁且智》）

且看董仲舒笔下的社会样板："五帝三皇之治天下，不敢有君民之心。什一而税，教以爱，使以忠，敬长老，亲亲而尊尊；不夺民时，使民不过三日，民家给人足，无怨望忿怒之患，强弱之难；无谗贼妒嫉之人，民修德而美好，被发衔哺而游，不慕富贵，耻恶不犯。"（《春秋繁露•王道》）

这是对孔子"小康社会"的重张：按劳分配，所以有贫富之分；上下和睦，人间无掠夺之事；安分守己，百姓守等级规矩；利益众生，帝王为社会表率。

善的等级制，是"三纲五常"的内在诉求，也是阶级社会的最高理想。

（3）体系之三："德主刑辅"

汉兴，首倡黄老，"清静无为"。萧何做《汉律九章》，废除相坐律、诽谤罪，简化秦制；文、景时推行什伍税一乃至三十税一，宽刑省徭，与民休息。统治者吸取秦亡教训，以对人民意志的尊重和对公天下原则的认同，成就并开启了泱泱神州九派归汉的光大路。

汉族于是诞生。

"汉民"初成，自身利益得到一定程度的认同和人权的有限回归，激发出生产积极性。自高祖开国至武帝登基，60 年甲子，经济繁荣，政治稳定。司马迁谓之"百姓无内外之徭，得息肩于田亩，天下殷富，粟至（石）十余钱，鸡鸣吠

狗，烟火万里。"(《史记·律书》)

然而，随着生产力的恢复与发展，私有制的劣根性蔓延扩张，为私欲私利的争斗渐兴渐浓。司马迁剖析："人生有欲，欲而不得则不能无忿，忿而无度量则争，争则乱。"(《史记·八书第一》)

汉乱纷起。

汉承秦而失于"德教"，"清静无为"则难免纵容豪强欺世与特权暴虐。朝野上下因"无为"消磨致信仰缺失，社会诸分子便耽于私利而相互间激烈碰撞，终遭弱肉强食的撕扯形成贫富悬殊。武帝时，豪绅压迫日重，阶级矛盾日深，已经出现严重的剥削："或耕豪民之田，见税什五。"(《汉书·食货志》)

不仅如此。权贵集团更利用宽松的政治环境恣肆妄为，兴兵作乱。"汉初，中央实行无为政策，地方上的诸侯就开始觊觎中央政权。"(周桂钿、李祥俊：《国学通览·董学》)

战火再燃，中华板荡，"无为而治"的理想蓝图顿成灰烬；"汉"之初立，便承受民族分裂的磨难。

直面磨难，汉武削藩重教，成就一代雄风；董仲舒则相与应和，力尊儒学一统，奠基孔子"素王"百世，影响深远。

董仲舒施以庄严的神学色彩塑就孔子金身，假天之威宣说天下人公利，赋予孔学以"公天下"的明确内涵："古之圣人，见天意之厚于人也，故南面而君天下，必以兼利之。"(《春秋繁露·诸侯》)

天意大公，兼利万民！如此，孔学的民本主张便因"天"之神威的支撑而具有了强大警示力。

"天威"所向，主要针对君主。南宋赵彦卫释说："董仲舒、刘向于五行灾异，凡一虫一木之异，皆推其事以著验。二子汉之大儒，惓惓爱君之心，以为人主无所畏，惟畏天畏祖宗，故委曲推类而言之，庶有警语。"(《云麓漫抄》卷十四，转引自王平：《汉代天人感应说略述》)

爱君而警君。警君的目的在于爱民。董仲舒说："王正，则元气和顺，风雨时，景星见，黄龙下；王不正，则上变天，贼气并见。"(《春秋繁露·王道》)

统治者正派，则风调雨顺；反之，则天灾人祸并至。

那么，"王"如何"正"？

董仲舒训诫："德侔天地者称皇帝，天佑而子之，号称天子。"(《春秋繁露·三代改制质文》)

王是天的儿子，得到天的佑护。天的儿子必须具有天的道德。

"天"者何德？

"天，仁也。"(《春秋繁露·王道通三》)

这个"仁"，超越了孔子"仁者爱人"的层面，已经等于"德"："仁之法在爱人，不在爱我。义之法在正我，不在正人。我不自正，虽能正人，弗与义为；人不被其爱，虽厚自爱，不予为仁。"(《春秋繁露·仁义法》)

"仁"在董仲舒笔下得到提升。其以对"自爱"的弱化和对"自正"的强化以及对"爱人"的绝对化，将孔子隐在"仁"之底处的对老子的认同——"天之道，利而不害"，直接拎了出来。

也就是大公无私。

董仲舒鼓励君主置"德"于尊："行天德者谓之圣人。"(《春秋繁露·威德所生》) 同时为君主宣讲"天德"的表率："尧舜行德则民仁寿。"(《汉书·董仲舒传》)

向圣看齐！这是汉初思潮施之于君主的道德规范。《淮南子•主术训》说得明白："公道通而私道塞"；公然指出制度法规的主要用途不在于制约民众，而在于制约君主："法籍礼义者，所以禁君使无擅断也。"

这实在是古今法制一脉相承的内核；也是董仲舒心曲深处的道白。

东汉班固释董："天所以有灾变何？所以谴告人君，觉悟其行，欲令悔过修德，深思虑也。"（《白虎通义•灾变篇》）

清代皮锡瑞释董：汉时"儒者以为人主至尊，无所畏惮，借天象以示儆，庶使其君有失德者犹知恐惧修省。"(《经学历史•经学极盛时代》，转引自王平：《汉代天人感应说略述》)

"为政以德"， 这是董仲舒张扬孔学，诉诸君主的担当。

董仲舒引阴阳五行说，确定"天本体"的理论依据："天道之常，一阴一阳，阳者天之德也，阴者天之刑也。"（《春秋繁露•阴阳义》）

那么，德、刑二体，有无主辅？

董仲舒指出："天之常道，相反之物也，不得两起，故谓之一。"（《春秋繁露•天道无二》）矛盾双方，必有一方居于主要方面。

谁主谁辅？

董仲舒断言："天之亲阳而疏阴，任德而不任刑。"（《春秋繁露•基义》）

于是，"天道"之下，人副天数。董仲舒借天崇德："王者承天意以从事，故任德教而不任刑。"（《汉书•董仲舒传》）

韩非主张："人主者，以刑德治臣者也。"（《二柄》）他其实以刑为主。

董仲舒修正韩非，立圣人标杆："圣人多其爱而少其严，厚其德而简其刑。"（《春秋繁露•基义》） 君主当效法圣人，"圣者法天，贤者法圣。"（《春秋繁露•楚庄王》） 以德侔天地的自觉，扩张德化社会的自为："教，政之本也；狱，政之末也。"（《春秋繁露•大辨人在》）

——德主刑辅！

这是儒学思想体系的基本政治路线。

董仲舒赋予君主的担当，是严责己，宽待人，以对"德"的认同而自省自赎："以仁治人，义治我，躬自厚而薄责于外。"（《春秋繁露•仁义法》）

董仲舒赋予君主的担当，更是承天意，效圣哲，教化万民："立辟雍庠序，修孝悌敬让，明以教化，威以礼乐，所以奉人本也。"（《春秋繁露•立元神》）

"人本"二字，直接道出"天本体"的实质——人本体。而尊奉人本体，就不能不正视现实社会为私欲的争斗，以及个体利益对公有原则的销蚀："人莫欲乱而大抵常乱，凡以闇于人我之分而不省仁义之所在也。"（《春秋繁露•仁义法》）

于是，对私有制中人的教化便成"为政"之首。董仲舒强调：观念变革是国之大本。"以德为国者，甘于饴蜜，固于胶漆，是以圣贤勉而崇本而不敢失也。"（《春秋繁露•立元神》）

周桂钿、李祥俊在《国学通览•董学》中写道：董仲舒的"'天人感应'实际上是天与管理着人间的君王之间的感应关系。"

凭着这种关系，董仲舒将观念变革的重负压在君主双肩。

儒学自孔子开山，便对君主集权高度认同。孟子、荀子、韩非分别以自己的形态表达这个"认同"，至董仲舒，则明确将"教化"之责寄予君主："天生民性，有善质而未能善，于是为之立王以善之，此天意也。"（《春秋繁露•深察名号》）

"天意"之说，道出了汉初在历经春秋战国至秦乱之后，对私欲横行致华夏沉沦的反思以及期待思想革命的强烈呼声，是董仲舒对秦汉之雄文《大学》的响应："大学之道，在明明德，在新民，在止于至善。"

——明确最高的道德，崛起一代新人，开创新天地，建设新民族！

观念变革！

华夏归汉，当在天地间崛起一个与旧传统旧观念旧体制决裂而扬起新思想新道德新形象如日新出的新汉族。董仲舒为这个期待中的"新人世界"高擎起圣人之旗："圣人之道，同诸天地，荡诸四海，变习易俗。"（《春秋繁露·基义》）

这和西方基督教主耶稣的美好憧憬，异曲同工。

董仲舒实现了对孔子的升华。王永祥写道："孔子的'习相远'，强调的是个人之习，而董仲舒强调的则是王教。……适应了想要积极进取和大有作为的汉武帝的需要。"（《董仲舒评传》）

"王教"立旨，申说了君主专制代言中华统一的诉求，更以"德政"形态指明了人类社会自我教化的重要性。

"教，政之本。"

政治的本质是教化。董仲舒赋予政治以思想革命的深刻内涵。

这是儒学思想体系的实质。

也是 2000 年后毛泽东文化大革命的实质。

（4）为体系的实用："罢黜百家，独尊儒术"

董仲舒是中华文明的里程碑。

东汉王充论定中国历史主线："孔子曰：'文王既没，文不在兹乎！'文王之文在孔子，孔子之文在仲舒。"（《论衡·超奇》）

两汉以后，佛、道迭兴，经学衰微。而从魏、晋到宋、明，董仲舒影响却代代弥光，唐之韩愈、李翱，宋之司马光、程颢、程颐、朱熹、陈亮、陆九渊，都推崇董学。

至清代，春秋公羊学复兴，董仲舒俨如圣人。龚自珍、魏源继承今文经学，以董学"三世说"为理论依据，吁求变法改革；康有为对董仲舒将孔子学说应用于社会现实的创造性作为，更予高度评价，认为只有通过董仲舒才可入孔子之门，他说：董学"微言奥义……实为儒学群书之所无。"（《春秋董氏学》）

一如世界文明史上，亚里士多德开柏拉图实用之风，保罗开耶稣实用之风，大乘挣脱小乘束缚开佛陀实用之风；在中华文明早期，孔学开老学实用之风，董仲舒则沿承孔子，以不拘泥于孔说的文化创意，开两千年儒学之新径，推动了孔学的经世致用。

侯外庐等著《中国思想通史》评说董学是"儒学庸俗化的典型。"（见王永祥：《董仲舒评传》）然而，正是这个"庸俗化"，实现了孔学的普及与扩张，促进了中华文化的进步与发展。

实际上，董仲舒之于孔说："见其指者，不任其辞。不任其辞，然后可与适道矣。"（《春秋繁露·竹林》）"适道"大旨见诸"天人三策"，董仲舒于中字斟句酌地发表了一段纲领性的文字：

"孔子曰：'殷因于夏礼，所损益可知也；周因于殷礼，所损益可知也；其或继周者，虽百世可知也。'此言百王之用，以此三者矣。夏因于虞，而独不言损益者，其道如一而所上同也。道之大原出于天，天不变，道亦不变，是以禹继舜，舜继尧，三圣相受而守一道，无救弊之政也，故不言所损益也。由是观之，

继治世者其道同，继乱世者其道变。今汉继大乱之后，若宜少损周之文致，用夏之忠者。"（《汉书·董仲舒传》）

何谓"夏之忠"？

夏启承禹，开"家天下"之门，炎黄子孙步入阶级社会；然而夏距原始社会切近，虽私有框架初立，却大量依循原始公有习俗。董仲舒进言汉武"用夏"，即在正视和认同私有制现实的条件下，重张公有制和公有观念，回归古夏之淳朴。

这是孔子"仁说"——以公有制和公有观念的内核，规范、制约和引导私有制健康发展——之董仲舒形态：

董氏形态一："道者万世无弊"。（《汉书·董仲舒传》）

"道"，出自"天"本体。"道之大原出于天，天不变，道亦不变。"天本体的地位不会动摇，永恒存在，"道本体"则相随与共，永在而不动摇。

董仲舒谓"道"，其实以"意志天"的神秘色彩，成为老子"人法地，地法天，天法道，道法自然"的别样形态——大自然与其内在规律的统一体。

这个"统一体"纯而大公，不为自己谋生谋利，故尔永恒，即老子所云："天长地久，天地所以能长且久者，以其不自生，故能长生。"（《道德经·七章》）

人副天数。尧、舜、禹相受为原始公有制，"公天下"世代相沿，"继治世者其道同"，道者一也，故无弊政，无损益。"若夫大纲、人伦道德、政治教化、习俗文义，尽如故。……王者有改制之名，无易道之实。"（《春秋繁露·楚庄王》）

董氏形态二："弊者道之失"。（《汉书·董仲舒传》）

"弊"非"道"之过，乃是对"道"——"公天下"的背离。所谓"继乱世者其道变"，即变乱世之邪"道"。"邪道"实为无道，"道"之不存，则私有制畸化，销蚀"公"的内核，特权横行，贫富悬殊，世事乖离。如此，就不能不拨乱反正，向"道"回归，重张公有原则。

董仲舒没有停留在老子"道"的抽象里，而是沿着孔学对"道"的变通予以发挥："百王之用，以此三者。"——夏，殷，周。

三者有机结合：以夏为本，殷、周为用。或者说，殷、周是对夏的变通。

董仲舒说："夏因于虞，而独不言损益者，其道如一而所上同也。"夏无损益，在于其继承的是原始公有制，即无"弊"之"道"。

殷损益夏，周损益殷，在于夏、殷末代权贵暴虐，私欲横行，严重背离公有原则；而殷之于夏、周之于殷的损益，则是在认同私有制发展成果的基础上，对"公"的重张。

夏、殷、周是私有制社会，三代损益，以知百世，则知"百世"必相沿为私有制无疑，其区别于道之畅行而无弊的"万世"；其实意味着阶级社会的"百世"之政，只是内在于人类公天下"万世"大同的短暂瞬间。

这个"短暂瞬间"既有着私欲泛滥而特权剥削的自身特色，又不能不时时经受永恒之道——公天下原则的鞭挞、规范、导引与纠偏。

宋代程颐透视了董仲舒的灵犀处："后王知《春秋》之义，则虽德非禹、汤，尚可以法三代之治。"（《春秋传序》）

三代之治给出百世之道，即夏朝所继承的公有制和公有观念 + 殷朝变革夏桀之乱对公有制和公有观念的重张 + 周朝变革殷纣之乱对公有制和公有观念的重张。

显然，董仲舒深刻把握和张扬了孔学大要。

大要挺立，则孔子的圣人地位根基坚固，而儒学思想体系也便硬骨铮铮不可摧，规定并指导着私有制在其进程中对背离"大要"的自我纠偏。故尔董仲舒段末收束："汉继大乱之后，若宜少损周之文致，用夏之忠者。"

"周之文致"固然不免庄子"道隐于小成"的社会批判，但"小成"毕竟是历史的进步，不能全盘否定，故只宜"少损"；而"夏之忠"即公有制和公有观念，则应予重张。

这便是"改制"。

祝瑞开在《两汉思想史》中说："自秦亡以来，汉初统治者都热衷于改制，但统治思想却一直没有确定下来。"

然而，经过汉初的酝酿，黄老名下，孔说渐兴，遂成趋势。贾谊尊儒，陆贾引道入儒，晁错引法入儒，至董仲舒则公然以孔子"素王"的思想专制支撑汉武帝的政治专制："诸不在六艺之科孔子之术者，皆绝其道，勿使并进。"（《汉书·董仲舒传》）

"罢黜百家，独尊儒术"！

董仲舒将人类精神之崇高，聚焦为孔学的"大公"指向，继而以孔学之"仁"融汇百家之说，开拓出"道"在私有制社会经世致用的现实之路。"道者，所由适于治之路也，仁义礼乐皆其具也。"（《汉书·董仲舒传》）

为儒学思想体系的实用——

实用一：中华统一的理论设定。

如果说，在春秋战国，统一是历史的呼声；那么，秦汉之际，统一则成为时代主题。董仲舒高扬"主题"："《春秋》大一统者，天地之常经，古今之通谊也。"（《汉书·董仲舒传》）

与之相应，意识形态上"百家争鸣的局面，早在战国末期，就已随着大国争霸的加剧及秦国军事上的胜利，而趋向于融合与同一。"（王永祥：《董仲舒评传》）

韩非便曾放言法家学说一统天下的理论决绝："冰炭不同器而久，寒暑不兼时而至，杂反之学不两立而治。"（《显学》）

汉初封王，从秦制后退，致七国乱；武帝削藩，强化中央集权，一统始成。经济与政治的统一，迫切"需要一种新的、能够从天道观的高度来全面论证封建统治的合理性以及维护以皇帝为代表的中央集权制的有为理论体系。"（王永祥：《董仲舒评传》）

董仲舒应时而起，儒学思想体系鼎立百世，为中华一统打不散、拖不垮而两千年绵延到今，建树了不朽功绩。

实用二：社会和谐的制度固化。

孔子说"仁"，指明了私有制社会的百世之政——善的等级制。

董仲舒张扬孔说，为善的等级制明确本体依据，继而做了等级制的固化："王者制官，三公，九卿，二十七大夫，八十一元士，凡百二十人，列臣备矣。"（王永祥：《董仲舒评传》）

然而，董仲舒沉溺于自身体系的精雕细琢。为着上至君主下至平民各守其位、互尊互爱的社会和谐，他甚至比孔子更具体地对吃的、穿的、住的、用的划分了严格的等级规定："生有轩冕、服位、贵禄、田宅之分，死有棺椁、绞衾、圹袭之度。"（《春秋繁露·服制》）

从生到死，社会中人只能依照自己所处的等级而行，上下不可逾越。如此，则制度固化稳定社会，也便宣告了自身"真理止于斯"的谬误，埋下了封杀变动不居的自然规律与人类进步的隐患。

而且，固化的制度在被权贵集团抽掉"仁"的核心后，很容易步入僵化乃至向"恶"畸化，最终导致儒学思想体系的自我否定。

"仁之于人，义之于我者，不可不察也。众人不察，乃反以仁自裕，而以义设人，诡其处而逆其理，鲜不乱矣。"（《春秋繁露•仁义法》） 董仲舒的这段话，事实上成为对儒学思想体系"致乱"的警告与其"自我革命"的预言，遂成为儒学思想体系两千年运势的写照！

实用三：人民革命的本质申张。

董仲舒立足于"天本体"，宣告了"人民革命"合理性。

"天本体"实际上是天人一体。那么，自觉"人副天数"，则君臣一体，君民一体，上下互敬，社会和谐。"德莫大于和。"（《春秋繁露•循天之道》） 反之，人的主观意志逆"一体"而恣意妄为，则遭天谴。

天谴即人谴，天怒即民怒。民怒则"夏无道而殷伐之，殷无道而周伐之，周无道而秦伐之，秦无道而汉伐之。有道伐无道，此天理也。所以来久矣，宁能至汤武而然也。"（《春秋繁露•尧舜不擅移，汤武不专杀》）"

汤武革命应予肯定，秦汉革命亦应肯定，而且"所以来久矣"；欲求"万世无弊"之政，不能不肯定"有道伐无道"的人民革命。

"此天理也"！

"天理"者何？董仲舒掷语铿锵："天之生民非为王也，而天立王以为民也。故德足以安乐民者，天予之；其恶足以贼害民者，天夺之。"（《春秋繁露•尧舜不擅移，汤武不专杀》）

——不以德临民，则人民以"天"的名义造反夺权，是合理的。

晚于董仲舒 2000 年的毛泽东有过一句名言："马克思主义的道理，千条万绪，归根结底，就是一句话：造反有理。"

这个"造反有理"的"理"，在董仲舒那里，是以"天理"形态表达出来的。

这是孔子学说的实质；也是儒学思想体系的实质。

2、朱熹与儒学思想体系的终结

"释道儒宗，其旨本融；守株则塞，忘筌乃通。"
——智圆：《三笑图赞并序》

朱熹是两宋理学思想的集大成者。

在中华文明史上，孔子奠基儒学；董仲舒确立了儒学思想体系；衍至朱熹，则闲步于峰巅之云天迷蒙处，将一声轻叹，旋起空谷和音：上攀之路已尽；前行固不免峰峦起伏，但私有制及其上层建筑从总体上步入下坡路。

理学家周敦颐、邵雍、张载、程颢、程颐促成朱熹并与其成群雕并立；朱熹之后，真德秀、魏了翁回归董仲舒，推动理学运动政治化、实用化；而陆九渊、王阳明则以对"心学"的张扬完成朱熹，宣告了儒学思想体系的终结。

公元 1200 年，朱熹逝世。

公元 1224 年，朱熹逝后 20 余年，西欧基督教思想家托马斯•阿奎那诞生。

东西方历史进程相映照。

朱熹：儒学思想体系的最高峰。

阿奎那：基督教思想体系的最高峰。

阿奎那写了《基督教大全》，成为基督教世界的百科全书；同样，"朱熹回答

了君主时代所能碰到的方方面面的问题，他的著作带有百科全书的性质。"（姜广辉：《理学与中国文化》）

然而，物极终反。二人同时宣告了对各自思想体系的否定。

他们共同为"实证科学"做了理论铺垫，却同样自缚于体系之中，以体系的封闭性关闭了实证科学之门。

他们与后来的"文艺复兴"似乎风马牛不相及，但却以对各自思想体系的本质悖逆，点燃了"文艺复兴"的火种。

理学运动，就是中国"文艺复兴"的理论准备，是思想解放的先声。

（1） 理学之一：儒学体系的本体论证

马中在《中国哲人的大思路》中写道："自从先秦时代结束，诸子百家发生了大的融汇交流以后，儒家学者们开始努力为儒家学说构思本体论体系，并为此走过了漫长曲折的道路。"

汉代，董仲舒主说"天人感应"，试图向神学求同以规范社会人伦，虽不免粗鄙，但分明迈出了构建儒学本体论的重要一步。

魏晋玄学不满足董仲舒"人副天数"的肤浅之论，援道入儒，为儒学本体论打通了向老庄之道的回归路径。何晏释孔子"为政以德"句："德者无为"（《论语集解》）；阮籍释孔子"志于道"句："道者法自然而为化"（《通老论》）。

唐代，儒学本体论课题日彰。韩愈、柳宗元、刘禹锡质疑"天命"说，大踏步地迈向老庄。"庄周言天曰自然，吾取之。"（柳宗元：《天说》）

宋代则绍承盛唐政治、经济、文化的开放气象，聚起思想之巅，洛学、关学、蜀学各说争锋，周敦颐、张载、二程、朱熹相融佛、道，以"本体论"的确定，创意了儒学思想体系的新形态——理学。

理学将儒学思想体系推向最高阶段，也标志着儒学的自我完成。

周敦颐为理学开山。他以对宇宙万物的探源明确老子自然之道与孔子人伦之道的合一，框定儒学本体论："立天之道曰阴与阳，立地之道曰柔与刚，立人之道曰仁与义。"（《太极图说》）

张载申明自然本体："太虚无形，气之本体，其聚其散，变化之客形尔。"（《正蒙•太和》） 而"人之诚"与"天之德"浑然为一："诚明所知，乃天德良知。"（《正蒙•诚明》）

人天相合，本体归一。

二程说之以"理本论"。程颢："天者，理也"（《程氏遗书》卷十一）；程颐："在天为命，在义为理，在人为性，主于身为心，其实一也。"（《程氏遗书》卷十八）。"理"被特意拎出来："理者，实也，本也"（《程氏遗书》卷十一）。

朱熹援禅，形象界说："本只是一太极，而万物各有禀受，又各全具一太极尔，如月在天，只一而已，及散在江湖，则随处可见，不可谓月已分也。"（《朱子语类》卷九十四）

"理一分殊"！

此为理学架构。万物一理；万物又以各自的特殊形态涵摄与解说内在于其中的"理"。"近而一身之中，远而八荒之外，微而一草一木之众，莫不各具此理。……然虽各有一个理，却又同出于一个理。"（《朱子语类》卷十八）

—— 儒学本体论气象森然，周流贯通；统天统地，蔚为大观。

"理一分殊"的实质是"理气一体"。 理学家把自然界视为生命整体。"没有比自然更高的存在，也没有比自然更高的本质。" 自然"是最终极的存在。其中有超越的意义即理，但理又不是自然界之外的存在"（蒙培元：《关于新儒学中的理性问题》），而是事物的内在规律："所以然者，理也。"（《朱子语类》卷十八）

气中有理，理则含气，理气一体。朱熹论定："太极理也，动静气也。气行则理亦行，二者常相依而未尝离也。"（《朱子语类》卷九十四）

朱熹总太极为天地万物之理，将其"上升为宇宙本体，从而取代董仲舒儒学中'天'的地位。自是儒家的天命论演化为天理观，天人感应的神学发展为天人一体的理学。"（李锦全：《从孔、孟到程朱》 载《孔子研究》1998.2）

朱熹主张"理先气后"。

他说："若在理上看，虽未有物，而已有物之理。"（《答刘叔文》）

他说："太极只是天地万物之理。……未有天地之先，毕竟是先有此理。"（《朱子全书》卷四十九）

他说："未有这事，先有这理。如未有君臣，已先有君臣之理；未有父子，已先有父子之理。不成原无此理，直待有君臣父子，却旋将道理入在里面。"（《朱子全书》卷四十六）

"理"被抬到至高地位，俨然 19 世纪西欧哲人黑格尔之超时空的绝对精神。但只是形似。实际上，朱熹沿承的路径，依然是孔子规定的经世致用。他不讳言为实用的权变："理气之别，出于人之拟议，而非真有此二物也。"（《答刘叔文》）

理气本一，其别分为二，理先气后，无非朱熹的主观设定："或问：必有是理然后有是气，如何？曰：此本无先后之可答，然必欲推其所以来，则须说先有是理。" 又说："以意度之，则疑此气是依傍这理行，及此气之聚，则理亦在焉。"（《朱子语类》卷一）

朱熹何以如此设定？

成中英指证朱熹学说的重点："'理'是'知'的对象，'知'是'理'的活动。"（《论王阳明"朱子晚年定论"与"大学问"所涵摄的知识问题》）

"知"被提到中心地位。邵雍为"知"释言："道为天地之本，……道之道，尽之于天矣；天之道，尽之于地矣；天地之道，尽之于物矣；天地万物之道，尽之于人矣。人能知天地万物之道所以尽于人者，然后能尽民矣。"（《皇极经世》）

所谓"尽民"，便是张扬老子论定的以"德"配"道"——认同"道"本体，就是认同"德"本体，就是利益万民而不害民，天下大公。如此，便确定了人对本体的认知即精神的反作用在社会实践中的突出地位。

这里有一个重大意义，即老孔公元前 500 年高扬的人的理性自觉，被理学予以亮丽升华。

老孔的"理性自觉"基于对晚周"天命观"的挣脱，朱熹的"理性自觉"则同步中国封建社会高峰而张大人的主观自为："须先知得方行得。"（《朱子语类》卷十四）

"理"是本体，"知"是人对"理"的自我意识。理在物中，人则通过实践"格物致知"，确立理的主导，反过来指导实践。"理在物先"是个抽象说法，为着明确理在制约、规范君臣之交、社会进程中的导向地位。

朱熹笔下，"知"的分量极重。他说："天即人，人即天。人之始生，得之于天也；既生此人，则天又在人矣。"（《朱子语类》卷十九）

"天在人"，意味着人对天的"知"，乃至人对天的涵摄，即人在天中的轴心位置。这其实是董仲舒"天人感应"、"人副天数"之内心委曲——"人本体"的继承和理论提升，或谓孔子"德治天下"的朱熹形态："天之本体由人的道德实践活动而呈现，人的道德实践活动成为呈现这一本然世界的最基本的形式。"（宁新昌：《本体与境界》）

理学家们诉诸人的主观意识对"理"、对"天道"、对大自然及其本质的高度认同，于是，"理气一体"被精神的自为激发为"理知一体"，则"大写的人"便为"人天一体"的圆融贯通拓了通道——道德通道。

疏浚道德通道，是朱熹时代的呼声。

在中华民族史上，春秋至两汉，是私有制的上升期，其以饱满的生机扫荡原始公有制残余，变革旧的生产关系，解放生产力，推动了社会的迅猛发展；自唐而宋，则是私有制的高峰期，其以勃发的生命力创造出经济繁荣、军事扩张、政治强权的封建大帝国。

然而，生产力的进步促进经济发展，却助长私有制的根性大爆发，"公天下"的理念横遭践踏，专制集权日盛，等级压迫加剧，私欲泛滥，特权横行，弱肉强食，两极分化，严重的贫富悬殊和阶级对立撕裂社会，封建统治的腐朽内瓢尽都翻了上来，张显着私有制的自我否定。

朱熹写照君主："陛下既未能循天理，公圣心，以正朝廷之大体，则固已失其本。……日往月来，浸淫耗蚀，使陛下之德业日隳，纲纪日坏，邪佞充塞，货赂公行，兵愁民怨，盗贼间作，灾异数见，饥馑荐臻，"（《宋史》卷四二九）

朱熹写照官僚阶层："今之监司，奸赃狼籍，肆虐以病民者，莫非宰执、台谏之亲旧宾客。"（《宋史》卷四二九）

朱熹写照知识精英："程子曰：'学者须是务实，不要近名。有意近名，大本已失，更学何事？为名而学，则是伪也。'今之学者，大抵为名。为名与为利，虽清浊不同，然其利心则一也。"（《论语集注》）

朱熹请陆九渊在白鹿洞讲说，至为陆氏一席话而唏嘘：学者日读圣贤书，内心追求则"只读书便是利，如取解后，又要得官，得官后又要改官，自少至老，自顶至踵，无非为利。"（《陆九渊集》）

理学家们所恨所斥所否定者——唐宋高峰伴生的私欲井喷和政界、经界、学界的全面腐败。

宋人王顺伯说："本朝百事不及唐，然人物议论远过之。"（见《陆九渊集》）

唐代成就了中国封建统治的功业之巅，而宋代崛起理学家群体则成就了中国封建统治的思想之巅。

宋承汉唐。然汉重经学而弊于训诂；唐尚词章而流于虚饰；至道、禅时兴则终归空疏。宋所承者，几乎是儒学思想体系的断层；"自强不息，厚德载物"的中华精神遭遇空前危机。

周敦颐感叹："不知务道德而第以文辞为能者，艺焉而已。噫！弊也久矣。"（《通书》）

全祖望回溯："盖有见于当时学者，陷溺功利，沉锢词章，积重难返之势，必以提醒为要。"（《城南书院记》）

陈钟凡论说："盖前儒治经，重视训诂章句之末，性与天道，非所究心，至宋人阐明性命，则穷理致知，为必由之途矣。"（《两宋思想述评》）

此"必由之途"，经李翱"复性说"和唐宋八大家古文运动回归儒学本质，终于诉诸人的理性自觉，掀起了理学革命。

理学革命确立了儒学本体论，其"不满足于将仁义道德仅仅看作社会的伦理道德规范，而是看做宇宙人心的根本。"（姜广辉：《理学与中国文化》）

朱熹说："理则为仁义礼智。"（《朱子语类》卷一）

朱熹说："天道流行付而在人，则为仁义礼智之性。"（《朱子语类》卷六十一）

朱熹说："人之有是生也，天固与之以仁义礼智之性。"（《行宫便殿奏札二》）

朱熹说："为君臣者有君臣之理，为父子者有父子之理。……亘古亘今，不可移易。"（《行宫便殿奏札二》）

断言仁义礼智为大自然的内在规定，于是心、物合一而为本体，则孔说的伦理道德，有了最终的安身立命处。朱熹作结：《大学》"明明德"者，"得于天而光明正大者谓之明德。"（《朱子语类•卷十四》）

道德本体！

（2） 理学之二：儒学精神的道德重张

张载概言理学要旨："学必如圣人而后已。知人而不知天，求为贤而不求为圣，此秦汉以来学者之大弊。"（《宋史•张载传》）

张载言"弊"，其实非为秦汉以来学者独专，实肇始于孔子。孔子自己就说"圣则吾不能"，子贡亦云："夫子之言性与天道不可得而闻。"（《论语》）

"求为贤"，是孔子立足阶级社会现实对"圣"的变通。张载扬孔而贬后儒，是针对秦汉以降私有制大行天下致"圣"日渐模糊而托孔立说。

"圣"为孔学精髓；其一变而为"仁"，主张正视社会现实的经世致用；至董仲舒确立儒学思想体系，孔学便沿着适应私有制之路走下来，"圣"则淹没于私欲中。

理学的使命，便是为圣立说。

——为圣立说一：圣即诚。

周敦颐《通书》："圣，诚而已矣。诚者，五常之本，百行之原也。"

朱熹《中庸章句》："天地之道，可一言而尽，不过曰'诚'而已。"

何以言诚？

诚：真实。"诚者，真实无妄之谓，天理之本然也。诚之者，未能真实无妄而欲其真实无妄之谓，人事之当然也。"（朱熹：《中庸章句》）

人之所为与"理"相合，而"理"则是大自然的映照。"诚者圣人之本。大哉乾元，万物资始，诚之原也。乾道变化，各正性命，诚斯立焉，纯粹至善者也。"（周敦颐：《通书》）

圣即诚，诚则善，善则美。大自然本质真实，人自觉脉动于"真实"中，便是诚。诚与思诚，主观与客观相统一；诚者应天，则"圣"道流行。"至诚无息者，道之体也，万殊之所以一本也；万物各得其所者，道之用也，一本之所以万殊也。"（朱熹：《论语集注》）

"诚"即本体，是人的理性自觉的最高境界，即人的主观意识与大自然的运行规律共振而人天一体的融通。

——为圣立说二：学至圣。

在孔子看来，凡、圣两分。学为贤而难以至圣。

理学家们则升华孔说，程颐断言："人皆可以至圣人。"（《程氏遗书》卷二十五） 周敦颐自设问答："圣可学乎？曰：可；有要乎？曰：有；请问焉，曰：一为要；一者无欲也。"（《通书》）

无欲则圣。

朱熹释说："人皆有是知，而不能尽知者，人欲害之也，故学者必须先克人欲以致其知，则无不明矣。"（《朱子语类》卷十五）

程颢释说："君子之学，莫若廓然而大公，物来而顺应。"（《定性书》）

周敦颐释说："孟子曰：'养心莫善于寡欲'……予谓养心不止于寡欲而存耳，盖寡焉以至于无。无则诚立明通。诚立，贤也；明通，圣也。"。（《养心亭说》）

屏蔽私欲，通体大公，就是圣。学至圣，便是融入"大无我之公"（朱熹：《西铭记》）

如何"融入"？

朱熹指引迷津："敬字功夫乃圣门第一义。"（《朱子语类》卷十三）

"敬"者，进"诚"之阶。程颢说："诚者天之道，敬者人事之本。"（《程氏遗书》卷十一）

朱熹说，"敬有甚物？只如'畏'字相似……只收敛身心，整齐纯一，不恁地放纵，便是敬。"（《朱子语类》卷十二）

敬 = 畏，自省自赎之谓。

朱熹诉诸心的回归："口鼻耳目四肢之欲，虽人之所不能无，然多而不节，未有不失其本心者。"（《孟子集注》）

程颢诉诸心的扩张："己之心无异圣人之心，广大无垠，万善皆备，欲传圣人之道，扩充此心焉尔。"（《宋元学案》卷十三）

程朱大作"心"的文章，归根结底，无非思想革命。

程颐说："无私欲则天理明矣。"（《程氏遗书》卷二十四）

朱熹说："人之一心，天理存则人欲亡，人欲胜则天理灭。"（《朱子语类》卷十三）甚至断言："圣贤千言万语，只是教人明天理，灭人欲。"（《朱子语类》卷十一）

汗牛充栋的经籍典册，包罗万象的儒学体系，不过"明天理，灭人欲"六字概其全，其道出"学至圣"的真谛："公私之间而已。"（朱熹：《论语集注》）

这是理学革命的主旨。

认同"欲"、规范"欲"而至于"寡欲"、"节欲"，是孔子奠基儒学到董仲舒构建儒学思想体系的基本路径；程朱变"节欲"为"灭欲"，一字相差，表明儒学思想体系向本体论的深化。朱熹"克己论"："克之克之而又克之，以至于一旦豁然欲尽而理纯，则其胸中之所存者，岂不粹然天地生物之心，而蔼然其若春阳之温哉。"（《克斋记》）

圣者诚也，学以向诚，则圣路通天，人与大自然共振。理学家们以"公天下"的崇高情结，攀上了"圣"的峰巅。

——为圣立说三：圣教化。

朱熹剖白："吾平生所学，惟此四字"："正心诚意"！（《宋史》卷四二九）

朱熹一生行状，不负此说。其直面腐败的官僚政体，不欲与之同流，多次辞官不任。他愤然："大率今日肉食者，漠然无意于民，直是难与图事。"（见姜广辉：《朱熹传》）

朱熹为官不过九年，任内勤于实践：兴修水利，奖励农桑，减免租税，救济饥民；其虽为小官，却勇于惩治豪门："熹日钩民隐，按行境内，单车屏徒从，所至人不及知。郡县官吏惮其风采，至自引去，所部肃然。"（《宋史》卷四二九）

不仅如此，朱熹更以耿直公明直面权贵，将"圣教化"的担当无情地压向特权剥削者。

朱熹严训官僚之奸：

"宰相、台省、师傅、宾友、谏诤之臣皆失其职。……宫省之间、禁密之地，而天下不公之道，不正之人，顾乃得以窟穴盘踞于其间。"（《宋史》卷四二九）

朱熹直斥君主之私：

"陛下未能及古之圣王……。直以一念之间，未能彻其私邪之弊。"

"陛下即位二十七年，因循荏苒，无尺寸之效可以仰酬圣志。尝反覆思之，无乃燕闲蠖镬之中，虚明应物之地，天理有所未张，人欲有所未尽，是以为善不能充其量，除恶不能去其根，一念之顷，公私邪正，是非得失之机，交战于其中。"

"陛下自今以往，一念之顷必谨而察之，此为天理耶，人欲耶？果天理也，则敬以充之，而不使其少有壅阈，果人欲也，则敬以克之，而不使其少有凝滞。推而至于言语动作之间，用人处世之迹，无不以是裁之，则圣心洞然，中外融澈，无一毫之私欲，得以介乎其间。"（以上《宋史》卷四二九）

朱熹重炮，在特权统治者的群中炸开了花。程颐为之注："天下之害，皆以远本而末胜也。峻宇雕墙，本于宫室；酒池肉林，本于饮食；淫酷残忍，本于刑罚；穷兵黩武，本于征伐。先王制其本者，天理也；后王流于末者，人欲也。"（《粹言》卷一）

"峻宇雕墙"，"酒池肉林"，"淫酷残忍"，"穷兵黩武"，所指绝非劳苦大众；而弃天理、纵人欲者，非权贵阶层而谁？

显然，程朱理学是劈向私有制和私有观念的利剑，而"明天理，灭人欲"则分明利剑之刃，直指特权剥削者。朱熹严责君主："君臣相戒，痛自省改。"（《宋史》卷四二九）

这是理学革命的核心，是理学家们"为圣立说"的实质——

准确地说，朱熹并不否定人欲："人欲便也是天理里面做出来，虽是人欲，人欲中自有天理。"（《朱子语类·卷十三》）

"天理"、"人欲"，对立同一。你中有我，我中有你。正常的饮食男女之欲，其实是天理。若强做分别，则"饮食者天理也；要求美味，人欲也。"（朱熹：《中庸章句》）

人欲即天理。具言之，万物各有自性，自性运行体现天理。"人物各循其性之自然，则其日用事物之间，莫不各有当行之路，是则所谓道也。"（朱熹：《中庸章句》）

天理即人欲。具言之，万物构成的大自然是一个整体，同样，人不仅具有个体性，而且作为社会的人亦具社会性。这个"社会性"就是天理。万千人欲抽象为天理，反过来规范并指导具体的万千人欲。亦即朱熹所谓："饥而思量当食与不当食，寒而思衣当着与不当着。"（《朱子语类》卷七十八）

天理是对人欲的自觉。

进言之，人欲也是善，也是仁。正是有欲才有生的渴望、生的追求。《易》曰："天地之大德曰生"。生是最大的德，最高的善。朱熹到底说得明白："盖钟鼓、苑囿、游观之乐，与夫好勇、好货、好色之心，皆天理之所有而人情之所不能无者。然天理、人欲，同行异情。循理而公于天下者，圣贤之所以尽其性也。纵欲而私于一己者，众人之所以灭其天也。二者……是非得失之归，相去远矣。"（《孟子集注》）

灭天者，天人两分：纵一己私欲而践踏"公天下"之理；尽性者，则性理一如：循"公天下"之理而尊重天下万民之公欲，"这个理，在天地间时，只是善，无有不善者"（《朱子语类》卷五）

"明天理，灭人欲"散射着强烈的革命锋芒——"人欲"：特权集团为极端私有的贪婪、残暴之欲；"天理"：人民为"真善美"而反抗等级剥削与追求人类平等之理。

此为程朱理学本来面目，明乎此，后来者"方始是学"。

朱熹释"学"："仁是爱的道理，公是仁的道理，故公则仁，仁则爱。"（《朱子全书》卷四十七）

程颢释"学"："若夫至仁，则天地为一身；而天地之间品物万形为四肢百体，夫人岂有视四肢百体而不爱者哉！"（《程氏遗书》卷七）

张载释"学"："为天地立心，为生民立命，为往圣继绝学，为万世开太平。"（《宋史》卷四二七）

理学革命——"重建儒家人文精神的伟大的思想工程。"（姜广辉：《理学与中国文化》）

儒学精神的道德重张！

理学革命以崇高的指向和热情的诉求重塑孔子，激励儒学思想体系迸发出全部能量，攀上巅峰。

可以说，在中华文化史上，董仲舒促成了孔子太阳的升起，朱熹及理学运动则助推孔子太阳跃上中天，普照大地。

（3） 理学之三：儒学实用的自我悖逆

中华文化源流，尽在经世致用。《易经》重人事，而非自然本体的探究；老子对自然本体做抽象概说，旨在启迪人事；孔子对自然本体敬而远之，倾力于人事兴废；至董仲舒对自然本体牵强附会，犹在警戒人事；而程朱理学则以对自然本体的确定规范人事，完成了体用合一的儒家学说。

儒学思想体系由是圆融贯通。

然而，"体"与"用"的冲突也随之在"体系"内展开。

理学运动初兴，张载《西铭》锁定这个"冲突"。

《西铭》："乾称父，坤称母，予兹藐焉，乃混然中处。故天地之塞，吾其体；天地之帅，吾其性。民，吾同胞；物，吾与也。"

天人一体，廓然大公。则"尊高年所以长其长，慈孤幼所以幼其幼……，凡天下疲癃残疾、茕独鳏寡，皆吾兄弟之颠连而无告者也。"

如此为孔说确立本体：天地万物一家亲，平等相待，和谐共处。

只是这个本体蜷伏于儒学思想体系内："大君者，吾父母宗子；其大臣，宗子之家相也。"于是"纯乎孝"而尊奉君父宗族封建伦理至为畸化，则申生忍辱见杀、伯奇蒙冤被逐，都在《西铭》文中成了"孝"的楷模。

《西铭》崇尚善的等级制，而其承孝的单向取法，终不免君父"家天下"特权等级制对本体廓然大公的悖逆；相反，其君民圣愚人格平等的"至善"诉求，又俨然天下大公对封建特权等级制的超越——二律背反。

为程朱推崇，则理学路径由此框定，儒学思想体系的自我悖逆也便由此展开。概言之，朱熹将孔子的"道德伦理"升华为"道德理性"，理性的成分浓厚了，但并未挣脱伦理的设定，其立足点依然是孔学的经世致用。因此，就"理性"而言，朱熹否定了儒学思想体系；就"伦理"而言，朱熹则不能不为儒学思想体系现实作为。

——否定儒学思想体系，是理学的内在诉求。

老子说"无我"："吾所以有大患者，为吾有身，及吾无身，吾有何患？"（《道德经•十三章》）

庄子说"坐忘"："忘乎物，忘乎天，其名为忘己。忘己之人，是之谓入于天。"（《天地》）

理学家们是老、庄的理学形态：

张载论"我"："无我然后得正己之尽。"（《正蒙•神化》）

程颢论"我"："仁者，以天地万物为一体，莫非己也。"（《程氏遗书》卷二）

朱熹论"我"："盖天地万物本吾一体，吾之心正，则天地之心亦正矣。"（《中庸章句》）

老庄"无我"，理学"有我"。有无相成，其实一个道理：物我一如。无我则我在天中，侧重在"天"，所以"无为"或"羽化"； 有我亦天我归一，侧重在"我"，所以自省自赎，自觉返身而与天同。朱熹谓之："须是试去屏叠了私欲，然后仔细体验本心之德是甚气象。"（《朱子语类》卷六）

这是道、儒两学的异同。

理学家们沿承儒学路线，立足私有制现实，其旨终究是"人本"：以"仁"为轴，"等差之爱"，自爱而爱人，前提是"我"。张载谓之："以爱己之心爱人，则尽仁。"（《正蒙•中正》）

但"我"的使命，却是"不以一毫私意自蔽，不以一毫私欲自累。"（朱熹：《中庸章句》）如此则"胜其人欲之私，全其天理之公。"（朱熹：《论语集注》）

"天理"者，公也；其为万物之"性"，"性"则人之"理"。 人之本性与"天"、与大自然同一："性者，人所受之天理。"（朱熹：《论语集注》）

"性"、"理"一体，廓然大公。"我"自泯然于"大公"中，则儒学思想体系亦泯然于大公中，消迹于无形。"程子曰：'为政以德，然后无为。"（朱熹：《论语集注》）

说破理学，无非自我革命。物、我之性亦体系之性；物、我与体系之性尽皆大公，"无为"而已，则体系何用？

理学运动，标示着儒学思想体系的终结。

然而，朱熹却不能否定"体系"。

——维护儒学思想体系，是理学的现实作为。

朱熹辩说儒、佛："吾儒万理皆实，释氏万理皆空。"（《朱子语类》卷一二四）

一字之别，实为形式；其对本体的捕捉应该一样明澈。只是对朱熹来说，若一切皆空，则儒学思想体系空了，等级制空了，三纲五常空了，这社会还怎么维持？怎么规定秩序？甚至怎么存在？

理学家们耿耿于心处：本体与现实的融合。

张载向大自然寻找封建等级制的本体依据："生有先后，所以为天序。小大、高下、相并而相形焉，是谓天秩。天之生物也有序，物之既形也有秩。知序，然后经正；知秩，然后礼行。"（《正蒙•动物》）

程颐论"理本体"的社会形态："上下之分，尊卑之意，理之当也，礼之本也，常履之道也。"（《周易程氏传》） "理"之本在伦理纲常，等级制是合理的："至于君臣父子间，皆是理。"（《程氏遗书》卷十五）

朱熹强调"三纲"："天分即天理也。父安其父之分，子安其子之分，君安其君之分，臣安其臣之分，则安得私？"（《朱子语类》卷九十五）

朱熹甚至断言："臣子无说君父不是的道理（《朱子语类》卷十三）；他为等级制的固化辩护："凡有诉讼，必先论其尊卑、上下、长幼、亲疏之分，而后听

其曲直之词。凡以下犯上，以卑凌尊者，虽直不右；其不直者，罪加凡人之坐。"（《戊申延和奏札一》）

"天下大公"的铮铮硬骨，在封建等级制的殿堂里折了腰；"物我一体"的伟岸身躯，在儒学思想体系的威严下缩了头。

儒学思想体系的自我悖逆！

理学家们从气本论、理本论到心本论，前赴后继，苦心积虑，试图以本体的"廓然大公"消融"悖逆"，变革等级剥削的社会体制，将人欲横流的私有制向着"民胞物与"的公天下升华。

然而，生产力发展程度不足以为人类前行指明科学路径，朱熹对这个问题的求解，只能立足封建等级制现实而沿承"孔学"的道德修养，将"心性说"作为解困的法宝，所谓"守其本心之正而不离"。（《中庸章句序》）

说白了，就是思想革命。

如何进行思想革命？

格物致知！

《中庸》："自诚明，谓之性。自明诚，谓之教。诚则明矣，明则诚矣。"

诚，才能明。朱熹："惟诚之至极，而无一毫私伪留于心目之间者，乃能有以察其几焉。"（《中庸章句》）

反过来，致知不"明"，则无以"诚"，无以把握本体。格物致知，便是求"明"以达"诚"，明理入圣。朱熹："非至明不能察其几。"（《论语集注》）

张载为"明"，将目光投向自然之天。

朱熹为"明"，对宇宙成毁做了颇近科学的猜想：沧海桑田，运转无已。

程颐论"明"："穷物理者，穷其所以然也，天之高，地之厚，鬼神之幽显，必有所以然者。"（《粹言》卷二）

朱熹论"明"："致知是自我而言，格物是就物而言。若不格物，何缘得知？"（《朱子语类》卷十五）

为了"明"，程朱理学将自我投放到实证科学的广阔天地："上而无极太极，下而至于一草一木一昆虫之微，亦皆有理；一书不读，则缺了一书道理；一事不穷，则缺了一事道理；一物不格，则缺了一物道理。须著逐一件与他理会过。"（《朱子语类》卷十五）

不仅如此，朱熹更向实证科学寻求思辨的抽象："学者且要去万理中，千头万绪都理会，四面凑合来，自见得是一理。不去理会那万理，只管去理会那一理，只是空想象。"（《朱子语类》一百一十七）

格物致知是个实践的课题，朱熹将其赋予儒学思想体系，为明清实学及以后的实证科学奠下了理论基础。然而，"宋人言理，必验之身心，诚亲切可贵，具实践哲学的精神。特惜其体认仅限于身心，而忽视外界之事物，重主观而略客观。"（陈钟凡：《两宋思想述评》）

理学家们的格物致知主要指向三纲五常的道德实践，如此，开启的实证科学之门又被关闭了；而其力主道德本体的探究和维护儒学正统的现实作为，则推动理学运动的内在冲突尖锐化，使自身成为儒学思想体系自我悖逆的抽象。

韩愈早已指证这个"悖逆"："仁与义为定名，道与德为虚位。"（《原道》）

道德虚位，尊奉以敬；仁义实用，规范人伦。二者互动，对立同一。然而，韩愈将仁义对道德的权变放在首位，偏重于仁义对社会人伦的规范。

理学革命则反过来，在二者的对立同一中，以对道德本体的明确，将道德对仁义的统帅与制约放在首位，偏重于对道德的张扬。

只是这个"张扬"被纳入儒学思想体系内。朱熹说："语心之德，虽其总摄贯通，无所不备，然一言以譬之，则曰仁而已矣。"（《仁说》）

"仁" 被理学家赋予至高地位，视其为理的实际内容。"仁者，本心之全德。……心之全德，莫非天理。"（朱熹：《论语集注》）

在《孟子集注》中，朱熹明确断言："仁义根于人心之固有，天理之公也。"显然，朱熹说"仁"，已经不是孔子的"爱有差等"；其释《周易•文言》"君子体仁，是以长人"句："以仁为体，则无一物不在所爱之中，故是以长人。"（《周易本义》）

"仁"升华为本体 = 廓然大公。朱熹《论语集注》："仁是性也。……仁主于爱。""程子曰：'少有私欲，便是不仁。……'须是克尽私欲，方始是仁。"

理学家的现实作为，在于维护封建统治善的等级制框架内的有限之"公"，而其"天人一体"的本体诉求却昂扬着冲破这个框架的革命激情——天之道大公无私，人之道亦大公无私， 以此宣告君、父、夫之特权"三纲"的幻灭。

理学革命将儒学的体、用冲突大白于天下。

宋僧契嵩在其《寂子解》中分别儒、佛："儒者，圣人之大有为者也；佛者，圣人之大无为者也。有为者以治世，无为者以治心。治心者不接于事，不接于事则善善恶恶之志不可得而用也；治世者宜接于事，宜接于事赏善罚恶之礼不可不举也。"

那么，朱熹和理学家们既治心，又治世，其佛耶？儒耶？

治心，则自省自赎，申张儒学本质的"廓然大公"，对维护私有制和等级剥削的儒学思想体系予以超越。

治世，则不能不正视私有社会现实，将儒学"天下大公"的道德本体置于虚位而固守礼制即等级剥削，做成儒学思想体系的维护者。

成、毁之间！

理学——儒学思想体系的自我悖逆。

（4）陆王心学：儒学思想体系的终结

东方与西方，同步于历史催进的鼓点。

13 世纪，但丁《神曲》一任自由心灵遨游天宇，讴歌人类精神，引吭文艺复兴的主旋律，成为西欧"封建中世纪的终结和现代资本主义纪元的开端"（恩格斯：《共产党宣言》1893 年序）。

但丁时代前后，陆王心学以"心"的无限放大，代言程朱理学，为资本世纪展现一缕曦光，宣告封建体制及其意识形态的终结，成为但丁的理性形态。

程朱理学内在着对儒学思想体系的悖逆，却自缚于"体系"而至"山穷水尽"，其后学流于训诂；陆王心学则"柳暗花明"，变程朱客观本体为主观本体，论定心之大公，诉诸知行合一，挺起"人"的大写，俨然"后代自我思想之萌芽，……实近代思想之一大转折。"（陈钟凡：《两宋思想述评》）

"心本体"， 当与但丁遥相呼应。

中国的"文艺复兴"困于统一帝国的专制重压而未能勃兴，但其势潜然：享誉世界的四大发明宋占其三：火药、指南针、活字印刷，成为"预告资产阶级社会到来的三大发明"。（马克思）

陆王心学，便是这一"预告"的文化代言。

"心学"非陆王独然。唐宋之际，儒、释、道"都具有一种共同的思想倾向，即将外在的修养转向内在的修养，以至在'修心'问题上达到大体一致的认识。"（王志远：《唐宋之际"三教合一"的思潮》）

何以"修心"？

唐宋是中国封建社会的高峰，也是中华民族私有制的高峰。高峰意味极限，内在地生发着物极而反的诉求。

事实上，唐宋繁荣，烈烈轰轰，然其表象后面，则是封建社会的全面衰朽：高度发展的生产力，被特权私有严重畸化，助长着统治者的奢侈腐败；而日益加剧的集权专制与两极分化，则以对"公天下"的悖逆酷虐民众，扼杀广大劳动者的生产积极性，致使历史进步活力渐失，趋于停滞。

等级固化的封建生产关系成为生产力的桎梏，维护特权剥削的上层建筑成为经济基础的桎梏。王安石变法，试图在政治领域以公天下原则调整生产关系；与变法同时的理学运动，试图在思想领域以公天下原则变革生产关系。

前者被"棒杀"了，后者被"捧杀"了。然而，挣脱封建"桎梏"的涌流，则前浪复后浪，凶猛地撞击社会肌体，成为历史进步的动力。儒、释、道的"修心"，便是这个"动力"在不同领域的学术形态。

"修心"的实质，就是思想革命，其内在的共同指向："天下大公"。

儒、释、道拎出这个实质，从不同角度聚焦于"人的抽象"，则三家的门户之别消于无形：既然公而无私，也便意味着儒、释、道各自思想体系的自我否定。然而，儒、释、道置身私有制现实，谁也无法超脱历史的局限而化"我"为"无"，实现社会变革；到头来只能委曲于各自的思想体系内，将"天下大公"的主题勉力于个人的道德修养，即"修心"。

陆王心学，是"修心"的儒学形态。

——陆九渊说"修心"：

"不曾过得私一关，终难入德。"

"害吾心者何也？欲也。……不患心之不存，而患欲之不寡。欲去心自存。"

"凡欲为学，当先识义利公私之辨。今所学果为何事？人生天地间，为人当尽人道，学者所以为学，学为人而已，非有为也。"（《陆九渊集》）

陆学要旨："对诸儒说经'规矩'一切蔑弃，而对古圣相传的文化精神直接承当。"（姜广辉：《理学与中国文化》）

如此则儒学思想体系如雾如烟。

陆学无学，"发明本心"而已。陆九渊如是说："平生所说，未尝有一说"；其无说之说，"不过切己自反，改过迁善"。陆学自评："除了先立乎其大一句，全无伎俩。"（《陆九渊集》）

大者，德也。陆学的全部学问：破私欲，立公德，做一个大公无私的人。

——王阳明说"修心"：

"至善是心之本体。"（《传习录》）

"常令廓然大公，便是正心。"（《大学古本旁释》）

尽除私欲，直至全为公心而"无私可克"。（《传习录》）

王学要旨："致良知"！王阳明概言："吾平生讲学，只是'致良知'三字。"（《寄正宪男手墨二卷》）

如此则儒学思想体系全成赘物。

王学"良知"：对廓然大公的认同与相融。王阳明如是说："良知者，心之本体。"（《答陆原静书》）"良知是天理之昭明灵觉处，故良知即天理。"（《答欧阳崇一》）他倾诉肺腑：“人者，天地之心，天地万物本吾一体者也，生民之困苦荼毒，孰非疾痛之切于吾身者乎？不知吾身之疾痛，无是非之心者也。是非之心，不虑而知，不学而能，所谓良知也。”（《传习录》）

良知 = 至善 = 天理 = 本体。

陆九渊尽方寸之心吐纳儒学体系：心即宇宙，宇宙即心。“万物森然于方寸之间，满心而发，充塞宇宙，无非此理。”（《陆九渊集》）

王阳明以抵牾之语释说心学真谛：无善之善，方为至善。“无善无恶是心之体。” 反言：“至善者，心之本体，哪有不善？”（《传习录》） 无善无恶，心天一体，廓然而公，则善自在其中，自然生发。他在《答聂文蔚书》中，“良知只是一个天理自然明觉发见处，只是一个真诚恻怛便是他本体。”

理学一脉，终归于“诚”。诚是对真的敬畏；敬畏于“真”，如何不善？而“真”则无须善之称而善自在其中，这也便是老子“上德不德”之谓：真正的道德无须道德之美誉。

如此，陆王心学将“修心”大旨，了然于世。

那么，如何“修心”？

——明天理，灭人欲！

陆九渊说：“人当先理会所以为人，深思痛省。”（《陆九渊集》）

王阳明说：“我今说个知行合一，正要人晓得一念发动处，便即是行了。发动处有不善，就将这不善的念克倒了，须要彻根彻底，不使一念不善潜伏在胸中，此是我立言宗旨。”（《传习录》）

自省自赎，自我革命。“吾辈用功，只求日减，不求日增。减得一分人欲，便是复得一分天理。” 概言：“学者学圣人，不过是去人欲而存天理耳。”（王阳明：《传习录》）

程朱千“理”万“理”，汇拢为陆王一点“心”， 向“心”回归。王阳明承孟子“四端说”：“良知者，孟子所谓是非之心，人皆有之者也。”（《大学问》）

这先天的良知为“圣”之根本，人人具于心中，原不必求师问友，只需明理灭欲，反本归真，自然为圣。

程朱理学论定：圣人是楷模，是对大自然规律的本质抽象，而等级制是必须维护的；到了陆王心学，尽管不能没有维护等级制的现实作为，但在思想上，却是没有圣人，没有偶像，没有体系，没有等级制。

理学革命的实质被陆王拈出来，赤裸裸地张扬于光天化日之下——与旧传统、旧体系、旧思想、旧制度彻底决裂。

陆九渊倡言自作主宰：“此理本天所以予我，非由外铄。明得此理，即是主宰。” 而发明本心，则“耳自聪，目自明，事父自能孝，事兄自能悌，本无欠缺，不必它求，在乎自立而已。”（《宋史》卷四三四）

陆九渊将儒学思想体系及全部礼教一脚踹翻：“《六经》当注我，我何注《六经》。”（《陆九渊集》）

王阳明主说良知本圣：“自己良知原与圣人一般，若体认得自己良知明白，则圣人气象不在圣人而在我矣。” 圣凡一如：“良知之在人心，无间于圣、愚，天下古今之所同也。世之君子惟务致其良知，则自能公是非，同好恶，视人犹己，视国犹家，而天地万物为一体。”（《传习录》）

王阳明将公有制和公有观念之崇高诉诸整个中华民族：“夫道，天下之公道也；学，天下之公学也：非朱子可得而私也，非孔子可得而私也。”（《答罗整庵少宰书》）

孔学、朱学不得而私，儒学岂可私乎！

人人平等！

王阳明从儒学根基处对封建等级制釜底抽薪。他从"心之良知是谓圣，……由此导出'人胸中各有个圣人'，以至'见满街都是圣人'。这是要人建立起自尊、自爱、自信，同时也能尊人、爱人与信人。"（姜广辉：《理学与中国文化》）

陆王"心学"张扬人的理性自觉，强调人的自我革命、破私立公，从而升华人的主体地位，将人类解放的光明憧憬和自觉担当赋予每一个炎黄子孙："宇宙之间，如此广阔。吾身立其中，须大做一个人。"（《陆九渊集》）

"大做一个人"！ ——"大写的人"！

中华文明与西欧文明以"公天下"的强烈冲动，否定体系，否定圣人，否定特权，否定等级制，在相同的历史节点挺起"人"的抽象，开启资本主义个人自由之门，形成东、西方的精神共振。

共振中的但丁代言托马斯，在基督教思想体系内宣告"体系"的终结；共振中的陆王则代言程朱，"打破了圣人同凡人的界限，在客观上具有动摇儒家权威的作用。"（晋圣斌：《国学通览•陆王心学》）

陆王心学是程朱理学的本质抽象。其奋力为学处，分明以对天下大公、人天一体的本质捕捉，真诚恻怛向底层民众致礼："与愚夫愚妇同的，是为同德；与愚夫愚妇异的，是谓异端。"（王阳明：《传习录》）

——"人民，只有人民，才是创造历史的动力。"（毛泽东）

王阳明以对底层民众的尊重，与其身后数百年的毛泽东遥相致意。人民，成为衡量是非、判定真伪的标准。

如此，陆王心学创造了儒学思想体系的峰巅！

峰巅意味自我否定。

陆游总论理学运动："排《系辞》，毁《周礼》，疑《孟子》，讥《书》之《胤征》、《顾命》，黜《诗》之《叙》，不难于议经，况传注乎？"（《困学纪闻》卷八）

陆王心学则将理学运动冲击一切传统的激进推向极端，为迎接资本世纪鸣锣开道；其给予社会的革命性冲击，曾为清代陆陇其愤言道破："荡轶礼法，蔑视伦常，天下之人恣睢横肆，不复自安于规矩绳墨之内。"（《学术辨上》）

至于陆王后学，则从消极层面策应这个"冲击"：其"立足于'良知'的虚无本体，取消了封建伦理道德的神圣性，更加禅学化，走向空疏。"（晋圣斌：《国学通览•陆王心学》）

心学"空疏"之弊，早为朱熹"鹅湖诗章"道出："只愁说到无言处，不信人间有古今。"——历史虚无，唯"心"而已，与佛略同，则儒学思想体系也便在无古无今无历史中一并虚无了。

——儒学思想体系的终结！

只是宣告这个"终结"的陆王，却也一如程朱，不免儒学思想体系中人。

理学家们踞群峰之巅"一览众山小"，深刻地透视与否定了封建体制与私有社会，但终究"身在此山中"。因为，资本主义萌芽尚不足以为新理论准备充分条件，"公天下"的崇高诉求也不足以拓开科学之路，所以，"心学"只能远承孔孟、近续程朱，归为道德本体，以为家学源流。

陆九渊自居儒学正统："窃不自揆，区区之学，自谓孟子之后至是而始一明也。"（《陆九渊集》）

孟子明的是"心"。其谓："仁，人心也。"（《孟子•告子上》）

陆王相承："大人之能以天地万物为一体也，非意之也，其心之仁本若是。"

（王阳明：《大学问》）

心 ＝ 仁。

心本体是对"仁"的升华，也是对"仁"的回归，即对封建体制和儒学思想体系的自觉归属。基于此，陆九渊一度委身官场，王阳明更怀抱"内圣外王"的理想诉求东伐西讨，屡次荡平农民起义和被压迫民族的抗争，以卓绝事功强力维护了封建等级制。至于"心学"流弊，则足为理学偏师，以其"心性"麻醉的特异功能，迫使劳动人民尤其女性忍辱负重，屈膝于三纲五常，甚至以身殉"节"，支撑封建统治的长治久安。

于是，"心学"也便与理学混一，陷入儒学思想体系自我悖逆的泥潭不能自拔，其后学更枉谈心性，茫然于社会实践，致空疏处几与佛禅一体："尽去枝叶，一意本原，以默坐澄心为学的。"（黄宗羲：《明儒学案•姚江学案》）

陆王"心学"步入穷途。其代言理学革命宣告了儒学思想体系的终结，也同时宣告了理学包括"心学"自身的终结。

这个"终结"，经过明清实学对理学的逆反和康有为的戊戌变法，终于在孙中山的辛亥革命和颠覆一切旧传统之五四运动的凶猛冲击下，得以完成。

20 世纪，儒学思想体系土崩瓦解。

3．形象化的历史界碑——曹雪芹的《红楼梦》

"陶令不知何处去，桃花源里可耕田？"（毛泽东）

1957 年，毛泽东面对诡谲多变的世界风云，承受着自己亲手创建的新中国——这艘驶向共产主义之舟所遭到的内外夹击，满怀向往的深情与焦虑的惆怅，回首 1500 年前的空谷，寻觅陶渊明的足音……

桃花源，一个美丽的传说——

"晋太元中，武陵人捕鱼为业。缘溪行，忘路之远近。忽逢桃花林，夹岸数百步，中无杂树，芳草鲜美，落英缤纷。渔人甚异之。复前行，欲穷其林……"（陶渊明：《桃花源记》）

陶渊明清丽形象地绘出一个桃红草绿、林秀水清的鲜活天地。桃花源里，天宽地阔，道路纵横，良田沃土成片，桑树修竹错落，清泉碧水环流，房屋整齐干净。炊烟起处，传来几声狗吠，几声鸡鸣。

这里没有残酷的剥削和阴险的谋杀，没有人与人的勾心斗角和国与国的连绵战争，没有横行霸道的特权和不劳而获的无耻，没有道貌岸然和巧言令色的追名逐利。桃花源中人，"春蚕收长丝，秋熟靡王税"，过着相敬相爱、丰衣足食的幸福生活。

生动地塑造了一个劳动人民向往的美好世界，而对于西汉至魏晋数百年私有制存在的意义，则以"不知有汉，何论魏晋"八字，冷笔勾销。

可以说，陶渊明以形象文字对私有制进行了本质的抽象否定；而陶渊明之后 1300 多年的曹雪芹，则以形象文字对私有制进行了全面的具体否定。

私有制的主要特点：人是私有财产的奴仆；进而言之，人是私有财富的集中表现——政治的奴仆。

曹雪芹对私有制的全面否定，就是对人的奴仆地位的全面否定。

一部《红楼梦》，曹雪芹深刻地刻划了一个个处于奴仆地位的艺术形象。

奴性的极端发展，便是神性的复苏；奴性与神性相辉映，便是人性的回归。

《红楼梦》以内涵的深邃广博和形象的真实生动，成为一部空前绝后的人性文学。它以人性的跃动演绎"人"的大写，回应了程朱理学的内在呼唤。

（1）秦可卿——神性与奴性的完美结合

试看一部《红楼》，将滴滴血泪，却为谁而流？

第一回，作者开宗明义：为闺阁立传！

鲁迅在《中国小说史略》中谓宝玉："爱博而心劳。" 闺阁女子，历历数十人，分而立传，不亦滥乎！

其实，闺阁女子的群像，共同组合为曹雪芹心中的情人大观。贾宝玉的至理名言"女儿是水做的"，便是这一"组合"的旁白。

那么，谁为这一"组合"的形象代言？

——秦可卿。

"满纸荒唐言，一把辛酸泪。都云作者痴，谁解其中味？" （第 1 回）

作者痴，痴在一个"情"字。

在《红楼梦》的大结构中，有一座立体袖珍模型，那就是第 5 回的"小红楼"。"小红楼"写得扑朔迷离，委婉曲折；却惊心动魄，酣畅淋漓，道尽作者衷肠："一场幽梦同谁近，千古情人独我痴。"（第 5 回）

在这场幽梦中，宝玉"同谁近"呢？

——秦可卿！

"那宝玉恍恍惚惚，依警幻所嘱之言，未免有儿女之事，难以尽述。至次日便柔情缱绻，软语温存，与可卿难解难分。"（第 5 回）

尼·瓦尔施在《与上帝交谈》中写到："每个人都知道，性体验是人类所能拥有的唯一的最可爱、 最令人振奋、 最有力量、最新鲜、最有活力、最确实、最亲密、最富娱乐性的身体体验。"

赋予宝玉与秦可卿充满激情的性体验；而这"性体验"则担起张大作者豪情礼赞的"意淫"使命：两颗热烈地爱着的心灵驱动着同样热烈的躯体，在忘我的融化里，完成灵与肉的合一。

紧随其后，第六回，现实中的宝玉与秦可卿梦交后，曾"强袭人同领警幻所训云雨之事"，即强迫袭人做了性工具，从而以世俗男女间事坐实了宝玉与可卿之"淫"。

然而，宝玉强迫袭人的"性体验"，"淫"则淫矣，却绝无"意"的灵魂。这是袭人悲剧命运的根由；推而言之，也是宝玉与宝钗"纵然是举案齐眉，到底意难平"的根由。

唯秦可卿，实宝玉情之所系。

第 13 回，可卿死，宝玉"只觉心中似戳了一刀，哇的一声，直奔出一口血来。" 淡淡写来，却痛心如此，可见秦可卿这一艺术形象，凝结着作者痴情的块垒。

那么，作者是怎样写秦可卿的呢？

"那宝玉刚合上眼，便惚惚的睡去，犹似秦氏在前，遂悠悠荡荡，随了秦氏。"瞬乎间警幻仙姑出现，问宝玉"试随吾一游否？"于是，"宝玉忘了秦氏在何处，竟随了仙姑，至一所在"，即太虚幻境。（第 5 回）

秦氏、警幻，在宝玉梦中紧凑衔接：先随秦氏游，转瞬"随了仙姑"，其幻化无痕，诚如端木蕻良所论：一体而两形，秦氏便是仙姑；亦如周汝昌所言：警幻仙姑是可卿的幻影。（见《红楼艺术·红楼之写人》）

"假作真时真亦假，无为有处有还无"，这一贯穿全书的旨要，已经作为引子，缩影在秦可卿与警幻仙姑于真假有无的同一中。

秦可卿是何等样人？

有赋为证："方离柳坞，乍出花房。但行处，鸟惊庭树；将到时，影度回廊。仙袂乍飘兮，闻麝兰之馥郁；荷衣欲动兮，听环佩之铿锵。靥笑春桃兮，云堆翠髻，唇绽樱颗兮，榴齿含香。纤腰之楚楚兮，回风舞雪；珠翠之辉辉兮，满额鹅黄。出没花间兮，宜嗔宜喜；徘徊池上兮，若飞若扬。蛾眉颦笑兮，将言而未语；莲步乍移兮，待止而欲行。羡彼之良质兮，冰清玉润；慕彼之华服兮，闪灼文章。爱彼之貌容兮，香培玉琢；美彼之态度兮，凤翥龙翔。其素若何，春梅绽雪。其洁若何，秋菊被霜。其静若何，松生空谷。其艳若何，霞映澄塘。其文若何，龙游曲沼。其神若何，月射寒江。应惭西子，实愧王嫱。奇矣哉，生于孰地，来自何方；信矣乎，瑶池不二，紫府无双。果何人哉？如斯之美也。"（第5回）

天上人间，独一无二，远居西施、王昭君等千古美女之上。曹雪芹把自己心目中的理想情人写得溢彩流芳，光华四射。端木蕻良惊叹："作者未给任何人作赋，唯有给秦可卿作赋，赋中道'其文若何，龙游曲沼。其神若何，月射寒江。'……把可卿的体态比作龙游曲沼，把她的神韵比如月射寒江，集华丽与冷艳于一身，把不可再得的美态和不可思议的神情溶合在一起，这才是兼美的意思。"（《说不完的红楼梦》）

端木蕻良的惊叹不无道理。请看针对此赋的甲戌眉批："按此书凡例，本无赞赋闲文。前有宝玉二词，今复见此一赋，何也？盖此二人乃通部大纲，不得不用此套。"

曹公作赋，用心良苦。"通部大纲"，引领全书。

"一声也而两歌。"（戚序）曹公心目中的理想情人"鲜艳妩媚，有似乎宝钗；风流袅娜，则又如黛玉。"（第5回）

秦可卿别名"兼美"，概其兼钗黛之美，兼众钗之美。《红楼梦》百万文字洋洋洒洒，全方位映衬秦可卿的绝伦之美，将其升华为人类之魂——女神的再造。

女神，这一立意高远的艺术塑型，以对真、善、美的诉求，高度概括了男性世界千古以降的情欲勾勒与执着向往。

但是，这只是作者一往情深的心灵抒发，是写虚，虚写秦可卿神性的一面。那么，秦可卿俗性的一面，作者如何落笔？

第5回："贾母素知秦氏是个极妥当的人，生的袅娜纤巧，行事又温柔和平，乃重孙媳中第一个得意之人。"

这是对秦可卿之神性在俗性中的照应。

第13回："东府里蓉大奶奶没了。那长一辈的，想她素日孝顺；平辈的，想她平素和睦亲密；下一辈人，想她素日慈爱。以及家中仆从老小，想她素日怜贫惜贱，爱老慈幼之恩，莫不悲号痛哭。"

短短不足百字，分叙贾母赞语：无论上层下层或主子奴才，几百人阖府悲恸的夸张追述，写尽了俗生活中秦可卿的几乎全部：孝长爱幼，尊老怜下，平等待人，慈悲为怀。

如此赞语，与其说树起了封建闺秀的道德楷模，不如说展现出人类真、善、美的追求——神性，在俗生活中的光辉。

——耶稣"博爱"大观的东方女神形态！

神性与俗性，在秦可卿身上完美结合。

然而，对秦可卿置身俗性中的神性之光的礼赞，仍然是写虚。全书中，我们几乎看不到与秦可卿赞语相照应的具体事例。

作者为何对秦可卿惜墨如金？为何在开篇不久便让她神龙见首不见尾地烈烈轰轰回归太虚？

"我愿生如闪电之耀亮，我愿死如彗星之迅忽。"这是曹公之后二百年高君宇的诗句，却生动地注解了曹雪芹对秦可卿的虚写。

"虚处藏神，实写就法。"此为艺术创作的重要手法。对秦可卿"虚处藏神"，便可全其光辉；而"实写就法"，则为秦可卿这一光辉形象的两个侧面——黛玉与宝钗，留下按艺术规律进行创作的广阔空间。

那么，秦可卿俗性一面的缺憾，由谁补笔呢？

冯育栋在《红楼探秘》中提出了"秦尤合一"论。通过尤氏，也许我们可以一窥秦可卿俗性之门径。

中华民族发展到唐宋高峰，完成了私有制在质上的自我否定；到了明清之际，质变促量变，私有制的自我否定全面展开。社会细胞的腐烂，封建体制的病入膏肓，促成着肌体的全面衰亡。

"黄钟毁弃，瓦釜长鸣"。人性向物欲跪拜，奴才之风弥漫在泱泱中华，任何真、善、美在社会的宽泛意义上，已失去立足之地；"人不为己，天诛地灭"，像癌细胞一样在社会肌体中扩散，以至一身阳刚之气的青年毛泽东曾以对明清文化沦落的痛心感受，激烈地"主张将唐宋以后之文集诗集焚诸一炉"。（转引自散木《书厄小史》）

怪不得王熙凤，怪不得贾雨村，怪不得贾赦，薛蟠，他们不过是社会一般中的"这一个。"

真实，成了伪善嘲讽的对象；善良，成了丑恶蹂躏的奴仆；美好，成了弱肉强食的猎物。孔夫子为规范私有制而立下的百世不能易的原则——善的等级制，遭到了根本的破坏。善与恶在社会认同标准上的颠倒，使真、善、美——神性，只能在奴性的压抑中闪烁着痛苦的光芒。

这就是秦可卿只能写虚而不能写实的原因。于是，尤氏担起了"世俗可卿"之分身的使命。

尤氏是何等样人？

在全书中，尤氏贯穿始终，在奴性中写照着秦可卿的神性，写照着孔夫子"善的等级制"的折光，写照着"温良恭俭让"在私有制衰落时期的命运。

尤氏身为长房长媳、豪门主妇，却不谋利营私，倚势欺人；反而善良宽厚，尊老爱幼，怜贫惜贱，平易近人，甚至任劳任怨，委曲求全。她"无才便是德，"以一颗纯朴之心成为真、善、美的楷模。

然而，如此美德，在腐朽的社会制度和唯利是图的社会风气里，并不能得到伸张，却只能可悲地异变为"心灵鸡汤"式的奴性。

她的朴实，承受着忍辱含垢的压抑；

她的恭谨，沦落为承欢侍宴的工具；

她的善良，被视为软弱可欺；

她的温顺，蜕变成逆来顺受的尤物。

在"酸凤姐大闹宁国府"时，尤氏成了凤姐的出气筒。她不去针锋相对，据理力争；却得理让人，代人受过，赔礼道歉。

——善良，遭遇无赖的胡搅蛮缠，却承受着自责的可悲。

在"闲取乐偶攒金庆寿"中，尤氏揭破凤姐的阴毒，无情地讽刺："我劝你收着些好，太满了就泼出来了。"（第43回） 她同情贾府中的"苦瓠子"，退了周、赵二位姨娘及几个丫头的份子钱。

——善良，在丑恶的围迫中，只能做些有限的抵制。

在贾母过80大寿时，尤氏命两个婆子去关角门，处置灯火。两个婆子居然没把她看在眼里，公开顶撞。尤氏仁慈宽厚，未深计较，而当凤姐处罚这两个婆子时，她反过意不去。

——善良，在弱者面前，竟使自己甘居更弱的弱者。

贾府作为豪门世家，等级森严，主子洗脸须小丫环跪举面盆。第75回，尤氏在李纨房中梳洗时，不但毫不介意地使用下人的脂粉，而且对小丫环不跪毫不见怪。当李纨看不过去时，尤氏反为小丫环辩护："我们家下大小的人，只会讲外面假礼假体面，究竟做出来的事都够使的了。"

——善良，使她在冷眼等级制中独具怜下蘷上的明晰。

尤氏这一形象，表现了真、善、美在假、恶、丑重压下的折光。她"真"，从不违心奉迎，然而"真"却无立足地，只是"假"的附庸；她"善"，总能关注到别人的长处与困苦，然而"善"却被视为软弱，只是"恶"的仆从；她"美"，曹雪芹用一个"艳"字概其娇容，然而"美"却得不到彰扬，只沦为"丑"的尤物。

神性，就这样异变为奴性。

尤氏，是否可以成为被压迫妇女的典型？这个形象，是否道尽了人民大众的共同人性？

应该是。

她出身低微，是劳动中人；她位列豪门，是富贵中人。她一生兼具两个对立阶层不同的成份，却书写着两个阶层共同的人性。只是这人性在私有制及私有观念的扭曲下，异变为奴性。

奴性具有广泛的社会性。被鲁迅激愤地嘲讽为"做稳了奴隶的时期"，那一种奴性，该是广泛的"国民性"吧！

但是，奴性中的神性，却如影随形，光采自现。这便是中华民族源远流长的传统美德。

秦可卿——美德的典范。

如果说，曹公借警幻仙姑为秦可卿"写神"，借尤氏为秦可卿"写形"，那么，书中另外一个重要人物——香菱，则为秦可卿"写影"。

香菱是处于奴隶地位的秦可卿，秦可卿是处于贵族地位的香菱。书中曾借他人之口，暗点香菱即为可卿。第5回，周瑞家的说："倒好个模样，竟有些像咱们东府里蓉大奶奶的品格儿。"

香菱从小被拐卖，被抢，被迫做侍妾，不知父母为谁。面对薛蟠之残暴，夏金桂之刁泼，她处之坦然，麻木于自己的奴才生活，生于不幸之中却没有对不幸的不满和反抗。

这是奴性，是极端的奴性。

然而，奴性与神性竟然结合得如此完美：香菱身处奴才地位，心灵却属于另一个世界。学诗，书写着她对真、善、美的不懈追求；生活，一片天真烂漫，将身心融汇在天地万物中。说什么苦？道什么悲？在香菱眼中："不独菱角花，就连荷叶莲蓬，都是有一股清香的。但他那原不是花香可比，若静日静夜或清早半夜细领略了去，那一股香比是花儿都好闻呢。就连菱角、鸡头、苇叶、芦根得了风露，那一股清香，就令人心神爽快的。"（第 80 回）

——谁说香菱麻木！她对大自然之神韵，该是领略得洞微烛幽吧！

此中禅意君知否？

担水砍柴，无非是禅；

杀猪宰牛，无非是禅；

挨打受骂，无非是禅。

禅者何意？便是身处大千的光怪陆离中；内心却被一片追求真、善、美的灵光所充满，所笼罩，所陶醉。

这就是香菱。是对秦可卿的别样写照。

黛玉有这灵光，宝钗有这灵光，然而在展开人物性格的"实写就法"中，这灵光不免为情所迫，或为理所压。而香菱则独占灵光，"虚处藏神"，与可卿相反相成，浑然一体。

禅——神！

真、善、美之光，几千年来，一直充溢在广大民众的心头。她必将冲破奴性的阴云，如太阳般照临大地。而神性与奴性的完美结合，则有如黄钟大吕，必将惊醒私有制社会中人，催唤人性的回归。

为着这一回归，曹雪芹着力渲染秦可卿，赋予秦可卿以双重的极高地位。

仙界中的可卿，一似曹植《洛神赋》中的宓妃；俗界中的可卿，则地位直逼帝后中宫。且看可卿住处：

宝玉"刚至房门，便有一股细细的甜香袭人而来。……入房向壁上看时，有唐伯虎画的《海棠春睡图》，两边有宋学士秦太虚写的一副对联，其联云：嫩寒锁梦因春冷，芳气袭人是酒香。"（第 5 回）

这些名家字画已尽显奢华，更令人叫绝的是："案上设着武则天当日镜室中设的宝镜，一边摆着飞燕立着舞过的金盘，盘内盛着安禄山掷过伤了太真乳的木瓜。上面设着寿昌公主立于含章殿下卧的榻，悬的是同昌公主制的联珠帐……"（第 5 回）

整个一个皇家气派！用可卿自己的话说；"我这屋子大约神仙也可以住得了。"（第 5 回）

神与俗，在如此氛围中混一。

贾宝玉与秦可卿的性爱，在混一中升华；然而曹公奇思异彩，竟将这升华落定在一个"淫"字上。

"情天情海幻情深，情既相逢必主淫。"

漫言不肖皆荣出，造衅开端实在宁。"（第 5 回）

荣府中"不肖"者为谁？

——贾宝玉！

曹公在第三回中批宝玉："天下无能第一，古今不肖无双"；更在第五回中批宝玉；"天下古今第一淫人也。"

以宝玉之"淫"，与属于可卿判词的可卿之"淫"，在宝玉入可卿屋，卧可卿床，盖可卿被，梦与可卿游，于太虚幻境，二人"今夕良时成姻"后，"情既相逢"，与可卿交，两淫合为一淫，共同"造衅开端"于宁国府。

这是挑战！这是以天下古今纯真挚情对私有社会伪善的封建体制之挑战！曹公慷慨做结："宿孽总因情。"（第 5 回）

对于秦可卿，"情"只能奉献于贾宝玉。

要之，"不肖"，是对私有制及其观念的不肖；"第一淫人"是对男女真情的礼赞。曹雪芹直面统治阶级的道德规范及伪善的封建礼教，豪情冲斗牛地为"淫"唱了一曲天地古今回响不绝的颂歌。

然而，这颂歌却"字字看来都是血"，是血与泪谱就。作为情的升华与意淫的礼赞，可卿与宝玉在仙界的交合表现得是崇高；而可卿在现实中的死，是被凌辱的死，是奴才命运终究不得不被人摆布的忍辱含垢，是美好的追求与奴性的压抑之矛盾的必然。

图册中可卿自尽，表现了悲愤的质变；正文中可卿病逝，则表现了久郁成疾的量变。

显然，《红楼梦》是一场大梦，第五回是其中的小梦。小梦浓缩了大梦的内容，大梦展开着小梦的实质。

在小梦中，金陵十二钗正册以钗黛合一开篇，以秦可卿收卷；在大梦中，十二钗以秦可卿之死初展悲音，以钗黛哀曲，凄楚遍披华林收束。

一始一终，亦终亦始，便是千钗万钗归于可卿的隐示。

正册所示，是全书主线的虚写，是质；全书所示，是正册主线的演化，是量。而第五回中，以可卿入梦、可卿出梦，更明白道出秦可卿在作者心目中的位置以及在"红楼"中的地位。

（2）林黛玉——神性为挣脱奴性的裂变

毛泽东驻足于冰封雪飘中，仰天吟唱："惜秦皇汉武，略输文采；唐宗宋祖，稍逊风骚；成吉思汗，只识弯弓射大雕。"（《沁园春·雪》）

心有灵犀。曹雪芹托一掌"红楼"于云峰之上，更扫将千古英雄，聚浊泥于一抔。

那么,锦绣"红楼"，谁担此扫荡大任？

——林黛玉!

凤姐评黛玉："美人灯儿，风吹吹就坏了。"(第55回)

娇躯病体，弱不禁风，凭三言两语尽扫千古，这该包蕴何等巨大的讽刺!

鲁迅说过："最高的轻蔑是无言，甚至连眼珠也不转动一下。"(《且介亭杂文末编·附集》)

当宝玉将他视为无上荣耀的皇上所赐鹡鸰香串珍重转赠黛玉时，黛玉给与的便是这轻蔑："'什么臭男人拿过的，我不要它。'遂掷而不取。"(第16回)

直面宝玉之奴性的潜意识表露，黛玉回击以神性之真率的自白。

李劼在《历史文化的全息图像》中，指出黛玉是"引导宝玉前行的女神"："泪水在林黛玉意味着无尽的期待，在贾宝玉意味着不断的净化。"

黛玉的神性之光，开启着宝玉的灵窍。相比于宝钗对"仕途经济"的热望，黛玉则是一副纯真女儿情。此情全不含半点虚伪与牵强，直是对真、善、美的渴望与追求。

神性，表现为"情"对"理"的冲击。并通过这个冲击，表达了"公正、平等、善良"对父权制 = 等级制 = 私有制的否定。

如果说，处身于病入膏肓的私有制末期，宝钗是立足于合作的对善的重张；那么，黛玉则是立足于不合作的对恶的挑战。

《葬花辞》："一年三百六十日，风刀霜剑严相逼"，彻底表明了与整个私有制的对立：“愿奴胁下生双翼，随花飞到天尽头”，宣言着心灵与封建制度的决裂。然而，“天尽头，何处有香丘?” 现实中希望何在? 纵然以死相抗，又如何挣得脱这个浊水遍地、污泥麋集的社会! 结局：“未若锦囊收艳骨，一抔净土掩风流”。(第27回)

涌动的青春激情，却只凭一叶孤舟颠簸于黄汤漫漫里。没有可以停靠的港湾，没有慰藉心灵的绿洲。但是，尽管如此，也绝没有宝钗的“安分随时”。留一副残骨，纵不能乘鹤羽化，也须与净土相拥。

“清白女儿身”，——与私有制社会分之泾渭。

人到无求品自高。

蒋和森在《红楼梦论稿》中说：“曹雪芹，这是一个封建社会制度的审判人，同时也是一个私有社会制度的审判人。”

这种审判，在《红楼梦》中，是由林黛玉首先进行的，也是以林黛玉的审判最为激烈。

这是神性对奴性的审判! 是真、善、美对假、恶、丑的审判!

请看第64回林黛玉所作《五美吟》：

西 施
一代倾城逐浪花，吴宫空自忆儿家。
效颦莫笑东村女，头白溪边尚浣纱。（第64回）

还我自由身! 字里行间，隐隐听得出这一声女儿的呐喊。

东施效颦， 作为西施之美艳的强烈对比，成了文人笔下丑陋愚昧而不自知的典型，迤逦史册至而今。然而黛玉却为东施深沉赋歌，将东施与西施掉了个，展开对千古史评的颠覆!

黛玉悲叹西施丧身于“理”的命运，深刻揭露了史书上津津乐道的吴越逐鹿及勾践、夫差所谓“英雄”之自私自利、卑鄙阴暗的本质，表达了对荣华富贵的漠然和内心的向往——不与统治者为伍，甘为普通村妇。

虞 姬
肠断乌骓夜啸风，虞兮幽恨对重瞳，
黥彭甘受他年醢，饮剑何如楚帐中。

西楚霸王出，惊天动地。

楚汉争霸，争的是什么? 争的是天下，是老百姓的膏血，是掠夺的资本和残杀的权力。纵使腐儒枉论刘项高下，其实二者并无区别，都表现的是男性世界的利令智昏。

那么，情在何处? 虞姬一腔幽恨，是重情人对薄情人的失望，是对父权制的齿冷。且看那名列史传的“英雄”黥布、彭越者流，不是为邀名争宠而背主求荣，忍辱偷生吗? 这就是男性世界的英雄气概吗? 相比之下，弱女虞姬，剑锋绽开一朵血花，昭示真情于天下，能不令“英雄”汗颜!

明 妃
绝艳惊人出汉宫，红颜薄命古今同。
君王纵使轻颜色，予夺权何畀画工。

当王昭君昂首古都长街行,毫不返顾地步入大漠深处,只见孤烟直,落日圆,云为之低,地为之息,草木偃伏,宫殿垂脊。君王的光辉失了颜色。

女神,兀然挺立于男性世界群中。

傲然的是骨,是气,却无法挣脱君权、父权、夫权的重压;"红颜薄命"之叹,抒发了人类从母系氏族社会进入父系氏族社会后,所有女性的"同悲"。

珍重的是"情",可君王哪里有"情"?

恪守的是"诚",可画工——这个唯利是图的社会,哪里有"诚"?

绿 珠
瓦砾明珠一例抛,何曾石尉重娇娆。

都缘顽福前生造,更有同归慰寂寥。

探春以"雪为肌骨"咏白海棠,宝玉以"出浴太真冰作影"和之(第37回)。寓雪寓冰,皆寓宝钗,谓之"冷美人"。然而,钗者,黛之侧面。黛玉即宝钗,也是"冷美人"。《西施》、《虞姬》、《明妃》,冷艳"三吟",层层叠进,冷对男性群体,冷气益重,冷意逼人。然而,三吟后峰回路转,《绿珠》一歌若曲水止于幽潭,转折中凸显黛玉本色——冷中热。

"何曾石尉重娇娆",是冷。石崇之宠绿珠,何曾有真情意,不过视女性为玩物而已。世事薄情,冷眼洞穿。但尽管如此,石崇死,绿珠亦"同归",这是热,热于情。明知石崇不过是"瓦砾",也要殉情而死,"瓦砾明珠一例抛"。

这是女儿的痴心吗?

这痴心,聚得千钧热能;这痴心,认准一个"情"字,虽九死而不悔。

红 拂
长揖雄谈态自殊,美人巨眼识穷途,

尸居余气杨公幕,岂得羁縻女丈夫。

《绿珠》张扬"自我",深化黛玉性格,将铺垫做足,于是《红拂》出,热而至于激情勃发,巾帼女杰拍案而起。"女丈夫","长揖雄谈","美人巨眼",出自黛玉之弱躯,你细细想去,岂不真个惊煞四座!

一个"情"字,成就了黛玉化身。《五美吟》至此而波峰突起,形成高潮,直将黛玉心事、志向、胆识合盘托出。

红拂不恋富贵,毅然离开腐朽的帝王家,与自己钟情的男子双双出走,不受羁縻,奔向自由,纵豪情挥洒于天地之间,该是何等轰轰烈烈的壮举!

那么,黛玉能与宝玉出走吗?

"药催灵兔捣,人向广寒奔。犯斗邀牛女,乘槎访帝孙。"黛玉在与湘云的中秋大联句中,一任自由的心灵冲决罗网,遨游于广袤天宇,奔月访星,人天浑一,何等飘然。这是心的"出走"。但是,上下求索,出路何在?联句结尾只能回到残酷的现实,透露出必死的哀音:"寒塘渡鹤影,冷月葬诗魂"。(第76回)

在《红楼梦》中,曹雪芹通过黛玉来张扬神性,集中地表现为黛玉对必死哀音的主观认同,即黛玉求死!《葬花词》、《五美吟》、《中秋联句》、《桃花行》,沉重的审判和激烈的挑战,都浓缩在求死的凄楚里。

"实写就法"。黛玉求死是对出走的曲折反映。因为红拂是在私有制的范围内追求新生,黛玉却不能。黛玉是对整个私有制的否定。

生活在私有制末世，腐气沉沉，积重难返。无论是王熙凤的铁腕治家，还是贾探春的修补改革，都不能补腐朽于万一，却只是加速这个制度的沉沦。

因此，生命的抗争便不能激发为"女丈夫"的剑光侠影与壮烈一搏；神性为战胜奴性的挣扎，只能表现为在追求与绝望中的畸形扭曲；而求死，便是这畸形扭曲的唯一归宿。

为着黛玉的"求死"，宝玉做了精神上的渲染。

其一：第78回，宝玉为挽林四娘作《姽婳词》：

林四娘为恒王之姬。两军对垒，恒王战死，文武百官惊慌失措，准备献城以降。这时，林四娘挺身求死，"号令秦姬驱赵女，艳李秾桃临战场"，率临阵草成的嫔妃"娘子军"杀入敌阵，义无反顾，殉情明志，一死报知己。宝玉唱罢林四娘，掷笔一判："何事文武立朝纲，不及闺中林四娘"。

林四娘便是黛玉。林四娘之铮铮烈骨与凛凛正气，足以压倒须眉浊物，将神性之光辉超然于昏昏奴性中。

其二：第36回，宝玉将几千年崇奉的"文死谏"、"武死战"嘲讽为"胡闹"，他冷眼评说：为君王战死的武将是"白送了性命"；文臣的所谓"死谏"不过是为"邀忠烈之名"的"胡谈乱谏"。他冷语挥千古："那些死的，都是沽名钓誉"。

一剑封喉！这几乎是谭嗣同之激愤的先声："三代以下忠臣，其不为辅桀助纣者几希。"（《仁学》）

几千年到而今文明史的万千"英雄"，有几个不是争名逐利之徒？——阶级社会恶的一面不去说它，便是善的等级制，其优秀代表人物，也不过是私有制社会为名为利的产物。

曹雪芹通过宝黛之"神性"唱和，对私有制下了绝杀令。

那么，黛玉真是一位女神吗？

不是。

妙玉无情地讥讽黛玉："你这么个人，竟是大俗人。"（第41回）

"俗"在何处？

"俗"在一个"情"字。

妙玉"云空未必空"（第5回），自命脱俗，终误于情；黛玉却毕竟为情而来，为情而苦，为情而病，为情而死，以身殉情。

脂砚斋批《红楼梦》"情榜"，有"黛玉情情"之说。

所谓"情情"，便是专情于对自己有情的人。在"太虚幻境"，黛玉本为绛珠仙草，得神瑛侍者（宝玉）仙露浇灌，细心呵护，故下凡要以一生眼泪还报。这是情根，是以自我为核心的报情。

"无情未必真豪杰"（鲁迅），但若陷于"情"中，则未免失于狭隘。现实中的黛玉，爱情成了一切。她无家无亲人无财产，再没有可失去的东西，对她来说，爱情与生活同义，她的心全部在宝玉身上，"你只管你，你好我自好。"（第28回）

黛玉表白了她的"先爱人之忧而忧，后爱人之乐而乐"的无私之爱。而这种爱，最终的希望是相互奉献、相互索取，达到浑然一体的境地。黛玉的理想期待，就是使"自我"能够在"情"中得到完满实现。这种"情"，终有偏狭之嫌。

围绕"自我"，黛玉煞费苦心。

第34回：宝玉挨打后，对黛玉私相传帕，暗定终身，黛玉怎样想呢？"宝玉这番苦心，能领会我这番苦意，又令我可喜；我这番苦意，不知将来如何，又令我可悲；忽然好好的送两块旧帕子来，若不是领我深意，单看了这帕子，又令我可笑；再想令人私相传递于我，又可惧；我自己每每好哭，想来也无味，又令我可愧。"

可喜，可悲，可笑，可惧，可愧！曲曲心意，不离"自我"，文章也算作足。

第 37 回：宝钗批评黛玉："愁多焉得玉无痕？" 整体与"自我"的根本对立，发展着黛玉的"多愁之痕"——敏感、多疑与苛刻。

第 23 回，宝玉笑说："我就是个'多愁多病身'，你就是那'倾国倾城貌'。"黛玉听后，"微腮带怒，薄面含嗔"，认为宝玉"欺负"她，"早又把眼圈红了，转身就走"。 又一次，宝玉笑谓紫娟："好丫头，'若共你多情小姐同鸳帐，怎舍得让你叠被铺床'。"黛玉一听，哭道："拿我取笑，我成了替爷们解闷的。"

期盼的姻缘却很渺茫，被神性的追求而饱受心灵的熬煎，怎容忍奴性的打趣！要知道，宝玉是众星捧月，黛玉是孤苦伶仃。虽然宝玉是借打趣曲折诉真情，但其表现形式毕竟是打趣。试想，假若地位平等，没有等级制、家长制的藩墙，情侣间的打情骂俏该是何等幸福、甜蜜的乐趣。然而隔着天河的牛郎向对岸的织女，会说打趣的话吗？被众星捧月的宝玉如何透彻理解寄人篱下的黛玉的心思？

神性为挣脱奴性的裂变，就是人的自尊、人的平等在盼望实现却不能实现中的折光，就是神性面对奴性的吞噬拚将生命之火划过夜空的一道闪电。

然而，闪电撕不烂黑暗，却最终被黑暗吞噬。

神性的光辉因奴性的阴影而暗淡。

美国评论家薇娜·纾衡哲在评论鲁迅时说："他的觉醒使他变成无用，使他与社会其他成员的思想不能相通，他的批判不能生效。这就存在着矛盾：不觉醒，不从社会影响下解放出来，就不能和吃人主义决裂；而一旦觉醒了，解放了，反而又无力改造这个社会和文化。"（转引自张伟：《"多余人"论纲》）

多余的人！

每一个行动都深刻着私有制的奴性印记，每一个追求都在神性的光辉里燃烧熔化。那么，我能干什么？

林黛玉是别一形式的鲁迅。

曹雪芹在鲁迅之前 200 年，已经生动地塑造了一个不见容于私有制、同时自己也不能与私有制共存的社会多余的人，一个知识分子的精灵！

死是林黛玉的唯一出路。

成穷在《从〈红楼梦〉看中国文化》中，对知识分子的评价颇见冷酷："最初的文人称为'游士'。但'游'恐怕不仅是文人的一种历史形态，而更是文人的根本特征。'士'在国与国之间'游'来'游'去，或依附君主而为卿相，或寄人门下而为食客，或设馆课徒而为先生。尽管相对说来还算自由，但仰仗依靠他人的地位实无二致。"

知识分子从来处于为奴的地位。"为了使自己取得'枪'的保护、'粮'的保障，便不得不依附于带'枪'的人和有'粮'的人，特别是不得不依附兼有二者的统治阶级。文人之为文人的存在方式，也许先行就已决定了它的依附本性。"（同上引文）

奴者，若生产，或可为"隶"；若依附，便须恃"才"。以己之才，依附为奴，便是奴才。知识分子一般地处于奴才的地位。

但并不是所有的知识分子都甘心为奴，去向统治者讨一杯羹。鲁迅不是，曹雪芹不是，黛玉也不是。

于是，生，有鲁迅的刻薄，也有黛玉的刻薄；死，有鲁迅"一个也不饶恕"

的极端，也有黛玉"泪尽而逝"的极端。

神性为挣脱奴性的裂变！

这裂变，在《红楼梦》中不仅表现为黛玉的求死，还通过晴雯等诸多女性群体形象的塑造，从不同侧面丰富、发展、完善了黛玉的性格，从而为这裂变做了全方位的立体展现。

《红楼梦》第8回有甲戌夹批："余谓晴有林风，袭乃钗副，真真不错"。第 78 回，为悼念晴雯之死，宝玉痛诉《芙蓉女儿诔》，忽听侍女惊呼："晴雯显魂！"

"魂"者谁？原是从芙蓉花中显影的黛玉。

黛玉为晴雯之魂。诔晴雯即是颂黛玉。那么，晴雯如何展现黛玉形象呢？

第 74 回抄检大观园："只见晴雯挽着头发闯进来，豁一声将箱子掀开，两手提着底子，朝天往地下尽情一倒，将所有之物尽都倒出。"这种狂傲行为尽显晴雯的的刚烈性格，以其"忍中怒"直将黛玉的"怒中忍"宣泄爆发。

充分显示黛玉精神之高洁，并将黛玉的精神反抗酣畅淋漓地展现于天地之间者，是第 77 回的晴雯之死。

晴雯被逐，待毙于兄嫂之家，宝玉去探望。晴雯"一见是宝玉，又惊又喜，又悲又痛，忙一把死攥住他的手，哽咽了半日方说出半句话来：我只当不得见你了。"

这是黛玉一个"情"字的阐发。

在袭人眼里，晴雯是宝玉心中"第一等的人"。（第 77 回）这"第一等的人"自是知己之情。所以晴雯将死之际，知宝玉，谅宝玉，为宝玉着想。她没有企盼宝玉救自己，对宝玉没有半毫责备怨望之意。（绝非高鹗续书之将死"黛玉"：对宝玉怨重恨深，烧帕绝情，全失了"知己"之旨。）

晴雯一似曹公笔下之黛玉，为怕给宝玉带来是非，忍内心生离死别之痛，故意蒙头，不理宝玉，催促宝玉快走。

此时的晴雯，用情之深，却难以瞑目的，是耿耿于奴性对神性的重压："只是一件，我死也不甘心的：我虽生的比别人略好些，并没有私情密意勾引你怎样，如何一口死咬定了我是个狐狸精！我太不服。今且既已担了虚名，而且临死，不是我说一句后悔的话，早知如此，我当日也另有个道理。不料痴心傻意,只说大家横竖是在一起……"

晴雯也如黛玉，留得清白女儿身，愿得宝玉一份知己情足矣。然而此时，直面诬陷，铮铮烈骨被激发为强烈的反抗。

为挣脱奴性的神性，裂变为一个用行动呐喊的宣言：

"晴雯拭泪，就伸手取了剪刀，将左手上两根葱管一般的指甲齐根绞下；又伸手向被内将贴身穿着的一件旧红绫袄脱下，并指甲都与宝玉道：这个你收了，以后就如见我一般。快把你的袄儿脱下来我穿。我将来在棺材内独自躺着，也就象还在怡红院的一样了。"

看宝玉换衣，藏指甲，晴雯又哭道："回去她们看见了要问。不必撒谎，就说是我的。既担了虚名，越性如此，也不过这样了。"

"不过这样"！——爱了！晴雯和宝玉相爱了！这种男女私订终身在当时是被视为大逆不道的，然而晴雯却要将这"大逆不道"顶天立地大白于天下。

我又想起了鲁迅临死"一个也不饶恕"的刚性。

一份向奴性宣战的宣言！——晴雯乎？鲁迅乎？

见晴雯如见黛玉。晴雯所为正是黛玉心声。晴雯的反抗，正是黛玉精神的抒发。

还有一个被公认为"倒像林妹妹模样儿"（第 22 回）的戏子龄官，尽管地位低微，却似牛犊之出生，心态之单纯，目中从无主奴之别，不但不把宝玉看在眼里，而且敢于公开顶撞皇贵妃。当贵妃省亲，顶头上司贾蔷命演《游园》、《惊梦》时，"龄官自为此二出原非本角之戏，执意不作，定要作《相约》、《相骂》二出。"（第 18 回）

蒙府本在第 36 回有批语赞龄官："其文冷中浓，其意韵而诚，有富贵不能移，威武不能屈之意。"

这"富贵不能移，威武不能屈"，正是通过龄官的侧面，写照着黛玉的性格。

"嬉笑怒骂，皆成文章。"（鲁迅） 除了晴雯、龄官，能将黛玉一段心事赤裸裸地抽出本质来，并演绎成极端文字的，则是尤三姐。

尤三姐也是黛玉的一个侧面，《红楼梦》中有一比："林姑娘的面庞和身段，与三姨儿（尤三姐）不差什么。"（第 65 回）

这尤三姐美艳绝伦，"不独将他二姐压倒，据珍琏评去，所见过的上下贵贱若干女子，皆未有此绰约风流者。二人已酥麻如醉，不禁去招她一招，她那淫态风情，反将二人禁住。那尤三姐放出手眼来略试了一试，她弟兄两个竟全然无一点别识别见，连口中一句响亮话都没了。不过是酒色二字而已。自己高谈阔论，任意挥霍洒落一阵，拿他弟兄二人嘲笑取乐，竟真是她嫖了男人，并非男人淫了她。"（第 65 回）

套用六祖惠能一句："吃喝嫖赌，无非是禅"。

然而能得个中神韵者，几人哉；大略尤三姐可登堂入室了。你嫖，我比你还嫖；你淫，我比你还淫。这嫖，这淫，只见形式，全没了内容。在三姐心中，纯是一腔悲愤，一捧嘲弄。

此淫此嫖之色，比之风清月白可也。这一非淫之淫，竟震慑得嫖淫老手贾珍、贾琏"一句响亮话都没了"。此中禅意，惠能六祖怕是可一效佛陀、迦叶而拈花微笑了。

然而此禅，毕竟没了平和；而是以激烈的形式，将禅性——神性，表现为在挣脱奴性中的畸形裂变。这裂变，便是三姐在悲愤中的自刎。

王昆仑在《晴雯之死》中认为：《红楼梦》创造了一个竞争着做奴才的环境。在这环境中，晴雯之少奴气令人可敬，尤三姐之激愤于奴性尤令人可敬。而小红，则作为以奴性冲击奴性的艺术形象，不但对晴雯、尤三姐之奴性做了补笔，而且也是对黛玉之奴性的照应。

小红原名林红玉，与林黛玉一字之别；似姐妹之分，实影之侧写。小红着墨不多，却显尽伶俐。一如黛玉、晴雯、尤三姐一样，小红主动张扬自我，力求在争强好胜中实现自我。

小红出场有声有色：贾芸一见她，便屡屡回头看她，而她也主动眉目送情；宝玉见她之后，印象深刻，第二天一早便四处寻她；宝钗隔窗听得出她的声音；而给凤姐头一回办事，便显干脆利落，深令凤姐喜爱，惜才而不舍。宝钗视小红"刁钻古怪"；宝玉颂小红"俏丽甜净"。

小红个性鲜明，与晴雯形成统一中的对立。晴雯训斥小红："你只是疯吧，……"头等大丫头役使三等小丫头，直如主子一般。小红则针锋相对，拉大旗，做虎皮，先搬宝玉，讥讽晴雯："我喂雀儿的时候，你还睡觉呢"； 再搬凤姐："你们再问问，我逛了没有，二奶奶才使唤我说话取东西去"……

第 26 回有庚辰眉批："红玉一腔委曲怨愤，系身在怡红不能遂志。"身为宝玉之婢，本想借风流灵巧亲近宝玉，却遭到大丫头的斥骂："没脸的下流东西！正经叫你催水去，你说有事故，倒叫我们去，你可等着做这个巧宗儿。一里一里的，这不上来了。难道我们倒跟不上你了？你也拿镜子照照，配递茶递水不配！"（第 24 回）

一曲而两歌。曹公寥寥几笔，写出了奴性的普遍性，也写出了小红为挣脱奴性的畸变。小红在层层等级制的奴性氛围中，郁郁不得志。然而其恃才逞强之心，却要在等级制中争得个"出头之日"，在不平与愤懑中的努力，终使小红如愿以偿，得凤姐赏识，调到"中央机关"，接近权势人物去了。

矫枉过正！为奴者想挣得平等地位，就要超越对平等的追求而争做主子。人性，在这种相争中畸形化，裂变为另一种形式的奴性。小红，写出了林黛玉世俗的一面。

这小红的几段特写表明：在奴性充溢的私有制末期，神性为挣脱奴性的努力，尽管光耀逼人，但在自身的畸形裂变中，最终异化为奴性。

晴雯可以向统治者去抗争，求取平等；可面对比她等级低的小丫头想打就打，想骂就骂。她凶横："一个个才揭你们的皮"；她残暴：用一丈青在小丫头手上乱戳，疼的小丫头乱哭乱喊。

向统治者争平等，却在不自觉中为维护乃至提升自己的地位而倾心等级制。这和小红的奴性，又是对立的统一。

不仅如此，这晴雯、小红的奴性也反射出黛玉的奴性。第 18 回元春省亲，宝钗欣羡元春的皇贵妃地位，固然奴性毕现；而黛玉在蔑视皇权之余，同样露出了奴性的劣根，"安心今夜大展奇才，将众人压倒，不想贾妃只命一匾一咏，倒不好违谕多作"。结果呢？ "未得展其抱负，自是不快。"想冒尖没有冒成，十分着恼。

神性与奴性，原是互为表里的。黛玉、小红，伯仲之间耳。为挣脱奴性束缚的神性，因其自身的不彻底性而同化于奴性，是这些艺术形象的共同特征。即如对黛玉精神给予昂扬响应，再现"长揖雄谈"、"女丈夫"之红拂气概的鸳鸯，不也同时透露出内心深处的奴性哀音吗？

鸳鸯不慕荣华富贵，直刺位居王公的贾赦："别说大老爷要娶我做小老婆，就是太太这会子死了，他三媒六聘的娶我去做大老婆，我也不能去。"（第 46 回）这与黛玉"一年三百六十日，风刀霜剑严相逼"的痛苦感受，相为表里。

不仅如此，鸳鸯还"猖狂"地表达了对皇权的蔑视，她斩钉截铁地向恶势力公开宣告："我是横了心的，当着众人在这里，我这一辈子莫说是'宝玉'，便是'宝金'、'宝银'、'宝天王'、'宝皇帝'，横竖不嫁人就是了。就是老太太逼着我，我一刀抹死了，也不能从命。"（第 46 回）

好一个鸳鸯，从宝玉到金银，从贾府的最高统治者贾母到王公侯爵、天王皇帝，直将"富贵"二字，骂得一钱不值。

基于对整个腐朽没落的私有制的本质认识，鸳鸯对恶的奴才给予痛快淋漓的讥讽："怪道成日家羡慕人家女儿做了小老婆，一家子都仗着她横行霸道的！看的眼热了，也把我送往火坑里去，我若得脸呢，你们在外头横行霸道，自己就封自己是'舅爷'了。我若不得脸败了时，你们把忘八脖子一缩，生死由我。"（第 46 回）

同时，对善的奴才也有冷峻的警告："你们（指平儿、袭人）自为都有了结果了，将来都是做姨娘（小老婆）的，据我看，天下的事未必都遂心如意。你们且收着些，别忒乐过了头。"（第 46 回）

如此清醒的鸳鸯，挣得脱奴才地位吗？　看她打定的主意："我剪了头发作姑子去，不然，还有一死。一辈子不嫁男人，又怎么样，乐得干净呢！"

整个男性世界 = 父权制 = 私有制 = 等级制，被鸳鸯视为一塘污泥浊水，不愿与之同流合污，一似黛玉之"质本洁来还洁去，强于污淖陷渠沟。"（第27回）　然而可能吗？固然反抗得豪迈刚烈，可结果却是或尼姑，或一死，也只能是奴才社会的殉葬品。

奴隶的反抗是阶级的，是两军对垒的战斗；而奴才的反抗只能是个人的，奴性在于无法也不能撕烂制度的罗网，只能一死相争。

然而，惟其个人，也许更能成为人作为类的代表。因为，无论是奴隶起义，还是农民战争，所争取的都是权利与财富的易位，都没有改变私有制的性质。而当承担人类解放使命的无产阶级尚在襁褓中时，不可能指望人作为类的胜利。这时的奴才反抗，充满着无望；然而，正是这无望，却凝聚着人的作为类的悲愤，呼唤着新世纪的曙光。

新世纪的曙光什么样？

请看黛玉的心仪所向：

《咏菊》："一从陶令评章后，千古高风说到今。"

《问菊》："欲讯秋情众莫知，喃喃负手扣东篱。"

《菊梦》："登仙非慕庄生蝶，忆旧还寻陶令盟。"　（第38回）

黛玉三首菊花诗哀情无限，却首首紧扣陶渊明，抒发着一个共同的指向，向往远离名利争夺、得抒自然天性的世外桃源。

二知道人在《红楼梦说梦》中写道："雪芹所记大观园，恍然一五柳先生所记之桃花源也。其中林壑田池，于荣府中别一天地，自宝玉率群钗来此，怡然有乐，直欲与外人间隔矣。"

大观园逼似桃花源！

"陶令不知何处去，桃花源里可耕田？"

黛玉——毛泽东的红颜知己。不知曹公心许否？

（3）宝钗——神性在奴性的压抑下闪光

20 世纪 60 年代，毛泽东吹响了"无产阶级文化大革命"的进军号角；他宣告：文化大革命是两个势力、两条路线的斗争。

倒退 200 年，曹雪芹以精湛的艺术之笔，形象地预演了这个"斗争"。

大观园不是桃花源。在《红楼梦》中，大观园内两个势力、两条路线的斗争，集中体现在宝钗与黛玉之间的激烈"搏杀"。

钗、黛是情敌。

黛玉心中块垒：自己与宝玉"既为知己，则又何必有金玉之论哉；既有金玉之论，亦该你我有之，则又何必来一宝钗哉！"（第 32 回）

"金玉姻缘"的威胁，使黛玉如芒在背，她对情敌的攻击，敏感而近于神经质。她当面讥刺宝钗："在别的上还有限，唯有这些人带的东西上越发留心。"（第 29 回）

宝玉挨打，黛玉哭肿了眼睛，却幸灾乐祸地往宝钗心头的伤口撒盐："姐姐也自保重些儿。就是哭出两缸眼泪来，也医不好棒疮。"（第 34 回）

与黛玉针锋相对，宝钗的反击也十分尖锐。第 25 回，宝玉遭暗算生命垂危，后得救醒来。黛玉悬着的一颗心终于放下，情不自禁地念了一声"阿弥陀佛"。这时宝钗辛辣笑讽："我笑如来佛比人还忙，又要讲经说法，又要普渡众生，……如今又管林姑娘的姻缘了"。恼得黛玉"摔帘子出去"。

黛玉伶牙外露，宝钗机锋暗藏。第 30 回，宝钗按捺不住对宝、黛情爱几近公开化的怨恨与嫉妒，把一贯的"安分随时"、"善解人意"丢到爪哇国去了，她将宝、黛的善言当成恶语，恼羞之中大怒，几番压抑不住，终以浑身解数，冷嘲热讽，四面围击，竟将宝、黛二人挖苦得脸红脖子粗，失了招架之功。

在宝钗心目中，黛玉是一个可怕的对手，把她追求宝玉的一番苦心化于无形。第 8 回，宝钗借看"通灵玉"之机，启发宝玉认识与自己的婚配之缘。她"口内念道：'莫失莫忘，仙寿恒昌。'念了两遍乃回头向莺儿笑道：'你不去倒茶，也在这里发呆作什么。'"一个提问，诱使单纯的莺儿道出宝钗所佩金锁上的字："不离不弃，芳龄永继"，这才"是一对"。宝钗假莺儿之口，颇具心计地向宝玉暗送了秋波。

宝钗对宝玉的一片似水柔情，在第 36 回写得真切："宝玉穿着银红纱衫子，随便睡着在床上，宝钗在身旁做针线，旁边放着蝇帚子。"——活脱脱夫妻生活温馨写真。当然，宝钗并非有意为之。但正因无意，才自然流露出她内心的向往。

当这种向往与追求得不到宝玉的回应时，宝钗的嫉妒与怨恨也就在不经意间异变为恶毒。

一个春意正浓的早晨，宝钗欲相约黛玉。抬眼处，却见宝玉闪进黛玉院门的背影。宝钗的潜意识里，顿时醋意翻涌。偏此时，翻飞起一对"玉色蝴蝶"——玉且成对。此情此景，情景交融，怎不撩拨宝钗的春情，刺得宝钗心痛！于是，便有了宝钗扑蝶。

扑蝶，是宝钗的下意识的活动。既是少女春情的勃发，也是她对宝、黛爱情的下意识扑杀。

然而，蝴蝶双双飞远，扑杀没有奏效。

宝钗意犹未尽，偏于无意间听到两个丫头的悄悄话。在涉嫌偷听将被发现之际，她随机应变地金蝉脱壳——故意叫道："颦儿，我看你往哪里藏！"一面说，一面往前赶。而且"此地无银三百两"地向被偷听者解释："我才在河那边看着林姑娘在这里蹲着弄水儿的。我要悄悄的唬她一跳，还没走到跟前，她倒看见我了，朝东一绕就不见了。别是藏在这里头了。" 说着，还故意假装寻了一遍才走。
（ 第 27 回）

栽赃陷害，"坐实"了"黛玉偷听"，能说心计不狠毒吗？虽然这狠毒更多地出于自保避祸，而非刻意为之；但下意识地嫁祸于黛玉，则分明是妒情中发。

第 37 回结社赋诗《咏白海棠》，是二人"情敌"之争的高潮。黛玉的进攻锋芒毕露："碾冰为土玉为盆"，很见着些张牙舞爪的凶样。

宝钗则清高孤傲："淡极始知花更艳"；反过来无情嘲讽黛玉："愁多焉得玉无痕"；然后，一句"珍重芳姿昼掩门"，宣示着自己白天犹掩门自守的端庄与维护封建礼教的自觉。

黛玉则针对宝钗的"伪善"，以 "半卷湘帘半掩门"还以颜色，道是莫论昼夜，公然将湘帘半卷门半开，以无畏的挑战，迎向整个社会。

钗、黛为情而战的背后，是两种势力、两条路线的本质搏杀。

这种搏杀，在黛玉，是"情"对"理"的冲击；在宝钗，则是"理"对"情"的压抑。

"情"对"理"的冲击，便是否定等级制，张扬"自我"，将"自我"融在"情"中，最终在"情"中实现 "自我"。

"理"对"情"的压抑， 则须维护等级制，克制"自我"，让"自我" 赢得制度的助力，达到实现"自我"的目的。

冲击等级制还是维护等级制？钗、黛之间，有着根本对立的内涵。

为着等级制的"明理"，宝钗肩负着奴性的重压，她"日间至贾母处王夫人处省候两次，不免又承色陪坐闲话半时，园中姊妹处也要度时闲话一回，故日间不大得闲，每夜灯下女工必至三更方寝。"（第 45 回）

这个"日间不大得闲"，也就是鲁迅所蔑视的"帮闲"。"帮闲"的奴性，既是对等级制礼仪规范的认可与遵循，更为着在这种认可与遵循中维护并提升自己在等级制中的地位。

钗之虑可谓周全，然而其命也苦，"三更方寝"。看来，帮闲并不清闲，付出也须可观。

自我，在宝钗的心目中，只是等级制阶石中的一块石子。第 32 回，王夫人酷虐致婢女金钏自杀，心中尚且不忍；可在宝钗看来，做丫头的原该驯服守分、逆来顺受，根本不应有刚烈之气性，自杀是咎由自取，不足怜惜。

换句话说，死了活该。这也便是今日沸沸扬扬之"心灵鸡汤"的丑陋处。

牺牲自我而成全整体，是中国儒学思想体系与西欧中世纪基督教哲学的共同要求。"不在其位，不谋其政"（《论语》），在等级序列中的婢女，本应以奴才之份听命于主子对自己身世的安排，岂能张扬"自我"，乃至以自杀"玷辱"主子"慈悲贤德"名，给主子以难堪！

对他人"冷"，对自己亦"冷"。宝钗自觉恪守妇道，维护等级制。她训导黛玉："你我只该做些针黹纺织的事才是，偏又认得了字，既认得了字，不过捡那正经的看也罢了，最怕见了些杂书，移了性情，就不可救了。"（第 42 回）

对等级制的认同与维护，实际上与等级制的本质——"私"，紧紧相连。凤姐对宝钗的自私便很不满："不干己事不张口，一问摇头三不知。"（第 55 回）

然而，被公认为"冷美人"的宝钗，却"冷"中有"热"。这个"热"，就是热衷于"自我"在等级制中的实现。

宝钗进京，本为"备选公主郡主入学陪侍"，在皇帝面前一展身手，争得个皇宫中女官的职位。（第4回）虽机会错失，但争宠之念不绝于怀。元春省亲时，宝玉奉命做诗，一时情急无词，宝钗讽道："亏你今夜不过如此，将来金殿对策，你大约连'赵钱孙李'都忘了呢。"（第18回）

"金殿"之思，萦绕于怀，所以脱口而出，反映了宝钗内心深处的憧憬：向往提升自己的等级地位，夫贵妻荣。

她把这种憧憬寄托于宝玉，劝宝玉读书入仕。然而正是这种观念，遭到宝玉的厌弃，他劈头骂道："好好的一个清净洁白女儿，也学的沽名钓誉，入了国贼禄鬼之流。"（第36回）

一个"贼"，一个"鬼"，骂得可谓歹毒。未知钗心苦不苦？此后，宝钗对宝玉之爱心与光宗耀祖之念，大约凉了一半吧！

说起来，从古至今，中华女儿有谁不渴望夫贵妻荣？而如宝钗之明书识理的"贤妻督友"，千年史册，几人哉！但不幸而面对宝、黛之默契心灵，高低立见，岂不给人"既生瑜，何生亮"之叹！

"贤妻"者，立足于等级制的"夫为妻纲"；而"默契"者，则无等级之别，浑然一体，所谓"亲密无间"者也。

钗，宁不悲乎！

同是第36回，宝玉梦中喊道："和尚道士的话如何信的！什么金玉姻缘，我偏说是木石姻缘。"宝玉这一心底深处的呐喊，对宝钗当头一棒！此时的她，诸念皆冷；尴尬之余，夫复何求！于是，第38回后，她自觉退出情场之争。从此，大观园（桃花源）与整个社会（私有制）的斗争取代了"情争"。

"知命知身，识理识性。"（第8回甲戌夹批）这是对宝钗的自觉之恰如其分的评价。

那么，何命？何身？何理？何性？

天地生人，既是自然之人，也是社会之人。维系社会的"大我"需要牺牲个人的"小我"，而社会的"大我"则应公正、平等、善良地尊重每一个"小我"应有的地位。人类私有制之要义，不是大多数人牺牲"小我"来奉献给少数人的"私有"，而是"按劳分配"，在"小我"牺牲的同时兼顾每一个"小我"之权益的善的等级制。

宝钗向往并自觉恪守的，正是这种善的等级制。

然而私有制的本质——"私"，被得寸进尺与贪得无厌的内在张力所膨胀，在历史上，全方位地、日益严重地冲击这个制度，使"善的等级制"异变为"恶的等级制"，即层层剥削、层层压迫的等级制。

以"善的等级制"为理论基础的儒学思想体系，在发展到程朱理学的高峰时，陷入二律背反：在本质上，鼓吹人性，否定等级制；在现实中，则无法挣脱与私有制相适应的体系自身，于是隐伏了明清两代的路线斗争。

曹雪芹《红楼梦》之形象刻画，实质上呼应程朱理学，全面否定等级制，否定儒学思想体系；但同时困于历史发展程度，终不能脱体系而驰奔于新天地，只能一抒"无才可去补苍天，枉入红尘若许年"（第1回）的心中块垒，精雕细刻地创造了"善的等级制"的楷模——薛宝钗。

在《红楼梦》这样一个善屈从于恶、异变于恶的痛苦现实里，善的挣扎固然无力，然而却是崇高的。神性，在奴性的压抑下顽强地闪光。

对宝钗的神性，曹雪芹由衷赞美："艳冠群芳"，注曰："任是无情也动人"。

（第 63 回）

何处动人？

先人后己，先公后私——"善的等级制"的核心。

这个核心是私有制社会的楷模。也是孔子喋喋于口的儒家思想体系的"仁"。

宝钗七言明志："淡极始知花更艳"，淡泊于末世荣华，方入最高境界，从而女神一般君临天下，傲然界分于营营苟苟、争权夺利的男性世界。

这最高境界的神性之光，在奴性昏昏中别具光彩——

她能体察湘云的艰难，细心地帮助湘云度难关。（第 32 回）

她关注贫女邢岫烟的冷暖，"暗中每相体贴接济，" 默默地为岫烟赎回当掉的衣服。（第 57 回）

她理解和同情黛玉的悲凉，为黛玉送去燕窝，并开导黛玉认识现实的残酷。（第 45 回）

她孝母殷切，"自父亲死后，见哥哥不能依贴母怀，她便不以书字为事，只留心针黹家计等事，好为母亲分忧解劳。"（第 4 回）

她冷眼恶的等级制：哥哥薛蟠遭痛打，薛姨妈不依不饶；宝钗劝道："咱们家无法无天，也是人所共知的。……妈就这样兴师动众，倚着亲戚之势欺压常人，倒显得妈偏心溺爱，纵容他生事招人。"消弭了薛姨妈的报复之心。（第 47 回）

以贾母目光之老辣，其对宝钗评价当无偏颇："你宝姐姐生来是个大方的人，头里她家这样好，她也一点不骄傲，后来她家坏了事，她也是舒舒坦坦的。"老太太一语作结："受得富贵，耐得贫穷。"

曹雪芹笔下，黛玉天性灵气以至性格尖刻，用以强化理想女性反抗旧制度的激情；宝钗安分守己以至自我压抑，则用以强化理想女性温柔贤惠的品德。

然而，如同残酷斗争中的毛泽东与刘少奇是亲密战友、有着一致的共产主义理想一样，黛玉与宝钗也是亲密闺友，对社会、人生有着相同的本质认识。

"可叹停机德，堪怜咏絮才。玉带林中挂，金簪雪里埋。"（第五回）

二钗以德、才冠盖群钗，得相反相成之精髓，为全书对立统一的大气派定下基调。 曹公所爱所惜者，非二钗而谁？

钗、黛合一。黛者，钗之侧面；宝钗即黛玉。

第 27 回"宝钗扑蝶"，尽管有着对情敌的狠毒，表现为假、恶、丑的奴性；但同时也是一幅神性盎然的真、善、美的春情图：青春勃发的少女香汗、娇喘，扑捉着一对上下翩飞的玉色蝴蝶，与周围碧水、红阁、绿树、曲桥相衬，这是美；满园春色撩拨宝钗的春心，一时间，"藏愚守拙"置之脑后，闺阁之"理"的束缚让位于少女之"情"的勃发，这是真；对美好生活的追求，对未来理想的憧憬，使少女之纯真与自由天性随蝴蝶而舞，这是善。

"宝钗扑蝶"的可贵，就在于被宝黛鲜活爱情的刺激，宝钗近于麻木的心灵霎时复活，高质量地完成了一次"情" 对"理"的冲击。

"情"与"理"的对立统一，解读着人类文明发展史：

第 70 回宝钗借柳絮言志 ，既是对"理"——善的等级制的认同与期盼，也是对"情"——自由的渴望与宣泄。

柳絮词
白玉堂前春解舞，东风卷得均匀。蜂团蝶阵乱纷纷。
几曾随逝水，岂必委芳尘。
万缕千丝终不改，任他随聚随分。韶华休笑本无根，好风凭借力，送我上青云。

涌动在宝钗内心深处的青春激情，与黛玉在《五美吟》中对红拂的强烈向往，何其一致！

在夫权压抑的封建社会，有几个女子敢宣言这样的抱负！

这是向封建闺训"女子无才便是德"的大胆冲击，她要凭借善的等级制搏上更高的阶梯，与"须眉浊物"一分上下；然而毕竟"本无根"，她无法挣脱的奴才地位，以及流水落花、凄风苦雨、盛世不再的家国沉沦，使她美好的追求只如浓浓黑雾中的闪电，划过一道不屈于奴性的神性之光。

渴求自由的心灵，被青春的活力激发着；然而置身其中的，却是一个彻底腐败、毫无希望的社会。请看宝钗神性之光："男人们读书明理，辅国治民，这便好了。只是如今，并不听见有这样的人，读了书倒更坏了。……所以竟不如耕种买卖"，做点实事。（第 42 回）

蒙府本有旁批："作者一片苦心，代佛说法，代圣讲道，看书者不可轻乎。"

宝钗所论，从"理"上；黛玉所觉，从"情"上。"情"启发"理"，"理"指导"情"，相辅相成，"情"、"理"合一。宝钗与黛玉走向精神的同一，即对私有制末世的厌恶与绝望，对奴性的痛恨与无可奈何。蒙府本"代佛代圣"之誉，其实说出了曹公在《红楼梦》中赋予宝钗的崇高使命。

第 42 回庚辰本回前批："钗、玉名虽两个，人却一身。此幻笔也。"

宝玉之悟，原是钗、黛共同领路。

第 22 回，钗、黛同阅宝玉之偈，"宝钗笑道：'这个人悟了。都是我的不是。都是我昨儿一支曲子惹出来的。'……黛玉说：'我再续两句在后，无立足境，是方干净。'宝钗道：'实在这方彻悟。'"然后由宝钗讲出那个著名的六祖慧能的故事。

宝钗引路使宝玉"初悟"，随后黛玉点拨，再回身通过钗之口点出"彻悟"，使宝玉达到"悟"的高峰；然后再由宝钗详述慧能和他的偈，对宝玉心灵之"悟"予以理论上的巩固，从此，钗、黛合璧，神性之光引导宝玉前行。

与正文相呼应，此处有庚辰夹批："宝卿博学宏览，胜诸才人；颦儿却聪慧灵智，非学力所致；皆绝世绝伦之人也。"

黛玉出于"灵"，宝钗出于"理"。"灵"之极者谐于"理"，"理"之深者通于"灵"。"灵"与"理"，非绝世绝伦之才，不能统一；而"理"与"灵"的统一，完成着对"物"的超越，实现着人性的回归。

范仲淹在《岳阳楼记》中两句话可为宝钗作注："不以物喜，不以己忧"；佛家那个"随"字，已融化在宝钗的观念里和生活中：王夫人因将人参送人致自己不敷使用而懊恼，宝钗劝道："这东西虽值钱，究竟不过是药，原该济散众人才是。"

第 57 回，宝钗训导邢岫烟："你看我从头至脚可有这些富丽闲妆？然七八年之先，我也是这样来的，如今一时比不得一时了，所以我都自己该省的就省了。将来你这一到了我们家，这些没有用的东西，只怕还有一箱子。咱们如今比不得他们了，总要一色从实守分为主，不比他们才是。"

一个"出世禅"，一个"世间禅"，其共同指向，是对物性——奴性的超脱。黛玉求死，是为挣脱奴性的裂变；宝钗超脱于物，是于生中将奴性的束缚化解于无形。对此，宝玉有一段精彩的"爱物说"，可与钗"论"相映。

第 31 回，宝玉纵容晴雯撕扇。扇子这一道具的毁灭，表明了神性对奴性，即对物的挣脱。随着撕扇声，二人大笑。宝玉说："你爱这样，我爱那样，各自性情不同。比如那扇子，原是扇的，你要撕着玩，也可以使得。只是不可生气时拿它出气，就如杯盘，原是盛东西的，你喜欢那声响，就故意的掉了也可以使得，只是别在生气时拿它出气，这就是爱物了。"

物即爱物。物不毁，则物之性何以成？而物原非一性，比如西瓜，可观其色，可品其味，可触其体，可听其声，其物性依人的主观需要得到实现。如果把西瓜砸在坏人脑袋上，这不是毁物，而是爱物。因为物性得到了张扬。诚如庄子云："其分也，成也；其成也，毁也。凡物无成与毁，复通为一。"（《齐物论》）

毁，才能成。如何通过毁，实现最大的成，则依人的主观判断、主观需要而定。而人的主观需要是否与人类的整体需要一致，是否与大自然的客观规律一致，则是能否真成大成的标准。

曹雪芹通过宝、钗、黛三人为代表的整个红楼的"毁灭"，张扬着超越物性——奴性的神性之光，呼唤着新世纪的大成。

"无立足境，是方干净。"在宝玉是渐悟，在黛玉是切身感受，在宝钗是明理。脂批第1回写道："何非梦幻？何不通灵？作者托言，原当有自。受气清浊，本无男女别。"钗、黛体现了宝玉性格的对立，宝玉体现了钗、黛性格的统一。宝玉、黛玉、宝钗，"本无男女别"，三位一体，表现了不能忘情于私有制与彻底冲决私有制的人格的二重化，以及置身于理想与现实之矛盾的痛苦与追求。

这种对立统一不仅表现在宝钗与黛玉之间，甚至表现在同一种势力、同一条路线的宝钗与袭人、凤姐、探春等人的多种关系之间。

袭人形象是对宝钗形象的补充。袭人少含蓄，多直率，集中地发散着宝钗思想的实质，丰富着宝钗的性格特征。

第8回，宝玉执意要撵走他的乳娘李奶奶，摔了茶钟，发了脾气，贾母派人来问，袭人主动揽责："我才倒茶，被雪滑倒，失手砸了钟子。"代人受过，善意的谎言显示了袭人的宽厚仁慈。

第19回，宝玉给袭人所留的皇宫所赐糖蒸酥酪，李奶奶不但倚老卖老地吃了，还嘲骂了袭人，宝玉才要发怒，袭人又是善意的谎言：说吃酥酪肚子疼，只想吃栗子，从而平息风波。庚辰夹批赞道："与前文失手砸钟遥对，通部袭人，皆是如此，一丝不错。"

第30回，宝玉外出被雨淋个落汤鸡，回来叫门，小丫头们玩得正欢，没听见。袭人过去开门，被宝玉当胸一脚踢中。怕宝玉迁怒别人，袭人忍痛说道："才刚是我淘气，不叫开门的。"还是善意的谎言！宝玉院中大总管当着众人的面被踢，又疼、又气、又羞，居然自揽责任，开脱他人，其顾虑周全，忍辱负重，几欲登峰造极了。

袭人以真、善、美的朴实，闪耀出神性的光芒。

然而，神性之光却被自觉纳入奴性的重压中。

第67回，管园的要摘果子给袭人，"袭人正色道：这哪里使得，……上头还没有供鲜，咱们倒先吃了。你是府里使老了的，难道连这个规矩都不懂。"

不是不懂。而是社会腐败，任何规矩都可以因个人利益而破坏。主子如此，奴仆也如此；统治者如此，被统治者也如此。只是袭人不如此。她不但自觉地先人后己，而且自觉地先公后私。

只是这个"公"已经异变为最大的"私"。

黄宗羲说：君者，"使天下之人不敢自私，不敢自利，以我之大私为天下之公。始而惭焉，久而安言。"（《明夷待访录·原君》）

可是，袭人不懂这个理，看不懂天下之"公"已沦为特权集团极端私欲的囊中物，却把那个以"君"为代表的恶的等级制及其观念奉为神圣"天条"。她以纯朴、善良的自觉遵守着、维护着这个"天条"。

因此，她吸不惯宝玉与众钗在大观园里创造的自由平等的空气，不满自由之风对等级制的扫荡；她目睹宝玉与众钗的纵情欢笑，真诚地担心与忧郁："姊妹们和气，也有个分寸礼节，也没个黑家白日闹的！凭人怎么劝，都是耳旁风。"

在袭人看来，宝玉的闹腾，"不知要做出什么事来"；大观园里洪水猛兽般对等级制礼仪规范的冲击，"叫人悬心"。于是，她跑到王夫人那里，没有了"善意的谎言"，有的是告密者的直率。她的"检举揭发"，给了王夫人"雷轰电掣"的震动。从此埋下了抄检大观园、逼死晴雯的火种。

袭人并非有意陷害。她情系宝玉，情系大观园，对宝玉和大观园怀有全部真诚的善意。然而，此之"善"非彼之"善"。在"善"的统一目标下，却有着血雨腥风的惨烈。她劝王夫人防范的"私订终身"，已经把血淋林的剑锋指向了宝玉、黛玉及侧写黛玉的晴雯了。

这是两种势力、两条路线的斗争！

先人后己，不能无己；先公后私，不能无私。当"己"与"私"升华为对观念的信奉时，便自觉纳入一个势力、一条路线。

第77回，晴雯将死，宝玉将自己与晴雯的知己深情比作海棠花，并拟之于孔子、诸葛亮、岳飞及杨贵妃、王昭君，令袭人心里泛酸。她此时竟不顾闺友之情，更没有为自己的无意伤人而愧疚、而自揽责任，反倒恨恨地说："那晴雯是个什么东西，就费这样心思，比出这些正经人来！还有一说，她纵好，也灭不过我的次序去。便是这海棠，也该先来比我，也还轮不到她。"

声声含恨，句句逼人，真个是"凶相毕露"。

袭人眼里，孔子、王昭君辈是正经人，而晴雯及自己不过是奴才；即以奴才分，自己位次也在晴雯之上。

支撑袭人堂堂正正之凛然的，竟是等级制的奴性！

为什么不能假装地赞同宝玉，用她一贯的"善的谎言"来安慰宝玉那受伤的心呢？

因为晴雯是她的情敌，更与她针锋相对地属于别一势力、别一路线。晴雯的"张扬自我"与宝玉对晴雯的认同，是忍辱负重的袭人绝不能忍辱负重的。

心头那点私念，在触及到根本问题上，就会下意识地异变为恶。

同于宝钗对"夫贵妻荣"的追求，袭人亦怀"妻荣"之欲，并寄望于宝玉。只是宝玉的一脚将袭人的幻想踢出了窍。袭人被踢得吐血，很是伤感，"不觉将素日想着后来争荣夸耀之心尽皆灰了。"（第30回）

一个"国贼禄鬼"，斥宝钗；一个"窝心脚"，踹袭人。曹雪芹以雷霆万钧的两次"狠毒"之击，抒发着强烈的爱憎，也促推着钗、袭向黛玉的回归。

宝钗、袭人，以情性之善向着等级制之善——"仁"，自觉屈从。于是，真情性便纳入理性规范的"框框"，做了"仁政"的附庸；然而，"仁"在腐朽体制中已经空壳化，成了伪"仁政"，那么，宝钗、袭人对善的等级制的自觉，焉能不"善而近伪"，异化为恶的等级制的帮凶。

此"帮凶"之善，钗、袭之外，贾政最是动人。

如果说，在神性与奴性之间，袭人演绎着宝钗的"安分随时"；那么，贾政则深化着宝钗的"识理识性"。

贾政痛打宝玉，闹翻贾府上下。他嘴上喊"打死这个孽种"，手中的板子却躲着要害，只是伤及皮肉。这"痛打"，其实是贾政内心的自我鞭挞，是对家族之忧与爱子之忧的矛盾在经年撕扯中的痛苦爆发。

贾政"端正方直"，尽忠尽孝，勤勉于公事，不与"恶"同流合污；然而面对家风日下，子弟无赖，却一筹莫展。善，反倒无所作为，只是恶的仆从；正，难能清正廉明，只是邪的附庸。

奴性重压下迸发出的神性之光，堪与宝钗比肩。

第 17 回"大观园试才题对额"，在对宝玉貌似威严的呵斥声中，将贾政的审美情趣与宝玉的超俗才思相呼应。尤其是宝玉的几次顶撞，于调皮中反现严父之慈；而对宝玉之独到见识，于训责中却见父因子傲。父子灵犀相通，情意融融。第 78 回，宝玉挽林四娘作《姽婳词》，亦见贾政在等级制的尊严中，对宝玉的由衷喜爱。随着对宝玉渐弱的呵斥声， 乾坤在悄悄扭转，那"父为子纲"于无形中转变为"子为父纲"。

贾政向黛玉、宝玉——向"自我"做着深层次的回归："近日贾政年迈，名利大灰，然起初天性也是个诗酒放诞之人，因在子侄辈中，少不得规以正路，近见宝玉虽不读书，竟颇能解此……就思及祖宗们，各各亦皆如此，虽有深精举业的，也不曾发达过一个。看来此亦贾门之数，遂也不强以举业逼他了。又要环、兰二人举业之余，怎得亦同宝玉才好。"

这是老父心思。贾政"腐儒"其表，内心则清明似水：贾环、贾兰，一子一孙，在读书求仕的奴性之余，怎样也变得像宝玉那样神性盎然呢？

贾政、袭人等，丰富着宝钗性格的"这一面"，而凤姐、贾雨村等，则发展着宝钗性格的"那一面"。

与袭人相反，凤姐是大观园的保护神——

她关心着宝玉和众钗们的冷暖，百忙之中为大观园单备厨房。

她与宝玉休戚与共，同时遭受迫害，同时获救。宝、凤一体。

她在"芦雪庵争联即景"大联句中，以"一夜北风紧"带活全诗，俨然众钗的领军人物。（第 50 回）

她曾小心谨慎，试图扭转晴雯将临的厄运。

她为无法阻止抄检大观园，内心倍受熬煎，"纵有千百样言辞，此刻也不敢说，只低头答应着"。（第 74 回）

在陪同抄检时，她由衷赞赏晴雯的反抗；更像长姐一样关心黛玉，怕黛玉受惊，"忙按住她不许起来，只说：'睡吧，我们就走'"；对于搜检出来的一些东西，则挺身而出，为宝、黛之情打掩护："宝玉和她们从小儿在一处混了几年，这自然是宝玉的旧东西。也不算什么罕事，撂下再往别处去是正经"；而对探春打向奴才的一掌，她更是按捺不住地喊出了声："好丫头！"（第 74 回）

凤姐以她的神性之光，领悟着、解读着、保护着大观园里的自由空气；她与这自由空气息息相通。

凤姐形象，寄托着曹公对女性世界的崇高礼赞。第 13 回结尾有对凤姐的赞誉："金紫万千谁治国，裙钗一二可齐家。"这"一二裙钗"鹤立鸡群一般，突兀在男性世界的"万千金紫"之上。

凤姐展奇才，最精彩处在两件大事。

一件"元春省亲"是侧写，寥寥数语，"事多任重，别人或可偷安躲静，独她是不能脱得的"（第 19 回）暗点凤姐一手操办，偌大场面安排得有条不紊，不失分寸，尽显精明。

另一件是协办可卿丧事，凤姐手段，却在前台：她早起晚归，不畏勤劳，详细调查，周密计划；她明察秋毫，了然于胸，条理清晰，有的放矢；她公正果断，不徇私情，于万千头绪中稳、准、狠地切中要害，立下规矩方圆。但见令旗指处，竹则迎刃而裂，颇显将帅风度。以至于第 14 回甲戌眉批感慨系之："请看凤姐无私，犹能整齐丧事。况丈夫辈受职于庙堂之上，倘能奉公守法，一毫不苟，承上率下，何有不行！"

人能无私，自然所向披靡。然而诚如宝钗言：整个男性世界，"并不听见有这样的人"。因此，凤姐展才处，实在展的是"无私"，是奴性压抑下的神性之光。这神性之光，使凤姐不仅彰显治世之能，而且独具识人之慧。她能于众人中一眼看中聪明伶俐、能说会道、办事干净利落的小红，毫不犹豫地要到自己的身边。（第 27 回）

与识人之慧相辅相成的，是她的自知之明：探春改革，狠狠地烧了凤姐一把火，凤姐却全然不怪，还特意嘱咐平儿："她虽是姑娘家，她心里却事事明白，不过是言语谨慎。她又比我知书识字，更厉害一层了。如今俗语说，擒贼必先擒王。她如今要做法开端，一定是先拿我开端。倘或她要驳我的回，你可别分辨，你只越恭敬，越说驳的是才好。千万别想着怕我没脸，和她一强就不好了。"还说："正该和她协同，大家做个膀臂，我也不孤不独了。"（第 55 回） 此处有庚辰夹批："阿凤有才处全在择人，收纳膀臂羽翼，并非一味倚才自恃者可知。这方是大才。"

"知己知彼，百战不殆。"凤姐能在贾母一人之下，众人之上，握贾府权柄而游刃有余，除了她呕心沥血、倾力支撑家族大厦的无私精神外，便是"知己知彼"之明。

第 5 回为凤姐批语："生前心已碎，死后性空灵。" 这个"性空灵"，该是对宝钗之"彻悟"的回归吧；虽是"死后"，亦足见雪芹之评，在对凤姐的崇高礼赞中，夹杂着几许深沉的叹惜。

然而，凤姐之神性却甩不脱奴性压抑的重负；她的"无私"，原与她的极端自私紧紧相连。

不同于黛玉对等级制的冲击，也不同于宝钗对等级制的维护，凤姐"伶俐"处，在于无视等级制的规范，又充分利用等级制以行私。她独具"慧眼"：只有损得一己之私去维护制度之私，才能真正扩张一己之私。

在腐朽的现实中，善或为恶之附庸，无所作为，任人宰割，如贾政、袭人；或是求死，如黛玉、晴雯。没有别的出路。于是，凤姐抛开善，直指等级制的本质——私，将一己之私与制度之私相结合，将等级制的规范为"我"所用，无限放大自我。她目空今古："普天下的人，我不笑话就罢了。"（第 7 回）

为了"自我"，凤姐费尽"意悬悬半世心"，勉力支撑贾府摇摇欲坠的大厦，甚至不顾病重将危，"天天还是察三访四，自己再不肯看破些且养身子。"（第 72 回）

与此同时，她挖空心思，无所不用其极，拼命扩张私欲。"嘴甜心苦，两面三刀，上头一脸笑，脚下使绊子，明是一盆火，暗是一把刀。"（第 65 回）

如此，又反过来破坏着等级制的大厦。

就在凤姐铁面无私地协办可卿丧事之际，暗底下却假公济私，玩弄权术，索取贿赂，中饱私囊，害死了一对青年恋人；她自己则"坐享了三千两，王夫人等连一点消息也不知道。自此凤姐胆识愈壮，以后有了这样的事，便恣意的作为起来。"（第 16 回）

这种恣意作为，在一系列挪用公款、高利放贷、勾结官府、以权谋私的恶行之后，于害死尤二姐的事件上，发展到顶端。

贾琏偷娶尤二姐，直接伤害并威胁凤姐的地位。凤姐如母狼般绷紧全身神经，调动全部智慧，打了一场以攻为守的反击战。她甜言蜜语骗尤二姐入套，心狠手毒打击贾琏的羽翼，装腔作势赢取贾府上层的同情。

犹为利令智昏处，便是她将贾府安危置之度外，指使人向官府告自家的状："国孝家孝之中，背旨瞒亲，仗财依势，强逼退亲，停妻再娶"；她口吐狂言："便告我们家谋反也没事的"。以大逆之罪几乎陷贾府于绝境。

"机关算尽太聪明，反算了卿卿性命。"（第5回）

在私欲横行的封建末世，善，无所作为；恶，如鱼得水。官商勾结，贪污腐败，尔轧我虞，横行霸道，可以置善行于死地，可以"捞"恶棍于大牢。凤姐运筹帷幄，决胜千里。然而其精明强干，万变不离其私。当一己之私与整个私有制发生冲突时，便置社会于不顾。

凤姐为自己打赢了这一仗，却招致众叛亲离，埋下了家族垮台的祸根。凤姐事后意识到危险："原先不该如此将刀把付与外人的。因此悔之不迭"。（第69回）却已经晚了。

凤姐——恶的等级制的精英！

个体利益与整体利益对立，"自我"恶性膨胀，最终只能是"忽喇喇似大厦倾，昏惨惨似灯将尽"，害人害己。

无独有偶。《红楼梦》中堪与凤姐治家比肩者，是贾雨村的理政。贾雨村与凤姐,同是宝钗性格的畸形发展。

贾雨村一路仕途，伴随着无耻与贪婪。他精明强干却违背本心，出卖"自我"作恶势力的奴仆；他不失公正之心，却绝不秉公办事，反而徇私枉法，草菅人命；他巴结权贵，夺人财物，逼死石呆子；他恩将仇报，把帮助自己的人流放充军；他一手维护等级制，一手借等级制中饱私囊……

把真、善、美出卖给权势，让良心跪倒在丑恶的脚下，是贾雨村能在私有制末世呼风唤雨、为所欲为，并升到一品大员的"秘笈"。

然而，贾雨村精明处，原有着神性的底蕴。

第1回，贾雨村慷慨赋诗，豪情与自负，丝毫不输凤姐：

> 时逢三五便团圆，满把晴光护玉栏。
> 天上一轮才捧出，人间万姓仰头看。

贾雨村用情之深，堪与宝玉伯仲。他穷困时曾得一丫鬟一瞥，遂奉为知己；作官后，不忘旧念，娶为妻，终生未变。（第2回）

贾雨村过人之识，非腐儒可比。针对世人评定宝玉为色鬼之论，他独持异议："非也！……若非多读识事，加以致知格物之功，悟道参玄之力，不能知也"。他将宝玉比作许由、陶渊明、唐伯虎等一干千古名流。（第2回）

贾雨村持公之论，寓良知在心。他接手命案，那一声吼："岂有这样放屁的事！打死人命就白白的走了，再拿不来的！"而那一番叹息，亦足见其灵府深处的神性："这英莲受了拐子这几年折磨，才得了个路头，且又是个多情的，若果聚合了，倒是件美事，偏又生出这段事来！这薛家纵比冯家富贵，想其为人，自然姬妾众多，淫佚无度，未必及冯渊定情于一人：这正是梦幻情缘，恰遇见一对薄命儿女。"（第4回）

真、善、美的神性之光，在贾雨村，是别样的深沉。

袭人、贾政，善而无所作为；凤姐、雨村，有所作为而为恶之帮凶。维护等级制的两个极端，增大了宝钗形象的厚度。

"中庸之为德也，其至矣乎！"（孔子） 中庸作为最高的道德，是宝钗的信条。那么，在维护等级制的"善"与"恶"的两个极端中，能否斫凤姐、雨村之恶而扬其精明，弃袭人、贾政之懦而取其善良，光大德之中庸呢？

这便是探春的使命。

探春一身正气，凛然无畏，直将宝钗对善的等级制的追求，弄得铮铮作响。她深刻认识现实的丑陋，无情自伐："咱们倒是一家子亲骨肉呢，一个个不像乌眼鸡，恨不得你吃了我，我吃了你！"（第 75 回）

她严于律己，维护等级制的尊严，绝不媚上压下，仗势欺人：迎春的丫头司棋仗着上等奴才的身份，为一碗鸡蛋羹大闹厨房；而作为主子的探春，想吃个"油盐炒杞芽儿"，本需二、三十钱，却送去五百钱，显示了对他人的理解与宽宏，以及不赊人话柄的端庄。（第 61 回）

她亲舅去世，议定丧葬费时，亲母为多得多占，打上门来，撒泼耍混，遭探春坚决拒绝，并说出一番很是绝情的话："我拉扯谁？——谁家的姑娘拉扯奴才了？" 自己是主子，而亲母是妾、是奴，这一点不可混淆。"……谁是我舅舅？我舅舅年下才升了九省检点，哪里又跑一个舅舅来？"（第 55 回）

不认亲舅，却认他人为舅，探春很有"势利"之嫌。

其实，这是等级制的基本规范。父权制以男性血脉为正宗，探春从父论，自然以贾政嫡亲为本；亲母是妾，亲舅自然是等级制的旁系。探春之论，正是维护等级制的义正词严。

进而言之，支付丧葬费，表明并非不认亲舅；但是，亲母不肯安分守己，亲舅和亲弟猥琐下贱，都表现出十足的奴性，令探春有着欲哭无泪的厌恶。她的绝情，反映在对亲母、亲舅、亲弟身上，却是对整个奴性世界的绝情。

这个"绝情"在第 74 回抄检大观园时爆发为霹雳之怒。与晴雯"豁一声"掀翻箱子相呼应，是探春打向奴才的清脆耳光。

探春先是"秉烛开门而待"，凛然迎敌，气势逼人。而当奴才向探春奉上谄谀之色时，探春压抑已久的悲愤之火终于喷发，一掌劈得惊天动地："你是什么东西，敢来拉扯我的衣裳！我不过看着太太的面上，你又有年纪，叫你一声妈妈，你就狗仗人势，天天作耗，专管生事。如今越性了不得了。你打量我是同你们姑娘那样好性，由着你们欺负她，就错了主意。"

探春为等级正名：奴才"有脸"，媚上压下，爬到总管地位，也是奴才；小姐再是庶出，也是主子。这等级不能颠倒，也留不得情面。

然而，探春并非盲目地维护等级制，她对家族腐败和几近无可救药忧心忡忡。她痛打奴才，出自对奴才媚态的由衷厌恶，更是借题发挥，对下令抄检的贾府统治者的悲愤与警告："可知这样大族人家，若从外头杀来，一时是杀不死的。这是古人说的'百足之虫，死而不僵'，必须先从家里自杀自灭起来，才能一败涂地呢。"（第 74 回）

较之宝钗，探春内心强烈冲动："我但凡是个男人，可以出得去，我必早走了，立一番事业，那时自有我一番道理。"

立什么事业呢？

第 55 回，探春改革，可略窥一二；她曾鼓得阵阵清风，"吹皱一池春水"。"新官上任"，探春烧了三把火。

第一把火烧向亲母赵姨娘；

第二把火烧向特权总管凤姐；

第三把火烧向贾府最高统治者贾母的命根子宝玉。

三把火烧向亲情，烧向特权，表明探春对千古改革之革命性的共识——剥夺特权私利，方为改革之本。

探春作了三件事。

第一件：免掉宝玉、贾环、贾兰的上学费用；

第二件：取消姑娘们每月重支的头油脂粉钱；

第三件：让仆人承包大观园的物产，给贾府每年节省四、五百两银子。

探春举承包之利："一则园子有专定之人修理，花木自有一年好似一年的，也不用临时忙乱；二则也不至作践，白辜负了东西；三则老妈妈们也可借此小补，不枉年日在园中辛苦；四则可以省了这些花儿匠山子匠打扫人等的工费。将此有余，以补不足。"（第 56 回）

惩恶扬善，按劳分配！探春冲击一潭死水，给大观园注入活力，重张善的等级制，回归孔子之"仁"。

探春改革得到宝钗支持。

宝钗"小惠全大体"，力图照顾各方利益，维护团结："园里几十个老妈妈们，若只给了这个，那剩的也必抱怨不公。……每人不论有余无余，只叫她拿出若干贯钱来大家凑齐，但散与园中这些妈妈们。……还有一句至小的话，越发说破了：你们只管自己宽裕，不分与她们些，她们虽不敢明怨，心里却都不服，只用假公济私的多摘你们几个果子，多掐几枝花儿，你们有怨还没处诉……"（第 56 回）

凡真正的改革，都是对多数人利益的倾斜与兼顾，是私有制形态下对公有制及公有观念的重张。它不能不涉及利益的重新分配，因而必然引发新的斗争。

凤姐歹毒，然而"笑里藏刀"，整个贾府还蒙着一层温情的道德面纱；探春则将这面纱一把扯去。严制度是对等级制的再确认，兴利除弊是开源节流，二者不失商鞅之风，自是清新。

然而，商君势随兴起，探春势处没落。处势本异，出路相歧。所以，"商君虽死法未灭"，百代例循"秦制"；而探春改革，并没有新势力和新观念的支撑，最终将暗地里的"乌眼鸡相斗"变成明火执仗的争夺。

温情之纱撕破，所余便是赤裸裸的利益之争了。于是整个贾府闹翻了天。"只听各处大小人儿都作起反来，一处不了又一处。"（第 59 回）

大观园——自由逍遥的女儿乐园，被承包分割成一个个屈从于经济效益的独立王国，世俗化鼓励人们为私欲角力，则淡化了善的等级制的暖色，将恶的等级制的冷漠与贪婪，赤裸裸地推向前台。

更紧要处，上层腐败愈演愈烈，一发不可收；只在下面不痛不痒地搔几下，而底下本可以揩点小油水的机会又被严格的制度收了回去。结果，人心动荡，各自为政，争相分食将倒下的巨人之躯，反加速了贾府的衰亡。

这样，本为落实善的的等级制的改革，因为不能触动根本，不能制约私欲尤其是特权阶层的极端私欲，便只是鼓励了人与人之间的互相算计与唯利是图，于是，经济利益完成了对精神的最后一击，人的灵性尽失，所余便只能是物性——奴性了。

贾府家族制度崩溃，宣告了探春改革的失败；而大观园付出自由的代价，成了探春改革的牺牲品。

中庸之道破产！

探春改革，黯然谢幕，再一次证明了善的无所作为，如袭人、贾政；而有所作为便需失身为恶之帮凶，如凤姐、贾雨村。

处于无可救药的私有制末世，试图在两个极端间寻找中点"立一番事业"，只能是空想。

善，无法生存下去；恶，也无法生存下去。

社会，期待变革！

（4）贾宝玉——在神性与奴性的有无中回归

周汝昌赞曹雪芹："大约只有释迦牟尼可与比并相提。"
——《红楼艺术》

陈蜕赞贾宝玉："可以为共和国民，可以为共和国务员，可以为共和议员，可以为共和大总统矣。"
——《列石头记于子部说》

鲁迅说："我的确时时解剖别人，然而更多地是无情面地解剖我自己。"（《坟·写在"坟"后面》）

曹雪芹十年一梦，以自我解剖的浓浓情怀，成为鲁迅先声！

一部《红楼》，在神性之召唤与追求的翔飞中，分明承受着奴性之束缚与诱惑的重负。人格的二重性，交织在每一个人物形象中，交织在人物形象的相关联和两个势力、两条路线的斗争中，也交织在作者的心中。

第1回，作者感言："无才可去补苍天，枉入红尘若许年。" 通句反写，悲怆滴血。一个"枉"字，留多少遗憾在人间！

第5回，宁、荣二祖开篇寄语："子孙虽多，竟无可以继业。其中惟嫡孙宝玉一人，秉性乖张，生情怪谲，虽聪明灵慧，略可望成，无奈吾家运数合终，恐无人归引入正。" 情深意重，砭骨针心，写足作者心事：空怀补天之才，却"运数合终"，无天可补。

作者不能忘情于先祖，亦不能忘情于子孙。

第5回，"到头谁似一盆兰"，寄望贾兰复兴；"正是加减乘除，上有苍穹"，谶言巧姐逢生。贾府败落，"白茫茫大地真干净"之余，竟孕出贾兰一脉，巧姐一苗，延续祖嗣。此足见雪芹对家族的不忍之情也。

基于对父母家族、妻儿友朋的眷爱，发展为对君国天下、苍生黎庶的责任与使命，刻骨铭心，成为曹公难以割舍的补天情怀。尽管探春改革失败，表明作者对补天意识的理性否定；但理性否定毕竟无法取代感情认同。

"才自清明志自高，生于末世运偏消。" 第5回写探春的诗句处，有甲戌侧批："感叹句，自寓。" 借探春行事，消自己块垒。雪芹衷肠，得一诉乎！

置身于家族败落中，曹公焉能不生发出深沉的痛苦与茫然。第1回"枉入红尘若许年"句侧，有甲戌批语："惭愧之言，呜咽如闻。"八字直入作者肺腑：家族被抄，却无力回天；亲朋星散，问此责谁担？ "无才补天"，外表的冷漠，遮不住内心深处那岩浆一般的情的自责！

私有制在唐宋高峰，开始了物极必反的自我否定。然而，质变促量变，这个"自我否定"有待机体的全面发展与成熟。终于，两千年封建社会在生产力、科学技术、思想理论和文化艺术上的积累，成就了清朝的乾嘉盛世。

盛世炎炎。物质财富的增长吊高了特权集团的胃口，奢侈腐化、贪得无厌；土地兼并与财富集中，却导致人民大众濒临破产。竭泽而渔支撑的歌舞升平，严重地破坏生产力。

日渐枯萎的生产力与不断膨胀的特权需求成反比地扩大，整个社会已不堪统治者的重负。

随着阶级对立严重，农民反抗升级，专制与残暴成了统治者的唯一选择。雍正诏令杀死奴隶不偿命，为统治者的为非作歹立据。"乾隆时，闽浙总督伍拉纳和福建巡抚浦霖，收受贿赂，贪污枉法，害死人命十条；一个家产巨万的驸马，打死奴婢无数，尸体从墙洞抛出，其父母看见不敢过问；北京的八旗贵族和军官，对奴婢'衣食不能使其丰足，又任情挫折，稍有不遂，即加以捶楚，甚至伤体毙命'。"残暴，已是肆无忌惮："奴仆有不法者，许主家立毙杖下。"（见傅祥萍、郭仲山等：《〈红楼梦〉一书的历史时代》 载《北京日报》1974 年 1 月 7 日）

与整个社会的专制与残暴形成鲜明对比，《红楼梦》中的贾府，却以诗书礼仪之家、温良敦厚之邦鹤立于世。大观园之所以宛如一个自由平等的伊甸园，离不开贾母的纵容、贾政的宽厚、王夫人的慈悲，以及维护与恪守善的等级制的家族传统。

第 33 回，在误听宝玉作恶致奴婢自杀的谗言后，贾政一怒之下痛殴爱子。他沉痛自责："自祖宗以来，皆是宽柔以待下人，——大约我近年于家务疏懒，自然执事人操克夺之权，致使生出这暴殄轻生的祸患，若外人知道，祖宗颜面何在！"

贾府传统，自在恶的背景下独树一帜；而在这相对宽厚的环境里，晴雯不愿离开，袭人不愿离开，服侍迎春的司棋不愿离开，服侍王夫人的金钏宁肯自杀，也不愿离开："太太要打骂，只管发落，别叫我出去就是天恩了。"（第 30 回）

"善待奴婢"，是贾府恪守的祖宗教诲。这教诲源远流长，不止中土，便是古希腊亚里士多德和古印度释迦牟尼的遗训，亦有此类叮嘱，表明先哲们正视私有制发展程度，以公正、平等、善良的公有观念对私有制及私有观念的规范。

然而，"善待奴婢"的温情面纱与对自由平等的纵容，改变不了阶级对立的现实与专制压迫的本质。因此，虽然没有"立毙杖下"的残忍，对公然大骂主子的焦大也只是捆起来塞一嘴马粪，却仍然造成晴雯、司棋、金钏、尤二姐、尤三姐等一条条生命的凋零。

不仅如此，在善的等级制和祖训的光辉下，整个家族已经彻底腐朽堕落了。千万农民的血汗奉养着一群游手好闲的蛀虫。"生齿日繁，事务日盛，主仆上下，安富尊荣者尽多，运筹谋画者无一。"（第 2 回）

宁、荣二府主子们的工作，除了偷鸡摸狗、斗酒拈花，便是贺喜吊丧、虚礼应酬；更有不肖子孙如贾赦、薛蟠者流，倚权仗势，残害人命；而奴婢们则勾结争夺，层层相压，千方百计谋一闲差，从大家族的筵宴中分一勺羹。

无论主子还是奴婢，都日益深陷于奴化的泥潭中。第 16 回，贾政生日喜筵，忽闻皇宫传旨，吓得贾赦、贾政六神无主。"贾母等合家人等心中皆惶惶不定。"位列公卿，亦在等级制的相互倾轧中惴惴度日，可见奴才社会之一般。

贾府自是主奴之分，而贾府全体又作为奴才与皇帝成为主奴之分。整个奴才群体相互攫取，分食皇族的天下大餐，谁也不想为这"大餐"添一道菜。统治集团内部"运筹谋画者无一"，统治集团外部则是农民阶级仇视的目光。这样的统治还能维持下去吗？这样的家族还能维持下去吗？

"盲人骑瞎马，夜半临深池"。大厦将倾，咄咄逼人！

贾府，这个善的等级制的楷模，不但成了整个社会恶的等级制的仆从，而且自身也被恶蛀空了躯体，只剩下摇摇欲坠的空壳。

当一个群体连优秀部分都自觉不自觉地成为"多余的人"或恶棍的时候，这个群体也就从根本上丧失了存在的价值。

一缕私情，一缕颓丧。作者把"善"撕开给人看，现出一个江河日下、无可挽回的奴性社会；然而，在一个个被压抑的奴性中，却又神采各异地闪耀出神性的光辉。整体的宿命与个体对宿命的冲击，交织成一幅神性与奴性在相互碰撞中流光溢彩的生动画面。

人性，在碰撞中回归；希望，在颓丧中升起。作者饱含情与爱的否定，给予了一代代人惊心夺魄的震撼力量。

恩格斯说："封建的中世纪的终结和现代资本主义纪元的开端，是以一位大人物为标志的。这位人物就是意大利人但丁。他是中世纪的最后一位诗人，同时又是新时代的最初一位诗人。"（《共产党宣言·序》）

在西欧，是但丁。

在中国，是曹雪芹。

《红楼梦》——形象化的历史界碑！

"人们过去虽然朦朦胧胧地感受到了她之于中国历史的终结意味，但却很少领悟她之于中国历史所具有开天辟地的界分性质。也即是说，所谓中国历史，就其文化意味而言，可简明扼要地划分为《红楼梦》之前的历史和《红楼梦》之后的历史。《红楼梦》问世，既标记着对以往历史的颠覆，又标记着一种人文精神的崛起。"（李劼：《历史文化的全新图像》）

如果说，唐宋高峰在本质上的成就，激发着乾嘉盛世在具象上的光芒；那么，程朱理学对私有制的本质批判，则导引着《红楼梦》"以它的全部艺术力量，对封建社会的官僚制度、科举制度、婚姻制度、家庭制度、奴婢制度和封建伦理道德观念的不合理、虚伪、残酷，作了无可辩驳的伟大否定。"（何其芳：《曹雪芹的贡献》）

经历一番梦幻洗礼的主人公贾宝玉，在神性与奴性的有无中完成这一否定。

> "天不拘兮地不羁，心头无喜亦无悲。
> 却因锻炼通灵后，便向人间觅是非。"（第25回）

宝玉原形本是女娲补天所弃神石，与天地同享自由身，"不以物喜，不以己悲"；但幻化成人，便"被声色货利所迷，故不灵验了。"（第25回）

拉法格在《宗教与资本》中说："神话是保存关于过去的回忆的宝库。"

在中华民族的回忆中，"禹生于石"（《淮南子·脩务训》）；禹之子、夏朝的开国君主启也是生于石，所谓启，便是石头开缝之谓。

《绎史》引《隋巢子》云："禹治鸿水，通轩辕山，化为熊，涂山氏见之，惭而去，至嵩高山下，化为石，禹曰归我子，石破北方而生启。"启者，石裂也；夏启，石裂而出，故以之为名。（见陶阳、钟秀编《中国创世神话》）

从石到人，是进步；进而为玉，是升华。然而，"道隐于小成"。（庄子）人类文明的辉煌，不过是认识与把握自然规律的初步成果；成果的诱惑却使人们丧失良知，争权夺利，相互厮杀，把天地间的大道理遮没了，也把人的灵性遮没了。

宝玉从石而来，自"石"而"玉"。石者"实"，玉者"欲"。其实是自"实"而"欲"。人类自原始公有制的朴实，发展为私有制的贪欲；人类的进步，伴随着自身的堕落。

那么，回归便是大自然对人类灵性的呼唤。贾宝玉以其"石"之质和"玉"之形的对立统一，表达着对远古神话的历史认同，演绎着人类回归的主题。

回归，依托人类的自我超越。

宝玉对燕子、小鸟说话，对月淌泪，观星长叹，把落花人格化，并深信晴雯死后作了芙蓉花神……。作为人类自我超越的先行者，宝玉视万物为生命的不同形式，天人一体，自觉融入人类的远古思维中。

梅新林在《红楼梦哲学精神》中指证人类的二重人格："一个令原始先民困惑不解的二难选择：他们一方面总是力图从神的控制中挣脱出来，走向自我独立；但另一方面又不时地为神的远离自己而感到惘然若失，甚至无所适从，而不得不去尝试重新沟通人神关系的途径。"

《红楼梦》第18回可为注：元春省亲，见满园富丽堂皇。"此时自己回想，当初在大荒山中，青埂峰下，那等凄凉寂寞；若不亏赖僧、跛道二人携来到此，又安得能见这般世面。"

元春为宝玉代言；元春亦是宝玉。

石之幻相，亦"石"亦"玉"。为石时，有玉的内质，不然不会挣脱神的控制到红尘走一遭；为玉时，有石的本色，不然不会鄙弃名利，重新沟通人神关系。柳宗元说："气之灵者可以为石。"（《小石城山记》）

《红楼梦》别称《石头记》。石，本为补天神石，此为石神一体；石在太虚幻境为神瑛侍者，此为石仙一体；石到了人间则为宝玉，此为石人一体，石玉一体。大自然之石串起了神、仙、玉、人；反之，神、仙、玉、人，皆石也。

曹雪芹自云："有志归完璞"。（《自题画石诗》）"璞"为含玉之石。"归完璞"，则似石似玉，非石非玉，石中含玉，玉中含石。灵性回归，得玉之精华；贪欲不再，得石之质朴。这是对灵石的回归，是宝玉二重人格的自我否定，也是对人类二重人格的否定。

宝玉有"玉"之形，身不由己地要去应酬侍奉，贺喜吊丧；但他的自由意志却时时遨游在神性的世界中。

第16回，元春晋封娘娘，贾府人人皆喜，"贾母等如何谢恩，如何回家，亲朋如何来庆贺，宁、荣两处近日如何热闹，众人如何得意，独他一人皆视有如无，毫不曾介意。因此众人嘲他越发呆了。" 连用四个如何，以表烈烈轰轰；反衬一个"呆"字，道破宝玉"石"之质，也写足众人的虚荣。

在宝玉心中，女儿二字，本是纯真的别语，"比那阿弥陀佛、元始天尊这两个宝号还更尊荣。"（第2回）

然而，当女儿自觉不自觉地陷于贪欲时，宝玉那分明的爱憎绝无半点回旋余地。"湘云笑道：'如今大了，你就不愿去考举人进士的，也该常会会这些为官作宦的，谈谈讲讲那些仕途经济的学问，也好将来应酬事务，日后也有个朋友。'这时，温情似水的宝玉变得刀削斧斫般的冷峻："姑娘请别的姊妹屋里坐坐，我这里仔细污了你知经济学问的。"作者意犹未尽，又让袭人为之补笔："……宝姑娘也说过一回，他也不管人脸上过得去过不去，他就咳了一声，拿起脚来就走了。"（第32回）

在两个阵营、两条路线的对立中，宝玉昂然公告着他与林黛玉爱情的真谛："林姑娘从来说过这些混帐话不曾？若她也说过这些混帐话，我早和她生分了。"混账话！这不仅是对湘云、宝钗的无情嘲骂，更是发自心底深处的对儒学思想体系的痛恨。在宝玉眼中，什么"三纲五常"、"四书五经"、等级制，统统是污泥浊水；对于秦始皇"焚书"，大约他举双手赞成，因为儒家浩如烟海的宝典，在他的一腔冷焰里灰飞烟灭："除'明明德'外无书。"（第19回）

宝玉肯定的，是儒学的思想实质——完美的德性。

同时，曹公以犀利之笔对宝玉的"毁僧谤道"作旁白：贾敬烧丹炼汞，吞金胀死；张道士为荣国公作替身，吹牛拍马，出入官场；还有行骗的王道士、害人的马道婆与佛门小沙弥，以及拆散别人婚姻的静虚尼姑……

僧、道之徒已成了特权阶层的别动军和巧取豪夺的刽子手，佛、老二门已沦为封建等级制的帮凶，咸与占田霸地，藏污纳垢；即便那些自诩的名僧高道，或论剑于华岳之巅，或吟诗于峨嵋之顶，或黄袍峨冠，或金杖银钵，指点风月，傲视山河，何等气派，何等超脱，然而终究是名利场中人，"作秀"而已。何如书中的一僧一道，疯癫痴傻，破衣烂衫，无大师名号，无高僧显称，无执事相随，无小僧听命，却得佛、道真旨。

吕启祥在《红楼梦开卷录》中，注意到王瀣的评语："迎探惜三人之意本三教。探春在治世，儒之流也；迎春在忘世，道之流也；惜春在出世，佛之流也。"

"三春过后诸芳尽"！

曹雪芹鼓舞黛玉以侠骨剑锋，劲扫千古英雄；又崛起三个"丫头"，秉天地之灵气，刀斩儒、道、佛。

迎春、探春、惜春，同以弱女之躯，昂然于历史界分——

俱往矣！

为封建剥削和私有制张目的儒、佛、道思想体系,随着父权制 ＝ 等级制 ＝ 私有制的衰亡而如西下夕阳，步入穷途。于情固然"原应叹息"（元春、迎春、探春、惜春）；于理则势衰之运难回。

为着男性世界的礼祭，曹公将真、善、美向女儿世界位移；而随着"三春过后"，又用女儿世界的毁灭，宣言"诸芳尽"，即宣言儒、佛、道三教的颓坏，宣言人类文明的没落，宣言整个私有制的解体。

在第28回，曹公别出心裁，以宝玉大恸为这个"宣言"掠影："试想林黛玉的花容月貌，将来亦到无可寻觅之时，宁不心碎肠断，即黛玉终归无可寻觅之时，推之于他人，如宝钗、香菱、袭人等，亦可以到无可寻觅之时矣。宝钗等终归无可寻觅之时，则自己又安在呢？"于是"不觉恸倒在山坡上"。

这是面对死亡的绝望与悲哀。

没有曹操"志在千里"的"老骥"雄心，没有晏殊"无可奈何"的"花间"闲适，整个私有制的大环境被腐朽的死气笼罩着，不见光明，不见希望，发之为悲声，便是骨子里的否定因素——绝望于人类前景的艺术发散。

否定人类文明创造的所谓神圣与辉煌，就在宝玉一恸中。

痛定思痛。宝玉诀别了赖以生存的阶级，同时诀别了现实社会中的所有阶级。他以出家的形式，否定了一切社会关系，只留下了一抹朦胧——在太虚幻境与大荒山青梗峰的情与非情的交织与有无中。

他的出家，积淀着对佛门、道门之伪善与没落的深刻逆反，同时深得佛、道精髓而成为禅宗的艺术化身。俗世之人，亦出世之僧；因情（情极）而僧，因僧而情不情；在家之僧根，出家之僧相；僧根而情于不情，僧相而不情之情。

《红楼梦》又名《情僧录》。全书大旨谈情，却是情而僧，色而空。"从此空空道人因空见色，由色生情，传情入色，自色悟空，遂改名情僧。"（第1回）

僧 ＝ 道，情僧，即是空空道人，也就是贾宝玉。情而僧，亦是情而佛，佛我一体，无情不成佛。情到深处，才有了抒情、悲情、伤情，终于断情。

鲁迅说："无情未必真豪杰"。有情豪杰方能"俯首甘为孺子牛"。牛者，奴也。这个"奴"，竟与豪杰侔，也就是神了。神、奴之间，亦是情、空之间。

老子不能忘情，所以骑牛出关混迹迷朦云山前，留下五千遗文；佛祖不能忘情，所说"四大皆空"，实在是"云空未必空"，所以建团僧伽，垂法后世；毛泽东不能忘情，便是身边的江青，也怀着几分担忧："我死了以后，你们怎么办？"

这是情与非情的统一。第 21 回，庚辰夹批叹道："宝玉之情，古今无人可比固矣。然宝玉有情极之毒，亦世人莫忍为者。……故后文有'悬崖撒手'一回，若他人得宝钗之妻、麝月之婢，岂能弃而为僧哉？"

然而，曹公"情极之毒"处犹在说情：那宝玉回归青梗峰下之顽石，石上所刻历历往事，也是不能忘情。"情僧"者，此得佛祖第一要义也。

有情无佛性，无情有佛性。《百丈怀海禅师语录》解释说："从人至佛，是圣情执。从人至地狱，是凡情执。……无其情系，故名无情。"

佛并非无情，但其情不是专注自我，而是放大于天地之间，对社会有情，对众生有情。情广大无隙而至于无可称情，所以说"无情"，也就是"情极之毒"。清代涂瀛在《红楼梦赞•贾宝玉赞》中说："惟圣人能为尽性，惟宝玉能为尽情，宝玉，圣之情者也。"此论宝玉可与圣人比肩。

宝玉之情并非一般男女之情，而是达到了人类之情的最高境界。周汝昌认为：宝玉不但以情待有情之人，即使无情不情非情之人之物之事，同样以真情至情待之！这是古往今来厚地高天中最崇高最圣洁最伟大的情。

请看：

宝玉博爱而忘我。玉钏将热汤泼到宝玉手上，宝玉自己不在意，"却只管问玉钏'烫到哪里了？疼不疼？'引得玉钏及众人皆笑。（第 35 回）

第 70 回放风筝时，众女儿看着风筝断线远飘，不见了，皆道有趣。独宝玉说道："可惜不知落在哪里去了。若落在有人烟处，被小孩子得了还好；若落在荒郊野外无人烟处，我替他寂寞。想起来我把这个放去，教他两个做伴儿吧"。这是一片情于不情之用心。

同是平儿受冤，在宝钗是自上而下的安抚，在宝玉则是将心比心的同情："平儿并无父母兄弟姐妹，独自一人，供应贾琏夫妇二人。贾琏之俗，风姐之威，她竟能周全妥贴，今日还遭荼毒，想来此人薄命，比黛玉尤甚，想到此间，便又伤感起来，不觉洒然泪下。"（第 44 回）

黛玉为还泪而来，宝玉之泪却洒向众多女儿，他深切体会着众多女孩的不幸。第 30 回，宝玉见一女孩儿为哭情而在地上划字。一场骤雨突降，女孩儿全身淋湿，却毫无知觉。急得宝玉大喊女孩儿避雨。女孩儿惊醒之际，忙提醒宝玉避雨。宝玉这才发现自己全身早就淋湿了。

女孩儿为情所感，忘却了自身的存在；宝玉为情所感，也忘却了自身的存在。前者道出了情爱的本意：爱，是付出的；后者则是爱的延伸，爱已转化成无所不在的关心。表现为不求回报的单向付出。

宝玉之爱，放大着小爱，实现着超乎小爱的更大的人生价值。

第 54 回，贾府庆元宵节，宝玉不喜热闹，乃径回住所，推门入院，待要进屋，忽听守屋的袭人正和鸳鸯聊天，宝玉忙对随身的丫鬟道："不如咱们回去吧，让他两个清清静静地说一回。袭人正一个闷着，她幸而来得好。"说着，乃悄悄出来。

周汝昌评说："宝玉永远是以一片真情去体贴别人，而不管自己——他白回来了一趟，在自己的房中，竟无"容己"之念！天下几人有此一段痴心挚意，不

懂自私自利为何物？"周汝昌敬献曹公六字："众生皆具于我"。并说曹公"大约只有释迦牟尼可与比并相提。"(《红楼艺术》)

此评高于天日，却恰如其分。

《红楼梦》在悲剧中写了诸多美好，其根源便是"不懂自私自利为何物"。真、善、美之本，则为"无我"二字。

"无我原非你，从他不解伊。肆行无碍凭来去。茫茫着甚悲愁喜，纷纷说甚亲疏密。从前碌碌却因何，到如今回头试想真无趣。"（第22回）"无我"寄寓在"有我"之中，"说甚"、"着甚"，是因为有着"悲愁喜"和"亲疏密"。然而，一个"凭来去"，将神性与奴性化于有无之间。

黛玉选择死，拥抱了无；宝钗选择生，拥抱了有；宝玉则在生死之间，留得凡胎在，却是世外人。

这个"凡胎"与"世外"，除宝玉与女儿间的厮混外，亦见诸其与秦钟、蒋玉函、柳湘莲不同形式的"同性恋"；其寓意处，则是宝、秦一体，宝、蒋一体，宝、柳一体。

换句话说，秦钟就是宝玉，蒋玉函就是宝玉，柳湘莲就是宝玉。三人为宝玉分写：秦钟死，寓宝玉心死；蒋玉函姻缘，寓宝玉归宿；柳湘莲出家，则无非宝玉与旧制度决裂之侧影。三人以不同行状，解读着宝玉"凡胎"与"世外"间的幻变，昭彰着宝玉在神性与奴性的有无中艰难回归。

神性与奴性之有无，贯穿通部《红楼》中。

第78回，宝玉为晴雯作《芙蓉女儿诔》："忆女儿曩生之昔，其为质则金玉不足喻其贵；其为性则冰雪不足喻其洁；其为神则星日不足喻其精；其为貌则花月不足喻其色。"崇高的赞美献给一位女奴，与献给天上女神的《警幻仙姑赋》相表里。那么，为奴作？为神作？"始知上帝垂旌，花宫待诏，生侪兰蕙，死辖芙蓉。"晴雯作了天上的芙蓉女神。地上的女奴与天上的花神相合为一。奴与神，奴性与神性，在诔中合为一体。这是正写。

第34回，王夫人哭诉："我常常掰着口儿劝一阵，说一阵，气的骂一阵，哭一阵，彼时他好，过后儿还是不相干。"——无论母管、父管、好管、赖管、善管、恶管，宝玉我行我素，神性不可侵；而作子辈俯首听命，则是奴性昭昭。神性与奴性，在有无之间。这是暗写。

第7回，焦大痛骂贾府，则是侧写了。"焦大太爷跷跷脚，比你的头还高呢，二十年头里焦大太爷眼里有谁？别说你们这一起杂种王八羔子们。"

一个典型的奴才，津津乐道等级分别。然而他却一心为着主子好，这也是人性的光华。鲁迅喻之为"贾府的屈原"(《伪自由书·言论自由的界限》)。那屈原不是千百年来忠诚的人性化身么？

神性与奴性的有无，在不自觉的昏噩里。

唯宝玉，从昏噩里自觉回归。

李贽在《藏书》中说"夫私者，人之心也。人必有私，而后其心乃见，若无私，则无心矣。"因私而见心。这是明清实学对宋明理学的翻案。看曹雪芹如何续写这翻案文章。

第34回，宝玉被打成重伤，却对黛玉呵护有加："你又做什么跑来！虽说太阳落下去，那地上的余热未散，走两趟又要受了暑。我虽然挨了打，并不觉疼痛。我这个样，只装出来哄他们，好在外头布散与老爷听，其实是假的，你不可认真。"

何者为假？何者为真？

"假作真时真亦假"，真假之间，真作假时假亦真！

善意的谎言！解读着"人心之私"的真谛：把一己之幸福建筑在他人的幸福之上。奴性乎？神性乎？

同上回，宝玉挨打，众钗痛心，致令宝玉感慨："我不过挨了几下打，她们一个个就有这些怜情悲感之态露出，令人可玩可观，可怜可敬。假若我一时竟遭殃横死，她们还不知是何等悲感呢！既是她们这样，我便一时死了，得她们如此，一生事业纵然尽付东流，亦无足叹息。"

真实的感动！"人之有私，固情之所不能免矣。"（顾炎武：《日知录》）然而私情所感，竟然愿报之以生命的付出！这个"私"，原来能放射别样的光彩！王夫之尽得程朱理学精髓，他为之做注："人欲之各得，即天理之大同。"（《读四书大全说》）

私有制是公有制的变通，是与公有制对立的形态落实公有制。这样的私有制要求每个人的私欲都能得到公正的实现与满足，每个人的"自我"都能得到充分的尊重与张扬，每个人都能享有一份平等的权利。这种私有制的彻底实行，其实就是公有制。而这种私有观念的本质，其实就是公有观念，即"天理之大同"。

陈蜕礼赞：贾宝玉以丰满的艺术形象，于天地间大写了一个"人"字，甚"合于大同之旨"；其在神性与奴性的有无中自觉回归，抒发人性之激昂，足"可以为共和国民，可以为共和国务员，可以为共和议员，可以为共和大总统矣。"（《列石头记于子部说》）

曹雪芹的《红楼梦》在中国"文艺复兴"中的地位，被陈蜕一语道破。

如果说，宋明理学为中国的"文艺复兴"奠定了理论基础，把天理的本质要求诉诸于私有制；那么，明清实学则是对宋明理学的实用，其以否定天理的形式回应天理的内在呼唤，掀起了中国"文艺复兴"的波澜。

李贽、顾炎武、黄宗羲、王夫之……明末清初的一代思想家，肯定私欲，普及私欲，张扬自我，张扬人权，既是对君主假公济私的逆反和抗争，也是落实天理的实践。试想：人人之私得以肯定，则非大公而何？此为否定私有制、实现公天下的前提。

明清实学，是宋明理学的遗嘱执行。

马克思强调："批判的武器不能代替武器的批判"。（《哥达纲领批判》）

如果说，从孔夫子到董仲舒再到朱熹以儒学思想体系的创立与成熟，为公有制在私有制形态下的变通与张扬锻铸了"批判的武器"；那么，曹雪芹则是在意识形态领域进行了"武器的批判"。

《红楼梦》将程朱理学否定私有制的宣言诉诸千百个栩栩如生的艺术形象，无情地腰斩了整个私有制，腰斩了儒学思想体系及为虎作伥的佛、道二教，为推翻私有制的政治实践作了全方位的意识形态准备。

曹公之后，从康有为到孙中山，"武器的批判"转移到政治斗争领域。

康有为的改革是一个尝试，孙中山的革命则是尝试后的觉醒。孙中山出，曹雪芹应该含笑九泉了。

4、新纪元的思想先驱——从康有为到孙中山

中国旧制度的终结以康有为为标志。
中国新纪元的开端以孙中山为旗帜。

康有为以忠君的固执，孙中山以为民的执着，联袂并立于中国近代史的滚滚风云中。

康有为——私有制及私有观念的终结者；同时以其忠君保皇的等级观，成为私有制及私有观念的殉葬人。

康有为以人格的二重彰显人格的独立。他前承圣之大成者孔子，后拒圣之埋葬者孙中山，以圣之终者，成就了一个轮回的辉煌。

"大道之行也，天下为公"。从孔圣人到康圣人，中华文明史贯穿了一条"圣"的主线，并演绎着对"圣"的变通和对"善的等级制"的追求。

康有为是中华文明史的最后一位圣人；孙中山是开辟社会主义道路的第一个"共和国民"。

孙中山——公有制及公有观念的开拓者；同时以对革命的忠诚，在不断的自我否定中，终结着中华文明史从孔夫子到康有为的圣人史观。

孙中山出，圣人亡！

高贵与卑贱，圣人与平民，这等级之别将成为人类的耻辱而封入档案。

康有为与孙中山，拉开了公有制及公有观念取代私有制及私有观念的帷幕。

如果说，对私有制及私有观念，朱熹给予了本质的否定，曹雪芹给予了形象的否定；那么，从康有为到孙中山，则开始了社会实践的否定。

毛泽东说："现代中国人，除了一小撮反动分子外，都是孙先生革命事业的继承者。"（《纪念孙中山先生》）

也是康有为革命事业的继承者。

梁启超说："若夫他日有著二十世纪新中国史者，吾知其开卷第一叶，必称述先生之精神事业，以为社会原动力之所自始。"（《南海康先生传》）

在资本主义取代封建专制的历史进程中——

康有为：维护封建君主之"名"，扩张资本主义因素之"实"。

孙中山：顺应资本主义因素之扩张，革封建君主之命，为资本主义"正名"。

然而，"天下为公"的内在冲动，使他们的改革与革命同时植根于社会主义——共产主义的人类追求。

梁启超自非虚言："先生之哲学，社会主义派哲学也。泰西社会主义，原于希腊之柏拉图，有共产之论。"（《南海康先生传》）

孙中山言之凿凿："民生主义就是社会主义，又名共产主义，即是大同主义。"（《演讲本三民主义》）

"大同"者，"天下为公"也。《吕氏春秋•有始》："天地万物，一人之身也，此之谓大同。"

"大同"对于康有为和孙中山，固然不失空想成分，然而其由来，均为"大道之行也，天下为公"的中国古训。这古训，被西欧资产阶级早期空想社会主义思想家的人权理论激活，形成中国先进知识分子在公、私两种制度之交时期的理想追求。

"河图洛书"，大任于斯。康有为和孙中山，同为资产阶级思想家，却绝非自梏于私有制及私有观念。保皇与激进，是大同诉求以不同形态标注的两个时代的界分。

康有为：终结者在旧时代的挽歌中，以君臣际会的千古佳音，激昂着大同本质之远古内涵的律动。

孙中山：开端者为新时代的奋进，以不断进取的革命剥蚀旧时代，开拓着大同憧憬的现实之路。

无论康有为奉行君主立宪的资产阶级改良路线，还是孙中山坚持民主共和的资产阶级革命路线，都以其内质的"天下为公"，论证着一个真理：一定意义上，资本主义就是社会主义。

任何事物都是对立统一。资本主义和社会主义，是同一社会的两种形态。

从根本上说，资本主义是对私有制的否定。

经济基础决定上层建筑，当资本主义的生产社会化、资本社会化全面席卷整个私有经济的土壤时，就已经框定了上层建筑的社会主义性质。

无论社会改良即资本主义向社会主义"和平过渡"，抑或社会革命即无产阶级向资产阶级夺取政权，都是社会主义的自我"正名"。

资本主义推动的全面社会化，从根本上否定特权等级制；然而，金钱却造就新的特权和等级，表现为资本主义对私有制的屈从和对自身革命内涵的背离。

金钱孳生的疯狂，砥磨着人类的"大同"向往。

为着这个向往，康有为以退为进，选择了改良；孙中山以攻代守，选择了革命。

康有为败绩。然而，戊戌失败法未败，大势所趋，潜流暗动，新思潮已不可遏制。

孙中山胜出。然而，辛亥胜利法未胜，只是革了满清的命，"天下为公"的宏愿最终拱手于"天下为私"的无奈。

历史拖曳着曲折的轨迹。私有制和私有观念，在被剥夺了封建等级特权之后，依据金钱的力量疯狂反扑，形成更无耻的金钱等级和更贪婪的资本特权。

然而，历史内在着激情的呐喊。《国际歌》响彻全球，成为时代强音："这是最后的斗争，团结起来到明天。英特纳雄耐尔就一定要实现。"

（1）使命：《大同书》

在梁启超眼里，中国五千年历史，唯孔夫子与康有为是圣人。史册双璧，交相辉映。

"圣"在何处？

康有为之"圣"，是他开宗明义的大同思想。

康有为写了《大同书》。

自孔子以降，2400 多年来，谁似康有为，如此明确地发扬光大孔子的"大同"思想？

将原始公有观念绵绵不绝的火种燃烧成熊熊火炬，用以指导人类未来的历史进程，是康有为被称为康圣人的原因，也是他自诩为康圣人的原因。

康有为大大提升了《礼记·礼运》的经典地位。他写道："读至《礼运》，乃浩然而叹曰：孔子三世之变，大道之真，在是矣。大同、小康之道，发之明而别之精。"（《自编年谱》）

在《礼运注》中，康有为更极力推崇："发明大同之道者，惟《礼运》一篇，若此篇不存，孔道仅有小康。今幸《礼运》犹在，大同发见，实希世之鸿宝，中国之绝学，独一无二之秘传。"

这说得有点绝对，其实孔子《论语》多次谈及尧舜，已是大同之意；至于"中国绝学"之谓，更是以偏概全，漠视世界文明，颇有妄自尊大之嫌。

但不管怎么说，康有为毕竟独步士林，从中华文明传统中发掘"大同"精髓，乃至自诩为"秘传"传人而睥睨今古："吾中国二千年来，凡汉、唐、宋、明，不别其治乱兴衰，总总皆小康之世也。凡中国二千年儒先所言，自荀卿、刘歆、朱子之说，所言不别其真伪精粗美恶，总总皆小康之道"；而"大同之道"则为"二千五百年至予小子而鸿宝发见，……令孔子之道大放光明。"

康有为顶天立地，傲视山河，千古第二人，非"圣"而何？

少年时代的康有为，便被乡里称为"圣人为"；康亦以圣人自居。

圣人，是私有制的伴生物。

中国思想史上两个黄金时代：一个是先秦，私有制确立时期；另一个是明清，私有制崩溃时期。

尤其清朝末年，剧烈的社会动荡引发剧烈的思想动荡，更形成对 2000 多年前春秋战国百家争鸣的呼应，爱国、维新、君主立宪、革命共和……，成为中国历史上思想空前解放、空前活跃的年代。

私有制确立之初，孔圣人出，为私有制立则；私有制崩溃之际，康圣人出，为私有制正名。

与之相应，前有《礼记·礼运》，以"大道之行也，天下为公"，指引私有制进程；后有《大同书》，以对"天下为公"的响应与重光，为私有制作结。

《大同书》为"大同"画影："既无家室，负担益轻。则其私产自无所用之，亦不必藏之于己也。如此则私产制度废。……佛法出家，求脱苦也，不如使其无家可出。私有财产为争乱之源，无家族则谁复有私产？若乎国家，则又随家族而消灭者也。"

——无家无私产！彻底否定私有制。

康有为被喻为孔教的马丁·路德。

马丁·路德借助西欧资本主义人权运动及科技成果，否定教会流弊与腐败，回归耶稣本质；康有为借助西方思想成果，援西入儒，化合中西，廓清儒学思想体系流弊，对传统儒学进行改造与重构，回归孔子实质。

康有为崇西尚古的立足点，就是中学与西学的本质趋同。

中华民族两千年私有制的历史进程，沐浴在孔子太阳的光辉里。

试读孔子太阳的运行轨迹——

上升阶段，它表现为董仲舒形态。董仲舒确立儒学思想体系，明确了孔子在中国历史进程中的"独尊"地位。

中天阶段，它表现为朱熹形态。程朱理学将儒学思想体系托上高峰，从理论上重塑了孔子在人类思想史上的崇高形象。

夕阳阶段，它表现为康有为形态。康有为调动儒学思想体系残余能量变法维新；而随着戊戌喋血，这轮太阳爆发最后一抹耀眼的夕照，在黄昏里西沉。

从此，儒学思想体系完成了自己的历史使命，寿终正寝了。

康有为变法，是继董仲舒、朱熹之后，对孔子学说的又一次改造与升华。

孔子学说——以公有制及公有观念正视、变通、制约、规范私有制及私有观念；也就是"仁"。

可以说，董仲舒遵循孔子学说为中华民族确立了指导私有制进程的思想体系；朱熹遵循孔子学说从理论上重张了公有制及公有观念的崇高地位；曹雪芹遵循孔子学说以丰富的形象对私有制作了观念上的全面否定；康有为则遵循孔子学说更多地在政治实践的层面，以改良的方式，逐步地、渐进地变革私有制，在私有制的框架内落实公有制内涵。

康有为说："春秋之义，有据乱世、升平世、太平世。"(《论语注》)

依据"张三世"的理论，康有为主张通过君主立宪实现民主共和，也就是从升平世进入太平世。他断言：太平世即大同社会，大同社会即民主共和。梁启超为之注："君主者何？私而已矣。民主者何？公而已矣。"（《梁启超全集》42 页）

康、梁理论的朦胧，其实昭彰了早期资产阶级革命先驱的共同诉求：本质的资本主义同时就是社会主义，同时就是共产主义，即大同社会。

康有为在《大同书》中写道："夫大同之世，天下为公。无有阶级，一切平等。既无专制之君，亦无民选之总统。国界既破，则无政府之可言。人民皆自由平等……。公者，人人如一之谓，无贵贱之分，无贫富之等，无人种之殊，无男女之异。分、等、殊、异，此狭隘之小道也；平、等、公、共，此广大之道也。"

《大同书》综合哲学、佛学、儒学三家学说，设计救世方案：

其一，没有阶级和种族之分，没有军队、国家和君主，全世界合立一公政府，管理全社会的生产及物质文化生活；

其二，取消家庭，男女平等，男女婚配只订交好合约，不再是夫妻，所生子女，由公政府抚养，人的生老病死都由公政府管理；

其三，没有私有财产，一切生产资料，无论工、农、商，一律归公有；

其四，社会科学技术和社会生产力高度发达，生产、运输机械化、自动化、电气化，人们的劳动时间大为减少，物质文化生活极其丰富。

康有为以"大同社会"的主张，彻底否定私有制和私有观念，为公有制及公有观念吟唱了一曲理想的赞歌：大同社会是天下为公、人人平等、人人相亲的极乐世界，是人类尽善尽美的理想境地。

英国的李提摩太评说康有为："根据神的精神的性质，对于经书作了新的注释，这样对于中国学者们造成了相当的被动，其中好些人认为作者是中国的现代圣人。"（《中国的维新运动》）

"神的精神的性质"是什么？

——"据乱世亲亲，升平世仁民，太平世爱物。"（《大同书》）

"亲亲"者各自为政，相互倾轧；"仁民"者自上而下，君"仁"民"顺"；"爱物"者物物平等，和谐共处。

康有为以对孔子"圣"的重张，将对孔子"仁政"的变革，明确指向"太平世"：取消社会、政治、经济的不平等，改良人种，促进人类健康、聪明、美满；整个物的世界相互尊重，进入幸福之乡。这与西欧早期资产阶级思想家鼓吹的自由、平等、博爱，主旨是一致的。

如果说，曹雪芹对私有观念的否定，最终只能在困惑中，激愤地诉诸"白茫茫大地真干净"的无奈；那么，康有为的戊戌变法则试图超越曹雪芹，以新的资本主义观念寻找一条步入公有制即大同社会的可行之路。

这个"大同"，不再是老子倾心的"小国寡民"，不再是陶渊明礼赞的"男耕女织"，而是带有鲜明工业特征与人权特征的未来蓝图。它发掘孔子的"微言大义"，以资本时代的新视角升华中国传统的大同观念，为儒学思想体系划了一个光辉而完整的句号。

在《大同书》中，资本主义民主自由的理性原则和超脱儒学思想体系的天赋人权成为主线："凡人皆天生，不论男女，人人皆有天与之体，即有自立之权，上隶于天，人尽平等，无形体之异也。"

这是美国《独立宣言》"人人生而平等"的康氏表达。

陈寒鸣在《论康有为的"大同"社会主义空想》中写道：《大同书》并非引经托古。其称道孔子，"不是把孔子说成先知，就是曲引孔子以证己说，孔子似已成为某种抽象符号的表征"。

陈寒鸣接着说：并不是康有为背叛和舍弃了传统，而是"《大同书》不再以某种经典或圣言的诠释的面目出现，不再装作自己只是古圣前修的代言人，而是自命为当世的'神圣明王孔子'，直接向世人诉说他的社会理想。"

——康有为就是孔子！

古为今用，洋为中用。绝非拾古人牙慧，实在是托孔改制。唯如此，方是圣人所为。

康有为以"圣人为"的身份，"对世界规模的制度、带有启发性的各种政策、生产手段的公有以及包括原子能利用在内的科学技术的进步等，对未来超自然的协同社会作了预言。"（钮达姆：《时间与东洋人》 转引自刘海粟：《忆康有为先生》）

所谓"预言"，其实质就是直面中国现实，以大同思想规范、引导和变革君主政体："天下为公，选贤与能者，官天下也。夫天下国家者，为天下国家之人公共同有之器，非一人一家所得私有，当合大众公选贤能以任其职，不得世传其子孙兄弟也，此君臣之公理也。"（康有为：《大同书》）

否定君主制！

私有制的没落是以封建君主制的穷途末路为其主要表现形式的。进步思想家在明清之际对私有制的否定，集中地表现在对君主制的否定上。

顾炎武把"国"和"家"分开，认为"国"是一姓的王朝，"天下"则是包括"匹夫"在内的全民族的天下。他说："保国者，其君臣肉食者谋之"，与小百姓无关；而"保天下者，匹夫之贱，与有责焉耳矣。"（《日知录·正始》）

如何"保天下"呢？

黄宗羲主张复井田，"吾见天下之田赋日增，而后之为民者日困于前，……则天下之害民者，宁独在井田之不复乎！"（《明夷待访录·田制》）

宋代以降，复井田呼声不绝，其实就是均田。而"均田"，无非公有制在私有制形态下的变通；也就是对封建君主制、等级制的颠覆。

戊戌前后，西方新学与中国旧学的争论，说到底，是私有制及其观念与公有制及其观念的争论。康有为借助孔子，以中国旧学的形态拉开了公有制否定私有制的序幕；而其戊戌变法的政治实践，则分明以强烈的革命内涵，跃身为中国政治舞台的悲剧主角。

康有为的改革，实在是为"大同"的变通；其后为君主立宪至死不变，亦是此一变通之延续。

康有为之女康同璧深解乃父之心，她写道：《大同书》"针对封建制度予以全面揭露与批判，呼吁民主自由，反对'君权'、'夫权'以及封建家族之宗法、阅阀、等级，揭露贫富不均，批判资本主义制度，实一比较全面之规划……。称'欲为帝王君长'与'一人称尊'者，为'大逆不道第一恶罪'，应'众共锄之'。既有如此思想，岂能又甘于'保皇'、'复辟'，其中别有见解，其适应当时之时势也明矣。"（《回忆康南海史实》）

这个"别有见解"，便是以君主立宪之形式，循序渐进地实现大同社会的理想目标。

（2）对使命的变通一：戊戌变法

"我自横刀向天笑， 去留肝胆两昆仑。"
——谭嗣同《狱中题壁》

历史上被推崇为圣人者，必有两个"特异"处：

其一、不易。九九归一，万变不离其宗，恪守人类精神的主旨。

其二、变易。不拘泥成法，独创新说，以指导人类的历史进程。

康有为以此释孔：

"变易"——孔子"述而不作"；其实"述"与"作"是对立的同一体。"述"是形，"作"是质；"述"中含"作"，"作"在"述"中。"述"就是"作"。

"不易"——孔子"托古改制"，那个"古"便是他断言史载的大同社会；而"改制"遵循的原则及追求的理想社会，还是那个"古"，即"大道之行也，天下为公"。

追根溯源，"圣"乃《周易》之"易"字二解在对立统一中的完美结合："变易"与"不易"。

康有为占据"圣"的制高点，为其新解即变法立说："今之制度，并非祖宗之法，皆秦汉自私之术，元明展转之弊耳，岂复有三代道德之美哉？"（《上清帝第六书》）

以"三代道德"之托辞，重张原始公有观念；其否定处，则是"秦汉自私之术"，即沿袭两千年的私有制及其观念。

康有为宣称，自西汉以来确立的儒学思想体系被东汉刘歆篡改为伪学，一直延续至清，与孔子圣道并无共同处，皆非孔子原意。

康有为写下《新学伪经考》和《孔子改制考》。

"两考"以其颇多争议但精卓深邃的见解，傲视腐儒之喋喋，一掌掀翻两千年公案，酣畅淋漓地扫荡了学问家们故弄玄虚的漫漫迷雾，为变法维新奠下理论基础。

《新学伪经考》是破，《孔子改制考》是立。

《新学伪经考》肯定汉十四博士所传经书皆孔门足本，张扬董仲舒及今文经学，否定古文经学，把中国封建统治赖以存在的理论基础宣布为"伪经"， 从而以无畏的挑战颠覆封建皇权及各种典章制度，破除人们对祖宗成法的迷信，为变法维新扫除了理论障碍。

《孔子改制考》则断言《春秋》乃至《六经》皆孔子假托先王言行为改制所作，即孔子为改革社会现状，将自己的政治理想假托于"古"，代圣立言，以尧、舜、文、武之名改制变法。

如此，孔子俨然"托古改制"的先师，或言改革的老祖宗。

康有为山呼孔子名号，尊其为"改制立法之教主圣王"，将"圣人"金字招牌从腐儒怀里抢夺到自己手中，然后以西方资本主义民权、法制等成果浸润其中，立新说于圣人道统基座之上："发明圣制，探讨微言"；"以经术言变法，为本原之本原。"（康有为：《京师关西学会缘起》）

康有为敏锐地捕捉到被塑造得中和稳健的孔子其"经术"内含的要求变革的强烈脉动，将其发扬光大， 开掘并升华了孔子在中华文明史上作为改革始祖的鲜明形象，进而使自己与孔子合二为一，成为中国封建社会最后一个朝代、最后一个阶段的最后一位圣人。

廖中翼评说康有为："其教读古书，不当求诸章句训诂名物制度之末，当求其义理。所谓义理者，非言心言性，乃在古人创法立制之精意。"（《康有为第一次来桂林讲学概况》）

为中国封建社会创法立制者，孔子其一；董仲舒其二；朱熹其三；至陆王"言心言性"，法制之意荡然。到了康有为，则立足明清实学否定君主专制的思想积淀，在封建形态下将孔学"精意"与西方资本主义法制嫁接，以"变法"的方式为封建社会向资本主义转化的过渡"创法立制"。

实在说，康有为变地主阶级之法，维资产阶级之新，已是对孔系"原法"的突破，成为源于孔子又高于孔子的现代法制追求。

这追求，生成于中国历史进程的厚重底蕴，更感受着时代的催逼。它隐隐地触摸到蔓延于中华大地的革命之流，不过希冀主动变法将革命置于可控范围内。毋庸置辩，戊戌变法是革命的别样形式；或者说，是以变法的形态表达革命的诉求。

摧"的危境，亡国亡种，迫在眉睫。老大帝国苟延残喘，气数将尽。此时，变法的呐喊，宛如茫茫黑夜突然展露的一线晨曦，和被这晨曦所激动的痛苦挣扎。

谭嗣同在《仁学》中，已经隐忍不住被痛苦所迸发的造反之吼："志士仁人求为陈涉、杨玄感以供圣人之驱除，死无憾矣。"而其临刑《绝笔》："有心杀贼，无力回天，死得其所，快哉快哉！"更以无畏的牺牲精神放飞无奈的灵府之痛，化一声泣血的雄鸡之鸣，催唤神州大地的觉醒与奋起。

变法维新的底蕴，是中华民族被压抑在心底深处的革命冲动！

康有为豪情满怀地宣泄这一"冲动"——

他主张使用孔子纪年，以此变革中国旧纪年法，同时彰显与西欧耶稣纪年针锋相向的独立国格。

他希望一展中华雄姿，卓然屹立于世界之林。

他竟然有移民南美，在巴西建立新中国的狂想。

他甚至以迁都伊犁居中囊括欧亚之壮怀，敦促光绪：在新疆"养马八百万匹，为扩充骑兵之用。日本岛国不足虑，若驰驱欧亚，称霸天下，舍骑兵莫属。蒙古入欧，全凭马力，余愿辅德宗为成吉思汗也。"（见任启圣：《康有为晚年讲学及其逝世之经过》）

为布衣相，为帝王师！一扫积贫积弱之破败神州为世界雄主，促中华勃兴！康有为豪气盈天，将建功立业与大同思想相揉和，将实现自我价值与人类公理相揉和。公，无限放大着；他心中那点私，也无限放大着。两个"无限放大"，聚焦为千古知识分子最高理想的康有为形态：为日为月，顶天立地，以圣德照临天下，"留取丹心照汗青"！

——康有为倚天挥毫，为自己也为私有制画了一个光辉而崇高的句号：为中华崛起变法！为人类大同变法！

在崇高驱策下，康有为慷慨激昂：变法须全变，大变，即政治、经济、军事、文教、外交……，全面自上而下、从根本上改变封建专制。

如此变法，岂能为守旧派接受？甚至不能为洋务派接受。

然而，光绪皇帝接受了。

请看陆乃祥笔下的变法时代：

"首请废八股以开民智，次裁漕运以理财政，裁冗官以清积滞，改冗兵以强武备，去武科之弓刀矢石以习枪炮。漕运始于汉世凡二千年；武科始唐武后，凡千一百年；八股始于宋王安石，凡一千年；冗兵制始于宋，已千年；冗官亦积千百年之旧制。凡此皆积力莫大，举国俯首，千年来无限志士名臣咨嗟愤叹而不能行其一事者。皇上乃悉行之，一朝而雷霆霹雳，数千年之积弊尽扫而空。先生乃请开举国大、中、小学堂，以教育国民，尽废淫祠以充经费。上即电督抚力行之。以工艺不精，请立专卖特许之格，有能著新书、辟新地、制新器者与以破格之赏，尤大功者，与以高爵。上命先生定条例，并立报馆律例，皆立施行。以日本尽译欧美之书，我译日书，可费省而期速，其效将百倍，乃请开编译局以译日本之书，及定教科书。上即命梁启超任之。请派游学日本欧美，请派王公大臣游历，请速开经济特科以收集人才，请许天下士民上书以通民气，上皆立行。……百数十日之间，凡上六十余折，皆见施行。"（《南海先生传》）

百日维新，光绪君临天下，站在运动前列，成为变法的实际主持者。他壮怀激烈，连下 200 谕令，其势也汹汹：全国开禁，上下呼应，开工厂，办学校，裁冗员，废八股，以及结社权、言论权，"为民立政"。直迫得守旧派惶惶不可终日。

光绪者，有为之君也。

君臣相倚，如鱼得水，欲毕改革之功于一役。新法颁行天下，竟雨暴风疾，摧枯拉朽。

却也是孤注一掷。

康有为催逼得一个青年皇帝激情四射，设若维新成功，则中国将是何等一番新景象！然而，势迫而诸事不谐，恃勇而谋略尽无，把你死我活的政治斗争幻化为不断"上书"和不断"诏令"的纸上谈兵中，如何有变法的成功？

惜乎，康公年愈不惑，却为日暮途远之迫，激进如斯，竟策马临渊，马能如"的卢"乎？

变法之最深刻处——革命！

变法维新的思想底蕴是"天下为公"，直接目标是振兴中华，政治实质是人民主权。"先生经世之怀抱在大同……起点于爱国，先生论证之目的在民权。"（梁启超：《南海康先生传》）

"民权"者，说到底，是不是革命？

特权集团敏感地触摸到变法之革他们命的威胁：所谓"君主立宪"，君主是形式，立宪是实质。君而无权，随时可以转化成无君。溥仪下台，是揣着优待合同的；但没了权，这优待就靠不住，很快合同被撕毁，溥仪也被赶出了宫。以慈禧为头子的特权腐败势力最明白这一点：改革的结局必然是权力的易位。

任何真正的改革，都不能没有革命的实质。革命是要人的命，是流血的事。变法失败，至少要了谭嗣同等六君子的命；如果变法成功呢？那即使不要慈禧的命，也得要了刚毅、荣禄等她那一帮狐朋狗党的命。"戊戌六君子"的杨深秀不早就盼着像徐敬业反武则天那样，去做一个反西太后的骆宾王吗？谭嗣同等不是一直想围劫西太后吗？

"革命是暴动。"（毛泽东）和风细雨不成，这就是百日维新的实质。两条不同路线的对立与斗争，使改革演化成白热化的短兵相接。

岂是康有为离间两宫？其实两宫已势同水火，没有了调和的余地。消弭两宫矛盾，书生空谈而已。康有为不过为光绪指明了自强之路。

这是改革的激进。改革被革命的本质催逼，所以激进；然而，这激进一开始就孕育着失败；再然而，当时形势下，不激进是不可能的。激进与守旧，谁也不肯为中庸自缚手足，而是锋刃相搏，碰撞得火星迸射。

为碰撞的逆反与冲动，激进更激进，守旧更守旧。而激进的失败，使守旧势

105

力赢得了又几年的苟延残喘，却也注定了整个清王朝为那拉氏殉葬的命运。

王朝被辛亥革命推翻。

革命是更进一层的激进；不是几个人流血，而是全国大流血。血雨中的对立，使中国一路激进下来。康有为实在不该指责孙中山，大乱之势已成，狂澜岂个人可挽？激进之始作俑者，不是康公自己吗？

光绪变法，固然被各种因素推促，然而康有为之激励，当推其首："人主欲转移天下，收揽大权，不过稍纾尊贵，假词色，即可得之，亦至易矣。"（《日本变政考》）

其时，光绪身处重重罗网，深知变法之艰，面对康有为鼓动，仰天喟叹："奈掣肘何？" 而康有为则凭书生之见之气，唯见君威，无视君危，步步紧逼："就皇上现有之权，行可变之事，扼要以图，亦是救国。"（《清史稿》四七三）

过分迷信君主力量，这和他以圣人自居移易天下风俗之孤傲自赏合拍。对于光绪，康有为是臣，是友；也是师，是"素王"。孔圣人死后所得殊荣，康有为生前就得到了。而变法失败，光绪被囚，康公能无责乎？促一虚权之帝，贸然背水一战，真乃"知其不可而为之"。此虽直承孔子风骨，却搭上一个年轻欲有为的光绪，在康有为，该有锥心刺骨之伤痛吧。

康有为变法，起点于"格君"。梁启超说他"揆时势以谋进步，则注意于格君。"（《南海康先生传》）

如何"格君"？

康有为训导光绪皇帝作深刻的自我批评："伏乞皇上近法列圣，远法禹、汤，特下明诏，责躬罪己．深痛切至，激励天下，同雪国耻。"（《公车上书》）

格君，几乎是古来知识分子变革社会的最高手段。"孔墨都不满于现状，要加以改革，但那第一步，是在说动人主。"（鲁迅：《三闲集·流氓的变迁》）

然而，以"格君"而名显者不多。孔子格君，导以正，几无君主响应；董仲舒格君，遭冷落；朱熹格君，虚与应。惟康有为格君，逢年轻欲大有为一代之君，上下相知，言听计从；千古一人，康公何其幸也！，

然而，康有为是否也"格"过自己——

章太炎呼应 2500 年前老子对孔子的批评："儒家之病，在以富贵利禄为心。"（《与简竹君书》 转引自田刚：《鲁迅与中国士人传统》）

康有为"儒家"之圣，能无此病乎？

居"救世主"高位而踞于众人之上，沉溺在小圈子中被膜拜而洋洋自得。颐指气使，似可呼风唤雨；睥睨今古，自命翻覆天地。以欺人之真诚，陷自欺之渊薮；富贵利禄，唾手可得；跻身卿相，指日可待。

康有为给私有制画句号；那个句号，不也是私有制的尾巴吗？

人民欢迎康有为的改革，希望通过改革为自己带来实际利益；然而，《孔子改制考》、《新学伪经考》虽掀知识阶层轩然大波，却支持者少，反对者多；变法纲领不涉及土地问题，又使农民这个最大群体处于观望状态；至鼓动光绪为百日维新雪片般纷下的变法诏书，更是不断扩大打击面，孤立自己，使整个社会无所措手足。最终，人民抛弃了康有为与光绪，默许了慈禧太后的政变。

戊戌飘血，以一抹激进革命的光辉，为变法维新、也为知识分子先驱者们耀亮着青春的稚拙。

这个"先驱者"群，也有光绪。

光绪为中国的封建帝王挣回了些许颜面！

谭嗣同直斥帝王为"独夫民贼"，梁启超猛烈抨击专制。而光绪既是"帝王"，

又是"专制",却同时重用谭、梁,则光绪实在算得上一个明君。

"西山明积雪,万户凛寒风。惟有深宫里,金炉兽炭红。"这是光绪作的《围炉》诗。在大雪纷飞、寒风凛冽的严冬,身处暖阁而忧万民,至少是光绪内心的感触。

光绪之"明",在于其"爱民"的思想底蕴。"他认识到,皇帝只有爱民,国家才会长治久安;人君只有兢兢求治,才会出现太平之世。所以他提出了'治世莫若爱民'的主张,他说:'为人上者,必先有爱民之心,而后有忧民之意。爱之深,故忧之切。忧之切,故一民饥,曰我饥之;一民寒,曰我寒之。"(见李济琛:《戊戌百年祭》)

为爱民而忧民,非为爱己而忧己;民饥则我饥,民寒则我寒。民之饥寒,感同身受。这在光绪,至少是一种理性认同,所以才欣然接受康有为"责躬罪己.深痛切至"的"格君",从自己做起:"损身克己,省刑薄敛,一洗从前之弊政,天下便可垂拱而治矣。"(见李济琛:《戊戌百年祭》)

邓久铭在《岳飞传》里说过:只有自身是有所作为的人,才能给别人以发挥才能的机会。光绪自身是有为君主,才给康有为以机会。而康有为酬知己之恩,成保皇党魁,其情亦可嘉。

李济琛在《戊戌百年祭》中写道:光绪接受康有为的主张,准备开国会,大学士孙家鼐劝谏说:"若开国会,则民有权,而君无权矣,希望皇上三思。"光绪皇帝说:"朕但欲救中国耳,若能有益于国民,则无权何害?"康有为闻之,感动的流泪;"大哉!圣人之言也。非有尧、舜公天下之心,禹、汤救民之意,安得有上。吾幸躬逢大圣尧舜之君,敢不竭股肱心臂以死报乎。"

崇高的评价!

这是康有为对光绪皇帝的"盖棺论定"!

君臣比肩,并立于中国封建社会末期,都有"公天下"之认同和"舍身救民"之愿。此时,"皇"已非"皇",而是人民的代表。为此"代表"而保皇,实是保人民利益。

如此君臣佳话,应该辉映千古吧。

康有为称光绪为尧舜之君,虽略嫌过誉,却也深得个中真意:变法维新,实际上是在旧体制下以改良形式展开的大革命,是以皇帝为首同以西后为首的两个司令部、两种势力为着公有观念与私有观念展开的一场两条路线的大决战。

不能排斥其间惨烈的权利之争,但权利之争只是路线斗争的附属品。这与后来毛泽东的文化大革命十分相似:在公有观念与私有观念两条路线、最高统治集团内两个司令部、变革与守旧两种不同势力的斗争中,变革者处于进攻一方;所不同处,是权力的主导方不同,力量对比不同,发动群众的广度与深度不同。而对于冲击私有制及私有观念的壁垒,一个难,一个更难,均以失败告终。

戊戌变法是崛起的公有制及其观念在政治上与没落的私有制及其观念的中华第一战。其围绕国家政体的变革,以自救图强,民族振兴的直接指向,体现公与私之间对立与搏杀的深刻诉求。

光绪自削皇权而立宪,是对公有制和公有观念的理性认同;西太后的顽固与嗜血不在变法与否,而是为维护与捍卫私有制尤其是特权私有制的垂死挣扎。

两条路线的尖锐对立与残酷斗争,锻铸着康有为与光绪皇帝的战友情。变法失败前,光绪二谕,可见一斑。

其一:"今朕位几不保。汝康有为……等,可妥速密筹,设法相救。朕十分焦灼,不胜冀望之至"。

其二：政变前夕，阴风惨雨，光绪促康逃脱："汝可迅速外出，不可延迟。汝一片忠爱热肠，朕所深悉。其爱惜身体，善自调摄，将来更效驰驱，共建大业，朕有厚望焉"。(转引自张伯桢：《南海康先生传》)

光绪自知不保，却促康生机，殷切至嘱，字字泣血。康公与光绪，君臣之名，战友其实。其"共建大业"四字，情深意切；而康公初闻光绪遇难，大恸之余，欲蹈海殉身，其后忠君保皇，矢志不移，足见卓卓风骨。

光绪亦得人矣。

康有为欲为光绪殉身，其后义不联孙，反对共和，并非不识人类进步之势，实是对自身使命的清醒认识和定位，是个体命运对历史必然的主观认同。

换句话说，自我属于一个时代，当以不变之人格与此时代共始终。历史在前进，但新的时代已非我属，当有新的时代人。

徐志摩曾感慨地说：康有为读《新青年》激进刊物，手不释卷。(见刘海粟：《忆康有为先生》) 可见其保皇立场虽不变，把自己定格在过去，却对中国的进步密切注视着，企盼着。

然而不管他怎样的注视与企盼，他毕竟把自己定格在旧时代。

固然，对于革命后的天下大乱，康有为有着准确的预感；其渐进改革、先行君主立宪以向民主宪政过渡的主张，更为稳妥；而急功近利的革命只能导致历史的轮回，也是被证明了的真理。

然而，19世纪的中国，已卷入世界大势之漩涡；变法失败后的中国社会更如脱缰之马，直向革命狂奔，是任何人无法扭转的趋势。

大趋势中，孙中山这面革命之旗，汇入世界社会主义运动，被人民革命簇拥在前。此起彼伏的农民运动推动孙中山的革命，孙中山的革命指引农民运动。激进的狂奔固然免不了同戊戌政变一样失败的恶果，但那狂奔的精神不就是康有为变法维新精神的别一形式吗？

戊戌失败后，康有为从变法思想领袖向政治领袖嬗变，开始了独立自主的政治活动，组织保皇党，筹划起义，武装勤王，不是也以自己的形式发扬了狂奔的精神吗？

为"大同"的激进，是康、孙相通之处。

其不同处，是康有为定格于过去，孙中山策马于未来。

圣人是私有制的伴生物，自然不能忘情于私有观念。

孔夫子倡公而兼私，以至于"食不厌精，脍不厌细"，很是追求自我享受。同样，康夫子也是如此。他的学生很是困惑："先生日美戒杀，而日食肉；亦称一夫一妻之公，而以无子立妾；日言男女平等，而家人未行独立；日言人类平等，而好役婢仆；极好西学西器，而礼俗、器物、语言、仪文，皆坚守中国；极美民主政体，而专行君主；注意世界大同，而专事中国；凡此皆若甚相反者。"(陆乃祥：《南海先生传》)

这个学生看来不是好学生。他逼真地绘出了老师"两面派"的"伪善"，却弄不懂老师娶小老婆、家长专制、役使仆婢等与其言论背逆的行为。他没有，或不敢超过他的老师；他没有，或不敢指出他老师的二重人格。

这二重人格恰恰在圣人的意义上得到和谐统一。

《大同书》是康有为的得意之作，初稿为1885-1887年写的《人类公理》，1901-1902年完成全书，但却一直秘不示人。1913年择部分发表，直到1933年，康有为逝后6年，才出版全书。

为什么秘不示人呢？

因为大同社会还仅仅是一个理想。

为理想的奋斗，只能立足于私有制的现实，通过君主立宪，落实与完善"善的等级制"。

君主制的实质是等级制。立宪则是否定等级制，康有为论证说："夫先王之治天下，与民共之。《洪范》之大疑大事，谋及庶人为大同。"（《公车上书》）

康有为引古圣经典，主张"圣"与"庶人"共谋。这是对"君主"与"立宪"的中庸，是"大同"的变通。 在实现"太平世"之前，中国必须经过君主立宪的过渡时期；他还据西方新法："东西各国之强，皆以立宪开国会之故。国会者，君与国民共议一国之政法也。"（《请定立宪开国会折》）

终康有为一生，坚持君主立宪的主张从未改变，立足于等级制的现实从未动摇。虽然在他看来，保留君主，只是留其名而变其实，维护中国安定团结的现状，以制定宪法，民选议院，保证人民不与朝廷疏离，而竭尽心智能力，使政举法行，向民主制过渡。

然而，君主制、等级制终归是私有制，康圣人作为上等人，山珍海味、纳妾使婢、家长权威等等，也就是题中应有之意了。

圣人＝救世主！中华民族需要救世主。不但民众需要，皇帝也需要。而康有为，无论其指向是"布衣宰相"还是"帝王师"，他是自命救世主临世的。

中国历史上最后一位圣人，在 70 大寿时，设香案，着前清蟒袍，戴红顶花翎跪领溥仪赐"岳峙渊清"黄匾，亲自具折谢恩，以向废帝的遥遥臣子一拜，为自己的生命划了一个从一而终的完整句号。

康有为以其至死不变的保皇立场，为私有制殉葬。他在与中国的君权和封建历史同归于尽、共荣共辱中，重张了私有制的理想追求——"天下为公"以及对"天下为公"的变通——"善的等级制"，重张了孔子提倡的"圣"的本质。

圣，无论是孔子以善的等级制对原始公有观念的变通，还是康有为以资本主义新思维对等级制的完善，都是张扬封建君主制光明的一面，并以这光明照临两千年的私有制文明史。

圣，以原始公有观念的一点火种照耀着私有制的进程，制约、改造、完善私有制，指引私有制向"天下为公"的理想社会迈进。但是，圣，毕竟是私有制的产物，诞生于私有制，寄生于私有制，是私有制的伴生物，享受着私有制所给予的荣耀和特权，为私有制服务。所以老子说："绝圣弃智，民利百倍。"（十九章）是尖锐地道出了"圣"与"民利"对立的一面的。

孙中山站在"天下为公"的立场上评价孔子的儒学："孔孟所言有合于公理者，有不合于公理者。"（《平时尚不肯认错》）

此"公理"二字，成为孙中山批评孔孟的标准，因之他一语中的：孔孟的"仁爱"毕竟属于"私爱"。（《军人精神教育》） 他指出：孔子的"仁"，因为"其爱不能普及于人人，"所以只是一种"狭义之博爱"；他提倡的则是"天下为公"的"广义之博爱。"（《在上海中国社会党的演说》）

孙中山清楚地剖析了孔孟学说"私"的一面，同时，也就表明了自己的公的立场，划清了与康有为的分野。

（3）对使命的变通二：辛亥革命

1895 年，甲午之战中国惨败，被日本强索大片领土和巨额赔款，中华民族悲愤交加，上下同哭。

为国弱民穷，为政府腐败，康有为在京城发动声势浩大的请愿——公车上书；孙中山则组织资产阶级革命，打响了推翻满清政权的第一枪——广州起义。

一个请愿变法，一个革命造反。在同一年，两条不同路线、两种不同势力、两个不同司令部拉开了相斗争的大幕。

康有为秉圣人衣钵，矢志维护君明臣贤的等级制；孙中山着眼人民，怒斥君主立宪，坚决否定等级制。

"煮豆燃豆萁，豆在釜中泣。本是同根生，相煎何太急！"（曹植：《七步诗》）变法失败，康、梁落难。孙中山向康、梁伸出热情之手，希望求同存异，联合作战，以将"先贤大同世界之想象实现于二十世纪"（孙中山：《批黄兴等呈》），

然而，保皇视革命如仇雠。梁启超《致康有为书》咬牙切齿："今者我党与政府死战，犹是第二义，与革党死战，乃是第一义。有彼则无我，有我则无彼。"何乃酷毒一至于此！阵营内部斗争之惨烈，竟不亚于两个阵营之间；而逆潮流之动者被卷进潮流中，也是不可免的命运。

孙中山胜利地领导了一场与保皇派的大论战，将历史之呼汇聚到革命的旗帜下，为辛亥革命奠定了基础。他高瞻远瞩："世界潮流的趋势，是阻止不住的。……现在流到民权，便没有方法可以反抗。"（《三民主义》）

这是汹涌澎湃的不息之滔，孙中山是"滔"头的晶莹浪花。

孙中山出身贫苦，没有康、梁那般自恃清高的士大夫情愫，而是自小养成底层群体反抗压迫的正义胸怀，洋溢着劫富济贫的造反精神。

儿时孙中山曾挺身而出，勇敢戳穿地痞流氓诈取穷人钱财的劣行。当骗子凶相毕露、咄咄逼人，威胁"以此铊死汝于一击之间"之际，他拔枪相向："以枪死汝于一击之间！"

少年孙中山曾和同伴大闹庙宇，"亵渎神灵"，将家乡供奉的神像断手指、刮脸皮、砸耳朵。顽童作为，很有点自发红卫兵的味道，致遭乡民雷霆之怒。

年稍长，孙中山便"常常谈起洪秀全，称他为反清第一英雄"，并以洪秀全自命；时人送其绰号："洪秀全"。（见章开沅等主编：《辛亥革命史》）

自此，孙中山奔走海内外，鼓吹革命，策动起义，一发不可收，遂被时人视为"洪水猛兽"，咒其与陈少白等革命者并为"四大寇"。

孙中山以砸碎旧世界的宏大志向，成为陈涉吴广、黄巢李闯的现代文明形态；他自觉担起了颠覆腐败封建王朝的造反使命。

这使命从一开始就是私有制框架和资产阶级的阶级框架不能容纳的。

孙中山尖锐剖析太平天国的内在丑陋：洪秀全的农民革命起点于私，经过冲击私有制的进军，最终兜了一个圈子，回归为私的争夺。他痛悼洪、杨的沦落："太平天国何以终归失败呢？……最大的原因，是他们那一班人到了南京之后，就互争皇帝，闭起城来自相残杀。"（《三民主义》）

为着升华洪、杨，孙中山设定辛亥革命："我们革命的目的是为众生谋幸福，因不愿少数满洲人专利，故要民族革命；不愿君主一人专利，故要政治革命；不愿少数富人专利，故要社会革命。这三样有一样做不到，也不是我们的本意。达到这三样目的之后，我们中国当成为至完美的国家。"（《在东京〈民报〉创刊周

年庆祝大会的演说》）

掂量"这三样目的"的重量，够不够得上社会主义？如此"至完美的国家"，能不激发全民族的能量，促中华崛起？

像其身后的毛泽东一样，孙中山满怀快马加鞭"超英赶美"的自信与豪情："十年、二十年之后，不难举西人之文明而尽有之，即或胜之焉，亦非不可能之事也。"（《在东京中国留学生欢迎大会上的演说》）

赶超英美，决胜西方文明！孙中山秉社会公有之真诚作为和崇高向往，高扬起中华民族的使命："使中国见重于国际社会，且将使世界渐趋于大同。"（《临时大总统宣言》）

大同！

前承康有为，后启毛泽东：为着共产主义指向！

辛亥革命——孙中山代言中华民族发布：中国，20 世纪宣言！

文化革命——毛泽东代言中华民族发布：中国，21 世纪宣言！

共产主义宣言！

毛泽东——孙中山革命事业和伟大襟怀的唯一继承人。

为着这一宣言，孙中山以"国父"之尊，向他的国民党人，也向共产党人发布"总统令"："谋国者"必须甘心"为民公仆"，把国民视为"民国的天子"。他掷地有声："一为国民谋吃饭，二为国民谋穿衣，三为国民谋居屋，四为国民谋走路。"（《在沪尚贤堂茶话会上的演说》）

——"全心全意为人民服务"。（毛泽东）

孙中山的革命是资产阶级革命；然而那是以共产主义诉求为指向的资产阶级革命，是西方早期资产阶级革命的中国形态。孙中山"不愧为法国十八世纪末叶的伟大宣传家和伟大活动家的同志。"他的"战斗的民主主义思想体系，首先是同社会主义空想、同中国避免走资本主义道路，即防止资本主义的愿望结合在一起的。"（列宁：《中国的民主主义和民粹主义》）

孙中山深感西方资本主义发展所产生的严重流弊，他痛恨资本剥削之酷烈与无耻，痛恨资本家的贪婪与伪善，他力图以社会主义制约资本主义，他的三民主义分明闪耀着社会主义的光辉："民族主义是对外人争平等的，不许外国人欺负中国人；民权主义是对本国人争平等的，不许有军阀官僚的特别阶级，要全国男女的政治地位一律平等；民生主义是对于贫富争平等的，不许全国男女有大富人和大穷人的分别。"（《在广东第一女子师范学校校庆纪念会上的演说》）

制约特权！

孙中山耀亮着资产阶级革命的社会主义光辉，他以对辛亥革命的严格定义，赋予其永恒的光荣。

然而，胜利的辛亥革命很快蒙上失败的耻辱。"少数满洲人专利"被革掉了，"君主一人专利"也被革掉了，"少数富人专利"却革不掉。中国没有成为"至完美的国家"。

更甚者，除去"一满洲之专制，转生出无数强盗之专制，其为毒之烈，较前尤甚。于是而民愈不聊生矣。"（《孙文学说•自序》）

如此革命，是优，还是劣？

孙中山认同了康有为的预言——

辛亥革命后，军阀、政客走马灯似的变换旗号，勾结争夺，"纪纲尽废，法典皆无；长吏豪猾，土匪强盗，各自横行，相望成风。搜刮则择肥博噬，仇害则焚杀盈村……"（康有为：《中华救国论》）

孙中山默默地向康有为后退——

中华民国成立，孙中山主持制订了《临时约法》，以根本大法的形式废除封建体制，宣布各族人民一律享有平等、自由的天赋人权。然而，一纸"约法"岂能翻新数千载封建沃土？残酷的现实警醒孙中山：中国离民主宪政的目标还遥远，只能渐进，不能"毕其功于一役"。他以"训政"之论变通康有为的"君主立宪"，将中华变革付托于"先知先觉"的精英。

从此，"精英政治"确定为孙中山革命的主旨；孙中山专制，也以"君主立宪"的别样形态，一跃登上"善的等级制"的灵塔之巅。

在袁世凯复辟和二次革命失败后，党的组织濒于涣散。孙中山重新建党，筹备第三次革命，义旗再举。

此时，孙中山义无反顾地站在了专制主义的基座上。他明确自己为党魁，要求党员入党时盖手印，立誓约："附从孙先生再举革命"，全党服从他一人；他还摒弃高尚的也是空想的"平等"，要求党员根据入党时间早晚及功劳大小明确不同级差，"按劳分配"。

善的等级制确立。

从此，孙中山沿着专制一路走下去，他利用自身的威望和大公无私的彻底革命精神——这是党内其他人难与之比肩的——把这专制一直坚持到生命的终结。

孙中山专制！

毛泽东专制！

孙中山为革命的专制道出与毛泽东同样的对自己党的痛心："维时官僚之势力渐张，而党人之朝气渐馁；只图保守既得之地位，而骤减冒险之精神；又多喜官僚之逢迎将顺，而渐被同化矣。"（《八年十月十日》）

《孙中山先生传略》亦载："当时党内右派人很多，以为民国建立，目的已达，对于三民主义、五权宪法，及革命方略所定的种种规划，认为理想太高，都不愿付诸实施。"以至孙中山叹道："革命主义，无由贯彻。"（《人民日报》 1956年11月9日）

最典型的是为袁世凯称帝而积极出谋划策的著名六君子，其中四个是孙中山的同盟会会员，另两个也是同盟会的朋友。

这足以说明资产阶级对于革命的动摇与软弱，以及在剥削本质上与封建地主阶级千丝万缕的联系。所以，"四•一二"屠杀共产党人和工农群众的政变不是孤立的，而是辛亥革命后资产阶级不断地镇压工农运动的总爆发。资产阶级与地主阶级在剥削阶级这一内涵上互相认同，团结起来了。

资产阶级及其政党的堕落与背叛，证实了孙中山为推进革命的专制无奈。

在更深层的意义上，孙中山的专制无奈，基于中国社会的性质——分散的小农经济。

孙中山革命虽然确定了新纲领，但其基本力量是资产阶级和小资产阶级的同盟，其主力部队是农民构成的新军与会党。辛亥革命实际上是资产阶级先驱以资本主义观念领导的一场农民革命。

农民革命的小生产者构成，必然地规定着向私有制的倾斜和对专制的本能尊崇；而资产阶级为阶级剥削，也必然地与封建势力和帝国主义结盟，将压迫与统治民众的阶级诉求，付诸专制的强力与暴虐。

无论旧专制，还是新专制，专制不可避免。

这是中国历史进程的必然。

孙中山专制是对这个"必然"的正视，它为着颠覆封建的和帝国主义的旧专制，肩起了代言人民利益的新专制的时代大闸。

人民专制！——孙中山谓之"人民独裁"！（《三民主义》）

孙中山专制昂扬着革命的坚定性；然而，作为资产阶级革命，这个"专制"也有着资产阶级的软弱。

孙中山制订 16 字大纲："驱除鞑虏，恢复中华，创立民国，平均地权"。

"驱除鞑虏，恢复中华"，是民族革命。

"创立民国"，还主权于民，是政治革命。

"平均地权"，是社会革命。

发动社会革命不能不调动全社会的积极性，但"平均地权"不与农民无偿获得土地相联系，不主张"夺富人之田"，则使"革命"大打折扣，也使他的"人民独裁"大打折扣。它弱化了农民这个最广大群体对革命的响应，也给地主阶级对革命的抗争留足了空间。——抽象的折中，为二者间的阶级斗争从潜在到爆发预设了平台。

孙中山鼓吹"文明革命"，提出有秩序地、自上而下地解决土地问题，若能顺利实施，当为良策；然而，新兴力量未据主导，犹处于旧势力的重压下，"文明革命"岂能不流为高尚的空谈？而新兴力量不能以对人民利益的鲜明主张聚起自己强有力的军队，又如何在与旧势力的对垒中争得主导？

在这点上，孙中山以其与康有为相同的秩序观，表现出孙、康之间的内在联系。可以说，康有为的改良具有革命意义，孙中山的革命则具有改良意义。孙中山革命的不彻底性，暴露出资产阶级和农民阶级在利益上的对立。

然而，孙中山毕竟有着不同于康有为的革命家品质。康有为改良失败，不得不让位于孙中山的革命；孙中山改良失败，则主动让位于中国共产党的革命。

晚年孙中山转而支持农民的土地要求，主张效法苏联没收地主土地分给农民，使"耕者有其田"。他的"社会革命"主张由此而翻新。

鲁迅称颂：孙中山的一生是不断追求革命的一生。

列宁礼赞：孙中山"是充满崇高精神和英雄气概的革命的民主主义者，这种精神和气概是这样一个阶级所固有的，这个阶级不是在衰落下去，而是在向上发展，它不是惧怕未来，而是相信未来，它决不为了维护自己的特权而硬要保存和恢复过去的东西。"

孙中山以"资产阶级专政下继续革命"的高贵品质和不断自我否定的崇高精神，以及向共产主义的真诚致礼，确立了辛亥革命的历史地位，捍卫和张扬了革命资产阶级的光荣！

（4）为使命的重张：天下为公

如何论定孙中山的历史地位？

吴雁南写道：孙中山领导的革命，"无论从其内容，抑或规模看，都是空前的，是以往变革社会制度的运动难以比拟的。因此，孙中山的革命事业是空前的伟大事业。"（《孙中山与辛亥革命》）

何谓"空前"？

千古回眸：中华民族从原始公有制走出，步入私有制社会，经过夏、商、周三代缓慢发展，至春秋战国而剧烈动荡、分化改组；经秦汉一统，进入全面发展的黄金期，终达唐宋高峰；随后物极则反，自宋而始，中国封建社会从顶峰跌落，延至明清，为阶级社会衰败期。

自辛亥革命起，中华民族开始了对阶级社会的否定。

孙中山——中华文明史上第一个否定私有制、否定阶级社会而明确主张社会主义的政治领袖。

孙中山张开双臂："对于社会主义，实欢迎其利国福民之神圣，本社会之真理，集种种生产之物产，归为公有，而收其利。实行社会主义之日，即我民幼有所教，老有所养，分业操作，各得其所。我中华民国之国家，一变而为社会主义之国家矣。余言至此，极抱乐观。"（《孙中山全集》第2卷第437页）

孙中山拒绝资产阶级学说，否定社会达尔文主义。他说："物种以竞争为原则，人类则以互助为原则。"人类进化绝不是弱肉强食，绝不是社会财富的两极分化和特权剥削；而是"孔子所谓'大道之行也，天下为公'。"（《孙文学说》）

孙中山张大其不断革命、不断向社会主义转化的政治纲领，放飞资本主义被利益掩盖的内在诉求——生产社会化、资本社会化、信息社会化……，以与农民革命"改朝换代"的迥然之别，空前地宣言着对私有制的否定。

孙中山满怀与广大民众血肉相连的真挚情感，深刻把握和继承欧美早期资产阶级革命家的精神遗产，坚持以社会主义原则制约资本主义。他说："凡属于生产之土地、铁路收归国有，不为一、二资本家垄断渔利，而失业小民，务使各得其所，自食其力，既可补救天演之缺憾，又深合公理之平允。斯则社会主义精神，而和平解决贫富之激战矣。"（《在上海中国社会党的演说》）

20世纪初，孙中山设想以社会主义精神引导和改造资本主义，已经道出50多年后邓小平改革开放的本质内涵："利用资本主义在中国建立社会主义。"（《实业计划》）

实际上，彻底的资本主义就是社会主义！自觉的资本主义就是社会主义！

所谓"彻底"，就是彻底落实资本主义"人人生而平等"的原则；所谓"自觉"，就是自觉认同资本主义内在的社会化指向。

然而，"彻底"和"自觉"不属于资本主义。资本嗜血的本性不能不在践踏"平等"的冷漠里实现自我，资本集中的贪婪不能不在摧折"社会化"的无情中扩张自我。

资本专制，阻滞社会进步。

只有社会主义，才能实现"人人生而平等"；只有社会主义，才能完成资本主义。

孙中山忠诚于社会主义，将革命之矛投向资本专制和资产阶级统治权："盖

资本家之专制与政府之专制一也。政府有推翻之日，资本家亦有推翻之日。"(《在上海中国社会党的演说》)

孙中山深刻地感受到欧美资本主义的严重流弊和内在矛盾，他断言："社会主义革命，欧美是决不能免的。"(《民报发刊词》)

孙中山告诫：中国革命必须先期占据制约资本主义的"制高点"，严禁资本家兴风作浪，横行霸道，形成特权集团，吞噬民血民膏。他说："若不思患预防，将来资本家出现，其压制手段恐怕比专制君主还要甚些。"(《在南京同盟会饯别会的演说》)

为了中华民族不蹈欧美资本主义覆辙而辟一崭新世界，孙中山期待：中国应"睹其祸患于未萌，诚可举政治革命、社会革命毕其功于一役。"(《民报发刊词》)那么，如何举行这样的革命呢？

——高扬马克思主义的旗帜！

孙中山热情鼓动对马克思主义的信仰。他说：马克思主义"是集几千年来人类思想的大成。……现在研究社会问题的人，也没有哪一个不是崇拜马克思作社会主义中的圣人。"他自豪地宣称："我参酌了社会主义各派的理论，吸取他们的精华，并顾及中国的实际情况，才创立了三民主义。"(转引自洪源：《孙中山传》)

三民主义——马克思主义与中国革命具体实践相结合的孙中山形态。

孙中山以对马克思主义的自觉服膺，将三民主义纳入世界社会主义理论的总体系中。它"是在中国革命作为社会主义世界革命一部分的时代产生的。"它的这"一部分"自觉地服从整个"世界"革命大势。(毛泽东：《新民主主义论》)

孙中山明确表达向社会主义的超越："欧美各国，善果被富人享尽，贫民反食恶果，总由少数人把持文明幸福，故成此不平等社会。我们这回革命，不但要做国民的国家，而且要做社会的国家，这绝不是欧美所能及的。"(《民报发刊词》)

孙中山将中国革命汇入俄国十月革命的洪流，开启以俄为师的先河："盖今日革命非学俄国不可。……我党今后的革命，非以俄为师，断无成就。"(见《孙中山先生传略》 载《人民日报》 1956 年 11 月 9 日)

孙中山确定走苏联社会主义之路："法、美共和国皆旧式的，今日惟俄国为新式的。吾人今日当造成一最新式的共和国。"(《在广东旅桂同乡会欢迎会的演说》)

孙中山领导团队的核心成员朱执信注解："俄国布尔什维克精神，只是在他们那为社会牺牲的精神上。他们共产党员工作的时间比非共产党员多，而所受的俸给比非共产党员少。要有这样的牺牲精神，然后才可以做成一个事业。"(《革命党应该如何》)

孙中山的亲密战友廖仲恺更公然宣称：中国"若能够有所树立，除非是建立一社会主义国家。"(《题各派社会主义与中国序》)

——只有社会主义能够救中国！

为着社会主义革命，孙中山失望于本阶级的颓废与沉沦，兴奋地感受着五四运动后工农群众的蓬勃朝气和革命伟力，他振奋精神，以"左"的激进和无畏的胆识，向中华子孙发出新的进军令——"重新革命"！(《救国之急务》)

革谁的命？

革军阀、官僚、政客的命，革北洋政府与帝国主义的命。

然而，继之而起的三大政策，联俄、联共、扶助农工，不是也悄悄地转向革本阶级的命吗？

俄国是革资产阶级命的。

共产党是革资产阶级命的。

站起来的工农也是要革地主阶级与资产阶级命的。

孙中山以人民大众为后盾，矛头指向本阶级——资产阶级。他在《中国国民党第一次全国代表大会宣言》中指出："国内之军阀既与帝国主义相勾结，而资产阶级亦眈眈然欲起而分其馂余，……国民党人所恃后盾者，若知识阶级、若农夫、若工人、若商人是己。"

孙中山定义的国民党，与大资产阶级及其特权集团划清了界限。

这是不是向社会主义革命转化？是不是向着新民主主义的自觉？甚至，是不是趋向于革命领导权的易位？

孙中山敢与"俄"、"共"结盟，是因为他的一只脚已经在"俄"、"共"阵营中；另一只脚也已抬起，即将挣脱本阶级的羁绊，迈向"俄"、"共"阵营。

英帝国主义者看得很明白："孙中山已经越来越走向赤化了，他迟早要和共产党人搞到一起去。"（转引自洪源：《孙中山传》）

如此，他怎能安享资产阶级尤其是大资本家集团的尊奉？

"国父"之名，是他死后，被捧为无害的偶像，甚或异化为打击工农的大棒，来为大资本家阶级服务的。只是蒋介石们的内心深处，对孙中山是爱还是恨？

孙中山是资产阶级革命家，却充溢着对社会主义的一腔真诚。孙中山未竟之伟业，毛泽东继承了。这个革命确实不是欧美所能及的。

毛泽东评价："孙中山先生之所以伟大，不但因为他领导了伟大的辛亥革命（虽然是旧时期的民主革命），而且因为他能够'适乎世界之潮流，合乎人群之需要'，提出了联俄、联共、扶助农工三大革命政策，对三民主义作了新的解释，树立了三大政策的新三民主义。"（《新民主主义论》）

新三民主义是中国特色资本主义；它以对社会主义的崇高指向，成为旧民主主义向新民主主义转化的枢纽。

历来政权的争夺者们一方面借助人民的力量，一方面又唯恐人民冲击自己的私利。而孙中山晚年的新三民主义，毛泽东晚年的文化大革命，都是义无反顾地抛弃自己的党，将革命诉诸人民。因为他们没有自己的私利，不畏惧人民的冲击。其不同处，毛泽东直接诉诸人民，孙中山则通过共产党这个中介诉诸人民。

中国共产党横空出世，其优秀成员以无畏的牺牲和崇高的理想代言被压迫人民的根本利益。孙中山将领导权向中国共产党移交，就是向人民移交。

国民党一大，孙中山对民权主义做如此新解："近世各国所谓民权制度，往往为资产阶级所专有，适成为压迫平民之工具。"（《中国国民党第一次全国代表大会宣言》）

为表明对伪"民权"的鄙弃，孙中山效法列宁的苏联，高扬"人民独裁"的大旗，他说：苏联之"人民独裁的政体，当然比较代议政体改良得多。"（《三民主义》）

"人民独裁"！——孙中山独裁！

孙中山不讳言："我这三民主义、五权宪法也可叫做孙文革命。所以服从我，就是服从我所主张的革命；服从我的革命，自然应该服从我。"（《国父全集》第二册）

晚年孙中山毫无顾忌地向个人专制倾斜；他视自己为人民的代表，代行人民独裁之专权。

1923 年，孙中山在苏联共产党及中国共产党的帮助下改组国民党。他"一手遮天"，或指定，或委派，"恣肆妄为"，大行专制——

他指定 9 人新党纲起草委员会，指定 9 人国民党改进案起草委员会，指定党内各重要机构负责人，指定国民党改组委员。

他委派廖仲恺等召开特别会议，委派廖仲恺、李大钊等为国民党执委、候补执委，委派成立国民党临时中央执行委员会。

他在国民党第一次全国代表大会每省 6 名代表中，确定每省推选 3 人，孙中山指定 3 人；在一大开幕时，孙中山又指定 5 人组成大会主席团，指定 9 人组成大会宣言审查会。

孙中山如此"指定"，是不是专制？

孙中山"指定"中共党员在国民党各机构占据重要位置，是不是向社会主义转化的革命专制？

宋庆龄说："孙中山为中华民族和中国人民进行的四十年的政治斗争，在他的晚年达到了最高峰。这一发展的顶点是他决定同中国共产党合作，一道进行中国的革命。"（《孙中山和他同中国共产党的合作》）

合作？还是投降？ 有着不同的解读。

1924 年国共合作，在国民党第一次代表大会上，孙中山一柱撑天，力排众说，确立三大政策，阻止了党内多数人对"联共"的非议。

然而，大会之后短短一年，孙中山之子孙科便忍无可忍，提案要求"制裁共产党"；孙中山的挚友、国民党元老邓泽如更强烈主张"从速严重处分"共产党；上海国民党员则联名致电孙中山，请求"命令共产党员全数退出本党"，并严厉制裁廖仲凯等国民党左派。

与此同时，遍及北京、武昌、广州、香港、澳门等地"弹劾"共产党的议案铺天盖地，并出了专门的"护党特刊"。

国民党"护党"，无可非议。

张国焘回忆：共产党在国民党内建立党团组织，形成党内有党，遭到国民党的疑惧、不快，陈独秀"感慨地说，如果他是国民党人，也要反对中共这种党团组织的办法。"（见曹英：《中共早期领导人活动纪实》）

为什么反对？

汪精卫以阶级敏感对孙中山力主的国共合作之可怕后果一目了然：共产党加入国民党，就像"孙行者跳入猪精的腹内打跟斗"一样。（见蒋永敬：《胡汉民先生年谱稿》）

国民党元老惊呼孙中山将会改变国民党的性质，孙中山的总理之位将会让位于共产党，虽然有些言过其实，却洞穿了孙中山改造国民党的本质或未来走向。对于这一点，不仅国民党心知肚明，共产党更有意为之。

1924 年，中共四大通过了共产国际确定的"国共合作"的主旨："将国民党看作一个空壳……共产党可以加入进去进而操纵国民党，使资产阶级顺着无产阶级，以争得无产阶级在国民革命中的领导权。"（曹英：《中共早期领导人活动纪实》）

共产党的"夺权"企图昭然若揭！不是共产国际的代表将莫斯科这一"天机"天真地泄露给汪精卫，才直接促成他的七•一五政变吗？

然而，问题不在于此。

实际上，对于共产党的"夺权"，孙中山给予了强力的支持和主动的配合；确切地说，孙中山主动让权给共产党，将新三民主义向新民主主义转化。

孙中山与陈独秀共谋，里应外合，制造着国民党的深刻危机。

陈独秀不失为中国共产党早期卓越领导人，然而其以知识分子革命家之素质，绝无孙中山作为底层群体造反领袖之魄力，他得国民党之利似有不忍，而孙中山改造国民党则义无反顾。

较之孙中山特立独行，陈独秀当望其项背。

何谓孙中山的特立独行呢？

孙中山联俄、联共、扶助农工，分明是对本阶级即资产阶级的背叛；其大无畏的反潮流精神，竟凭一己之力，摒党徒万众之行，坚定不移地将中国命运付托于工农大众和中国共产党。

然而，孙中山可以让权于共产党，国民党的多数绝不答应。孙中山活着，他们可以在反对与破坏中隐忍一时；孙中山去世，综合实力占优的国民党多数派，焉能不担起清党的"使命"。

孙中山的主张在他的党内拥护的人少，反对的人多，所以才有廖仲凯、邓演达的被刺，才有蒋介石、汪精卫的背叛。

这不是哪一人哪一派的问题。作为国民党左派的汪精卫、蒋介石，无论真左还是假左，均为孙中山倚重之人。然而，在孙中山逝世后，他们要想不步廖、邓后踵，保住自己的高位，便必然倒向国民党多数人的阵营。这个多数人绝不允许共产党"窃取"他们浴血奋斗打下的江山，"篡夺"他们的胜利果实。

而这个"窃取"与"篡夺"，则是共产党的既定方针。恩格斯早就说过："资产阶级准备推翻政府，无产阶级则准备随后再推翻资产阶级。"（《德国的革命和反革命》）

尽管这种"推翻"与"再推翻"表现出革命的激进，但也分明洞穿了 1924 年国共合作的深层次诉求。

蒋介石集中了整个资产阶级的阶级自觉，他深知在他这个螳螂后面，黄雀已经跃跃欲动了。无产阶级和农民大众已经磨刀霍霍，甚至已经杀向资产者和与资产者血缘相连的地主阶级了。

所以，蒋介石背叛革命是必然的。他如果不背叛，他就要做革命的刀下鬼了。他举起屠刀，制造政变，为自己的阶级归属"正名"，赢得了资产阶级及其后台帝国主义的弹冠相庆。

显然，私有制及私有观念所决定的政权更替，只能是权力与财富的易位。孙中山在资产阶级专政下继续革命，力主彻底剥夺私有制，那么资产阶级推翻封建统治夺得到的财富和权利，就会被再剥夺。这令资产阶级绝难容忍。

对于权力与财富，孙中山可以放弃，一让袁世凯，再让共产党，足见冰雪之心；然而国民党的多数不能放弃。因此，孙中山死，追随孙中山、可以放弃权力与财富的廖仲恺也必须死。射向廖仲恺的子弹，实际上是射向孙中山的，是资产阶级政党拒绝孙中山新三民主义的政治宣言。

廖仲恺在国民党第一次全国代表大会上发言，洋溢着他对国共合作前景的自信，他说："革命能彻底，则一切皆可不生问题。"

然而，这"彻底"二字，若彻底到否定自己的阶级，否定自己的家族，否定自己的财产，否定自己的特权，否定自己的贵族地位，那么，国民党内，除了孙中山、廖仲恺、朱执信等寥寥几公，多数人能做到吗？

别说当时的国民党，就是后推半个世纪，在以"天下为公"为宗旨的共产党内，当毛泽东喋喋于"彻底革命"的殷殷中，不谈死去的先烈，活着的诸公又能有多少人响应这一"彻底"呢？

显然，孙中山的革命超前于社会发展阶段，脱离了国民党员的大多数，其孤军深入的辉煌，避免不了被整个旧势力清算的命运。

权力与财富的巨大吸引力，扭曲着人类的灵魂；但是，能够冲击与战胜这引力场的，却又不能不是革命。

春秋战国，神州动荡，"滔滔者天下皆是也"，孔夫子却一意孤行，以"知其不可而为之"的坚毅示范于前；2500 年来，一代代伟大的先驱者继其后踵，为人类精神火炬的传承，鼓动超前的革命，奋力身为。

所以，俨然对毛泽东"继续革命"的前呼，孙中山马不停蹄，不断革命。辛亥革命前的起义不去说他，便是辛亥革命后，便有"二次革命"、"三次革命"、护国战争、护法运动、北伐、国共合作、三大政策……，直到临终，仍然是"革命尚未成功，同志仍需努力。"

孙中山奋斗一生，务求"天下为公"而深恐不待，终如夸夫逐日，不支而亡，化为一片桃林，为后人遮荫。

而辛亥之后的袁世凯、黎元洪、段其瑞、张勋、冯国璋以至于汪、蒋者流，一个个"城头变幻大王旗"，谁不是为一己一家一族一姓之私利而蝇营狗苟，与"天下为公"的彻底革命精神风马牛不相及。

尤可叹者，孙中山逝后，其一手创建的国民党，尽管从上到下荡溢着"总理"二字的亲切，但屠杀工农之残忍暴虐、抗击外辱之鼠首两端、特权剥削之肆无忌惮、贫富悬殊之离心离德，则不仅腰斩了孙中山的新三民主义，而且将其旧三民主义——民族、民主、民生，涂抹上莫大的耻辱。

蒋氏集团将孙中山崇高情怀留给国民党的政治资本挥霍净尽，成了孙中山彻底革命精神的背叛者，则如何奢望国人的拥戴？又如何不泪断金陵而"乘桴浮于海"？

当然，不能苛求国民党。

这个党建立在半封建、半殖民地的基础上，其构成成分从组织到观念是半殖民地、半封建的产物，实现旧三民主义的目标已经勉为其难，而实现新三民主义即向社会主义转化，是这个党绝对容纳不下的。

所以，孙中山的失败是必然的。蒋介石四•一二政变宣告了这个"失败"。

然而，四•一二政变同时为孙中山画了一个辉煌的句号——

如果说，孔子、董仲舒、朱熹是地主阶级思想家，同时在本质上以对自己阶级的否定和对人类精神的尊崇成为人类思想家；那么，孙中山同样如此，他作为资产阶级思想家，却以对真理的执着追求与不断的自我否定，冲破本阶级及其思想体系的束缚，成为人类思想家。

正因为孙中山对本阶级的反戈，才前有其亲密战友邓泽如、张继、胡汉民的背离，后有其追随者蒋介石、汪精卫们的镇压革命与投敌。

这些战友和学生没有背叛本阶级，也因此达不到孙中山之人类精神的高度。能够与孙中山灵犀相通的，是中国共产党及其优秀思想先驱。在《中国共产党第三次代表大会宣言》中，陈独秀强调中国国民党之"领袖地位"，同时将具体步骤明确指向社会主义："第一步组织国民军；第二步以国民革命解除国内国外的一切压迫；第三步建设民主的全国统一政府；第四步采用国家社会主义开发实业。"（《造国论》）

——利用资本主义开发社会主义；也就是推动资产阶级政权向无产阶级政权渐进性转变。

陈独秀从共产党阵营伸出手去，孙中山从国民党阵营伸出手来，两只手紧紧握在一起，两种势力的优秀代表在思想上合拍——通过合法斗争从资本主义向社会主义"和平过渡"！

如果孙中山活着，或许有向这方面努力的可能。

然而仅仅是"可能"。

实质上，无论孙中山还是陈独秀，都只能是真诚的空想。资产阶级及其所依赖的强大旧势力不允许"和平过渡"。两种势力的战争不可避免。

于是，陈独秀与孙中山不能不为命运的同悲而"惺惺相惜"。陈独秀的真诚沦为"右倾"的重负，孙中山则以对本阶级的出卖成了孤家寡人。他们的主张日益被他们的"同志"抵制：在"共产革命"的意义上，陈独秀走到了尽头；在"国民革命"的意义上，孙中山走到了尽头。

然而，陈独秀与孙中山又承受着命运相违的造化弄人。陈独秀被时代大潮抛弃，令人唏嘘；孙中山则在旧阶级中保留着神圣的灵光，更在新阶级中被顶礼膜拜。

鲁迅自谓旧势力的"逆子贰臣"，亦可算是对孙中山的写照。孙中山的新三民主义尽管在形式上保持着资产阶级主导，其实已经向共产国际、向中共、向无产阶级拱手出让领导权，向被压迫阶级投降。他因此赢得千百万劳苦大众的支持与爱戴，他的主张开拓着新民主主义之路；在社会革命的意义上，他成了开端。

孙中山死得其时。

孙中山领导了中国历史上变革社会制度的伟大的资产阶级革命；但它同时是一场农民革命。

农民不是先进生产力的代表。

在封建所有制崩溃之际，代表历史进步的是资产阶级，以及它的对立面——无产阶级

然而，两个阶级都是新兴阶级，都没有充分发展，其成员和领导者都不能不置身农民阶级即小生产者的汪洋大海中，浸染着浓厚的小生产者意识。

中国新兴资产阶级远未成熟，其政治代表便登上历史舞台，先是康有为变法维新，后是孙中山辛亥革命；中国新兴无产阶级同样远未成熟，其政治代表便登上历史舞台，企图以社会主义取代资本主义及一切剥削制度。

因此，无论是孙中山的旧民主主义革命及其后的新三民主义，还是毛泽东的新民主主义革命及其后的社会主义，其激进的革命都难免落入小生产包围的漩涡，向旧的生产关系、旧的意识形态沉沦。

根深蒂固的旧势力，一次次地挣断孙中山、毛泽东向前拽动的绳索，把孙中山、毛泽东孤零零地丢在前面。

欲速不达。孙中山与毛泽东，矢志于对崇高的诉求和革命的感召，为着与受压迫民众血肉相连的深厚情感和向旧势力的抗争，先后登上专制之巅，却也无奈地尝受着别一类的孤家寡人的悲哀。

孙中山晚年的小圈子，只剩下宋庆龄、廖仲恺、何香凝等区区数人；便是这几人，恪守着孙中山的三大政策，又焉能理解孙中山的全部思想！

毛泽东晚年的小圈子，只剩下区区"四人帮"；便是这几人，恪守着"无产阶级专政下继续革命"的最高指示，又焉能把握毛泽东的博大精深！

实在说，从宋庆龄到江青，无论风光依附还是惨遭清除，其实都不足以成为时代的领军。

孤家寡人式的专制，尽管以对人民根本利益的本质代言，与历代帝王迥然相别，却同样不能避免专制之弊：孙中山逝后，其专制演变成血雨腥风；毛泽东逝后，其专制演变成特权剥削肆虐中华。

孙中山身后有中国共产党和毛泽东的继承与崛起；毛泽东身后者谁？

能指责孙中山和毛泽东的专制吗？

不能！

中国深厚的封建根基，决定了专制的必然性；而孙中山与毛泽东为着人民主权的彻底革命诉求，则赋予他们的专制以永恒的光辉。

何谓彻底革命？

孙中山说："想要中国进步，不但对于政治主张革命，就是对于学问也主张革命。要把全国人几千年走错了的路都来改正，所以主张学问和思想都要经过一番革命。"（《知难行易》）

改正几千年的错路，与旧世界和旧传统观念彻底决裂！孙中山呐喊出毛泽东文化大革命的先声。

孙中山在国民党一大教训全党："此次我们通过宣言，就是计划彻底的革命……将全世界受压迫的人民都来解放。"——解放全人类！

孙中山《在广州行辕与各界的谈话》中慷慨陈词："资本专制，其害甚于君主专制。"——颠覆资本世界！

能不能说，孙中山播下一粒火种，为其后 50 年毛泽东发动文化大革命，引燃了将资产阶级作为一切剥削阶级总代表来批判的思想之焰！

至于孙中山对中国国民党的本质设定，更与毛泽东对中国共产党的本质设定相契合。孙中山至嘱党员："诸君第一要明白中国国民党不是政府党，是一种纯粹的革命党。"（见《孙中山先生传略》 载《人民日报》 1956 年 11 月 9 日）

——革命党！

令人扼腕的是，他们的后继者，"淡忘"了或者似乎"淡忘"了这个设定。

淡忘革命，如何不沦为革命的对象！

孙中山向中华子孙示警："欧美演此贫富悬殊之惨境，他日必有大冲突以图适剂于平……今日吾国言改革，何故不为贫富计，而留此一重罪业以待他日更衍惨境乎？"（转引自洪源：《孙中山传》）

然而，孙中山的改革没有消除、反而加深这"一重罪业"，令广大人民"更衍惨境"；60 年后，邓小平的改革也没能消除、反而加深这"一重罪业"，扩大了贫富悬殊。

放眼全球，整个资本世界日益加深特权剥削和两极分化。

如果孙中山预言不错的话，那么无论中国还是世界，革命不可避免，"他日必有大冲突以图适剂于平。"

何谓"平"？

——共产主义！

孙中山说："共产这种制度，在原始人时代，已经是实行了。究竟到什么时候才打破呢？是在金钱发生之后。……现在资本家有了机器，靠工人来生产，掠夺工人的血汗钱，生出贫富极相悬殊的两个阶级。这两个阶级，常常相冲突，便发生阶级战争。……这种斗争要到什么时候才可以解决呢？必要在回复到一种新的共产时代，才可以解决。"（《三民主义》）

"天下为公"。

同一切伟人一样，孙中山是他那个时代的伟人，也是整个人类的伟人。他有着时代的烙印，更有着忠实于人类精神，为否定私有制、献身大同理想的真诚与崇高。

正是这后一点，使伟人从平庸的执政者和思想家群中脱颖而出。

《圣经》文化源流

一、《摩西五经》——
三大宗教的思想航灯

中国司马迁写了《史记》。

犹太先知编著了《圣经》。

《圣经》也是"史记"。

章学诚《文史通义》直言："六经皆史也"，谓中国的《诗》、《书》、《礼》、《乐》、《易》、《春秋》皆史。此言非虚。《系辞传》证言《易》的历史性："易之兴也，其当殷之末世，周之圣德邪？当文王与纣之事邪？"

《周易》无非对人类文明史的记述与总结，其叙以"德"为轴，经典万方，于是升华为"经"——《易经》！

《圣经》亦史。

《圣经》为古代犹太人与古代苏美尔人、阿卡德人、迦勒底人、巴比伦人、埃及人……文化交融的史载与结晶，又反转来深刻地影响了世界各民族的历史进程。"先后出现在美索不达米亚地区的各个民族，似乎都是突然冒出来的，来不知从何处来，去不知向何处去。只有姗姗来迟的以色列人保留着一条模糊的、时断时续的历史脉络。"（陈咏明：《走向上帝的世界》）

这"历史脉络"的载体，便是《圣经》。

司马迁的《史记》洋洋洒洒，述以十二本纪、十表、八书、三十世家、七十列传之鸿篇巨制，再现古代中华民族自强不息、厚德载物的沉重步履。

犹太先知的《圣经》浩浩汤汤，述以记、纪、志、书、诗歌、箴言之浓墨重彩，演绎古代犹太民族不屈不挠、自重自赎的缤纷画卷。

中华民族的《史记》以公元前 500 年春秋战国诸子学说为轴，成书于公元纪年前后；同样，犹太民族的"史记"则以公元前 500 年《摩西五经》为轴，成书于公元纪年前后。

中华民族的《史记》以文、史、哲三位一体之大成在中华文化脱颖，犹太民族的"史记"同样以文、史、哲三位一体之大成创犹太文化开山。

人类历史进程的节点，从来相互辉映，无独有偶。

然而，哲人有言：世上从来没有一片相同的树叶。

如果说，中华民族的《史记》立论在"史"，以文彩与哲思为史张目；那么，犹太民族的"史记"则立论在"哲"在"经",以史叙与文彩烘托一个轴心:代圣立说!

因此,犹太民族的"史记",升华为《圣经》。

《圣经》全卷耀亮着耶和华精神,乃至贯穿着耶和华行状主线。"圣" 之辉光,凭耶和华之名,普照史册。

《圣经》始纂于公元前500年。这个时期,是统一的犹太民族历经南北分裂的创痛后,相继被异族侵夺、劫掠与吞并的衰亡时期,也是经济发展扫除原始公有制残余、贫富分化加剧、道德日益沦丧、私有制全面登台而要求为自己正名的时期。

在这一时期,从希西家、约西亚发掘、编定律法书,到尼西米、以斯拉重申律令,抑制剥削,驱逐老贵族…… 犹太民族思想先驱进行社会与宗教改革,确立了《摩西五经》的地位。

正视私有制,同时制约与规范私有制,构建以耶和华为旗帜的善的等级制,是以色列民族赋予其诸先知的智慧结晶。

肩负着轴心时代的历史使命,《圣经》成就了自身与古中国、古印度、古希腊诸文明相媲美的希伯来文明。这一文明树立起摩西纪念碑。

摩西是犹太先知群体的抽象;其与孔子、释迦牟尼、柏拉图比肩而立,共同崛起了人类文明的巅峰。

这一巅峰,在犹太文明中聚焦为耶和华形态。"神晓谕摩西说:'我是耶和华。我从前向亚伯拉罕、以撒、雅各显现为全能的神。至于我名耶和华,他们未曾知道。'"(《出埃及记》)

朦胧的神在《摩西五经》确定时期,明确为统一的至高神——耶和华。

耶和华的旗帜,随着耶稣和穆罕默德的辉煌接力,在世界各地翻卷;而《摩西五经》则成为人类生存与发展的思想航灯。

1、航灯之一:耶和华的旗帜

"耶和华尼西"!

——《出埃及记》

公元前1200年上下, 人类文明同时突兀两座穿透时空、 映射千古的航灯——东亚文明与西亚文明!

在东亚的黄河流域,"文王拘而演《周易》",以新观念之狂潮革故鼎新,助力武王伐纣,代殷兴周,崇道德,抑鬼神,尊《易经》,掀开了中华文明的辉煌篇章。炎黄子孙的崭新天地由此而开。

在西亚的红海之滨,摩西"百难'出埃及'",以耶和华的旗帜摒弃偶像,明善恶,申法度,尊一神,奠基《摩西五经》,开拓出犹太文明的壮美源流。三大宗教的思想航灯从此矗立。

《易经》与《摩西五经》崛起,回应人类历史进程的呼求——

在氏族、部落及部落联盟的原始公有制框架内,私有制和私有观念长足发展,奴隶占有、土地买卖、财产质押、贫富分化……,氏族经济共同体破裂,公有传统瓦解,整个社会陷于尔虞我诈、征伐杀戮的动荡与危机中。

私有制向何处去？

如果说，公元前500年，孔子、佛陀、柏拉图、犹太先知分别在不同的民族以不同的思想形式共同完成了"为私有制正名"的使命，创立了人类的轴心时代；那么，公元前1200年，《易经》之推演与《摩西五经》之滥觞，则分明是为着"轴心时代"之确立的一缕晨曦。

私有制是人类历史的进步，因此，必须正视私有制；然而，私有制的畸化必然撕裂乃至毁灭社会，因此，必须以对公有制和公有观念的变通，制约、规范和引导私有制健康发展。

这是《易经》与《摩西五经》的内在诉求。

也是"耶和华旗帜"的内在诉求。

公元前1200年，摩西时代正处于新旧制度的交替中。尽管私有制势不可遏，但仍然在公有制的框架内。"部族内部土地似为共有。共有制的崩溃是在建立王制之后。"（山本七平：《圣经常识》）

准确地说，这是在公有制框架内向私有制转化的过渡时代。《摩西五经》朴素地记录了这个转化。在《创世纪》里，可以看到父女通婚、兄妹通婚的原始群婚遗风，也可以看到氏族间为财产和权力的欺诈、争夺乃至兄弟相残的悲情画面。

摩西逝世，其继承人约书亚夺取迦南，创下以色列的基地；约书亚之后，以色列的部落联合体在私有制和私有观念的撕扯下名存实亡，其以"士师"的暂且之威维持形式的一统，很像中国周朝的八百诸侯与"春秋争霸"；跻身霸主者号令天下。"士师"是别一形态的"霸主"。

到了公元前900年，大卫—所罗门王朝建立，形成经济政治文化巅峰。"王制"取代"士师"，宣告私有制挣脱公有制外壳的新时代君临天下。

曾经，摩西率众"出埃及"，赋予以色列部落联合体以民族的雏形；而大卫—所罗门王朝，则确定了统一的以色列民族。

民族独立与民族统一增强了新王朝的向心力，伪公有制框架的破碎和私有制的确立则削弱了部落贵族集团独占公有资源的特权，一定程度地扩大了人民主权，激发了人民的生产积极性，促进了生产力的进步，从而反转来推动了新王朝的兴盛；"大卫和所罗门统治时期被认为是以色列民族史上的黄金时代，大卫的王国成为后世以色列人的理想国度。（唐逸主编：《基督教史》）

以色列人创造了私有制取代公有制的辉煌。

然而，"辉煌"昙花，仅在一现。

对私有制和私有观念的认同，助长了以色列人为私欲的争夺，而随着争夺白热化，列王蜂起，兵燹遍地；恃强凌弱，血腥屠戮；欺诈横行，两极分化。在特权集团恣肆妄为和广大民众的贫困化中，以色列分崩离析，很快分裂为南北二部，相继踏上覆灭之路。

公元前700年，北部以色列国败落；公元前500年，南部犹大国败落。作为国家，以色列不存在了。

但是，以色列民族没有灭亡。

埃及法老梅尼普塔在公元前13世纪攻取以色列的记功碑文，铭刻了对以色列的预言："以色列已化为废墟，但它的种族并未灭绝。"（见唐逸主编：《基督教史》）

为什么？

因为，以色列人艰难而执着地擎起耶和华的旗帜。

——"耶和华的旗帜"折射着人类早期社会的氏族公有之光。

它表现为原始人以对其他群体的残酷剥夺,维护着自身的艰难生存和部落的狭隘公有。耶和华鼓励以色列人:攻击埃及,夺取他们的"金器银器和衣裳,好给你们的儿女穿戴,这样你们就把埃及人的财物夺去了。"(《出埃及记》)

它表现为认同奴隶私有之前提的对奴隶剥削的制约。耶和华指令:"人若用棍子打奴仆或婢女,立时死在他的手下,他必要受刑;若过一两天才死,就可以不受刑,因为是用钱买的。"(《出埃及记》)

它表现为原始公有制传统在私有制条件下的遗传与变通。耶和华要求氏族中人互相包容:"你即或拿邻舍的衣服做当头,必在日落以先归还他;因他只有这一件当盖头,是他盖身的衣服,若是没有,他拿什么睡觉呢?"(《出埃及记》)

——"耶和华的旗帜"聚焦着以色列民族统一的诉求。

如果说,公元 5 世纪,穆罕默德高扬安拉之名,奋力撕裂权贵集团以氏族公有名义编织的特权剥削之网,唤醒并调动阿拉伯各部族人民抗争的觉性,统一了伊斯兰世界;那么,公元前 12 世纪,摩西则为穆罕默德前驱,他劲舞耶和华之旗,猛烈冲击权贵集团在"公义"招牌下施行酷毒压迫的桎梏,激发并引导犹太各部族人民对民族统一的认同,宣告了以色列的诞生。

安拉 = 耶和华。

所以,穆罕默德的庄严宣谕,向着《古兰经》和《圣经》的共同先祖虔诚礼拜:《古兰经》的易司玛仪、叶尔孤白、穆萨、叶哈雅、尔萨……,分别是《圣经》的以实玛利、雅各、摩西、施洗约翰、耶稣……。

《古兰经》是《圣经·旧约》的伊斯兰形态。

耶和华与安拉分别是不同民族在特定历史时期以特定思想形式,将对公有观念的推崇具化为民族解放与民族统一的现实诉求的代言。

这个"代言"的摩西形态,实现了"耶和华将埃及人和以色列人分别出来"的变革。(《出埃及记》)

为着以色列的独立自强,摩西以"神"的名义,强权垄断了全部"长子继承权"。"耶和华晓谕摩西说:'以色列中凡头生的,无论是人是牲畜,都是我的,要分别为圣归我。'"(《出埃及记》)

垄断"长子继承权",也就全方位垄断了以色列部落联合体的财政大权;而被赋予的"耶和华垄断",则张显"神"的无限能量与巨大威慑,成为民族统一的向心。尽管对这个"向心"的认同还有待艰苦的博弈。

事实上,在以色列民族史上,耶和华一神地位是与原始部落诸神的相搏中发展起来的;随后历经千年的艰苦斗争乃至残酷冲杀,"直到公元前 6 世纪以前,并没有形成一个成熟的一神观念。"(唐逸主编:《基督教史》)

《圣经》记载,以色列民族初创时期,既有亚伦率众背弃耶和华跪拜金牛犊而致摩西的怒摔"约版";也有耶和华不堪以色列人众叛亲离而降甘泉与吗哪的取悦百姓;更有摩西对以色列人拒绝耶和华一神独占聚众造反而调动"近卫军"即"利未子孙"大开杀戒的无情清洗,"百姓被杀的约有三千"(《出埃及记》),以及以色列各部落首领为大权旁落而殊死抗争致遭摩西的酷毒刑罚:

以色列 250 多个部落首领合力向摩西发起攻击:"你们擅自专权","你还要自立为王辖管我们吗?" 摩西则为着耶和华的一神地位与以色列的民族统一,毫不留情地将这些"民族分裂者"连同他们的家小置于死地,确立了自己的统治。(见《民数记》)

在随后的历史进程中,犹太人作为一个小民族,身处众多民族尤其强邻的包围中,其对耶和华的"向心"始终被强力干扰。"不仅先后统治巴勒斯坦的其他民族强行推行自己的宗教，影响到以色列人的信仰，而且其周边地区强大的邻国所奉行的宗教，也对以色列人产生巨大影响。"（陈咏明：《走进上帝的世界》）

显然，信仰的动摇乃至湮灭，必然销蚀民族凝聚力，导致民族的解体。因此，捍卫耶和华一神独占，维护以色列的民族自为，自然成为犹太先知们政治斗争的指向；而耶和华崇拜也便成为贯穿《旧约》的主线：

"除了我以外，你不可有别的神"。 （《出埃及记》）

"我是耶和华你们的神，使你们与万民有分别的。"（《利未记》）

"耶和华我们神是独一的主。"（《申命记》）

"唯独耶和华是神，并无别神。"（《列王记上》）

"主耶和华万军之神。"（《阿摩司书》）

——"耶和华的旗帜"内在着人类大同的崇高理想。

"耶和华原是古希伯来人崇拜的众神之一，是司雨之神。" （乐峰、文庸：《基督教知识百问》）

然而，当希伯来游牧部落辗转跋涉于茫茫大漠，人畜感受干旱而饥渴难耐时，雨该是何等美妙的甘霖；而司雨之神又如何不占据希伯来人心灵的主位在众神中脱颖？

耶和华升格为至高神，分明是以色列人民生存、生产的共同需求；而耶和华之"神性"，也分明是早期人类社会公有观念在特定形态下的朴素赋予。

然而，《圣经》同时以对历史的正视，将耶和华放置在私有制和私有观念的基座上；或者说，《圣经》自身就是私有制和私有观念的产物。

《创世纪》记载下人类先祖的斑斑"劣迹"：

亚当、夏娃结合所生的儿辈该隐与亚伯便是兄弟相残，哥哥杀死了弟弟。人类社会的揭幕战，便充斥血腥和暴力。

至于以色列的"创始人"雅各，更是心思缜密，屡屡行诈。他用一碗红豆汤骗取哥哥以扫的长子名分，用冒充的美味骗取父亲的祝福，进而用诡计骗取岳父拉班的羊群……"杀熟"之刀，利则利矣，却甚不光彩。

如此心智，竟与伟力结合！雅各"与神与人较力，都得了胜。"（《创世纪》）

"神"败于雅各，被迫认同雅各的行径；换句话说，"神"既然被人中之强者打败，就不能不向强人俯首。

于是，雅各被"神"赐名以色列，以示"神"对雅各的尊重，而且从此得到耶和华的护佑。"胜者王侯败者寇"——古来如此，"神"来如此！

胜者借神之威，名正言顺地占有了长子继承权，为自己争得正统；而以色列民族也便成为雅各的扩张版。或者说，雅各规定了以色列的范畴：以色列诞生之日，与其原始公有传统并存的，是私欲的扩张；与其追求公义相随的，是力与智的贪婪欺诈与可耻争斗。

雅各以"力与智"的弱肉强食，为自己和自己的氏族或部落戴上"神"的光环，在诸多氏族或部落中独霸了解析"耶和华护佑"的话语权，确立了统治地位；而耶和华对雅各私欲劣行的默许，不但表明"神"在人的进逼下对私有制的让步，更要紧的是，《创世纪》开篇便将贯穿《圣经•旧约》全书之"惩恶扬善"的主旨，打了折扣。

这个折扣不能不打。因为，《圣经》是人的社会观念对社会现实的映照。尽管观念将承担起导引现实的使命，但它必须先扎根于现实的土壤里。否则，便只能如中国的老子，骑牛出关"吾以观复"。"观"而已，对于人类社会的现实进程却无所作为。

显然，只有认同已经做大的私有制，才有人类私有制对《圣经》的认同，才有《圣经》的社会存在。

雅各战胜了"神"，当然按照自己的意志规定"神"。这是耶和华崇拜的先决条件。

然而，耶和华不是雅各的创造，而是以色列人来自远古的淳朴信仰，耶和华也必然以自身的厚重规定雅各。这是雅各不能背弃的前提。

相互规定。雅各与耶和华分别以现实与理想的对立，完成同一。以色列便是这"对立同一"的载体，是雅各与耶和华的有机结合。

以色列保留着原始公有制和公有观念的底色，同时以对私有制蓬勃生发的自觉认同，给予"底色"以崭新的铺染。

摩西笔端生彩——

"你要追求至公、至义。"（《申命记》）

"若有一个希伯来男人，或者希伯来女人被卖给你，服侍你六年，到第七年就要任他自由出去。凡他自由的时候，不可使他空手而去。要从你羊群、禾场、酒醡之中，多多地给他。"（《申命记》）

"不可心里恨你的弟兄，……也不可埋怨你本国的子民，却要爱人如己。"（《利未记》）

"每逢七年末一年，你要施行豁免。豁免的定例乃是这样：凡债主要把所借给邻舍的豁免了，不可向邻舍和弟兄追讨，……你若留意听从耶和华你神的话，谨守遵行我今日所吩咐你这一切的命令，就必在你们中间没有穷人了。"（《申命记》）

消灭贫富差别！消灭剥削！

摩西临终遗嘱，留下朴素的期待：每50年为"禧年"："第五十年你们要当做圣年，在遍地给一切居民宣告自由。"（《利未记》）

这是公有制和公有观念的摩西形态，它以理想的辉光赋予历代犹太先知，导引以色列的历史征程：

"诡诈的天平为耶和华所憎恶；公平的砝码为他所喜悦。"（《箴言》）

"公义和公平是你宝座的根基；慈爱和诚实行在你前面。"（《诗篇》）

"末后的日子，耶和华的山必坚立，超乎诸山，高举过于万岭，万民都要流归这山。"

这是一座什么山呢？

"他们要将刀打成犁头，把枪打成镰刀。这国不举刀攻击那国，他们也不再学习战事。人人都要在自己葡萄树下和无花果树下，无人惊吓。这是万军之耶和华说的。"（《弥迦书》）

耶和华旗帜所向——天下大同！

2、航灯之二：人民革命的法理之"约"

公元1964年，毛泽东痛感生命之衰，对他的继承者们发出恨恨之声："我的话他们可以不听，这不是为我个人，是为了我们这个国家、这个党，将来改不改变颜色，走不走社会主义道路的问题。我很担心，这个班交给谁我才能放心。……我还活着呢，他们就这样。"（见邸延生：《"文革"前夜的毛泽东》）

前推 3000 年，摩西临终至嘱，已开毛泽东遗恨先声，并结晶在人类文明的历史长河中："我今日还活着与你们同在，你们尚且悖逆耶和华，何况我死后呢？"（《申命记》）

以色列人能悖逆耶和华吗？能悖逆与耶和华所立的庄严之"约"吗？

《圣经·旧约》——人民革命的"法理之约"！

耶和华深情地感受以色列人被奴役的痛苦：埃及法老"派督工的辖制他们，加重担苦害他们。……严严地使以色列人作工，使他们因作苦工觉得命苦；无论是和泥，是作砖，是作田间各样的工，在一切的工上都严严地待他们。"（《出埃及记》）

耶和华与被压迫人民情感相通："我的百姓在埃及所受的困苦，我实在看见了；他们因受督工的辖制所发的哀声，我也听见了。……我也看见埃及人怎样欺压他们。" 他鼓舞以色列人："重重地刑罚埃及人，救赎你们脱离他们的重担，不作他们的苦工。"（《出埃及记》）

遵奉耶和华之"约"，摩西率领以色列人，为着挣脱剥削，爆发了一场伟大的人民革命。

从和平请愿到武装反抗，以色列奴隶们与埃及奴隶主展开一次次激烈交锋。《出埃及记》以血灾、畜疫灾、雹灾、蝗灾等 9 大灾难的象征，表明双方你死我活的残酷搏杀。

终于，起义爆发。

耶和华与以色列人"立约"：在逾越节这一天，"你们吃羊羔，当腰间束带，脚上穿鞋，手中拿杖，赶紧地吃。"60 万起义奴隶，连同他们的妻儿老小，为奔向解放和民族新生，整装待发。

起义者缜密策划，备足干粮，统一联络，夜半起事，打了埃及权贵集团一个措手不及，有效地消灭了埃及军队的有生力量："把埃及地所有的长子、就是从坐宝座的法老，直到被掳因在监里之人的长子，以及一切头生的牲畜，尽都杀了。……在埃及有大哀号。"（《出埃及记》）

这是一次成功的袭击。百万奴隶扬眉吐气，趁奴隶主惊魂未定之际迅速逃离。埃及统治者遭受沉重打击后，紧急调集军力，追杀起义队伍："法老就预备他的车辆，带领军兵同去，并带着六百辆特选的车和埃及所有的车，每辆都有车兵长。……埃及人追赶他们。"（《出埃及记》）

摩西率领他的族人劲舞耶和华之旗，在红海潮落潮起中，机智勇敢地大败敌兵。"以色列人出埃及地，都带着兵器上去。" 将追兵"大大战胜，将马和骑马的投在海中。"（《出埃及记》）

以色列人取得了巨大胜利，也付出了巨大牺牲。"从埃及出来的众民，就是一切能打仗的男丁，出了埃及以后，都死在旷野的路上。"（《约书亚记》）

——为自由的牺牲！

民族斗争，说到底是阶级斗争。

列宁说："马克思主义给我们指出了一条指导性的线索，使我们能在这种看来迷离混沌的状态中发现规律性。这条线索就是阶级斗争的理论。"（《马克思的学说》）

在《圣经》的记载中，以色列人与埃及人本是同根生。人类先祖亚伯拉罕的儿子以撒是以色列人的祖先，另一个儿子以实马利（即《古兰经》中的易司马仪）是阿拉伯人的祖先。

至于以色列部落中兴之主约瑟，则娶埃及女子为妻，繁衍后代，并以大智慧救埃及饥荒；而埃及也欣喜地接纳了整个以色列家族。两个民族在公元前 1000 年，上演了团结和睦的喜剧。

然而，喜剧演变为悲剧。约瑟救灾的善举畸变为"恶"：他利用为埃及法老售粮之机，对埃及全地及外邦穷苦百姓巧取豪夺：大肆搜刮金银、牛羊、土地，将其尽归于埃及统治者。

在这个意义上，约瑟无异特权集团向人民展开阶级斗争的"帮凶"。他为自己和法老掠取巨额财富，极大地增强了剥削阶级的实力，助力埃及权贵阶层的专制暴虐，加重了埃及人民和寄居在埃及的以色列人的苦难。

约瑟助纣为虐，于是有了后来的摩西造反。《出埃及记》实际上以民族解放战争的冲天壮举，宣布了耶和华与人民革命的"法理之约"。

以色列民族形成，建立在阶级斗争的基座上。

从此，阶级斗争成为以色列民族生存与发展的主线。在人民向特权集团的革命中，犹太先知们高举着耶和华的旗帜，他们"不满意祭司贵族对人民的压迫与剥削，参加了政治斗争。他们置个人安危于不顾，冒着杀头、放逐、监禁、鞭打的危险，向统治者犯言直谏、抨击时弊，揭露祭司贵族的罪恶，反对高利贷，反对土地兼并，成为被压迫人民的代言人。"（乐峰、文庸：《基督教知识百问》）

这种"代言"，大量地表现为犹太先知们创造的"耶和华说"——

耶和华说："你这受死伤行恶的以色列王啊，罪孽的尽头到了，受报的日子已到。……要使卑者升高，使高者降为卑。"（《以西结书》）

耶和华说："他们肥胖光润，作恶过甚，不为人伸冤，……也不为穷人辨屈。……我岂不因这些事讨罪呢？岂不报复这样的国民呢？"（《耶利米书》）

耶和华说："你们欺负贫寒的，压碎穷乏的……主耶和华指着自己的圣洁起誓说：日子快到，人必用钩子将你们钩去。"（《阿摩司书》）

耶和华说："你们这些要吞吃穷乏人、使困苦人衰败的，当听我的话。"如若不然，"我必用刀杀戮，无一人能逃避。他们虽然挖透阴间，我的手必取出他们来；虽然爬上天去，我必拿下他们来。"（《阿摩司书》）

耶和华说："雅各的首领、以色列家的官长啊，你们要听！你们不当知道公平吗？你们恶善好恶，从人身上剥皮，从人骨头上剔肉。吃我民的肉，剥他们的皮，打折他们的骨头，分成块子像要下锅，又像釜中的肉。到了遭灾的时候，这些人必哀求耶和华，他却不应允他们。"（《弥迦书》）

耶和华说："雅各家的首领、以色列家的官长啊，当听我的话！你们厌恶公平，在一切事上屈枉正直，以人血建立锡安，以罪孽建造耶路撒冷。首领为贿赂行审判，祭司为雇价施训诲，先知为银钱行占卜。……因你们的缘故，锡安必被耕种象一块田，耶路撒冷必变为乱堆。"（《弥迦书》）

……

一段段"耶和华说"，愤怒地控诉特权集团的腐败与罪恶，宣言着人民与剥削阶级"与汝偕亡"的死志，指引人民革命的历史进程：

——公元前 900 年，大卫—所罗门政权盛极一时，开创出以色列的黄金时代；但当这个政权违背人民利益时，它便不再是人民拥护的政权，国家也不再是人民的国家，人民便起而抛弃统治者。

所罗门的儿子罗波安继承王位，视以色列人为仇敌，残酷压榨人民："我父亲使你们负重轭，我必使你们负更重的轭；我父亲用鞭子责打你们，我要用蝎子鞭责打你们。"

如此狠毒，怎不激怒人民与统治者决裂！"我们与大卫家有什么份儿呢？与耶西的儿子并没有关涉。以色列人哪，各回各家去吧！大卫家啊，自己顾自己吧！"面对统治者随之而来的残暴镇压，人民激烈抗争："罗波安王差遣掌管服苦之人的哈多兰往以色列人那里去，以色列人就用石头打死他。"（《历代志下》）

——公元前 500 年，以色列亡国，侵略者给耶路撒冷派来傀儡省长治理百姓，这个傀儡劝说民众安心为奴："只管住在这地服侍巴比伦王，就可以得福。"

然而，这个为以色列人民所唾弃所痛恨的傀儡，上任不久便遭人民处决。以色列人坚决与侵略者和二鬼子势不两立，宁肯背井离乡也决不投降。

《耶利米书》鼓动所有被压迫被侵略的民族，共同奋起反抗奴役人民的大帝国："要在境内树立大旗，在各国中吹角，使列国预备攻击巴比伦。……要向拉弓的和贯甲挺身的射箭。……要灭尽他的全军。"

《约珥书》号召全民战争："当在万民中宣告说，要预备打仗，激动勇士，使一切战士前来。要将犁头打成刀剑，将镰刀打成戈矛。"

——公元前 167 年，不堪外国侵略者惨无人道的铁蹄践踏，"马加比革命"爆发，起义的犹太人民血战 20 年。

——公元前 14 年，犹太人民为反抗特权剥削再次起义，2000 多人惨死于十字架。

——公元 6 年，犹太人民奋起抗争罗马统治者，"直到公元 66 年，爆发了犹太全境的民族解放战争。"（唐逸主编：《基督教史》）

一次次的起义失败了，但以色列人始终高昂着不屈的头颅，擎着耶和华的旗帜为光明前景而战。他们坚信耶和华的承诺："你们必践踏恶人，在我所定的日子，他们必如灰尘在你们脚掌之下。"（《玛拉基书》）

反抗剥削，反抗压迫，反抗特权集团！——人民革命的"法理之约"！

3、航灯之三：善的等级制

恩格斯写道："最初的阶级压迫是同男性对女性的奴役同时发生的。"（《家庭、私有制和国家的起源》）

《创世纪》生动地记录下这个"发生"。

《创世纪》开篇便宣告父权制的确立和女人的附属地位：耶和华取下亚当的一条肋骨，创造了夏娃，继而申明"你丈夫必管辖你"。

《创世纪》明确原始群婚向一夫一妻的夫权统治演变："人要离开父母与妻子连和，二人成为一体。"

《创世纪》以女性的邪恶强化男性社会的法理：女人被蛇引诱，偷吃禁果，并鼓动男人吃，带坏男人。

如果说，这是人的原罪，那么，女人便是首罪。尽管不失女性社会给予男性社会以智慧启迪的远古遗传，但更以人类进入男性社会对女性的贬斥，表明母系氏族社会即原始公有制的解体。

《创世纪》以亚当、夏娃被逐伊甸园的形象动画，将人类带入私有制。

私有制是对父权制的强化。

父权制明确长子继承权，同时明确立嫡不立庶。

犹太先祖亚伯拉罕娶使女埃及人夏甲为妾，生大儿子以实玛利，是庶；小儿子以撒为正妻所生，是嫡。等级分明，"小"在"大"上。所以，夏甲与以实玛

利被逐。耶和华宣布："从以撒生的，才要称为你的后裔。"(《创世纪》)

《圣经·旧约》作为犹太民族的典籍，自然宣布犹太人为"神"的正统。然而，耶和华心有不忍。他对亚伯拉罕说："至于使女的儿子，我也必使他的后裔成立一国，因为他是你所生的。"(《创世纪》)

以实玛利就是伊斯兰教的易司马仪，即阿拉伯人的祖先。

在《圣经》中，犹太人与阿拉伯人同祖同源，但因人类进入等级有差、尊卑分明的父权制，为维护父权的正统与家族财产的积聚与继承，便以神的名义规定嫡庶之别，也由此划开了犹太人与阿拉伯人的裂隙。

民族纷争的深厚处，说到底是表现为等级差异的阶级战争。

私有制 ＝ 父权制 ＝ 一夫一妻制 ＝ 等级制 ＝ 阶级社会。

等级制是阶级社会的一般形态；其向"恶"畸变，则是必然趋向。

私有制中人为私欲的碰撞弱肉强食，发展贫富悬殊，最终形成极少数人特权集团与最广大贫苦民众的两极对立，从而撕裂民族统一体，导致社会爆炸。

历史提出"规范等级制"的课题。

如何"规范"？

人类文明史上，各民族无例外地以对公有制和公有观念的变通，赋予等级制"善"的指向，形成对"恶"的威慑与制约。

——"善的等级制"！

"惩恶扬善"是"善的等级制"的灵魂。

以色列人将惩恶扬善的权杖，授予了耶和华。

"诺亚方舟"——耶和华痛恨"人在地上罪恶很大，终日所思想的尽是恶。"(《创世纪》)于是泄天上之洪几乎灭尽世人，却呵护了善的使者诺亚及其全家。

"摩西造反"——耶和华掀海潮之威吞灭埃及法老之恶势力，将摩西及受尽苦难的以色列善良百姓领向"流奶与蜜之地"。

"亚伦受膏"——耶和华惩罚众多部落首领背弃摩西的"恶行"，将其尽皆坑杀；而对给予摩西倾力支持的亚伦大加褒扬，钦定其为以色列的领袖："将以色列人从埃及领出来的，就是这摩西和亚伦"。(《出埃及记》)

摩西出埃及，确立了自己对以色列部落联合体的统治权威，进而借耶和华之口，将"惩恶扬善"的主旨落实到政权建设中。

伦及其家族利未人作为摩西造反的"骨干部队"，表现出对"神"的拥戴和对摩西革命的支撑。耶和华指示："我将祭司的职任给你们当做赏赐侍奉我。"(《民数记》)

祭司是以色列的统治阶层，"在民中为首。"(《利未记》)

曾经，摩西剥夺以色列人的"长子继承权"交由耶和华垄断，明确以色列各部落向着民族统一的指向；随后，则将神的垄断具化为利未人的垄断。耶和华对摩西说："你要拣选利未人归我，代替以色列所有头生的。"(《民数记》)

利未人跻身统治阶层，表明对跟着摩西打天下的"革命者"的褒扬以及"善的等级制"的制度建设，也是对胜利成果的捍卫、占有与按劳分配，最终被定例为世袭特权。耶和华说："使亚伦和他的儿子成圣，给我供祭司的职分。……他们就凭永远的定例得了祭司的职位。亚伦的圣衣要留给他的子孙，可以穿着受膏，又穿着承接圣职。他的子孙接续他当祭司。"(《出埃及记》)

"善的等级制"将"惩恶扬善"主题予以固化。摩西"从百姓中拣选有才能的人，就是敬畏神、诚实无妄、恨不义之财的人，派他们作千夫长、百夫长、五十夫长、十夫长，管理百姓。"(《出埃及记》)

为着"敬畏神、诚实无妄、恨不义之财"的正义，摩西明确政治体制，建立军事组织，完善民政系统，制订各种条例、律令，规范以色列社会生活。

摩西颁布"十诫"：粉碎一切偶像崇拜，确立耶和华一神地位，敬神而不能借神的名义行私利。"孝敬父母，不可杀人，不可奸淫，不可偷盗，不可作假见证陷害人，不可贪恋人的房屋，也不可贪恋人的妻子、仆婢、牛驴，并他一切所有的。"(《出埃及记》)

"摩西十诫"崛起了人类文明的里程碑。它"在宗教与道德方面给予世界一个新标准，成为其后许多伟大法典的基础。"(黄陵渝：《犹太教学》)

所谓"新标准"，就是变通原始公有制和公有观念，认同私有制和私有观念并对其予以制约、规范和引导。

"摩西十诫"是公有制向私有制过渡时期之"新标准"的摩西形态——

摩西说："不可欺压你的邻舍，也不可抢夺他的物。不可咒骂聋子，也不可将绊脚石放在瞎子面前。"(《利未记》)

摩西说："在你们的地收割庄稼，不可割尽田角，也不可拾取所遗落的。不可摘尽葡萄园的果子，也不可拾取葡萄园所掉的果子。要留给穷人和寄居的。"(《利未记》)

摩西说："你弟兄中若有一个穷人，你不可忍着心，攥着手，不帮补你穷乏的弟兄。"(《申命记》)

摩西严厉告诫统治者，不得损民众之利填充自己的欲壑："王不可为自己加添马匹；不可为自己多立妃嫔；不可为自己多积金银。"(《申命记》)

对这个"新标准"，《弥迦书》一言概之："耶和华已指示你们何为善，他向你们所要的是什么呢？只要你们行公义，好怜悯，存谦卑的心，与你的神同行。"

摩西以神的名义规定"戒律"，奠定了《摩西五经》作为律法书在人类历史中的地位；它植根在社会现实的土壤中，"是作为人类求生存的行为准则而编写、领受的，这个准则一直被认为是上帝与人之间的约法，所以要绝对遵守。"(山本七平：《圣经常识》)

违背"约法"将引发上帝的愤怒。耶和华说：被压迫者"向我一哀求，我定要听他们的哀声，并要发烈怒，用刀杀你们。"(《出埃及记》)

践踏公义将受到上帝的惩罚。耶和华"要用痨病、热病、火症、疟疾、刀剑、旱风、霉烂攻击你，这都要追赶你，直到你灭亡。"(《申命记》)

在《利未记》中，耶和华放言"惩恶"的决绝："使刀剑临到你们，……降瘟疫在你们中间，也必将你们交在仇敌手中。并且你们要吃儿子的肉，也要吃女儿的肉。……你们的地要成为荒场，你们的城要变为荒凉。你们要在列邦中灭亡。"

在《申命记》中，耶和华警告以色列人若不改恶从善，"在你们面前怎样使列国的民灭亡，你们也必照样灭亡。因为你们不听从耶和华你们神的话。"

国家兴亡于瞬乎之间的惨痛教训，成为以色列的镜鉴；而众多民族国破家亡复兴无望的冷酷现实，则成为挥之不去的阴影，加深着摩西的忧虑与惊惧。他反复陈述以色列建国之艰难，恳切叮嘱子孙后代惩恶扬善，趋吉避凶。他苦口婆心："呼天唤地向你作证，将生死、祸福陈明"。(《申命记》)

摩西深知：任何民族的败落，无不肇因于腐败与邪恶，而"万军之神耶和华"也必将对腐败与邪恶施以严惩；因此，陷身于私欲争斗的以色列无法避免覆亡宿命。他痛心疾首地做出预言："耶和华必使你们分散在万民中"，妻离子散，流离失所，受奴役，受屈辱，被打骂，被残杀。(《申命记》)

这是摩西对以色列人私欲泛滥的判决，也是对整个人类私有制的判决！

摩西临终，燃生命之火于一炬，留与后人深情一瞥：以色列人尽管不能避免悲凉凄苦的漫漫长途，但只要改恶从善，自省自赎，铭记与上帝的"约法"，则"耶和华你的神要回转过来，从分散你到的万民中将你招聚回来。"(《申命记》)

遵守"约法"，是以色列民族复兴的唯一道路。

遵守"约法"，也是人类崛起的唯一道路。

"约法，实际上是圣经的基本思想，绝对遵守与至高者与上帝缔结的约法，就是'信仰'，就是'对上帝的忠诚'。"(山本七平：《圣经常识》)

可以说，《摩西五经》以善的等级制即"律法"的外在规定，明确了"对上帝的忠诚"；更以摩西遗嘱对"律法"内在底蕴的诠释，张大了"对上帝的信仰"即善的诉求。

——思想革命的摩西形态！

4、犹太先知：对摩西精神的升华

犹太民族"从有历史记录开始到公元一世纪中叶，1000 多年中，只有大卫、所罗门统治的 80 年是他们的骄傲；马加比革命曾给他们带来民族复兴的希望，可惜只是昙花一现"，随后便是民族解体。2000 多年来，民族崛起成了犹太人内心的长久隐痛。(唐逸主编：《基督教史》)

那么，犹太人能够崛起吗？

曾经，犹太人如此"崛起"——

犹太祖先以原始部落的野蛮攻城略地："雅各的两个儿子……来到城中，把一切男丁都杀了……，掳掠那城，夺了他们的羊群、牛群和驴，并城里田间所有的，又把他们一切货财、孩子、妇女，并各房中所有的，都掳掠去了。"(《创世纪》)

犹太人在摩西的率领下，杀伐劫夺，一路奏凯，残暴地侵夺了众多民族的土地和财富，在嗜血中发展壮大。他们夺取米甸，"杀了所有的男丁……掳了米甸人的妇女孩子，并将它们的牲畜、羊群和所有的财物都夺了来"；他们攻占迦南，"把迦南人和迦南人的城邑尽行毁灭"； 他们杀了巴珊王"和他的众子，并他的众民，没有留下一个，就得了他的地。"(《民数记》)

摩西的继承人约书亚更是烧杀劫掠，威满四方，夺了大量土地，灭了众多国家。他攻打耶利哥城，"将城中所有的，不拘男女老少、牛羊和驴，都用刀杀尽"，然后烧城；他将迦南地的艾城、玛基大等众多国民几乎斩尽杀绝，共击杀了"三十一个王"，夺了那地。(《约书亚记》)

民族应该这样崛起吗？

"以伤还伤，以眼还眼，以牙还牙。"(《利未记》) 终于，国破家亡的悲惨命运，还报于以色列。

公元前 500 年始，以色列先后沦亡于巴比伦、波斯、埃及、马其顿、希腊、罗马。"外有刀剑，内有瘟疫饥荒；在田野的必遭刀剑而死，在城中的必有饥荒瘟疫吞没他。"(《以西结书》)

以色列民族复兴，希望渺茫。

尽管以色列人无法遏制对侵略者的诅咒："他们必用弓击碎少年人，不怜恤妇人所生的，眼也不顾惜孩子。巴比伦……必永无人烟，世世代代无人居住……

巴比伦受罚的时候临近。"(《以赛亚书》)

尽管以色列人强烈渴望对侵略者的报复:"以色列家必在耶和华的地上得外邦人为奴婢,也要掳掠先前掳掠他们的,辖制先前欺压他们的。"(《以赛亚书》)

然而,痛定思痛。犹太先知们开始了认真的反思。

尼希米向耶和华祈祷:"我与我父家都有罪了。我们向你所行的甚是邪恶,没有遵守你藉着仆人摩西所吩咐的诫命、律例、典章。"(《尼希米记》)

以斯拉向耶和华祈祷:"我们的罪孽灭顶,我们的罪恶滔天。从我们列祖直到今日,我们的罪恶甚重,因我们的罪孽,我们和君王、祭司都交到外邦列王的手中,杀害、掳掠、抢夺、脸上蒙羞。"(《以斯拉记》)

以色列有何罪孽?

自摩西逝后,经士师到列王时代,直至耶路撒冷陷落,以色列内斗不断,外患频仍,历代统治集团很少行"耶和华眼中看为善的事"。

《弥迦书》揭露:"他们贪图田地就占据,贪图房屋便夺取。他们欺压人,霸占房屋和产业"。

《何西阿书》批判:"强盗成群,怎样埋伏杀人;祭司结党,也照样在示剑路上杀戮,行了邪恶。"

《以赛亚书》指斥:"你们的官长居心悖逆,与盗贼作伴,各都喜爱贿赂,追求脏私。"

——私有制向特权剥削畸化,公义丧尽,腐败横行。"恶"成了社会运行的润滑油。

耶和华悲叹:"指望的是公平,谁知倒有暴虐;指望的是公义,谁知倒有冤声。"(《以赛亚书》)

耶和华愤懑:"地上虔诚人灭尽,世间没有正直人,各人埋伏要杀人流血,都用网罗猎取弟兄。"(《弥迦书》)

耶和华心灰意冷:"你们当在耶路撒冷的街上跑来跑去,在宽阔处寻找。看看有一人行公义、求诚实没有?若有,我就赦免这城。"(《耶利米书》)

离经叛道,为恶不悛。以色列统治集团的腐败,制造着整个社会的群体败落。如此民族,耶和华焉能"赦免"!

耶和华大发烈怒:以色列人"必因饥荒刀剑抛在耶路撒冷的街道上,无人葬埋。他们连妻子带儿女,都是如此。我必将他们的恶倒在他们身上。"(《耶利米书》)

耶和华"招远方的国民,发嘶声叫他们从地极而来。"他们的箭快利,弓上弦,马蹄如坚石,车轮似旋风,咆哮如狮,向以色列人吼叫,毁灭以色列。"境内剩下的人若还有十分之一,也必被吞灭。"(《以赛亚书》)

冷酷而决绝的"耶和华自戕",制造着耶路撒冷的悲剧。成批的皇亲帝胄、王公贵族被掳。"巴比伦之囚"从此成为以色列人抹不去的沉重耻辱。

犹太先知大张旗鼓地宣谕"耶和华自戕",分明以"神"之威自省自赎:"以色列啊……你是因自己的罪孽跌倒了。"(《何西阿书》)

——民族亡自内部始。外敌掠夺通常是内瓤腐朽的催化。

2500 年后,毛泽东为防止"内瓤腐朽"发动中国文化大革命,以深刻的"自省自赎",将斗争矛头坚决地指向自己亲手创建的党;而公元前 500 年,犹太先知不为以色列亡国怨天尤人,却以对"上帝之罚"的俯首,继肉体之刑的苦痛后又自施心灵之虐,该是何等伟大的"自省自赎"!其跨越时空与毛泽东的默然一瞥,又该是何等样的灵犀相通!

以色列呼唤变革。

变革已是惨痛现实：以色列亡国，政体崩溃，祭司等级破碎。然而，在此之前，以色列人早就开始了主动变革。

以色列覆亡前，祭司阶层在耶和华名义下向"恶的等级制"畸变，形成特权集团，贪婪掠取，腐化堕落，以至犹太先知"恨乌及屋"，直接将斗争矛头指向摩西亲手鼎立的宗教制度。

以赛亚代"神"立言："我所拣选的禁食，不是要松开凶恶的绳，解下轭上的索，使被欺压的得自由，折断一切的轭吗？不是要把你的饼分给饥饿的人，将漂流的穷人接到你家中，见赤身的给他衣服遮体，顾恤自己的骨肉而不掩藏吗？"（《以赛亚书》）

这是对祭司集团剥削压迫人民的愤怒声讨！

阿摩司代"神"立言："我厌恶你们的节期，也不喜悦你们的严肃会。你们虽然向我献燔祭和素祭，我却不悦纳，也不愿你们用肥畜献的平安祭。……惟愿公平如大水滚滚，使公义如江河滔滔。"（《阿摩司书》）

这是对祭司集团独占耶和华话语特权的强力剥夺！

否定宗教制度，实质上为宗教制度正名。因为，祭司把持下的宗教制度已经背离"善的等级制"，异化为贪赃枉法、巧取豪夺而践踏公平、公义的发酵池，耶和华已沦为贪官们对穷人予取予夺而被任意摆弄的玩偶。

解放上帝，重光上帝的本质，成为犹太先知的自觉。以赛亚宣布：上帝与祭司集团一刀两断！他让耶和华发恨声："你们所献的许多祭物与我何益呢？……香品是我所憎恶的；月朔和安息，并宣召的大会，也是我所憎恶的。……你们的月朔和节期，我心里恨恶，我都以为烦；我担当，便不耐烦。你们举手祷告，我必遮眼不看。"

为什么？

——因为，"你们的手都满了杀人的血"！（《以赛亚书》）

犹太先知以耶和华的自我否定，向维护"神"至高地位的宗教仪式注入理性自觉，发动了对祭司体制的革命！

《摩西五经》是这一革命的观念映照。它回应时代和人民的呼声，以对律法的高度推崇，重张善的等级制，构建耶和华信仰的理性大厦。

《摩西五经》是人类轴心时代的犹太形态。拉比即有学问的知识阶层取代祭司体制，承前启后，对残存的古代文献和民间传说加以收集、整理和修订、增补，完成了经书的编纂，矗立起了人类的思想航灯。

《摩西五经》高扬着耶和华的旗帜！

山本七平写道：大卫-所罗门之后，以色列"展现的全是王与民的违背约法的历史。《列王记》中常常以背离了'耶和华的道'来谴责王者。像这样记载连续谴责掌权者的历史书，实属罕见。"（《圣经常识》）

不仅如此。

犹太先知更以深刻的自省自赎，赋予《圣经•旧约》特异的光彩。

"自省自赎"是跃动于《圣经•旧约》中的鲜活灵魂；而耶和华作为《圣经•旧约》的最高代言，则以这"鲜活灵魂"的抽象，赋予犹太文化的救赎特性以神性的崇高。

耶和华——自省自赎之神。

耶和华以别样的"忏悔"，成为2000多年来从《旧约》到《新约》的"忏悔之父"。他为以色列人示范"自省自赎"，并由此引领人类的"自省自赎"；同时为"圣子"耶稣献身十字架之生命祭的"自省自赎",开了先河。

耶和华如何"自省自赎"?

《约伯记》记录:耶和华为给魔鬼撒旦一个证明,竟滥施权威,向"完全正直,敬畏神,远离恶事"的虔诚信徒约伯屡施迫害,不但剥夺了他的全部财产,甚至残害了他的所有儿女,最后致约伯于沉疴重病的濒死煎熬中"极其痛苦",悲吟求死:"我为何不出母胎而死?为何不出母腹绝气?"

如此藐视无辜,无来由"大发烈怒",不过为了张扬"神"的权威。这样的"神"还有资格被膜拜被礼赞吗?约伯忍无可忍,奋起反抗,代言苦难深重的以色列人民痛斥"神":"全能者的箭射入我身,其毒,我的灵喝进了。"(《约伯记》)

中华民族春秋战国时代的思想先驱屈原,曾以华丽文风汪洋恣肆地抒发了一篇《天问》;与此同时,犹太民族的思想先驱约伯则以朴实文风汪洋恣肆地宣言了一篇"神问"。

《约伯记》分明是对神的质问:"我却向神眼泪汪汪,愿人得与神辩白。"

约伯处于"被神的使者责罚"的卑贱地位,却挺立铮铮硬骨,傲然于万军之耶和华面前,挑战神的权威,以浩皓正气将其推上审判台,迫使耶和华接受以色列被压迫人民的严正审判。

约伯控诉神的使者:"你们为什么仿佛神逼迫我,吃我的肉还以为不足呢?"

约伯以生命抗争:"我愿与神理论……他必杀我,我虽无指望,然而我在他面前还要辨明我所行。"

约伯痛责耶和华:"恶人为何存活,享大寿数,势力强盛呢?……恶人的灯何尝熄灭,神何尝发怒,向他们分散灾难呢?"

约伯怒斥耶和华:"善恶无分,都是一样。……世界交在恶人手中,蒙蔽世界审判官的脸,若不是他是谁呢?"

约伯揭露耶和华:恶,为什么无恶报?"强盗的帐棚兴旺,惹神的人稳固,神多将财物送到他们手中。……看着一切,谁不知道是耶和华的手作成的呢?"约伯逼问耶和华:"你手造的,你又欺压,又藐视,却光照恶人的计谋。这事你以为美吗?"

约伯宁死也要挣脱神的束缚,他毅然与神决绝:"我厌弃性命,不愿永活。……鉴察人的主啊,我若有罪,于你何妨?为何以我当你的箭靶子……我现今要躺卧在尘土中,你要殷勤地寻找我,我却不在了。"(以上均见《约伯记》)

虽无屈子《天问》之绮思,《约伯记》却更多着被压迫阶级被压迫人民压抑太久的"神问"——反抗剥削阶级及其代言神耶和华的视死如归和愤懑怒火。

被约伯的大无畏进击,神的使者"无一人折服约伯,驳倒他的话。"以至于耶和华迫于羞愤不得不自后台绕上前台,指斥使者的无能:"我的怒气向你们发作,因为你们议论我不如我的仆人约伯说的是。"他命令使者们向约伯赔礼道歉:"你们要取七只公牛、七只公羊,到我仆人约伯那里去,为自己献上燔祭,我的仆人约伯就为你们祈祷。"(《约伯记》)

神的使者的赎罪;难道不是上帝耶和华的自我赎罪。

耶和华默许约伯的抗议,接受约伯的诘问,肯定"约伯说的是",平反他的冤假错案,赔偿他的损失,恢复他的荣誉:"耶和华使约伯从苦境中转回,并且耶和华赐给他的比他从前所有的加倍。"(《约伯记》)

耶和华以实际行动向约伯"忏悔",通过诚恳的"自省自赎",恢复了"神"的崇光。

实际上,无论"神"的崇光,还是"人"的崇光,都无非一连串"自省自赎"

之真诚的发散。孔门高足曾参的"吾日三省吾身",不就是以"人伦"形态对耶和华"神伦"形态的呼应！

耶和华"忏悔"的内涵深刻处,实际上是"上帝异化"问题。

山本七平说得明白:"上帝是获利的手段。……这是撒旦对人的告发,同时也是对神的至上权威性的挑战。上帝和约伯都要回答这个挑战。"(《圣经常识》)

这是整个犹太思想界必须面对的挑战！

上帝到底谁属？还是那个引领犹太人出埃及反抗剥削的公义之神吗？——人须反思,耶和华也须反思。

为什么"有义人行义,反致灭亡;有恶人行恶,倒享长寿。"(《传道书》)？

为什么耶和华被民众唾弃:"我终日成为笑话,人人都戏弄我。我每逢讲论的时候,就发出哀声,我喊叫说,有强暴和毁灭！因为耶和华的话终日成了我的凌辱、讥刺。"(《耶利米书》)？

上帝的权威动摇。《传道书》的作者以"万物皆空"的哀鸣,宣告神权统治的"虚空":"传道者说,虚空的虚空,凡事都是虚空。"

神权消散的大片空白处,便是人的自我意识的生发。于是有约伯的果断作结:"人受艰苦非尽因罪",乃至"约伯自以为义,不以神为义"。(《约伯记》)

约伯的觉醒,代言公元前 500 年人类文化的觉醒。

屈原代言中华民族与"觉醒"共振:"皇天之不纯命兮,何百姓之震愆！"(《九章》)

西亚著名诗篇《咏正直的受难者的诗》亦与"觉醒"共振,该诗的"主人公正直而虔诚,竭力按神和国王的意愿行事,但却不得好报,处处受苦受难,最后对神的公正产生了怀疑:'我召唤我的神,但是他并不转过脸来向着我。我向自己的女神祈求,但她甚至连头都不抬'。"(见周启迪:《世界上古史》)

"人"的自性,在"神"的衰落下崛起;而耶和华对约伯的肯定,则意味着神对人的理性觉醒的认同！或者说,意味着犹太文化在维护神的前提下,向着理性自觉升华。

这是神主导下的理性自觉。追根溯源,它植根于《圣经·旧约》的原始土壤,并以其源远流长的"自省自赎",为中世纪基督教哲学从奥古斯丁到阿奎那开了先河。

《圣经》开篇便以《创世纪》的"原罪说",将外部的人神恩怨导入内部的人之自省;"原罪"的固化预设了"赎罪"的大题目,分明是理性诉求的滥觞。

进而,《箴言》以对理性"原罪"说的修正,将知识定位为善的使者,为"赎罪"开辟了理性之路:"智慧必使你行善人的道,守义人的路"。 ——苏格拉底"美德即知识"的犹太形态。

甚至,《箴言》将"理性诉求"置放在与"神"同一的地位。其如此推崇知识:"在耶和华造化的起头,在太初创造万物之先,就有了我。从亘古,从太初,未有世界之前,我已被立"。

至于《摩西五经》对律法的强化,已经是理性自觉的形塑了。

理性自觉,是公元前 500 年人类轴心时代的共同指向。以色列人忍睹山河破碎无力回天,以迥异于其他民族的特定形态,参与"轴心时代"的创造。他们挣脱神的幻影,开始"人"的觉醒,从而激发自身在悲痛迷茫后的绝地反弹——民族意识的生发。

可以说,在国破家亡、民族碎裂的废墟上"发掘"的《摩西五经》,赋予以色列民族以观念的向心,崛起了犹太精神,将以色列人聚成一个真正意义的民族。

——以色列民族之覆亡，分明是以色列民族之诞生。

以色列民族的第一声婴啼，脆响在犹太先知"自省自赎"的祈祷声中。从此，"自省自赎"成为背井离乡散落于世界各地的犹太人相互连接的脐带，其间流淌着犹太人民族聚合与民族复兴的血液，两千年奔腾不息，终于复国。

犹太人不会忘记：七月初十日，是耶和华为以色列人严格规定的赎罪日："这要做你们永远的定例，就是因以色列人一切的罪，要一年一次为他们赎罪。"（《利未记》）

犹太人不会忘记：尼希米、以斯拉在"巴比伦之囚"后重建耶路撒冷，将其奠基在以色列人自觉赎罪的基石上："我们在这地上做了奴仆！这地许多出产归了列王，就是你因我们的罪所派辖制我们的。"（《尼希米记》）

犹太人不会忘记："谁将以色列交给抢夺的呢？岂不是耶和华吗？就是我们所得罪的那位。他们不肯遵行他的道，也不听从他的训诲。所以，他将猛烈的怒气和征战的勇力倾倒在以色列身上。"（《以赛亚书》）

犹太人不会忘记："以色列是仆人吗？是家中生的奴仆吗？为何成为掠物呢？……地荒凉，城邑也都焚毁，无人居住，……这事临到你身上，不是你自招的吗？（《耶利米书》）

公元前 500 年，古希腊哲人苏格拉底疾呼："认识你自己"；几乎同一时期，犹太先知以深刻的自省自赎，演绎着以色列形态的"认识你自己"。

人的自性的觉醒，萌生人的自我升华的诉求——

犹太先知将对祭司体制的政治变革，提升到观念变革的层面。耶和华引领这个变革。他改变"大发烈怒"的威严形象，为自己注入"爱"的温柔：

"以色列啊，我怎能弃绝你？……我回心转意，我的怜爱大大发动。"（《何西阿书》）

"我必医治他们背道的病，甘心爱他们，因为我的怒气向他们转消。"（《何西阿书》）

那么，耶和华如何献出他的"爱"？

《申命记》坚信："耶和华你神必将你心里和你后裔心里的污秽除掉。"

《诗篇》与耶和华互动："神啊，求你为我造清洁的心，使我里面重新有正直的灵。"

《耶利米书》录下耶和华的誓言："日子将到，我要与以色列家和犹大家另立新约。……我要将我的律法放在他们里面，写在他们心上。"

《以西结书》记载耶和华的叮嘱："以色列家啊，……你们要将所犯的一切罪过尽行抛弃，自作一个新心和新灵。"

《新约》——人类思想革命的灵肉之约。

思想革命的诉求饱含着对人类生存的关怀和对人类本质的把握；然而，却超前于私有制社会的进程，不见容于人类自身的现实需求与观念认同。从摩西到耶稣，从佛陀到穆罕默德，从苏格拉底到毛泽东，崇高的理性自觉却不能不尝受被谣诼被诅咒被曲解被误读的悲凉；至于他们逝后被推上神坛，则大体成为偶像，满足着人们礼拜"救赎主"的自慰或功利的实用。

人的自性的张大，任重道远。

因此，为着以色列的颓败与复兴，犹太先知的"神性"许愿，不得不走过"人性"摧残的漫漫苦旅。

《以塞亚书》宣布："必有一位救赎主来到……，这是耶和华说的。"

然而，他"在耶和华面前生长如嫩芽……。他被藐视，被人厌弃，多受痛苦，常经忧患。" 甚至，"他也被列在罪犯之中。他却担当多人的罪，又为罪犯代求。"
新生之"救赎"，从来如"嫩芽"般脆弱而饱尝旧势力的摧残："他被欺压，在受
苦的时候却不开口，他像羊羔被牵到宰杀之地，又像羊在剪毛人的手下无声，……
因为受欺压和审判，他被夺去，至于他同世的人，谁想他受鞭打、从活人之地被
剪除，是因我百姓的罪过呢？"

　　为思想革命的"炼狱"之旅，直是对耶稣行状的预言；或者说，早期基督徒
将这一预言置放在耶稣双肩，完成了耶稣形象的塑造；而耶稣的十字架之辱与"灵"
的复活，则演绎着犹太人和整个人类从肉体沦落到精神新生之自赎的担当与示范。

　　犹太先知——以色列的精神领袖；这个群体孕育摩西精神的升华，耶稣是"升
华"的结晶。

二、　世界文明的历史趋同

　　亨廷顿说："文明的冲突"！

　　"本土化和宗教的复兴是全球现象。然而，它们在亚洲和伊斯兰世界的文化
自我伸张及其对西方的挑战中表现得最为明显。它们是 20 世纪最后 25 年中充满
生机的文明。"（《文明的冲突与世界秩序的重建》）

　　这些"文明"以其粗野和落后，甚至令人憎恶的恐怖主义和滥杀无辜……，
挑战西方。

　　不屑英国人的绅士风度，也无视美国人的游戏规则，然而它是"充满生机的
文明"，是焕发蓬勃活力的文明。

　　曾经，马其顿人对古希腊、日尔曼人对古罗马的冲击势不可当。

　　曾经，穆斯林军队高举"安拉的宝剑"横扫君士坦丁堡蛮不讲理。

　　还有，成吉思汗和努尔哈赤的狂暴铁蹄踏烂了中华大地。

　　世界文明史，一次次将野蛮对文明的胜利，从头来过。——尽管野蛮终究被
文明同化，但那是野蛮胜利之后的反刍。

　　今天，亨廷顿式"文明的冲突"所担忧的，是为着远古的阴影？是为着不祥
的预测？

　　文明可以居高临下地屠戮野蛮吗？抑或，文明应该自省？

　　雅典的灿烂和罗马的繁荣不是仰赖血腥的奴隶贸易和残酷的民族压榨吗？
美洲的文明雕刻在印第安人的白骨上，大不列颠的太阳滴着血，被文明精炼的野
蛮消耗着十倍于野蛮人的野蛮。

　　如此"文明"，上帝也不平："你们这些肥壮的羊，在美好的草场吃草，还以
为小事吗？剩下的草，你们竟用蹄践踏了；你们喝清水，剩下的水，你们竟用蹄
搅浑了。至于我的羊，只得吃你们所践踏的，喝你们所搅浑的。"（《旧约·以西结
书》）

　　因而，野蛮用赤裸的抢劫、用人体炸弹和"与汝偕亡"的死志，来对抗文明
的掠夺和贵族们赐予的"公平"，无非是以反抗的畸形对剥夺者的再剥夺，是对
美国人和欧洲人的"民主、平等、自由"之专利权的质问与冲击。

　　事实上，当美国把自诩的"民主"强加给别的民族时，这"民主"就变成输

出的"专制"。　"礼贤下士"毕竟是高贵者向低贱者的施与,最纯洁的"美援"和"救济"也会刺痛朱自清们的心,清华大学的辉煌绝洗刷不掉庚子赔款的耻辱。

所以,当某些文明大肆劫掠世界资源的时候,可以堂而皇之地自诩为文明的骄子;而当其他文明不甘于被"礼贤"的地位,也要以主人身份参与世界资源的分配时,　冲突成为必然。

什么是冲突的本质?

是亨廷顿说的不可更改、不可消除的文明之差异吗?是伊斯兰教与基督教两个文明"1400 年历史"的世仇吗?

不!是民主与专制,是压迫与反抗。但要重新解读。

文明的统一,在对立的冲突中为自己开辟道路。

私有制的发展,扩大和加剧了人与人的争夺,人类社会为了私利的驱动而杀成一团。相互厮杀的人群、集团、阶级和民族,在潜意识中,难道不是强烈地渴望着真、善、美与和平统一吗?

曾经,基于古印度人民的内心要求,释迦牟尼以佛学促成了阿育王朝的统一;基于中华民族的内心要求,孔子以儒学促成了秦、汉的统一;基于欧洲各国人民的内心要求,耶稣以《新约》促成了西方世界的统一;同样,基于阿拉伯人民的内心要求　,穆罕默德以《古兰经》促成了伊斯兰社会的统一。

统一,是人民的呼唤;统一的理论或教义,是人民智慧和思想的结晶。孔子、释迦牟尼、耶稣、穆罕默德,是人民的造就和提炼。

无论是一神论对其他偶像崇拜的排斥,还是"罢黜百家,独尊儒术"以一种思想对其他学说的否定,都是以意识形态的一统来适应、巩固并推动政治、经济的一统。这种统一安定了社会的动乱因素,保证了私有制的进步与发展。

人类历史形成的几大文明,是统一诸多小文明的产物;而今天这几大文明的冲突,在你死我活的表象背后,强烈躁动着置身各文明中的人民对世界统一的渴求与对公正、平等、善良的呼唤。

世界大同,憧憬着世界人民对于文明大同的希望。

经济全球化,呼唤政治全球化和观念全球化——为着历史前进的举世同呼。

何谓"前进"?黑格尔说:前进就是向源头的回归。

源头何在?

——耶路撒冷!

耶路撒冷,战争之城,和平之城!这里几乎天天在流血,这里又是几大宗教的圣地。不同的文明,在摩西精神中共处。

我们为一个常识而鼓舞:"源于《旧约圣经》的宗教有三个,即犹太教、基督教、伊斯兰教。旧约加《塔木德》是犹太教。旧约加《新约》是基督教。亦可认为旧约加《古兰经》是伊斯兰教。"(山本七平:《圣经常识》)

如果说,公元前 500 年,人类文明史的轴心时代是一个共同的"点",那么,耶路撒冷这块神圣的土地,更以其源流出人类文明史上的三大宗教而成为无可争议的"点"。

《摩西五经》——犹太教、基督教、伊斯兰教的思想坐标。

犹太教是对《摩西五经》的恪守,基督教是对《摩西五经》的升华,伊斯兰教是对《摩西五经》的扩展。

耶和华,这个在《摩西五经》中得以确立的至高之神,通过耶稣和穆罕默德的发扬光大,征服了成千上万的分散的神祇与偶像,使两大兄弟文明并辉于世。

擎起摩西的旗帜,向耶路撒冷回归!这久远、深厚而日益急迫的呼唤,始终震响在为不同文明而相互冲突的人民中间。

耶路撒冷——上帝之城！

"末后的日子,耶和华殿的山必坚立,高举过于万岭,万民都要流归这山……他们要将刀打成犁头,把枪打成镰刀;这国不举刀攻击那国,他们也不再学习战事。"(《旧约•以赛亚书》)

文明,在冲突中统一。

1、耶稣：为着上帝的解放

据说,晚年的毛泽东有过这样的感叹:我是一个打着破伞的孤独的和尚,无法无天。

2000 年前的耶稣,独伫于死海岸边的星空下,有着与毛泽东同样的悲哀:"狐狸有洞,天空的飞鸟有窝,只有人子没有安放枕头的地方。"(《新约•路加福音》)

弥赛亚 = 大救星。

公元纪年前的犹太民众,把弥赛亚的希望寄托于耶稣,他们狂热地拥护他。

20 世纪的中国民众,高唱着"东方红,太阳升……他是人民大救星",簇拥在毛泽东的身旁,他们同样狂热地拥护他。

然而,"人子在他降临的日子,好像闪电从天这边一闪,直照到天那边。只是他必须先受许多苦,又被这世代弃绝。"(《新约•路加福音》)

耶稣不是弥赛亚,他被犹太人民弃绝了。

同样,毛泽东不是"大救星",他被中国人民弃绝了。

然而,2500 年前的苏格拉底,不是也被希腊民众弃绝了吗?

抛弃了苏格拉底的希腊民众,在苏格拉底尸骨未寒时,便陷于痛悔的自责,他们"处分了那些原告,给苏格拉底立了一尊纪念铜像。"(第•拉尔修:《苏格拉底、柏拉图传》)

苏格拉底纪念碑,在诡谲多变的历史风云中,不是任凭"围困万千重,我自岿然不动"(毛泽东诗词)吗?

耶稣的十字架和毛泽东的纪念堂呢?

耶稣,是新的历史时期犹太人民及其先知的思想结晶,是以色列母体以其苦涩的乳汁养育并成熟着她的精神的参孙。

"律法本是藉着摩西传的,恩典和真理都是由耶稣基督来的。"(《新约•约翰福音》) 摩西精神,因为耶稣而升华;耶稣精神,因为对摩西本质的回归,完成着上帝的解放。

（1）解放上帝之一：超越阶级

"耶路撒冷的民哪,应当欢呼。
　看哪,你的王来到你这里,
　他是公正的,并且施行拯救,
　谦谦和和地骑着驴,
　就是骑着驴的驹子。"

——《旧约•撒迦利亚书》

在《福音书》中，耶稣是骑着驴驹进入耶路撒冷的。

是公开的挑战！他以"王"的身份，即向特权统治者造反的领袖身份，怀必死决心向耶路撒冷拼死一搏，将他身体力行的阶级斗争推向最高峰："你们不要想，我来是叫地上太平；我来，并不是叫地上太平，乃是叫地上动刀兵。"（《新约•马太福音》）

耶稣用一双瘦骨嶙峋的手，奋力拉开阶级斗争的幕布，宣告公有制与私有制、公有观念与私有观念的两个制度、两种世界观的阶级大搏斗。

正是在这个意义上，恩格斯热情地礼赞耶稣："他既没有后世基督教的教义，也没有后世基督教的伦理，但是却有正在进行一场对全世界斗争必将胜利的感觉，有斗争的欢悦和胜利的信心。"（《论早期基督教的历史》）

也正是在这个意义上，马克思自豪地把耶稣的忠实信徒引为自己的同志：共产主义者"所遭到的各国政府的迫害，同古罗马时代第一批基督徒所遭到的迫害很相似。"（《纪念国际成立七周年》）

耶稣讲了一个故事：一个财主天天奢华宴乐，一个讨饭的浑身生疮。两人死后，讨饭的在天堂享福，财主在阴间受苦。财主求神：让讨饭的"用指头尖蘸点水，凉凉我的舌头，因为我在这火焰里，极其痛苦。" 神说：以前你享福，他受苦，现在掉了个个儿。而且天堂地狱，有深渊相隔，富人是不能得饶恕的。（见《新约•路加福音》）

被压迫人民向剥削阶级的挑战，如同炸响一个霹雳："你们贫穷的人有福了，因为神的国是你们的；你们饥饿的人有福了，因为你们将要饱足；你们哀哭的人有福了，因为你们将要喜笑。……但你们富足的人有祸了，因为你们受过你们的安慰；你们饱足的人有祸了，因为你们将要饥饿；你们喜笑的人有祸了，因为你们将要哀恸哭泣。" （《新约•路加福音》）

耶稣临世，以救世主的名义向所有被压迫者打开天国之门，却拒绝了一切压迫者和富人。"倚靠钱财的人进神的国是何等地难哪！骆驼穿过针的眼，比财主进神的国还容易呢！" （《新约•马可福音》）

耶稣以上帝的旗帜和神的形态，组织被压迫阶级的军队向剥削阶级和特权集团进击，宣告人民的觉醒和人民的胜利。他"尖锐地批评统治阶级和富有的地主。他大呼反对社会不义、法制失调、贪婪、狠心，他代表了贫穷的、受压迫的、受迫害的、困苦的、被遗忘的人。他严厉批评王宫中身着华服的人，辛辣讽刺号称造福人民的人。……他所宣传的上帝不站在统治者和当权派一边，而是带来解放和拯救"。（汉斯•昆：《论基督徒》 ）

解放上帝！
耶稣生活的年代，正是犹太人民对本民族统治者及罗马侵略者的反抗情绪最为激烈的时候，起义随时会爆发。耶稣以立足穷苦人阵营的明显倾向及上帝爱一切人的理论抽象，鼓动穷人向富人夺回属于自己的那份爱和权利。"我来要把火丢在地上，倘若已经着起来，不也是我所愿意的吗？"（《新约•路加福音》）

于是，人民起义与造反，成了耶稣理论支持的天经地义。终于，耶稣逝后30 年，大规模起义爆发，犹太儿女以 60 万人的牺牲所展示的光辉抗争，宣扬着耶稣爱的教义：人民，有爱和被爱的权力。

耶稣革命的光辉内涵——为人民夺回上帝。

上帝属于人民！这是《旧约》的本质诉求。

在《摩西五经》中，耶和华是人民之神，他鼓动并指导以色列人挣脱枷锁，反抗压迫，奔向独立与解放；他以诺亚方舟和大洪水的警示，颁谕惩恶扬善的"摩西十诫"，确定善的等级制；它更以对公有制和公有观念的尊崇与变通，恩威并举，反复劝诫，提升以色列人的美好情怀。

然而，阶级社会中人，如何拒绝私有制和私有观念的能量爆发？为私利的争夺，形成着强势群体与弱势群体的对立，更衍生着特权集团对广大民众的残酷剥削。社会分裂，大势难回。

摩西晚年，已经被以色列人为私利的分崩离析所困扰，他临终遗言："我知道我死后，你们必全然败坏，偏离我所吩咐你们的道，行耶和华眼中看为恶的事，以手所做的惹他发怒，日后必有祸患临到你们。"（《旧约•申命记》）

什么是"耶和华眼中看为恶的事"？

——在耶和华名下对耶和华的异化与背叛。

上帝是人民所造，反映人民的意志。但在特权横行下，人民的劳动果实被统治者剥夺，并反过来成为压迫人民的物质力量；同样，人民创造的上帝也被统治者剥夺，并反过来成为压迫人民的精神力量。

上帝惩恶扬善的本质保留在被压迫人民的心中，而借上帝之名行压迫之实则成为特权贵族们的专利。这种专利随着经济进步和私有制发展，日益获得统治地位，而上帝也日益被涂抹上剥削的色彩，沦为维护贵族特权的代言神。

人类社会的阶级分裂，导致"帝格"的分裂。这种分裂是现实世界中人的"人格"与民族的"族格"在意识形态上的观照。

两个上帝，在统一的意识形态里对立。

争夺上帝，占据意识形态的制高点，形成公元前 1000 年至耶稣时代的以色列人民与特权集团斗争的焦点。

一代代犹太先知代言人民心声：

"主耶和华如此说：'以色列的王啊，你们应知足。要除掉强暴和抢夺的事，施行公平和公义，不再勒索我的民。'"（《旧约•以西结书》）

"你们要洗濯自洁，从我眼中除掉你们的恶行，要止住作恶，学习行善，寻求公平；解放受欺压的，给孤儿伸冤，为寡妇辨屈。"（《旧约•以赛亚书》）

当犹太统治者宣言解放奴婢时，上帝欢欣鼓舞；而当犹太统治者反悔，背弃宣言，不给奴婢自由时，耶和华大发烈怒，向统治者"宣告一样自由，就是使你们自由于刀剑、饥荒、瘟疫之下。"（《旧约•耶利米书》）

这不是人民的上帝是什么？

然而，任何时代，都是统治阶级的意识形态占据主导地位。人民在与特权集团对上帝的争夺中处于下风，无法动摇统治者对上帝的利用和占有。于是，少数权贵借上帝之名追逐贪欲的肆虐狂暴，促使人民对上帝逆反，与上帝为敌。

在《旧约•约伯记》中，人民对统治者的上帝公开宣战：

人民质问："你手造的，你又欺压，又藐视，却光照恶人的计谋。这事你以为美吗"？

人民辩驳："我要与神理论"：为什么上帝变了质，成了剥削者的工具？为什么上帝用无穷的律法、诫命来束缚人民，而不给人民自由的心灵和自由的天地？为什么不让人民从上帝——剥削阶级的酷政中得到一点休息？"求你转眼不看他，使他得歇息。"

人民批判："上帝欺骗了我！"（《旧约•耶利米书》） 对上帝的怒责，深刻反映出以色列劳苦大众对剥削阶级歪曲与利用上帝的强烈愤懑。

人民祈盼：上帝惩办特权阶层，向穷苦大众回归："他使君王蒙羞被辱，使他们在荒废无路之地漂流 / 他却将穷乏人置在高处，脱离苦难，使他的家属多如羊群 /他在灰尘里抬举贫寒人，从粪堆中提拔穷乏人 / 使他们与王子同坐。"（《旧约•诗篇》）

改造上帝，成为《旧约》先知书里一代代人民所期待的最强音。

生产力的发展，要求变革生产关系。可是，公有制外壳遮掩并支撑着剥削者财富与权力的高度集中，压抑人民积极性，阻碍经济进步。因此，砸碎外壳，砸碎借上帝权威束缚人民的律法、制度、观念、分配体系和权力构成，回归原始公有制的公正、平等、善良，让旧上帝脱胎换骨，成为人类的新上帝，是以色列人民心底的呼声。

那么，谁来改造上帝呢？

耶稣！

耶稣是以色列人民之子，是以色列历史进步的代言。

中国的孔子借"周礼"之名改造"周礼"，拿撒勒的耶稣以上帝之旗改造上帝。

在《新约•约翰福音》中，耶稣以"人子"的身份界分阶级阵营，公然申明被压迫阶级的阶级立场，表达对阶级斗争的认同："我所说的是在我父那里看见的；你们所行的是在你们的父那里听见的。"

两个上帝！

一个正义的上帝，一个邪恶的上帝，针锋相对！"你们是出于你们的父魔鬼，你们父的私欲，你们偏要行。他从起初是杀人的，不守真理，因他心里没有真理；他说谎是出于自己，因他本来是说谎的，也是说谎之人的父。"（《新约•约翰福音》）

剥削阶级把控和利用的上帝是谎言堆积的伪善的假上帝，"因为你们不是出于神"；耶稣把上帝夺回到人民手中，为上帝正名："荣耀我的乃是我的父，就是你们所说是你们的神。你们未曾认识他，我却认识他。"（《新约•约翰福音》）

真理与伪真理——围绕上帝的酷烈争夺！

这是两种对立观念寸步不让的搏杀；这是何等激烈的阶级斗争！以至于耶稣难以自制地愤愤："至于我那些仇敌，……把他们拉来，在我面前杀了吧！"（《新约•路加福音》）

耶稣独占上帝话语权，把上帝从剥削阶级恶意的阶级束缚中解放出来，放飞上帝的自由心灵："看哪，我造新天新地，从前的事不再被纪念，也不再追想。"（《新约•约翰福音》）

什么样的新天新地呢？

那是犹太先知借耶和华之名的理想诉求："豺狼必与羊羔同食，狮子必吃草与牛一样，尘土必作蛇的食物。在我圣山的遍处，这一切都不伤人，不害物，这是耶和华说的。"（《旧约•以赛亚书》）

为着这个理想，犹太先知赋予耶稣以历史的重任："日子将到，我要与以色列家和犹太家立新约……我要将我的律法放在他们里面，写在他们心上。"（《旧约•耶利米书》）

从《旧约》到《新约》。

耶稣无愧犹太先知的殷殷至嘱，他以对《旧约》的升华，形成新的思想体系，实现了对《旧约》思想体系的超越。

《旧约》成为《新约》的构成。

在《旧约》中，上帝为人类规定"善的等级制"。然而，"善"被剥削阶级的贪得无厌与巧取豪夺消磨殆尽，等级制异变为"恶"，上帝成了特权阶层倒行逆施的遮羞。

上帝蒙垢。于是，否定旧世界，创建没有剥削的和谐幸福新社会，成为人民再造上帝的核心要件。

那么，《新约》如何升华《旧约》？

——《旧约》适应人类社会从公有制向私有制的转化，以变通公有观念来制约、规范私有制；《新约》则针对特权畸化，以阶级斗争抽象呼吁人类的解放和世界大同。

——《旧约》将社会进步诉诸救世主和精英集团；《新约》则以"人子"的卑屈，将社会进步诉诸每一个平等的"人"。

——《旧约》严格规定了以色列人的"救赎日"；《新约》则继承和提升"救赎"的深刻内涵，以自我牺牲的示范，设定了人类的自省之路。

《新约》以人类进步方向与进步之路的对立同一，升华摩西精神，成为犹太先知的思想总成。

《新约》的核心是"爱"。

耶稣重释救世主的定义：不是高踞于人民之上，而是以民众一员的身份首先去爱，去牺牲。"我心里柔和谦卑，凡劳苦担重担的人，可以到我这里来，我就使你们得安息。"（《新约·马太福音》）

耶稣以"道成肉身"作了"肉身殉道"的实践。他走向十字架，以自己与道的生命一体启发人民自赎，鼓舞人民在世俗社会建立新爱的国度。

这个新爱国度全面否定私有制及私有观念，张扬公有制及公有观念。耶稣的早期门徒追随耶稣，身体力行，创造了在新爱国度里财产公有、人人互爱的集体生活模式。他们"都住在一处，凡物公用，并且卖了田产、家业，照个人所需用的分给各人。"（《新约·使徒行传》）

这个新爱国度不但摒弃"恶的等级制"，乃至否定全部等级制；进言之，更扭转乾坤，把等级制弄个大颠倒："你们知道外邦人有君主为主治理他们，有大臣操权管束他们。只是在你们中间不可这样。你们中间谁愿为大，就必作你们的用人；谁愿为首，就必作你们的仆人。正如人子来，不是要受人的服侍，乃是要服侍人，并且要舍命，作多人的赎价。"（《新约·马太福音》）

公仆！

耶稣以身作则，血肉殉志，为"公仆"做了崇高的诠释，成为千古以降仁人志士直至共产党人的光辉楷模和镜鉴。

为人民服务！

在私有制社会，举凡集团、政党、阶级、民族、国家，无论革命还是反动、新兴还是腐朽、正义还是邪恶，都无法超脱为私利的争夺。

能够升华这种"争夺"吗？

耶稣宣告：他的到来，"乃是叫人纷争。从今以后，一家五个人将要纷争；三个人和两个人相争，两个人和三个人相争；父亲和儿子相争，儿子和父亲相争；母亲和女儿相争，女儿和母亲相争；婆婆和媳妇相争，媳妇和婆婆相争。"（《新约·路加福音》）

这种"相争"，拓开了别样新战场：那是对私利间"相争"的变革；那是公与私两条路线、两种世界观的"相争"。

耶稣以超越阶级的宏观视角，投身被压迫阶级反抗特权集团的阶级斗争；或者说，耶稣以献身人民解放的阶级斗争实践，张大超越阶级的彼岸诉求。他痛诉私有制的罪孽，呐喊着"爱"的宣言，将人作为类的精神的解放，诉诸思想革命。这是毛泽东文化大革命的历史前呼。

两千年时空里，人类在阶级斗争的残酷对决中，始终跃动着一条鲜活的主线——意识形态上公与私的大搏斗。

耶稣撒落公有观念的星星之火，将一家、一国，乃至整个世界分为两个阵营，展开彼此的斗争，正是毛泽东发动文化大革命"挑动群众斗群众"的理论先声。

这是毛泽东对耶稣的继承；也是耶稣彻底革命精神对毛泽东的给予。

然而，"挑动"人民内部"相争"，却不肯带领人民向罗马侵略者和犹太统治者造反，相反以"打你的右脸，连左脸也转过来由他打"这一极端主张，申明自己屈辱的"不抵抗主义"，这如何不激怒酝酿大起义的整个犹太民族，他们情绪激动地高呼处死耶稣。

人民的愤怒支持了贵族集团对耶稣咬牙切齿的仇恨。

然而，耶稣甘冒"千夫所指"，他以"王"的身份杀奔耶路撒冷，针锋相对，以对统治阶级的无情揭露与奋勇挑战，显示出必死决心的最后一搏。

只是，他没有拿刀，而是"谦谦和和地骑着驴的驹子"。

这是造反吗？

谁能理解这样的造反？

剥削阶级要杀死他，是因为他造反。

被剥削阶级要杀死他，是因为他不造反。

到底是造反还是不造反？连他的门徒也不理解。

"耶路撒冷啊，耶路撒冷啊！你常杀害先知，又用石头打死那奉差遣到你这里来的人。我多次愿意聚集你的儿女，好像母鸡把小鸡聚集在翅膀底下，只是你们不愿意。"（《新约·马太福音》）

可悲的孤独！伴随着必胜信念和无畏精神的，该是怎样痛苦的心灵熬煎！

为着这一"熬煎"，他将自己献祭于万国之都，用十字架的血标记耶路撒冷，以此见证阶级斗争的残酷，见证先驱者为阶级斗争的牺牲，见证人类渴望救赎的自省，更见证"人子"为超越阶级斗争而实现人类解放的崇高诉求。

他留下了滴血的十字架！

（2） 解放上帝之二：超越民族

民族是私有制的产物。

民族抽象了人民的伟大，民族更抽象了统治阶级的贪婪。

在耶稣生活的时代，犹太人民遭受着罗马帝国的残酷奴役；那么，如果犹太民族强大了，就不会无情地洗劫罗马和其他民族吗？犹太民族的祖先不就是凭借武力与杀戮驱逐异族，夺取迦南地的吗？

同样，美国凭借她的强大与进步，剥夺世界，发号施令；那么，如果中国强大了，就不会步美国的后尘吗？

"上疆场彼此弯弓月,流遍了，郊原血。"（《毛泽东诗词·读史》）充斥人类文明史的，是各民族相互间的虎视眈眈。小虎期望长成大虎，以吞掉别的虎；大虎拼命维持自己的强壮，以保持对虎们的威慑。

为私利的争夺，在"追求公义"的道貌岸然里，总流溢出尔虞我诈的阴险与明争暗斗的恶臭。为民族的战争与侵略乃至征服，从军事的杀人如麻，到经济的残酷掠夺，再到文化的无孔不入，以至于今天不管是文化经济化与经济文化化的概念置换，还是文化产业、内容产业、创意产业，在为赚钱的疯狂而制造的每一件产品上，分明贴着相同的商标：一双杀红了的贪婪的眼睛。

在这一个制造品牌、标榜品牌、企图用品牌征服世界的时代，环顾今古，有哪一个品牌不在耶稣的"十字架"这一品牌下黯然失色？而"十字架"的辉煌又有着多少犹太人的民族色彩？！

超越民族！

耶稣的一声喊得到了千古认同，那是人类心灵的认同！

认同，需要蜕皮。

"勒紧裤带支援世界革命"，这一曾经的对毛泽东和他的中国共产党的嘲讽，曲折地表达着民族深处对"超越民族"的抗力；而犹太民族"杀死耶稣"的怒吼，也证实着毛泽东"真理常常在少数人手里"的自慰：被人民的千古认同要付出暂时不被人民认同的沉重代价。

超越民族，就是超越上帝。

什么是超越？

超越是自我否定，超越是自我消融。

爱，消融着上帝，也消融着民族。

耶稣的新上帝在"爱"中完成并否定着自我。"爱"是实质，上帝只是"爱"的表象。耶稣将以色列民族提升到人类整体的高度。

新上帝临世，表明旧上帝作为以色列民族在观念上的映照，已经不适应生产力发展带给人们视域上的冲击与扩大，成为历史发展的阻力。

旧上帝有着早期部族原始掠夺性的浓厚色彩。《旧约·民数记》记载："耶和华应允了以色列人，把迦南地交付他们，他们就把迦南人和迦南人的城邑尽行毁灭。"

《旧约·出埃及记》记载：以色列人为挣脱枷锁的反抗斗争，因为得到上帝的护佑，竟在一夜之间，将非以色列人家的长子全部击杀，以此强烈表明耶和华作为以色列之护佑神的专有性，即民族之神。"耶和华是嫉邪施报的神。耶和华施报大有愤怒，向他的敌人施报，向他的仇敌怀怒。"（《旧约·那鸿书》）

这个民族神 ＝ 祖先神，一度发展着强烈的民族狭隘性，他不厌其烦地教训他的后代子孙："耶和华你神领你进入要得为业之地，从你面前赶出许多国民，就是赫人、革迦撒人、亚摩利人、迦南人、比利洗人、希未人、耶布斯人，共七国的民，都比你强大。耶和华你神将他们交给你击杀，那时你要把他们灭绝净尽。不可与他们立约，也不可怜恤他们。"（《旧约·申命记》）

于是，以色列人"就照耶和华所吩咐摩西的，与米甸人打仗，杀了所有的男丁，……掳了米甸人的妇女孩子，并将他们的牲畜、羊群和所有的财物都夺了来。"（《旧约·民数记》）

"以眼还眼，以牙还牙"，旧上帝作为父权制的家长形象，是原始氏族、部落间相互残杀的抽象。另一方面，耶和华"所行的无不公平，是诚实无伪的神，又公义，又正直。"（《旧约·申命记》）则隐射出父权制家长维护本氏族、部落"善的等级制"的艰巨责任和无限权威。

犹太人民呼唤这个形象，呼唤救世主，表明对异族侵略的刻骨痛恨，以及对本民族回归"善的等级制"的强烈期盼。

"善的等级制"的核心是"善"。"善"在《旧约》中成为发展的主线。

《旧约·但以理书》淡化对《摩西五经》律法的恪守，浓墨重彩地大加显扬

《摩西五经》的精神实质——"善";尽管还停留在民族复兴的范畴内，却已经为耶稣的新上帝光照世界奠下了基础。

真正的"善"必将冲破民族的制约。在《旧约•玛拉基书》中产生了上帝世界性的早期萌芽："从日出之地，到落日之地，我的名在外邦中必尊为大。"

《旧约》母体孕育着《新约》，在以色列人的民族狭隘性里闪耀着否定民族的曦光；但上帝的世界性还有待于本质的挖掘，有待于从民族之神中彻底地自我解放。

耶稣领导了这一争取彻底解放的革命。他背负着人类"原罪"的重压，以人民的名义率领门徒从《旧约》体系艰难脱壳："人怎么说基督是大卫的子孙呢？……大卫即称他为主，他怎么又是大卫的子孙呢？"（《新约•路加福音》）

因为，否定对犹太祖先大卫的继承，就是否定以色列狭隘的民族观念；强调耶稣位在大卫之上、是大卫之主，就是强调对大卫的超越。

超越大卫，就是超越犹太民族，也是超越一切民族。

这一超越揭开了历史的篇章，宣告了公元纪年的开始："我们不拘是犹太人，是希腊人，是为奴的，是自主的，都从一位圣灵受洗，成了一个身体。"（《新约•哥林多前书》）

全球一体化宣言！——在公元纪年伊始，奏天地之鸣响。

人类和平与幸福，寄望于人类整体接受圣灵的洗礼；而被圣灵洗礼，更是世界人民心底的期盼。

耶稣的心音和人民的期盼，在遥远的东方，在一千九百四十九年后的一天，被毛泽东和他的人民遒劲有力地镌刻在北京天安门那古老的红墙上："世界人民大团结万岁"！

这是对"超越民族"意识的抽象。

然而，对于这个抽象，古今中外，从来被两个阶级、两条路线、两种世界观予以针锋相对的不同解读。

2000 年前，横扫世界的罗马人为了统治的牢固，苦心积虑地将征服的领域扩展到被征服者的精神王国，力图使被奴役的民族放弃自己的宗教信仰，背祖忘宗，尊崇罗马诸神，同化于征服者。

这是剥削阶级为着强化自身利益的对"超越民族"的抽象。

这一抽象直到今天,无论是曾经美苏争霸的意识形态色彩，还是以可口可乐、好莱坞为典型特征的新一轮多极政治的文化抢滩，都不过是为私利争夺的换汤不换药，都是剥削阶级对"人类意识"的假公济私。

蚕食与反蚕食、侵略与反侵略。

在反对罗马帝国的民族斗争中，尊奉《旧约》的犹太教以"上帝选民"的自大与固执，为着耶和华褪色的荣耀和被抽空了内核的民族尊严，作茧自缚，终被耶和华警诫："你的妻子必在城中作妓女，你的女儿必倒在刀下；你的地必有人用绳子量了分取，你自己必死在污秽之地。以色列民定被掳去离开本地。"因为，"主耶和华的眼目察看这有罪的国，必将这国从地上灭绝；将以色列家分散在列国中，好像用筛子筛谷，连一粒也不落在地上。"（《旧约•阿摩司书》）

以色列的民族覆亡，不在于外敌的侵略与瓜分；而是以色列人不可饶恕的自身罪孽所致，是以色列特权阶层肆无忌惮的倒行逆施和以色列民族为私欲的贪婪与争夺所结下的恶果。

犹太先知以如此强烈的自省精神，预言了以色列民族的衰亡，更设定了这个民族的复兴之路。

为着救赎的惩戒，为着新生的覆亡！以色列民族背负着沉重的十字架，从此步入流离失所的漫漫求索路。

相反，以《新约》为宗旨的基督教，则立足于人类整体利益之对"超越民族"的抽象，大踏步地后退，放弃民族之得失，打烂民族的坛坛罐罐，然后大踏步地迈进，以上帝的普爱"百川归海"，赢得了包括罗马民族在内的千百万劳苦大众的心。

犹太人以自己的狭隘而蒙受千年耻辱，犹太人因自己儿子耶稣的伟大而赢得百世荣耀。

耶稣的伟大在于他对犹太教之上帝观的创新，他"把上帝的本质归结为爱，一种不分人群、民族、品行的普遍、绝对的爱。"（尚九玉：《世界圣哲全传•耶稣》）

——"普爱"！

然而，"普爱"阳光照临处，却是特权剥削重压下的最广大的民众。耶稣高度集中被压迫阶级的阶级性，无情剥夺统治集团对"爱"的专享权，奋力打造一个"爱"的抽象。

"爱"的抽象，或曰"普世价值"的抽象，服务于被压迫阶级向特权阶层展开的阶级斗争，耶稣以其"目光明确、果断、坚定，而且在必要时还好斗、有冲劲和永远无所畏惧"的革命精神（汉斯•昆：《论基督徒》），夺回属于穷人的天赋人权——"爱"，使基督教不但与犹太教的上层统治者对立，也与罗马整个统治集团对立，从而得到了最广大人民的支持。

上帝一神对罗马诸神的宗教战争，实际上是以全新上帝为旗帜的广大被剥削阶级，对以旧上帝、旧神为护身的剥削阶级的阶级斗争。

超越民族！耶稣领导的这一场延续了两千年之久并于 21 世纪进入决战的艰苦斗争，以人类思想史上空前的深邃，不但在当时比及他的犹太同胞高着一个层次；就是在两千年后的今天，比及邓小平的"我是中国人民的儿子"，仍然高着一个层次。

这种超越，张扬着耶稣秉天地之灵的深刻：不管侵略者怎样频繁地"城头变换大王旗"，苦难深重的犹太民族也无法挣脱屈辱与奴役的枷锁；即使犹太民族通过暴力斗争赶走了罗马统治者，也会遭到别的异族的压迫和奴役；进言之，即使犹太民族胜利了，也不能改变制度的剥削实质。

在私有制的泥淖里，民族压迫和阶级压迫是不可避免的。耶稣虽然不能科学地辨析其内在原因，但他透视着人类悲剧的劣根性，大步跨越了社会现实，宣扬公有观念，企图以天国的"真、善、美"来化解人世间的矛盾与苦难。

耶稣对"超越民族"意识的高度抽象，并非泛泛空谈的"天外之音"，而是以情感之弦的细腻体贴，与每一个同胞共鸣，为每一个普通人感动。他能够敏锐地捕捉下等人的痛苦，能够由衷地为遭受重压而破碎的心灵震颤。

《新约•约翰福音》用一个平凡的故事，放大着耶稣的形象：一个穷苦的以色列女人犯了过失，按照旧的律法，必须处死，"把恶从以色列中除掉。"（《旧约•申命记》）—— 然而，谁没有恶呢？审判台上，耶稣悲愤地问。他环顾四周的人群：谁有权力让一个弱女子承担以色列全部的恶呢？

一个民族，只有认识到自身的恶，才有着未来与希望。掩饰自身的恶，转移视线，将恶集中在一些弱者身上，是这个民族文过饰非、不可救药的标志。

然而，仅仅是以色列一个民族的恶吗？

整个人类不也同样如此吗！

无论是欧洲曾经的"正义"对"邪恶"的十字军征伐，还是今天美国霸主式

"世界大同"的解读；无论是大气污染、物种绝灭、森林沙化、水资源匮乏的环境破坏，还是整个地球愈演愈烈的贫富分化、贪污贿赂、腐败横行……， 每一个庄重与庄严，都不可避免地因为内在的空虚和文过饰非，而涂抹上滑稽与耻辱的标记。

人类应该正视，还是继续文过饰非？

从环境污染到社会污染，再到心灵污染，难道不是愈益深刻地演绎着人类沉溺于私有制和私有观念的恶。

为了过去与将来，为了"原罪"的救赎和人类的新生，耶稣豪迈地挥起了手臂："若有人要跟我，就当舍己，背起他的十字架，来跟从我。" （《新约·马可福音》）

犹太人跟从了耶稣。

但是很可悲，他们并没有把犹太民族挣脱枷锁的要求与人类的进步解放结合在一起。他们求取的是成功后的荣誉地位，而不是同耶稣一起背负十字架；他们不理解耶稣，他们的思想没有超越民族革命所不能摆脱的争权夺利的层面。他们以人民的名义，内心深处却蠕动着自我对财富与权力的欲望之火。

人类跟从了耶稣。

仍然很可悲，两千年来，人们不过在蹈犹太人曾经的覆辙，在耶稣光辉的阴影里，是教皇与世俗领主的肮脏交易，是教会的腐败和淫秽，是东罗马和西罗马为着权利的抗衡，还有传教士在宗教外衣下对土地的侵略，以及教徒们在诵经声中对财富的贪婪与聚敛。

从私有制和私有观念里走出，是人类需要战胜自我的艰苦长征路。

老子有言："柔弱胜刚强"。

人类解放之使命，绝非单纯的阶级斗争可以完成；唯有上帝"普爱"的阳光照临，才可望世界大同的实现。然而，没有被剥削阶级向特权阶级展开的阶级大决战，就不会有上帝"普爱"的阳光照临。

因为，只有被剥削阶级与剥削阶级的共同消亡，才有人类的"普爱"。而尽管剥削阶级的个别觉醒者可以认同"普爱"，但作为阶级整体则绝不肯放弃特权剥削，其对广大民众的阶级压迫与阶级斗争，也就势在必行。

事实上，不是人民固执阶级斗争，而是特权阶级从未停止对人民的阶级斗争，也从未有对于"普爱"需求和认同；只有被剥削阶级，才有为着自我解放而追求"人类解放"的积极性和革命的主动性。

显然，不解放剥削阶级， 被剥削阶级不会获得真正解放。

耶稣高瞻远瞩：在对特权统治集团的制约乃至剥夺的阶级斗争中，向着"仁"的引导和"爱"的启示的思想革命升华！

这是对民族精神的深层次的改造呵！

然而，民族能够被一个人改造吗？

千百年来，犹太人民的优秀儿女为着人民的解放和觉醒，前赴后继，视死如归；耶稣，则是千百万英雄的化身，是犹太民族的解放之魂。

在《旧约·以赛亚书》中，犹太先知们为着民族的血泪自省，抒发出耶稣受难的先声：

"他诚然担当我们的忧患，背负我们的痛苦，我们却以为他受责罚、被神击打苦待了。哪知他为我们的过犯受害，为我们的罪孽压伤。因他受的刑罚，我们得平安；因他受的鞭伤，我们得医治。我们都如羊走迷，个人偏行己路，耶和华使我们众人的罪孽都归在他身上。他被欺压，在受苦的时候却不开口，他像羊羔被牵到宰杀之地，又像羊在剪毛的手下无声，他也是这样不开口。因受欺压和审判，他被夺去，至于他同世之人，谁想他受鞭打、从活人之地被剪除，是因我百姓的罪过呢？他虽然未行强暴，口中也没有诡诈，人还使他与恶人同埋。"

——"寄意寒星荃不察，我以我血荐轩辕。"（鲁迅）

尽管耶稣以"救世主"的名义临世，尽管他代表了人民的根本利益，但沉重的使命必然地压垮他瘦弱的躯体。他被他的人民抛弃："世人……恨我，因为我指证他们所做的事是恶的。"（《新约•约翰福音》）

这是一切前驱者的命运。

苦口婆心的教诲始终不能改变门徒和世人的信念，耶稣在耶路撒冷的最后一段时光，不再用言语去施教了，他下了最后的决心，他要以行动，以必死的信念，以血之鲜和生命之火，展开被压迫阶级领袖火红的风采和博大的胸怀，向苏格拉底一样去唤醒一个民族，去启示整个人类，去点燃"爱"的圣火。

十字架被爱激发出神圣的光。

（3）解放上帝之三：超越自我

> 戴镣长街行，
> 告别众乡亲；
> 砍头不要紧，
> 只要主义真。
>
> ——烈士诗抄

耶路撒冷狭窄的石街上，耶稣背着十字架，被兵丁押向刑场。

他无语。

他在临刑前所该行的所该说的，已经行了，已经说了。

就在头一天晚上，他以慈爱之心为每一位门徒洗脚，并留下了临终遗言："我是你们的主，你们的夫子，尚且洗你们的脚，你们也当彼此洗脚。我给你们做了榜样，叫你们照着我向你们所作的去作。"（《新约•约翰福音》）

为着爱的永约，他昂然发布了最后一道命令："我赐给你们一条新命令，乃是叫你们彼此相爱，我怎样爱你们，你们也要怎样相爱。你们若有彼此相爱的心，众人因此就认出你们是我的门徒。"（《新约•约翰福音》）

被铁钉羞辱的狼狈的耶稣，2000 年前在十字架上发布的这道命令，直将千古帝王的口谕、手谕以及"总统令"、"元首令"嘲弄得一钱不值。

他自豪地鼓励门徒："你们可以放心，我已经胜了世界。" 他将"爱"的火种留在人间："父因我的名所要差来的圣灵，他要将一切的事指教你们，并且要叫你们想起我对你们所说的一切话。" （《新约•约翰福音》）

过去的上帝，以权能尊威为中心；新生的上帝，以纯爱的舍身为中心。

耶稣所处的时代，相当于中国的秦、汉之交。历史的发展规律在东西方并无不同，犹太民族的法利赛人和中国的法家推崇律法，表明对旧的权贵等级制的冲击与超越，然其伪善之流弊遮没法的核心，法治向恶的等级制蜕化。因此，超越"律法"，让律法为"爱"和"仁"让路，明确等级制的善的内核，是耶稣、保罗、奥古斯丁与中国的贾谊、陆贾、董仲舒的共同追求。

耶稣强调："你要尽心、尽性、尽意，爱主你的神。这是诫命中的第一，且

是最大的。其次也相仿，就是要爱人如己。这两条诫命是律法和先知一切道理的总纲。"（《新约•马太福音》）

爱上帝，是根本原则；爱人如己，是对根本原则的变通。前者确定信仰的目标：自我融化在上帝的"爱"中，像耶稣那样"大公无私"、"舍己为人"；后者申明对信仰的实践：正视私有制社会人的自私内涵，承认"己"的核心地位，但要"己所不欲，勿施于人"，"己欲立而立人"（孔子），在爱己的前提下，引申为爱人，爱身边的每一个人。

每个人都是具体的人，都不是上帝。然而每个人却又等于上帝；或者说，每一个人的总和就是上帝。爱上帝，在对每一个人具体的爱中实现。

人人都是不同的个体，不同的个体在"上帝"的概念里统一起来。人、己一体，追求爱，体验爱，在"爱"的实践中完善对"爱"的信仰，最终与"爱"合一，与上帝合一。

换句话说，就是以公有观念变通私有观念，并引导私有制和私有观念向公有制和公有观念回归。

旧上帝是私有观念的抽象，是以自我为核心的："恨我的，我必追讨他的罪，自父及子，直到三、四代；爱我，守我诫命的，我必向他们发慈爱直到千代。"（《旧约•申命记》

旧上帝将惩恶扬善与个体权威混杂在一起，表现为高度集权的专制。

惩恶："耶和华说：你们行事若与我反对，不肯听从我，我就要按你们的罪加 7 倍降灾与你们。……地要成为荒场，城邑要变为荒凉。"（《旧约•利未记》）

扬善："耶和华说：你们若遵行我的律例，谨守我的诫命，我就给你们降下时雨，叫地生出土产，田野的树木结果子。"（《旧约•利未记》）

惩恶扬善，是人民赋予旧上帝的主题；旧上帝的权威，表达着广大人民在阶级压迫重负下对善的等级制的呼唤。

然而，惩恶，恶不能根除；扬善，善不能光大。两千年私有制的发展，演绎着人类为私利争夺的变本加厉，直到今天威胁人类生存的军备竞赛、生化武器、环境污染，以及能数次毁灭地球的原子弹。

孔子说"和为贵"，但他诛少正卯并不手软；耶稣则升华着孔子的"和"，彼得问："我兄弟得罪我，我当饶恕他几次呢？到七次可以吗？"耶稣说："我对你说，不是到七次，乃是七十个七次。"（《新约•马太福音》）

"七十个七次"就是无限，无限地宽恕；不仅如此，他更饱蘸自己的热血在天地间书写着屈辱："你们听见有话说：'以眼还眼，以牙还牙。'只是我告诉你们：不要与恶人作对。有人打你的右脸，连左脸也转过来由他打。有人想要告你，要拿你的里衣，连外衣也由他拿去。"（《新约•马太福音》）

中国禅宗的机锋"放下"，放的如耶稣这般彻底吗？

西方人文主义对自我的张扬，达到了耶稣的层面吗？

只有放弃自我，才能张扬自我；单纯的张扬自我，反会失去自我。

否定自我就是否定私有观念，超越自我就是超越私有观念。《新约》标示了对《旧约》的超越和对摩西的升华："既说新约，就以前约为旧了；但那渐旧渐衰的，就必快归无有了。（《新约•希伯来书》）

耶稣改造犹太教，用"爱"提炼上帝内含的原始公有观念，指导私有制社会的进程，从私有制的土壤深处，吸收公有观念的养分，结出了否定私有制的精神之花。

一个在罗马边远省份的普通人，以其 30 余年的年轻生命，以及短短几年的传道活动，竟然影响世界两千年，甚至以他的诞生确立公元纪年，这里难道没有意味深长的历史低语和乾动坤转的灵性诉说吗？

私有制的发展和私有观念的泛滥，推动着社会的进步，也同时戕害着社会的肌体。人民对"爱"的呼唤，民族对统一的渴望，以及规范、制约私有制的需要，使历史的各种因素之运行集中在耶稣这个点上。

天翻地覆的时代变动与历史发展的内在动力，给与伟大的人格以伟大的使命，于是有了世界之"神"，有了人类的"上帝"。个体成为整体的抽象，整体则为个体的承载。毛泽东说："这个上帝不是别人，就是全中国的人民大众。"（《愚公移山》）

扩而言之，就是全世界、全历史的人民大众。

上帝不是幻影，而是人类克服自身弱点、追求真、善、美的历史过程。耶稣作为这个历史过程的聚焦，同样走过一个挣脱自我、战胜自我、最终超越自我的痛苦之路。

毕竟，耶稣从旧上帝的阴影中走出。

《新约·马太福音》写道：耶稣去耶路撒冷，腹中饥饿，看到一棵无花果树，想摘果子吃，竟没有一只果子，耶稣生气地诅咒树："从今以后，你永远不结果实。"于是，无花果树枯干了。

私欲未得满足，或者为了神迹的证明，就以报复之心绝杀了一个生灵，也使他人失去了摘食无花果的机会。耶稣之爱，在这里打了折扣。

在《新约》中，尤其在三部同观福音中，对耶稣的神化还是羞羞答答的。耶稣更多地是以血肉丰满的凡人形象，经过艰苦的自我革命，才成为了神——人民的本质。

《新约·马太福音》记载着耶稣被魔鬼的三次试探，这三次试探用典型化的手法，集中展示了耶稣自我改造与升华的漫漫心路历程。

第一次试探，魔鬼说："你若是神的儿子，可以吩咐这些石头变成食物。"耶稣断然拒绝：人的生命，首先依赖神圣的精神支柱，而不是"物质刺激"；物的诱惑背离精神引导，就会使理想（上帝）成为物的傀儡。

耶稣否定了魔鬼；魔鬼却在人民心中：两个门徒的母亲求耶稣："愿你叫我这两个儿子在你的国里，一个坐在你右边，一个坐在你左边。"即在起义胜利之后为将为相，当大官发大财。

这位母亲代言了成千上万犹太民众拥戴耶稣的心愿：为着权力和财富的获取。

第二次试探，魔鬼让耶稣从高高的"殿顶跳下"，以证明神的特异功能。耶稣断然拒绝。他警告：不要迷恋虚妄的幻想；他直面人世；他不是神，没有特异功能。他的征服世界，不靠神迹，而是靠爱。他在生前，便预先对自己死后被门徒大肆神化做了否定。

《新约》中，盲人重见光明，死人复活，5 个饼两条鱼让 5000 人吃饱等耶稣神迹，是介于象征意义与神化耶稣之间的夸张。

耶稣决心以一个普通人的身份，"俯首甘为孺子牛"，为"爱"献身。爱=神。"神就是爱。住在爱里面的，就是住在神里面，神也住在他里面。"（《新约·约翰一书》）

耶稣期待着，人人都去爱别人；因为互爱，每个人都得到爱；人人都为别人甘受屈辱；因为互相自辱，每个人便都没有了屈辱。做到这一步，靠的不是神的特异功能，而是人类整体的自我改造。

他自称"人子"，人民之子、爱的代表。然而，他被神化了，他的门徒通过神化耶稣来神化自己，致使后世基督教会在对自身人为提升的同时而堕落。

第三次试探，魔鬼让耶稣遍览"世上的万国与万国的荣华"，对他说："你若俯伏拜我，我就把这一切都赐给你。"

耶稣断然拒绝。 他坚定自己的信仰，绝不出卖灵魂。他视私欲膨胀的"万国之王"如粪土，鄙弃私有制社会中人对物的跪拜，他背负十字架，为人类的救赎选择了苦难。在这选择中，他得到心灵的解脱与升华。

魔鬼的试探，说到底，是私有观念对公有观念的挑战。

耶稣接受了挑战，他不为荣华富贵所动，坚定为理想而斗争的意志，超越物欲，超越英雄史观，超越私有观念，从而超越了自我，使自我与理想（上帝）在高洁中一体："求你使我的心趋向你的法度，不趋向非义之财；我羡慕你的训词，求你使我在你的公义上生活。"（《旧约•诗篇》）

为着人类的自我改造和自我提升，耶稣走在了前面。

走在前面的耶稣为门徒指引前程："你若愿意做完全人，可去变卖你所有的，分给穷人。"（《新约•马太福音》）

耶稣坚持着同苏格拉底一样的主张："人类的伟大事业是'照料'自己的灵魂，只要他能够，跟他相接触的所有灵魂，他都要'使之尽可能的变好'。……他把这一种人生道路，描述为'同化于上帝'。"（A•泰勒：《柏拉图——生平及其著作》）

心灵趋向的确立，并不等于人生的完成。理想在实践中的落实，需要孔夫子提倡的"克己"，而真的"克己"要忍受锥心刺骨的痛。

耶稣义无反顾地杀奔反动营垒的中枢司令部，以大无畏的精神去赴死，他说："我必须前行，因为先知在耶路撒冷以外丧命是不能的。"（《新约•路加福音》）耶稣奔向耶路撒冷。

然而，神性的光辉并没有遮住人性的弱点。

当死神那阴冷的脚步真的临近耶稣时，他的全身被"惊恐"攫紧了，他极其"伤痛"，头上"汗珠如大血点，滴在地上"（《新约•路加福音》）；他颤栗得喘不过气来；他惧怕死，渴望生。他跪在地上，祷告着："我父啊，倘若可行，求你叫这杯（死亡之杯）离开我。"

然而，死神没有离去。

怀着获取生的希望与侥幸，耶稣祷告了第二次、第三次。终于，他战胜了自己，他不再为逃避死亡而祷告，他要直面死神，他在祷告中把自己交给真理："不要照我的意思，只要照你的意思。" （《新约•马太福音》）

耶稣挺身而起，坦然赴死。

耶稣内心思想斗争的真切表现，是人类自我改造与自我升华的示范。

超越自我，对任何人都是艰巨的历程。圣愚之间，并无鸿沟。

超越自我才能实现自我，实现自我是一个除旧布新的换心过程。这是耶稣之前历代思想家的呼声："我也要赐给你们一个新心，将新灵放在你们里面，又从你们的肉体中除掉石心，赐给你们肉心。"（《旧约•以西结书》）

这种心灵改造升华原始公有观念，成就着世间的天国，也解读着耶稣的《新约》："不要效法这个世界，只要心意更新而变化。"（《罗马书》）

人类的解放不在彼岸的世界，"神的国来到，不是眼所能见的。……神的国就在你们心中。"（《新约•路加福音》）

人神一体。

《新约•约翰福音》写道："我与父原为一"， 因为"承受神道的人"就是神。

"太初有道，道与神同在，道就是神。"

道生万物。其与中国老子所言"道生一，一生二，二生三，三生万物"意同，所表达的都是"神"与"非神"的对立同一。

——"神"融于"道"，在"道"中消于无形，"神"不存在了。这是非神。

——"道"集中于"神"，表现为"神"的形态，在"神"中消于无形，"神"君临天下。这是有神。

在有与无的对立同一中，"神"通过"道成肉身"，表现为"人子"形态。于是，三位一体 = 神（圣父）+ 道（圣灵）+ 人（圣子）。

这个"三位一体"实际上贯通一切人。"我在父里面，你们在我里面，我也在你们里面。"（《新约·约翰福音》）

人 = 神！

心灵的改造使人脱胎换骨成为神："你们是神，都是至高者的儿子"。《旧约·诗篇》借上帝之口对人的本质的阐述，鼓舞着人类为着自我解放而努力。

两千年来，耶稣的破衣烂衫被一层层地贴金，从人民的领袖，经过神化的加工，沦为无害的偶像，甚至是统治阶级的帮凶。然而这只是"你们的父"，是魔鬼；并不是真正的耶稣。

耶稣门徒保罗在传教初期已经预言："有人来另传一个耶稣，不是我们所传过的；或者你们另爱一个灵，不是你们所爱过的；或者另得一个福音，不是你们所得过的。"（《新约·哥林多后书》）

真正的耶稣从《旧约》中走来，作为人类——上帝儿子们的代言，从"圣子"转化成"真理的圣灵"（《新约·约翰福音》），成为人、神之间的中点，并激活处于两极的神与人，使其与"灵"能量互换，促进着神、人之间的相互转化，并在互动中发现自我，完成自我，解放自我，最终浑然一体，"道成肉身"，肉身成道，肉道合一，在天地间挺起"大写的人"。

为着"大写的人"，耶稣超越了自我！

然而，为着"原罪"中的人类，耶稣仍在铁钉下滴血！

今天的耶稣，背负的更重了。他那瘦弱的躯体,如何承受十字架的千钧之力？然而，全人类没有解放，耶稣又如何解放自己？

上帝 = 爱。人类自觉地融化在"爱"中，耶稣也就解放了。

"上帝之国的力量已经从耶稣、耶稣的言语行动中映射出来；他就是开端。"（汉斯·昆：《论基督徒》）

十字架宣告着旧世界的终结和新世界的来临。

（4）保罗：为基督教思想体系奠基

保罗是耶稣的学生。

保罗继承和发展了耶稣，也改造了耶稣。

被保罗改造的耶稣，成为一轮金色的太阳，从耶路撒冷升起，普照世界。"神也捡选了世上卑微的、被人厌弃的，以及那无有的，为要废掉那有的。"（《新约·哥林多前书》）

保罗继承了耶稣的穷苦人阶级立场，以倾向的鲜明，与耶稣的门徒们团结战斗，前仆后继，唤起人民，创立下早期的基督教。

古今中外农民起义"均天下"的政治纲领，被保罗予以上帝的鼓舞："乃要均平，就是要你们的富余，现在可以补他们的不足；使他们的富余，将来也可以补你们的不足，这就均平了。"（《新约·哥林多后书》）

为着"均平"，为着消灭贫富悬殊与剥削，保罗号召人民为变革旧世界而奋起："穿戴上帝所赐的全副军装，……与那些执政的、掌权的、管辖这幽暗世界的，以及天空属灵气的恶魔征战。"（《新约·以弗所书》）

犹太教的旧上帝已经成为犹太剥削者的专利，原始的罗马诸神则堕落为罗马统治者的化身。普天之下，人民的神在哪里？

回归耶稣！

保罗的传教和他的诸多书信鼓舞各地门徒，反击着歪曲耶稣、把福音复辟成旧犹太教的企图，同时反击着抹煞耶稣、将福音消融于希腊宗教思想的倾向。保罗力挺耶稣作为人民之神的本来面目。

捍卫耶稣！

保罗穷毕生心血，高擎耶稣的旗帜："难道神只做犹太人的神吗？不也是做外邦人的神吗？"（《新约·罗马书》）在他不遗余力的鼓吹下，以《新约》为象征的世界统一意识形态和耶稣的人类一神地位，得到极大张扬。

发展耶稣！

A·策勒尔写道："希腊哲学在公元前6世纪就大胆地并几乎是猛烈地踩出了由神话通向理性的道路"（《古希腊哲学史纲》），而从保罗以降的早期基督教先驱者，则开始了将《旧约·圣经》与希腊哲学思想的结合；异观福音书《新约·约翰福音》中的耶稣，已经具有了浓厚的理性色彩。

这是人类文明的继往开来。事实上，与耶稣同时的犹太学者斐洛，已经用希腊哲学解释犹太经典；而罗马哲学的新柏拉图主义结合斯多噶与东方宗教的神秘主义学派，也都张扬神的至善至美，主张人类消除情欲，净化灵魂，与神相通，达到人神合一。

人类意识两大形态的接近，使"新的世界宗教，即基督教，已经从普遍化了的东方神学，从犹太神学和庸俗化了的希腊哲学，特别是斯多噶派的混合中悄悄地产生了。"（恩格斯：《路德维希·费尔巴哈与德国古典哲学的终结》）

耶稣成了基督教主。

苏格拉底——柏拉图的"神"是一个抽象的"灵"（善的理念）。保罗借助希腊哲学，也把耶稣抽象为"灵"。并以"道成肉身"为"灵"确立了载体，从而普及与推广了苏格拉底——柏拉图的学说，使耶稣的肉身初具理论厚度，也有了朦胧而耀眼的灵光。

为了将耶稣彻底地改造为人类之神，保罗深层次地破除阶级区别、民族界限，以及犹太教的律法桎梏，并淡化耶稣作为一个穷苦人的阶级感情和作为一个犹太人的民族感情及其对阶级压迫与民族压迫的抗争，将耶稣属于全人类的"爱"的本质，流光溢彩地展现于光天化日之下。

耶稣之"爱"尽管有着向统治者妥协的中庸，但其被剥削阶级的基本立场决定了他与统治者的对立；而保罗虽立足于被剥削者的阵营，但他同时将耶稣向剥削者全面"改革开放"。

保罗寻求与统治者的合作。他突出"爱"的核心，表现为对耶稣的本质继承；也降低"爱"的标准，以"爱"的庸俗化变通耶稣。

继承与变通，在对立中同一。

仅有前者，耶稣就只能是耶稣，不能成为"基督"，更不会有世界性的基督教；而仅有后者，基督教就只能成为一个宗教，不可能延续耶稣点燃的圣火，也不可能有万众仰慕的"基督"。

爱的光辉驱除了一切阶级的、民族的阴影。然而，物极必反，被推崇的"爱"孤零零地立于顶峰，也便失了生命活力。早期基督教带有一定强迫性的"共产主义"集体生活，并没能被"爱"的纽带维系多久，便为新的等级制取代。这是向抽象的也是苍白的"爱"所击打的一记响亮耳光。

爱在人世间昙花一现，便只能转化为来世幻影。《新约·希伯来书》宣称基督徒"在地上是客旅，是寄居的"，"神在天上"给他们一座城，成为奥古斯丁"上帝之城"的先声。

但是，"爱"并不自甘于影子的虚幻，它始终在顽强地表现自我。事实上，保罗降低"爱"的本质要求，是为了"爱"的普及，是理想直面现实的不得已的妥协，是公有观念在私有制社会发展中为自身开辟道路的需要。

耶稣与保罗都为了爱的本质以身殉道，但不同于耶稣倾向被压迫者的反抗，保罗则倾向现实秩序的和谐。保罗说："做妻子的要顺服自己的丈夫；做丈夫的，要爱你的妻子。……做儿女的，要孝敬父母；做父母的，不要惹儿女的气。只要照着主的教训和警戒养育他们。""你们做仆人的，要惧怕战兢，用诚实的心听从你们肉身的主人，好像听从基督一般。你们做主人的待仆人也是一个理，不要威吓他们。"（《新约·以弗所书》）

为着提升私有制的社会现实，把相互攻讦与争夺的"恶"，引导到相互谦让与体谅的"善"；为着将耶稣精神的"超越"，变通为人类可以争取的"善的等级制"，也就是孔子所期望的君要做好君、臣要做好臣、父要做好父、子要做好子的对等的善。保罗发展着耶稣的中庸："要为万人恳求、祷告、代求、祝谢，为君王和一切在位的，也该如此。"（《新约·提摩太前书》）

"爱"的雨露施及统治者，被保罗予以特别的强调。

不仅如此，保罗以神的权威制约人民，更显露出精神面对私有制沉重现实的无奈，甚至屈服。他说："在上有权柄的，人人当顺服他。因为没有权柄不是出于神的，凡掌权的都是神所命的。所以抗拒掌权的，就是抗拒神的命……你们纳粮也是为了这个缘故，因为他们是神的差役，……当得粮的，给他纳粮；当得税的，给他上税。当惧怕的惧怕他，当恭敬的恭敬他。"（《新约·罗马书》）

君权神授！保罗把人民的权利拱手送给统治者，把耶稣为人民争回的上帝又从后门塞给了剥削阶级。他抽空爱的灵魂，让人民忍饥挨饿，逆来顺受，向等级制下跪："你要提醒众人，叫他们顺服做官的、掌权的，遵他的命，预备行各样的善事。不要毁谤，不要竞争，总要和平，向众人大显温柔。"（《新约·提多书》）

一只手压制下人民的不满与愤怒，一只手向剥削者伸出橄榄枝，在"爱"的迷蒙里，保罗将耶稣强加给统治者，把耶稣抬举成"各样执政掌权者的元首。"（《新约·歌罗西书》）

于是，作为精神领袖的耶稣兼有了第二职业——世俗万国之王。

为王冠所付出的代价是惨重的。从此，耶稣被千百只肮脏的手千百次地抹上了铜臭气。

泾渭不再分明。太阳的金色与钱的金色，混在一起。

保罗功过，千秋评说！

保罗强调："教会是真理的柱石和柱基。"（《新约·提摩太前书》）他身体力行，极大地扩张与发展了教会组织；他极为重视教会的思想统一，矢志不渝地维护耶稣的权威："唯有基督是教会的根源。"（《新约·哥林多前书》）

为着耶稣的太阳，保罗在战场上拚尽最后一滴血，倒在罗马统治者的屠刀下。

保罗的生命之花，结出了基督教之果。

耶稣是基督教的精神之父，保罗是基督教的奠基人。

赵敦华在《基督教哲学 1500 年》中写道：罗马后期，"希腊哲学已丧失了自身的活力，它已不能作为独立的意识形态而存在，必须被吸收在另一种意识形态中才能保存自身的价值。历史证明，这种意识形态就是新兴的基督教。"

保罗为基督教确定"因信称义"的信条，融汇希腊—罗马哲学，以"三位一体"的构架，为基督教思想体系奠基。

"因信称义"。就如同大乘佛教潜心于一句"阿弥陀佛"便可往生西天净土、从而俘获亿万众生一样，保罗一个"信"字，便敞开了基督教的大门，凡"信"者皆可升天国，则鼓舞了众生踊跃入教。于是，一个犹太教的小派别，发展成为世界宗教。

世界宗教是适应各民族大融合的时代产物。

罗马时代是一个被战争、阴谋、残杀和血腥弄的破碎的世界，罗马的繁荣建立在对广大被奴役人民的镇压与剥夺上；而从希腊化到罗马帝国，人民对和平与统一的渴望，对新生与幸福的企盼，以及民族大融合带来经济、文化、宗教的广泛交流，都潜在地呼唤一个能够容纳更多民族精神与文化的统一的意识形态。

这个统一的意识形态以什么样的理念为核心呢？

古希腊的柏拉图为规范私有制，制定了"善的理念"；但是，洪水猛兽般发展的私有制，无情地将"善的理念"甩在了一边。"善"让位于"恶"，贪婪与争夺成为社会的主旋律，这个主旋律在马其顿人挥舞的马刀声里，成为"滔滔者天下皆是也"的大趋势。

因此，回归柏拉图，明确"善的理念"至高无上的地位，成为人类统一愿望的内核；而"爱"这一人民心中的渴望，则成为各族人民在观念中被强烈呼唤的主题。

道成肉身。主题转化成耶稣形态。耶稣成为善与爱的代言："根据苏格拉底的观点，你不能在真正供奉上帝的行为中不为人类服务，也不能在不为人类服务的情况下供奉上帝。" （A•泰勒：《柏拉图——生平及其著作》）

人民被抽象为上帝；上帝被人民分有。耶稣的教主地位，实际上是对"人民神圣"的正名；而基督教思想体系，也是"善的理念"在现实中的系统化。

为了这个理念，耶稣更多地表现出原则的坚定性，保罗更多地表现出原则的灵活性。为了原则，他们都无畏地牺牲了生命。而为了坚定性，耶稣主动做出生命的挑战；为了灵活性，保罗则降低原则的高度做出让步。可以说，基督教的发展是基于原则坚定性而寻求妥协的结果。

基督教是"中庸之道"的产物。

从破坏制度，转变为顺从制度。保罗推动着耶稣中庸思想的变异，也为后来的奥古斯丁确立中庸体系开辟了道路。

保罗主张各安其位，"合乎中道"，"在基督里成为一身，互相联络做肢体。"他说："或做执事，就当专一执事；或做教导的，就当专一教导；或做劝化的，就当专一劝化；施舍的，就当诚实；治理的，就当殷勤；怜悯人的，就当甘心。"（《新约•罗马书》）

人人安分守己，共处于善的等级制中。

那么，怎样建立这种制度呢？

保罗将全部希望寄托在世界观的变革上。他说："因为我们属肉体的时候，那因律法而生的恶欲就在我们肢体中发动，以至结成死亡的果子。但我们既然在

捆我们的律法上死了，现今就脱离了律法，叫我们服侍主，要按着心灵的新样。"（《新约•罗马书》）

"律法"在这里成了罪魁祸首。那么，律法代表什么呢？

"律法"实际上是人类"原罪"的固化，是对私有制和私有观念的法律认可。律法保护罪恶并激活罪恶的观点，是耶稣、保罗所共通的，也是中国的老子、庄子所共通的。因此，否定"律法"，与"律法"同归于尽，意味着与私有制和私有观念的彻底决裂。

旧我与旧世界的灭亡，为着催生新我与新世界的来临。"我们藉着洗礼归入死，和他一同埋葬，原是叫我们一举一动有新生的样式，像基督藉着父的荣耀从死里复活一样。我们若在他死的形状上与他联合，也要在他复活的形状上与他联合。"（《新约•罗马书》）

犹太教宗教仪式的洗礼、献祭等被保罗否定。保罗突出一个"信"字，将"旧我"照着耶稣复活后的神性，改造成"新我"。"世界已经钉在十字架上……要紧的就是做新造的人。"（《新约•加拉太书》）

这是世界观的革命。

耶稣走向十字架，以血肉之躯宣告了旧世界的灭亡；耶稣的复活，则以灵的伟力宣告了新世界的诞生："盼望新天新地，有义居在其中。"（《新约•彼得后书》）

为着这天翻地覆的大变革，每个人都要像耶稣那样，彻底改造世界观，让灵魂在肉体的死亡里新生。"你们学了基督，就要脱去你们从前行为上的旧人，这旧人是因私欲的迷惑渐渐变坏的。……又要将你们的心志改换一新，并且穿上新人，这新人是照着神的形象造的，有真理的仁义和圣洁。"（《新约•以弗所书》）

人神一体！然而向神的进化，必须来一番脱胎换骨的改造。保罗勇敢地直面痛苦，战胜自我，跟在耶稣身后，为人类的自我改造踏出一条充满荆棘也充满希望之路。他说："我是喜欢神的律，但我觉得肢体中另有个律和我心中的律交战，把我掳去叫我附从那肢体中犯罪的律。我真是苦啊！谁能救我脱离这取死的身体呢？（《新约•罗马书》）

自我救赎！

保罗心灵深处展开"公"与"私"两种世界观的斗争。他背负的十字架，在两种力量的撕扯中痛苦地震颤：然而，保罗没有停下脚步："我凡事给你们做榜样，叫你们知道应当这样劳苦，扶助软弱的人，又当纪念主耶稣的话，说'施比受更为有福。"（《新约•使徒行传》）

这是历史前驱者向跟进者的呐喊，向整个人类的呐喊呵！

一方面是耶稣圣灵的召唤和对新生的追求，一方面是对旧我的沉溺和为私欲的挣扎。

十字架，披着太阳的金色，也披着金钱的金色。

金色的十字架！

2、基督教思想体系的确立与终结

赵敦华在《基督教哲学 1500 年》中写道："有一种说法：西方文明贯穿着希伯来人的宗教精神、希腊人的哲学精神和罗马人的法律精神。"

准确地说，希伯来人的宗教精神、 希腊人的哲学精神和罗马人的法律精神

——三种精神是一种精神。这种精神在希伯来人那里表现为宗教的形式，在希腊人那里表现为哲学的形式，在罗马人那里表现为法律的形式。

如果说耶稣以对两希精神的高度抽象，成为基督教世界的旗帜；那么罗马精神则以对耶稣的变通，成就了自身与两希精神比肩而立的辉煌。

在罗马人的法律精神里，能够触摸到东方世界曾经跳动的的脉搏吗？——那搅动历史风云的商鞅变法和法家人物的崛起！

西方文明的三种精神，不就是中华民族儒、道、法的别样形式吗？

事实上，当中国从春秋战国时期的"铸刑鼎"到商鞅、韩非子以对孔子变通的形式落实孔子学说时，罗马则从十二铜表法、哈德良到《查士丁尼法典》，以对柏拉图、亚里士多德变通的形式落实古希腊哲学。

这种直面社会历史发展所进行的意识形态领域的整合，经受了中国秦王朝从急速膨胀到急速衰亡和罗马大帝国从疯狂扩张到疯狂败落的沉痛教训，终于认识到：为私有制护航的法治，一旦畸变为特权集团的统治工具，置身人民的对立面，就必然挣脱"善"的羁绊，变为脱缰的野马，做剥削者的恶虎之伥。

历史之惊人的相似实在是基于平常得不能再平常的内在规律。要之，二者都是以法律形式对蓬勃兴起的私有制的正名。它是对孔子、柏拉图以公有观念规范私有制、并从理论上为私有制正名的法律表现；也因此，当它们由于自身的畸形变异而被历史否定，并分别成为基督教思想体系和儒学思想体系的组成部分时，就不得不屈从于这些思想体系而弱化自我。

董仲舒与奥古斯丁以各自思想体系的确立，完成了正名工作。董仲舒的"罢黜百家，独尊儒术"不是消灭百家，而是让百家接受儒术的统领，并融汇于儒术之中；同样，基督教立为国教，也是容纳各种思潮，以基督教形态君临天下。赵敦华正确指出："中世纪哲学，正是基督教义、希腊哲学和罗马法的一种全面整合。"（《基督教哲学 1500 年》）

应该说，这里的"中世纪哲学"，倒是它的另一侧面——"基督教思想体系"，更能准确地概括统治西欧的中世纪意识形态。

（1）奥古斯丁与基督教思想体系的确立

董仲舒是"中国的奥古斯丁"；反之，奥古斯丁是"西方的董仲舒"。

董仲舒创立了儒学思想体系，奥古斯丁创立了基督教思想体系。在人类文明史上，东西二璧，史册争辉。

奥古斯丁滥觞于前的，是对本体论的理性证明；董仲舒呕心沥血的，则是寻求理性（伦理）的本体论依据。

在人类历史的总潮流中，东西方击打出异彩的浪花。

这异彩的浪花直接润育了千年之后绽放的托马斯·阿奎那和朱熹的异彩奇葩。在不同的历史条件下，董仲舒托起了孔子这轮太阳，奥古斯丁托起了耶稣这轮太阳。

统一的世界需要统一的思想。董仲舒在"百家争鸣"的余波里争正统，构建儒学思想体系，偏重于精神层面向政治的实用；奥古斯丁则在基督教已确立为国教的情况下，构建基督教思想体系，偏重于精神层面向信仰的提升。

为着这种提升，奥古斯丁回归柏拉图。

不止奥古斯丁，其实，"从初期教会的教父们到 12 世纪末的基督教神学家，

总的说来，都处在柏拉图哲学影响之下。"（杨真：《基督教史纲》）

奥古斯丁的先驱、早期教父奥利金编撰《第一原则》，便是借助柏拉图，试图建构完整的神学体系。

耶稣的同时代人、犹太思想家斐洛更早认识到：犹太教经典和柏拉图的著作，在精神实质上是一致的，只是两者采用了不同的形式。

公元 325 年尼西亚宗教会议确定了基本教义——三位一体，将基督教奠立在牢固的理论基石上。尽管在这基石上构建起一座神秘的大厦，却也预示着：大厦倾塌之后显露的，仍是理性的深刻——柏拉图哲学与摩西精神的本质结合。

A•泰勒在《柏拉图——生平及其著作》中评论道："作为一种自称可以科学证明的学说的有神论，在《法律篇》第一次被引进哲学。柏拉图是'哲学有神论'的创始人。"

这个创始人，引导奥古斯丁认同、皈依基督教，并以自己的哲学学说，推动奥古斯丁系统讨论各种神学问题，以"科学证明"确立了基督教思想体系。

奥古斯丁为上帝的信仰做哲学的思考与证明，"为了相信神的话而理解，为了理解神的话而相信。"（《书信集》）

理解为了信仰，理解强化信仰。

上帝创造一切，"信仰是寻找上帝，理解是找到。"（奥古斯丁：《论三位一体》）

思想以相信上帝为前提，思想限定在上帝的范围内。孙猴子一个筋斗十万八千里，跳不出如来佛的手心；思想的触角可以上穷碧落下黄泉，却自觉置身于上帝的手掌中，对上帝思考和理解，反过来扩大对上帝的信仰。"让我们把信仰看作迎接与追寻理性的序曲，因为如果我们没有理性的灵魂，我们甚至不能信仰。"（奥古斯丁：《信件集》）

那么，上帝是什么呢？

"真理就是我们的上帝。"（奥古斯丁：《论自由意志》）

奥古斯丁以其先验的"光照论"，断言真理即上帝之光不依人的理性认识而外在存在。人的理性只有凭着对这光的爱和信，才能理解并证明这光。

信，望，爱！——奥古斯丁思想的内核。

信什么？

耶稣死后，其门徒遵循耶稣的教导过集体生活。"信的人都在一处，凡物公用，并且卖了田产、家业，照个人所需用的分给个人。"他们相互关心，信奉耶稣，献身共同事业。"那许多信的人都一心一意，没有一个人说他的东西有一样是自己的，都是大家公用……内中也没有一个缺乏的。"（《新约•使徒行传》）

信什么？

普罗提诺的新柏拉图主义其实践的落脚点仍然是对原始公有制及公有观念的回归，受他影响，罗马元老院的贵族有放弃财产者。

公有制和公有观念成为奥古斯丁讴歌的对象："人在伊甸园完全按照上帝的意志生活。他生活在上帝的欢娱中，为上帝的善而欢乐，他的善良由此而来。他无任何匮乏，具有永生的力量。他有吃喝，不感到饥渴，……肉体上无痛苦，精神上无纷扰，……没有酷暑，也没有严寒，更没有任何危险降临在它的居民即善良的意志之上，既不用贪婪，也不用惧怕；既没有悲伤，也不存在过度的快乐。真正的快乐源源不断地来自上帝。出自纯洁心灵、善良之心和非凡信仰的爱为他燃烧。夫妻之间由真正的爱缔结起真诚的家庭。灵魂与肉体协调运作，无需劳神地执行上帝的命令。"（《上帝之城》）

——"从心所欲，不逾矩。"（孔子）

善良欢乐，吃穿丰足，没有危险与痛苦，甚至没有酷暑严寒。这个美丽的乌托邦，与其说是礼赞原始公有制的伊甸园，不如说是对人类终极目标的理想追求。这个追求，无非马克思"物质充分涌流、精神高度纯洁、各尽所能、按需分配"的共产主义世界观在中世纪早期的先声，也是老子、孔子、释迦牟尼、柏拉图之人类大同理想的奥古斯丁形态。

在这个终极目标中，基于"爱"之信仰的善，使人与上帝融为一体。

董仲舒用"天人感应"统一人与神，奥古斯丁用"信、望、爱"统一人与神。前者的核心是"仁"，后者的核心是"爱"。"仁"与"爱"，同工异曲。

奥古斯丁生平作为：将"爱"落实在基督教中，落实在教会中。通过教会的尘世耕耘，培育人类公有制的丰硕果，追寻人类整体的天国及人生的终极意义。

然而，私有制如洪水猛兽般席卷天下，谁与易之？

人类的原罪，是对上帝的背叛。

上帝 ＝ 爱。

对上帝的背叛，就是对爱的背叛。

自我扩张，私欲膨胀，恶征服了善，贪婪与争夺代替了公正与互爱，这是人类进入私有制后对公有制和公有观念的"浩劫"。

这种"浩劫"，弥漫在罗马人的历史轨迹里，弥漫在古代希腊、印度、中国、以色列的历史轨迹里。

公元前 500 年，是罗马公有制被私有制取代的剧烈变动时期。

在这个时期，古罗马的原始公有制外壳，已经被长足发展的私有制侵蚀得斑斑驳驳。土地作为财富的主要形态，在氏族公有制的框架里开始私有化，而借助原始公有传统生发的贵族集团特权私有，则日益加深对财富的聚敛和对民众的盘剥。贫富悬殊、两极分化，其势已成。"氏族首长总是从每个氏族的同一家庭选出的习俗，在这里造成了最初的部落显贵。"（恩格斯：《家庭、私有制和国家的起源》）

私有制以特权剥削的强力"喙啄"，碎裂原始公有制的外壳，孵化而出。"规范私有制"的课题，提上日程。

如何规范？

——为私有制正名！

罗马人制定《十二铜表法》，彰显为"正名"的真诚。

正名，就是正视私有制的社会进步，明确对每一个社会成员的私利的尊重。罗马七王之一的塞尔维乌斯将"正名"付诸政治经济改革，猛烈冲击被少数贵族把持与垄断的伪"公有制"，将社会发展成果向平民倾斜，奠定了罗马立国的基础。

恩格斯解读这段历史变迁："在罗马，氏族社会变成了闭关自守的贵族，贵族的四周则是人数众多的、站在这一社会之外的、没有权利只有义务的平民，平民的胜利炸毁了旧的氏族制度，并在它的废墟上面建立了国家。"（《家庭、私有制和国家的起源》）

罗马立国，是在私有制和私有观念形态下扩张公有制和公有观念的成果；《十二铜表法》以传承和变通公有观念的法律形态，认同平民私有，法定公有观念对私有制的正视与规范。

罗马人原始公有制长期积聚的野蛮伟力，提升为法律对绝大多数人权利的尊重与固化，从而极大地激发社会生机，形成朝气蓬勃的冲击力。罗马崛起！

然而，随后便是罗马的沉沦。

从七个山丘到横贯欧、亚、非的大帝国，罗马人走出氏族社会，在希腊私有制的废墟上尽享希腊文明，也被希腊文明同化，重演原始公有制向私有制转化的活剧：公有制外壳在国家的名义下神圣存在，侵略所夺取的土地以公有土地的名义由奴隶、战俘耕种，而成果却被少数权贵私有。

进言之，数倍于罗马人的广大奴隶支撑着罗马公民社会的表面光鲜，而奴隶自身的私有要求被无情摧残。

罗马的繁荣以被征服地区的经济停滞与崩溃为代价，经济模式严重畸化，社会生产力被特权私有吞噬。帝国衰退，

终于，变革生产关系，解放生产力，成为时代的呼声。为私有制"正名"的激情躁动，从罗马内部扩展到被征服的整个帝国广大地区——不单单是罗马人，而是所有社会成员，人人应当享有对个体权力的尊重，

与此同时，罗马原始的人神一体（罗马统治者与神一体）的说教已经不能适应多民族的罗马帝国，更不适应经济、政治迅猛发展的私有制。因此，一个适应并规范私有制的统一的意识形态，成为社会的需求。

公元3、4世纪，从戴克里先到君士坦丁，罗马帝国进入"君主制"统治，政权的高度集中要求意识形态的高度集中。于是，已取得广泛扩张，并因大量富人涌入而改变了组织成分的基督教，顺理成章地成为适应时代需要的统治思想。

罗马皇帝将基督教立为国教。

但基督教不属于罗马帝国。

基督教属于解放了的农奴和封建领主，属于新兴的生产力，属于挣脱了伪公有制枷锁的私有制。

基督教思想体系与儒学思想体系一样，是私有制的上层建筑，是人类进入私有制的明确徽标。

公元4世纪，西罗马帝国崩溃，意味着"古代世界秩序"的残余即公有制残余在私有制及私有观念的冲击下土崩瓦解，公有制全面让位于私有制。

作为私有制的上层建筑，基督教思想体系以"极大的积极力量，积极促进自己基础的形成和巩固，采取一切办法帮助新制度去根除，去消灭旧基础和旧阶级。"（斯大林：《马克思主义和语言学问题》）

被立为罗马国教的基督教，正因为与罗马帝国的本质对立，所以在罗马帝国步入"经济、政治、智力和道德的总解体时期"（恩格斯：《布鲁诺·鲍威尔和早期基督教》），不但没有随着帝国的解体而解体，反而迎来自己的大发展。

为着消灭旧基础和旧阶级，基督教意识到自身组织统一与教义统一的重要，而这首先需要思想的统一。这一使命落在奥古斯丁身上。

处于两种制度的变革中，无论是垂垂待毙的罗马皇帝和贵族们的恐惧惶然，还是跃跃欲试的日尔曼人的疯狂扩张，都反映着一个共同的本质：扫荡残余公有制即落后生产关系的束缚，最大限度地激发私有制的活力，发展生产力。

但是，私有制不是孤立的。

私有制只是公有制的另一面。

发展私有制并不是排斥公有制，而是剥夺少数权贵以公有制名义扩张私欲的特权，将人民的私利还给人民——历史上一切改革的真正内涵。

只有以公有观念制约和引导私有制，才能推动私有制健康发展。

这是奥古斯丁确立基督教思想体系的根本目的。

奥古斯丁写了《上帝之城》："由两种爱造成了两座城，由爱己之爱，连上帝也轻视的爱，造成了世上的城；由爱神之爱，连自己也厌弃的爱，造成了天上的

城。"

公与私，爱己与爱人，被置于鲜明的对立中。

然而，对立中有统一。奥古斯丁直面现实："天上之城和地上之城在世间的进程自始至终交织在一起。……双方享受同样的世间利益，或被世间邪恶所折磨，但伴随着不同的信、望与爱。"（《上帝之城》）

怎样指导私有制的历史进程即提升地上之城为天上之城呢？

奥古斯丁主张"善的等级制"。

早期基督教突出"善"的原则，抛弃等级制，使基督徒登天国无梯可攀。原则的光辉可以号召人们于一时，却无法成为社会的准则。奥古斯丁同董仲舒一样，正视私有制 = 等级制的现实，他构建基督教思想体系，就是寄托教会担起"天上之城"的使命，确立以上帝为顶端的善的等级制。

奥古斯丁为等级制寻求理论根据："天主创造的一切事物中，生物贵于无生之物；有生殖能力及欲望者，比没有的尊贵。生物中有知觉者，比无知觉者尊贵，如动物比植物尊贵。在有知觉物中，有理智者比无理智者尊贵。"（《上帝之城》）

在奥古斯丁看来，人类背叛上帝，也破坏了上帝设定的秩序；所以，认识并恢复人在秩序中的位置，是人类自救的必经之路。

人处在什么样的秩序中呢？

在《论秩序》中，奥古斯丁提出了"有形之物、灵魂和上帝"的三级存在论。相应地，人类社会也应有严格的尊卑等级。

这个等级同样反映在教会中。"在中世纪，随着封建制度的发展，基督教形成为一种同它相适应的、具有相应的封建教阶制的宗教。"(恩格斯：《路德维希·费尔巴哈和德国古典哲学的终结》)

天主教的"公务员"分为 7 个等级：一品司门员、二品诵经员、三品驱魔员、四品襄礼员，五品副助祭、六品助祭和七品司祭；而其"领导干部"则分为主教、大主教、都主教、枢机主教（红衣主教）、宗主教、教皇各等级。

东正教同样制定有黑、白神品两个不同系统的严格等级。

实质上，这个教会等级不享有鱼肉百姓的特权，而是"天上之城"的向善阶梯。它是"惩恶扬善"的政体，鼓励人们在"爱"中提升自己的精神：爱人民多一分，升一级"官"；爱的深，当大"官"；爱人民而舍弃自己，才能当教皇。这是一个以上帝为指向，并最终与上帝合一的、崇高的"善的等级制"。

奥古斯丁说："美德最简单、最真实的定义是爱的秩序。"（《上帝之城》）爱的秩序同时被称为宇宙中占绝对统治地位的"神律"，而"神律"亦即"自然律"。顺理成章，"爱"成了永恒的自然规律。

然而，当耶稣充满感情的鲜活的"爱"被凝固为一种等级秩序时，"爱"也便在特权的纵欲里堕落为上等人的专利。主教、教皇拥有了爱的解释权和"拜会"上帝的灵魂通道，而广大人民则被剥夺了"爱"和被爱的权力。

"爱"在被提升中异化，向恶转变；"爱"的冠冕堂皇里，遮掩着教会剥削广大民众的龌龊。"善的等级制"沦为"恶的等级制"。

但"爱"的内核，在私有制的进程中，恒久地闪着耀眼之辉。在《上帝之城》中，奥古斯丁赋予人类历史以统一的、终极性的意义：从人的原善、到原罪、到赎罪、最后回归原善，即人类向爱回归的天国之路。

这是"地上之城"——世俗世界的回归路，也是"天上之城"——基督教会的回归路。

那么，怎样回归呢？

奥古斯丁说：人"应该到他该到的地位上去。即：居于他必须服从的一方之下，应该统治的一方之上，也就是有形之物之上，上帝之下。"(《论三位一体》)

在私有制社会，人们为了对物的自私的占有，降自身于物之下；也就是物化自我，为物所苦所累，为物争夺，成了物的奴隶，全然失了自性，失了自己本来居于物之上、驾驭物、统治物的地位和能力。

奥古斯丁"所关心的是人如何从原罪后的状态走出，回归上帝怀抱，回归那无任何缺乏的完满之中。因此，他极力主张，人只有放弃自己，才能成为人自身。向上帝开放意味着人的自我放弃。"(张荣：《世界圣哲全传•奥古斯丁》)

放弃自我就是回归。 放弃自我才能张扬自我，实现自我；回归，便实现了自我与上帝的一体。"谁拥有上帝，谁就是幸福之人。"(奥古斯丁:《论幸福生活》)

谁拥有无私的善，谁就幸福。这是直接对物欲横流的私欲幸福观的否定，这是弃恶从善的心灵的回归。

奥古斯丁把耶稣高远、抽象的"爱"落实到人类社会现实中，并将"爱"的导引寄望于教会；他礼赞教会为上帝之城在世间的体现，即上帝在世间的代理者。

世间存在善与恶两种对立的统治，教会统治代表善，代表对"爱"的信仰，目标指向上帝之城精神的至善；世俗国家统治代表恶，代表对物欲的贪婪，深陷于争权夺利，犯罪作恶中。

奥古斯丁赋予教会以神圣的使命：维持善的等级制，坚守正义，提升自我并引导人间之城向上帝之城回归。

如果说，儒学思想体系以对崇高的诉求赋予中国帝王合法的无上权利；那么，基督教思想体系同样以崇高的诉求赋予西方教会合法的无上权利。凭借这个体系，基督教在欧亚非广大地区构建起一座恢弘博大的"上帝之城"——教会，"把整个封建的西欧联合为一个大的政治体系。"(恩格斯：《社会主义从空想到科学的发展•导言》)

基督教会取代衰亡的罗马帝国，维护、发展了欧洲的统一。

的意识形态维系了教会的统一，统一的教会支撑着中世纪统一的欧洲。尽管欧洲的统一只是碎片的联合，没有形成高度的中央集权，但碎片在统一的框架中历经碰撞与分化，却没有解体。

奥古斯丁与董仲舒，各以其完整的思想体系捍卫了各自世界的统一，维护并推动了生产力的发展；所不同的，一个依靠君权，一个构建了自我君权——教权，成为私有制健康发展的保障。

千古一儒！董仲舒。

千古一教父！奥古斯丁。

奥古斯丁不仅在理论建树上开创一个时代，而且率先走上救赎路，引导教会自我提升，成为人类之魂。

奥古斯丁写了《忏悔录》——

他忏悔："我厌恶自己……忏悔我对自身的厌恶。"

他忏悔："都是由于纵情恣欲才陷入黑暗，才远离你的荣光"。

他忏悔："以前有名心利心和我共同担负艰难，这时若不是把坚忍来替代名利之心，我真要委顿得难以自持了。"

他忏悔："我虽如此丑陋、放浪，但由于满腹蕴藏着浮华的意念，还竭力装出点温文尔雅的态度。"

他忏悔："我们醉生梦死带来了多少痛苦，在欲望的刺激下费尽心机作出如许努力，而所背负的不幸的包袱却越来越沉重地压在我身上。"

奥古斯丁投身自我救赎——

花园里，奥古斯丁沉浸在为信仰的彷徨里，耳边响起了清脆的童声："拿起，读吧！拿起，读吧！"他急忙将手头的《圣经》翻开，赫然映入眼帘的是："不可荒宴醉酒，不可好色邪荡，不可争竞嫉妒，总要披戴主耶稣基督，不要为肉体安排，去放纵私欲。" 空谷足音，震撼了奥古斯丁，他"顿觉有一道恬静的光射到心中，驱散了阴霾笼罩的疑云。" （《忏悔录》）

奥古斯丁为自我救赎而彷徨——

"旧业和新的交替，旧的在我身上更觉积重难返；越在接近我转变的时刻，越是使我惶恐，我虽并不因此却步，但我不免停顿下来了。"（《忏悔录》）

奥古斯丁在自我救赎中熬煎——

"敌人掌握着我的意志，把它打成一条铁链，紧紧地将我锁住，因为意志败坏，遂生情欲，顺从情欲，渐成习惯，习惯不除，便成为自然了。……我萌生新的意志，这样我就有了一新一旧的双重意志，一属于肉体，一属于精神，相互交战。这种内讧撕裂了我的灵魂。"（奥古斯丁：《忏悔录》）

思想革命！

在改造世界观的痛苦的思想斗争中，我们看到一个为死亡的恐惧而大汗淋漓的耶稣，我们又看到一个为自我救赎而灵魂撕裂的奥古斯丁。人性，在向神性的回归中，要经历怎样艰难苦痛的心路历程啊！

因为，进入私有制的人类，心灵被罪恶污染，已经不是真正意义上的人了。"人已经死了。"（奥古斯丁：《教义手册》）

为着人类走出私欲泥淖的自救，为着人类的复活与新生。耶稣做出示范，奥古斯丁做出示范，人类需要彻底改造自己，走"爱"的公有观念之路。

奥古斯丁战胜自我，托起了耶稣这轮太阳；太阳的光辉也成就了一个圣人——圣·奥古斯丁。

（2）托马斯·阿奎那与基督教思想体系的终结

赵敦华高度评价托马斯时代："13 世纪经院哲学的鼎盛决不亚于公元前 4 世纪的雅典哲学和 17 世纪哲学体系的气象。"（《基督教哲学 1500 年》）

公元前 4 世纪，跃动着古希腊哲学的鼎盛，苏格拉底、柏拉图、亚里士多德，以人类思想史上第一个黄金时代的象征，与中国先秦诸子相东西，浓缩着人类社会公有制向私有制剧烈变革时期在观念上"百家争鸣"的热烈。

公元 17 世纪，呼应着中国王夫之、顾炎武、黄宗曦以明清实学对"理学"的清算，培根、笛卡尔等作为人类思想史上在西欧世界的第二个黄金时代的代表，清算着托马斯主义，推动着哲学的繁荣，为人类社会从私有制向公有制的剧烈变革，开始了科学实证和舆论方面的准备。

那么，13 世纪的经院哲学和它的代表托马斯主义，在人类思想史上，占据什么位置呢？

公元前，柏拉图以善、秩序和理性，点燃起希腊精神的火炬。而在基督教世界，耶稣继承柏拉图，高扬神=善（爱）之旗；奥古斯丁则回归柏拉图，突出神=秩序（善的等级制）的观念；到了托马斯，更多地借助亚里士多德，开辟着神=理性之路。

经过托马斯，基督教思想体系发展到最高阶段。

奥古斯丁正视私有制的现实，明确"善的等级制"，确立基督教思想体系；而其流弊，则是基督教社团从鼓吹人人平等，反对私有制，渐变为与私有制合流，向"恶的等级制"畸变。"基督教徒在基督教成为国教以后，把带有革命民主精神的早期基督教看作'幼稚的东西'而忘记了。"（列宁：《国家与革命》）

教会等级制遍布天下。"欧洲的封建化过程就是基督教在欧洲传播的过程。……在这个过程中，基督教会本身日益成为封建统治阶级的一个组成部分。（杨真：《基督教史纲》）

一入教门，身价倍增！"在君士坦丁之后近百年的时间里，基督徒的身份可以成为获取官职、权势和财富的敲门砖。……占统治地位的上流人士全是基督徒"。（约翰·麦克曼勒斯：《牛津基督教史》）

耶稣与孔子，遥遥相视，惺惺相惜！——伟人及其崇高成了"敲门砖"，演绎着人类对自身的愚弄！

举凡集团、宗教、政党，即便是为人民利益而浴血斗争者，一旦执政，便背离自己的初衷，成为私有制和私有观念的俘虏。古今中外，概莫能外。

然而，私有制对公有制的胜利，不是历史的进步吗？

私有制的猛兽冲出原始公有制的牢笼，在自由的天地里，充分地展示自我，为历史发展注入了源源不竭的鲜活能量。

公元 11、12 世纪，随着生产力推动生产关系的变革，西欧封建制度（=私有制）发展到顶峰。工商业城市开始出现，商品经济得到发展，社会日益繁荣。与此相应，它的上层建筑——基督教步入全盛期。

虽然此前奥古斯丁完成了基督教思想的统一，但教会集权并未形成，罗马主教的领袖地位直到奥古斯丁逝后 200 年即公元 6 世纪才得到承认。然而到了这一时期，教会气象已远非昔比：11 世纪，教皇格列高利七世通过改革扩张实力，加强了中央集权统治；12 世纪，教皇亚历山大三世进一步鼓吹"教皇权力至上"、"皇权来自教皇"，威满天下；13 世纪，英诺森三世更加露骨：教皇是"世界之王"，"是真正的上帝的代理人……是耶稣基督本人的代理人。"（转引自唐逸主编：《基督教史》）

英诺森时代，西欧各国世俗权力向教权臣服，教皇权势达到历史巅峰。

上帝的权威从来没有像这个时期那样得到普天下从平民到王公的顶礼膜拜，基督教会从来没有像这个时期那样高踞于世俗君主之上发号施令。第一次十字军征伐就是在对教会的笃信与对上帝的狂热里开始的。

经过安瑟伦的上帝本体论证明，从柏拉图一路走来的基督教思想体系发展到经院哲学，亚里士多德已经呼之欲出了。"仅把信仰作为永恒存在的真理来坚持是不充分的，我们还应当建立支持信仰的理性见证。"（理查德：《论三位一体》）

理性的强化成为时代呼声。"上帝之城"为着经营世俗的庞大帝国，呼唤一个同样庞大的"精神之城"。

托马斯主义，便是基督教世俗权力大一统的精神形态。托马斯的《神学大全》力压这一时期的各种"大全"脱颖而出，表现了基督教会踌躇满志的恢弘博大。从 12 世纪下半叶，亚里士多德开始广泛传播。亚里士多德把世界的运动说成以"神"为终极目的，恰恰成为对神学的证明。但是，亚里士多德思想"系统化没有大功告成；它是一个理想，一个在任何时候都呈现在背景中的理想。"（乔纳逊·伯内斯：《亚里士多德》）

托马斯引入亚里士多德来修改、论证、补充、丰富基督教理论，不但坚持了亚里士多德"第一哲学"即神学的追求，而且将亚里士多德思想系统化的工作臻于完善。

这一系统化工作的成果，便是以托马斯主义为旗帜的基督教神学—哲学思想体系。托马斯主义，是人类私有制发展到最高阶段的观念形态。

然而，亚里士多德的本体观更倾向于自然物体；于是，当托马斯搬来亚里士多德时，这个自然本体便不能不对上帝本体形成威胁。

那么，两个倾向背离的本体能否统一呢？

古希腊的亚里士多德选择了中庸，中世纪的托马斯也选择了中庸。亚里士多德维护了古希腊哲学的统一，托马斯为什么不能完成基督教思想的统一？

托马斯用亚里士多德证明上帝，大大拓展了奥古斯丁的视野，使上帝的本体得到了广泛而充分的证明。

西方的托马斯•阿奎那与东方的朱熹在公元 13 世纪的人类社会，同时崛起两座高峰。

朱熹借助佛、道，以"理、气"关系，在儒学框架内做形而上学思考，将儒学思想体系发展到最高阶段；托马斯借助亚里士多德和伊斯兰文化成果，以理性与信仰的关系，在基督教框架内做形而上学思考，将基督教思想体系发展到最高阶段。

异流同源，殊途同归。从董仲舒—奥古斯丁，到朱熹—托马斯，儒学思想体系与基督教思想体系肩负着相同的历史使命横空出世，在自我亵渎与自我完善的对立同一中发展壮大，终于可以君临天下，傲视群雄，成就自身的辉煌。

托马斯的《神学大全》是这一辉煌的标志。

《神学大全》用基督教观点说明自然和社会一切问题，是中世纪神学世界观的百科全书。它贯穿神的恩典与人的信仰、神的至善与人的向善和对上帝回归的主线，建构起完整细密的神学体系，成为基督教宇宙结构的最终确定。

在《神学大全》中，托马斯开宗明义：上帝是本质与存在的统一，是存在与存在者的统一。上帝是最高实体。

托马斯说：人接受了"神所启示的理性"，可以通过理性认识神；但从根本上讲，神是超越自然的，理性不足以彻底认识神。对神的信仰才是第一位的。"上帝的本质就是存在。"（《论存在和本质》）

理性，被置于神学体系内。"神学的目的，就其实践方面说，则在于永恒的幸福，而这种永恒的幸福则是一切实践科学作为最后目的而趋向的目的。所以说，神学高于其他科学。"（托马斯：《神学大全》）

托马斯通过"后天证明"来论证上帝，但他的前提却是上帝创造万物，前提已经是结论。

托马斯沿袭奥古斯丁神学理性化之路，在基督教思想体系的框架内，进行更加广泛的哲学思考，从宇宙万物出发，通过逻辑推论，证明上帝是最终推动者、第一原因、绝对存在者、至善至美和最高智慧。

托马斯赋予上帝以"善"的使命。他坚定地主张：上帝的天命和终极目的是善。他强调"爱"的位置："爱比信仰和希望优越，因为它是一切德性的形式和根源。"（《神学大全》）

但是，"爱"绝不是耶稣式的泛化，而是奥古斯丁"秩序论"的延伸。"爱"的指向要适应君主集权的需要，适应等级制的现实。托马斯为此制造依据，他将古希腊哲学"自然法"中平等、自由和财产公有的内容予以变通："在人类事务中，低级的人也必须按照自然法和神法所建立的秩序，服从地位比他们高的人。"（《阿奎那政治著作选》）

托马斯鼓吹君权神授，为基督教大一统的封建等级制造舆论："才智杰出的人自然享有支配权，而智力较差但体力较强的人则看来是天使其当奴仆。"（《反异教大全》）

然而，托马斯的"等级制"绝不是简单的剥削与压迫，而是正义的"善的等级制"。

托马斯坚持"善"的核心，强调统治者被授予统治权不是让他们谋私利，而是为了公众幸福："如果一个自由人的社会是在为公共谋幸福的统治者的治理之下，这种政治就是正义的，是适合于自由人的。相反地，如果那个社会的一切设施服从于统治者的私人利益，而不是服从于公共福利，这就是政治上的倒行逆施，也就不再是正义的。"（《论君主政治》）

托马斯认为：上帝创造的世界要呈现出阶梯状的完美性，"阶梯状"是等级制的必然；"完美性"是善的指向。人类社会的"善的等级制"是上帝"阶梯状完美性"的体制形态。

基督教的理论基石"三位一体"，诠释着"善的等级制"：穷人、富人与耶稣之爱的"三位一体"；剥削阶级、被剥削阶级与善的等级制的"三位一体"。

在私有制社会，人民和统治者固然有着截然相反的利益指向，也有着共同的利益需求。需要通过双方的妥协与让步，构建统一的上层建筑，构建善的等级制。

托马斯承袭奥古斯丁，把实现"善的等级制"的希望寄托于上帝在世俗的载体基督教会。他认为："由于教会在沟通神人关系、拯救罪人的工作中居于特殊地位，因而教权高于一切。……教会是拯救人的灵魂的，故而应支配世俗权力。他还认为有形的教会应有有形的元首，这就是罗马教皇，这样在强调教会权力的同时，把教皇抬到了至高无上的地位。"（见唐逸主编：《基督教史》）

只是托马斯的美好愿望被基督教会"捧杀"。发展到顶峰的私有制以其外表辉煌的傲慢，在强化等级森严的同时，冷酷地阉割了"善"的灵魂。

君临天下的基督教，蜕化成一个利益集团。主教们争权夺利，放高利贷，包揽诉讼，成了私有制的一个特区。他们与世俗君主朋比为奸，压迫剥削人民。一边是民众的苦不堪言，一边是贵族和僧侣的奢侈无度，上帝成了他们私欲膨胀的钱口袋。

不仅教阶等级阴冷，即在世俗行会里，师傅的尊严也表现为阶层的优越而施行等级的压制；就是托马斯自己，也并不能挣脱私有观念的桎梏，在他眼里，妇女被视为只是给男人生儿育女的工具；而《阿登堡宪章》更血淋淋地立规："男人有权打他的妻子，用匕首将她刺死，把她切开，从头到脚完全砸碎，让她血流满地……"（德尼兹•加亚尔等：《欧洲史》）

私有制发展到顶峰的利令智昏，使整个基督精神名存实亡。在恶面前，善的等级制黯然失色。

天国被世俗俘获。

同中国的唐宋高峰一样，10-13 世纪，西欧各国生产力的发展，不是带来人民生活的普遍提高，反而刺激剥削阶级更加奢侈腐化。"原有领地中的收入已不能满足他们的挥霍，因此，他们加重对农民的剥削，使大部分沦为农奴。"（唐逸主编：《基督教史》）

人民生活更加困苦，剥削者为权力和财产的争夺，反过来破坏生产力。"将近 1300 年时，这一进展过程（封建社会的上升期——笔者）结束了，从大饥馑的 1316 年到 15 世纪下半叶，欧洲经历一个挫折和危机的时期。在许多地区，经济停滞不前，甚至出现倒退。"（德尼兹•加亚尔等：《欧洲史》）

随着发展到顶峰的私有制步入下坡路，基督教思想体系也开始了自身的衰落。杨真在《基督教史纲》中写道："托马斯•阿奎那的神学体系，既是罗马教会神学发展的顶峰，同时又是他走向没落的开始。"

当朱熹把孔子这轮太阳推上中天的时候，托马斯把耶稣这轮太阳推上中天。然而，推上中天的太阳，同时开始了落日西沉。

从董仲舒到朱熹，沿着理性寻求本体依据之路走下来；从奥古斯丁到托马斯，沿着理性证明本体之路走下来。

两条路，以孔子为核心的儒学思想体系和以耶稣为核心的基督教思想体系，走到了尽头。

在奥古斯丁之后，中世纪思想家们的本体证明不满足于柏拉图的抽象，求助于亚里士多德的"实证"。拓展的理性证明，使上帝提升了自己；而理性证明的咄咄逼人，却反过来威胁上帝的存在。对实证的纵容，使实证侵入上帝的躯体，"实证"证实着上帝本体的虚妄，基督教思想体系在最完备的本体论证明——《神学大全》的七彩祥云里，开始了自身的跌落。

赵敦华说："托马斯对哲学与神学性质与任务的区分具有不可磨灭的创新精神。他是中世纪第一位肯定哲学独立于神学的哲学家和神学家，他承认哲学家可以按照自然赋予的理性探索真理，这为哲学的解放开辟了道路。……托马斯之后的哲学沿着与神学相分离的方向发展。"（《基督教哲学1500年》）

托马斯肯定神学是一门学问，神不只是信仰的对象，也是理智把握的对象。他在确保神学体系的情况下，分离并提升了哲学的地位。

托马斯强调自然神学——从事实出发，"由结果追溯原因"，通过理性对经验材料的分析、推理来认识上帝；理性和信仰可以同时存在，哲学和神学研究的对象是一样的，但哲学是理性认识，神学是天启认识。因此是两门独立的科学。

托马斯从神学中分离哲学，迈出了哲学走向独立的重要一步。

托马斯利用亚里士多德的"证明科学"，努力维护"神学"的科学性，强调对上帝存在的理性证明，即理性论证信仰，哲学论证上帝。

这样，他不得不让神学屈尊于被证明的地位；他使上帝在完美证明中提升，却促成了上帝"绝对真理"的崩溃；他用理性的后天证明使神学趋于完善，然而理性不甘于神学的束缚，最终打破了信仰的一统天下。

因为，当信仰依赖理性来证明的时候，信仰便不得不向理性求宠；而理性的证明也必然地剥夺信仰的地盘，动摇体系的根基。

托马斯在《反异教大全》中，坚持"神学真理的双重规则"，主张给予理性与信仰各自活动的领域，从而在维护上帝绝对权威的同时，将上帝的领域割了一半给理性。

那么，既然理性可以认识真理，还要上帝干什么？

尽管托马斯努力维护上帝的唯一性，但却不得不将"撒旦"——否定上帝的理性之魔，请进上帝神圣的殿堂。

罗素看到了托马斯在本质上对基督教思想体系的否定。他在《西方哲学史》中指出：基督教会利用亚里士多德哲学，不如利用柏拉图哲学，托马斯犯了错误。

那么，罗素是否意识到：托马斯同时也否定了哲学？也就是否定了中世纪基督教哲学。

可以说，从奥古斯丁回归柏拉图，到托马斯回归亚里士多德，在神学体系内，完成了对古希腊哲学的全面回归。

这是一种高层次的回归。因为，亚里士多德追求科学的统一，却没有建构起哲学体系。他的实证科学，也由于束缚于哲学的框架内，以及生产力发展水平的不足，一般地说，尚未成为真正的科学。

到了托马斯，当他构建起完整的神学体系时，就同时构建起完整的哲学体系；当他在神学体系内最大限度地发挥哲学的功用时，就连同哲学与神学一同发展到最高阶段。

这个相依为命的哲学—神学体系的最高阶段，尽管把理性的思维提到前所未有的高度，却不肯突破体系的束缚。于是，体系成了思想的桎梏，体系的生命也就结束了。

扯落体系的外衣，托马斯庄严的理性之碑为意大利文艺复兴奠基。

文艺复兴运动以对基督教思想体系及经院哲学的摒弃，开始了对基督教本质的回归。它强调"以人为中心"。人即上帝，上帝是爱，人应是爱的化身，而不应该是教会的奴仆。

文艺复兴奠基在托马斯理论基础上。恢弘的教会理性地闪耀着恢弘的上帝之光。

上帝的理性证明被托马斯发展到顶峰 。"信仰被理性所代替，信仰变成了对理性的信仰。经院哲学家本想把理性当作信仰的奴婢，然而结果却使理性成为真正有实力的权威，信仰反而引退到幕后去，成为一名默默无闻的观众，观赏着理性穿着他的袈裟表演另一出戏。经院哲学意味着中世纪哲学的勃兴，同时也意味着中世纪神学的衰落。"（赵林：《西方宗教文化》）

以子之矛，攻子之盾。

托马斯的名字，象征着勃兴的中世纪哲学，也象征着衰落的中世纪神学。

准确地说，所谓的"中世纪哲学"，只是"理性"的代名词；而所谓的"中世纪神学"，则是基督教神学——哲学思想体系的别称。

托马斯的悲剧，是他自缚于基督教思想体系之中，扼杀着理性的活力。

托马斯的伟大，则是他培育着理性的灵魂，宣告了基督教思想体系的终结。

（3）马丁·路德：回归耶稣

1517 年 11 月 1 日，一个德国农民的儿子在维登堡教堂大门前贴出了"大字报"：《关于赎罪券效能的辩论》（95 条论纲）。

1966 年 8 月 5 日， 一个中国农民的儿子在古老的天安门红墙上贴出了"大字报"：《炮打司令部》。

两样的文化革命，一样的精神实质。

16 世纪的神学讲台上，马丁·路德目光如炬。"欧洲世界正在问他，我是沉湎于虚假之中，停滞于腐烂，可厌可憎地死亡；还是突然发作，把虚假从我身上清除掉，得到治愈，生存？"（《卡莱尔讲演录》转引自赵林：《西方宗教文化》）

400 多年后,帝国主义预言家把改变红色中国的希望寄托于第 3 代、第 4 代，毛泽东如芒在背地感受这个威胁。他讲了"触詟说赵太后"的故事，他反复着"君子之泽，五世而斩"的告诫。到了晚年，"芒"已不仅在"背"，而是透过脊梁，扎进他的心里。"如今天下红遍，江山靠谁守？……你我之辈，忍将夙愿，付与东流？" （特里尔：《毛泽东传》）

历史东流，涛声依旧。涛声里，聚而不散的，是毛泽东之魂？是路德之魂？

信仰危机！

马丁·路德在基督教思想体系内拉开了文化革命的序幕。毛泽东在社会主义思想体系内拉开了文化革命的序幕。

为路德之魂的映照，卡莱尔由衷地赞美："这里诞生了一个非凡的人，他的光芒像照耀着世界长达几个世纪和时代的灯塔一样，整个世界和它的历史正期待着这个人。"（《卡莱尔讲演录》 转引自赵林：《西方宗教文化》）

被历史期待的路德已经被证明，被历史期待的毛泽东也将被证明么？

信仰危机！

21 世纪的中国，跌跌撞撞地步入精神的迷茫。

21 世纪的世界，从森林沙漠化、海洋沙漠化一路走来，步履蹒跚地陷入灵魂的沙漠。

失去信仰的民族，是一个堕落的民族。

那么，失去信仰的人类呢？

天国的路德，俯视芸芸众生为名为利的匆匆，长叹一声：你们还听得见上帝的声音么？

500 年前，上帝的声音已经在教会搜刮金钱的叮当声里淹没。16 世纪一个德国神甫忧虑地写道："当今世风日下，纲纪荡然无存，……从教皇到主教都趋于腐化。"（见杨真：《基督教史纲》）

信仰危机，不仅来自"右"，还来自"左"：文艺复兴家们高举着"人文精神"的金色盾牌，以纵欲与利己的厚颜无耻，争先恐后地成了教皇们的新宠。

路德的"宗教改革不只是造成了罗马教会的大分裂，也导发了一场社会的、经济的与学术的大革命。……中世纪罗马教会的大一统局面为教会的分立局面所取代。"（布林顿等：《西洋文化史》）

"不破不立。破字当头，立也就在其中了。"（毛泽东） 托马斯以基督教思想体系的顶峰完成了教会的大一统，路德以宗教改革撕破了这个大一统。

托马斯主义建立在亚里士多德基础上，而托马斯之后的基督教则与文艺复兴相呼应，力求摆脱亚里士多德模式，从"证明科学"向"人天一体"回归。路德改革是这一倾向的宗教形态。

路德制造了罗马教会的大分裂，使上帝被禁锢的灵魂得以放飞。十字架上耶稣的"爱"的呻吟和期许，终于挣脱教皇的魔爪而昭然天下。赵林写道："真正克服了中世纪基督教文化的内在矛盾和撕裂痛苦的不是意大利的人文主义者，而是路德这样的宗教改革家。"（《西方宗教文化》）

为着"帝格"统一的分裂！

在这个意义上，卡莱尔把路德的诞生与耶稣的诞生相提并论。

耶稣在私有制上升之际，宣言对私有制的否定。

路德在私有制没落之际，重震耶稣的否定之钟。

路德的否定，集中指向私有制的上层建筑——基督教会与基督教思想体系，以及二者的总代表——教皇。

在反对赎罪券的《95 条论纲》中，激昂着路德的热血。他辛辣地讥刺统治者："教皇的财富今日远超过最富有者的财富，他为建筑一个圣彼得堂，为何不用自己的钱，而要用贫穷信徒的钱呢？"

对教权重压下贫富悬殊的控诉！

路德冷峻地说："所有主教的最基本的、也是唯一的职责，就是教给人们对于基督的信仰和爱。"然而，主教们"对信仰未提只字片语，却公然允许在他的民众中以高过宣扬信仰的声音到处叫卖赎罪券。" （《致美因兹阿尔伯特选侯》）

　　路德无情地揭露："赎罪票照宣讲者所说的，是最大的恩典，其实他所谓的'最大'，不过是指它们为最大的牟利工具。"(《95 条论纲》)

　　兜售赎罪券，是教皇一手导演的敛财丑剧。它暴露了基督教在托马斯高峰之后的急剧衰落，它预示着基督教总危机的爆发。

　　这是 21 世纪精神空虚与"权钱交易"的中世纪版：

　　耶稣及其圣徒所做的善事，积累在教会的"功库"中。用金钱购买"赎罪券"，便意味着从功库中买出耶稣们的功德，助己赎罪。这一"权钱交易"表明教会的公然腐败，以及基督的纯洁被私欲彻底玷污。

　　教会为富人用金钱铺设一条通向天堂的简易路，花多少钱，赎多少罪，有详细的价目表；罪恶累累，只要用累累支票购买赎罪券，就可洗清全部罪行，灵魂直升天堂。而穷人则被拒于天堂之外。在金币疾风骤雨的叮当声中，天堂大门洞开，富人蜂拥而入。

　　这是富人的天堂。

　　握有特权的教廷"老板"与握有资本的金融"老板"，在虚幻上帝的天平两端，半斤八两，各得其所。你为我满足金钱的淫欲，我替你遮掩灵魂的丑陋。

　　被耶稣正名的"穷人的天堂" 变了颜色，富人阶层垄断了耶稣的圣洁与崇高，然后以基督的名义，联手榨取穷人的骨髓，以至于 "穷老太婆藏在头巾里的最后一个铜板，都被无耻的神甫搜刮出来。"(胡斯语，见杨真:《基督教史纲》)

　　剥削阶级明目张胆地表现出搜刮民脂民膏的急迫："现在你们就是只有一件衣服，也当脱下来卖了，火速来买赎罪券，因为不久上帝要追寻忽略救恩的人，"威胁利诱，胡罗卜加大棒。这种为敛财的浮躁，这种为金钱的幻想而两眼发亮的贪婪，暴露出教会步入穷途末路的苍白与挣扎。

　　一幕幕光天化日下的闹剧，使路德的愤怒几乎爆炸："把教皇的赎罪票看得这么有效，甚至认为它们能赦免一个（假定那不可能的事）玷辱了圣母的人，这简直是疯狂的看法。"(《95 条论纲》)

　　路德敦促人民的觉醒："教皇不能赦免任何罪债"；他否定教皇的威权："任何活着或死了的基督徒，即令没有赎罪票，也都分享基督和教会的一切恩典，这些恩典是上帝所赐的"； 他鼓动人民认识自己的平等地位，直接感受耶稣之灵："基督徒应当听劝，努力跟从他们的头基督。"(《95 条论纲》)

　　路德鼓舞人民从教皇的阴影里走出，去感受耶稣太阳的光与温。

　　路德的宗教改革是一场在基督教思想体系内的文化大革命。它是破，破除以教皇为代表的私有制及其上层建筑的旧思想、旧观念、旧习惯、旧意识；它是立，是创新。创新就是回归。回归耶稣，回归"上帝之爱"，回归人人平等，回归公有观念。"基督徒须知，人若看见弟兄困苦，不予援助，反用他的钱购买赎罪票，他所得的，并不是教皇的赦免，而是上帝的愤怒。" 相反，上帝赞许基督徒用"爱的行为使爱心增长。"(路德:《95 条论纲。》)

　　如果说，对于基督教思想体系，托马斯是为肯定的否定，路德则是为否定的肯定。否定，使他与基督教思想体系实行本质的决裂；肯定，使他高擎耶稣之灵，以上帝 = 爱的公有观念，改造与私有制沆瀣一气的罗马教会，成为基督教的新教教主。"那些向基督徒说：十字架，十字架，而自己不背十字架的先知，永别了！"(路德:《95 条论纲》)

　　路德推崇奥古斯丁，率先踏上一条向耶稣回归的自觉之路。他苦修，禁食，用鞭子抽打自己，改造甚至摒弃自我，把一切归于上帝，以确立对上帝的真诚信仰。 "上帝的道不是用什么行为，而是单用信才能领受和爱慕的。"(路德:《基

督徒的自由》）

为了信仰的回归。

"因信称义"。信仰是最根本的核心，是获得上帝恩典的确证。正义，或者说"上帝的功德"，不能沦落为权钱交易的商品。只有信仰，才能使人获得正义。什么是正义？

"义，利也。"（《墨子•经上》）

义就是利。但不是教会贵族假"义"之名的"自利"，而是服务于社会的"他利"。教皇兜售"赎罪券"，是在"义"的招牌下，行中饱私囊之实的自利；而宗教改革，则是唤醒民众，根绝特权阶层的腐败，维护人民利益的的公义。

"不信春风唤不回。" 重树"公义"的权威，确立对"爱"的信仰，促使路德坚定地踏上一条追求真理之路。他宣扬耶稣之灵的平等，否定教会的等级观。他主张："在基督徒之间也并不建立一种显明的等级；……凡信心与爱心最大的人，即是完人，不管他是男是女，是王侯或农民，是修道士或平民信徒。"（见黄伟合：《欧洲传统伦理思想史》）

对平等的憧憬激励人民反抗社会的压迫与剥削，农民起义明确解读路德所推崇的公有观念。恩格斯在《德国农民战争》中说：披着宗教外衣的农民革命"所了解的天国不是别的，只不过是没有阶级差别，没有私有财产，没有高高在上和社会成员作对的国家政权的一种社会而已。"

公正、平等、善良——上帝的象征，人民的追求。

上帝，人民整体的抽象；人民，上帝精神的源泉。

东方的曹雪芹以文学之笔完成了警幻仙姑——女神的再造；西方的路德则以神学之笔完成了耶稣——基督的再造。路德说：基督是万有之主。"他一面是自由的，一面又是奴仆；一面有上帝的形象，一面又有奴仆的样式。" （《基督徒的自由》）

理性分析之果，完成着对原始耶稣的本质升华。上帝的形象在主仆之间，与那个高高在上、贪婪专制的教皇风马牛不相及。

神性与奴性的有机结合。

路德以更加明确的对立统一，激活两个命题：1、"基督徒是全然自由的众人之主，不受任何人管辖"； 2、"基督徒是全然顺服的众人之仆，受任何人管辖"。（《基督徒的自由》）

基督 ＝ 基督徒。

曹雪芹的女神再造表达了对中华民族始祖女娲的崇敬，和对女性崇拜之原始公有制的回归；路德的上帝再造表达了对耶稣的景仰，和对圣灵崇拜之早期教会公有观念的回归。

中国的康有为以《新学伪经考》、《孔子改制考》剥夺古文经学独占孔子的特权，西方的路德以《论教会的巴比伦之囚》剥夺教皇对上帝的专有。耶稣，成为宗教改革之旗。

被路德的蚕食，罗马教皇成了一个空壳。他头上的光环暗淡了，他解释《圣经》的垄断权丧失了，他在教会中的权杖掉落了——"三道护墙"轰然倒塌，标志着罗马教会等级特权的沦丧，而教会与教士的中介权也随之被剥夺。

解放了的信徒被提升为圣灵，直面上帝。

信仰植根于上帝，上帝在人的心中。上帝需要全心全意的"信"，以及基于信仰的行动。上帝根本不需要理性证明。

路德推翻了托马斯，推翻了托马斯精雕细琢的基督教思想体系。

托马斯的"理性"赢得了"为上帝证明"的辉煌；然而，膨胀的理性不甘做神学的奴仆。从与托马斯同时的罗·培根到司各脱、奥康，虽然还在神学的光圈里，其理性思维的叛逆，已经以对实证科学的潜心投入和对经院哲学的尖锐批判，走出一条反教权之路，甚至向教会挑战了。

托马斯维护善的等级制，奥康则试图打碎等级。著名的"奥康剃刀"便无情地剃掉了基督教思想体系的等级观念。

奥康主张向耶稣回归，另一位基督教思想家伊拉斯谟主张"返回福音书"，他们成为路德宗教改革的先驱。

为满足理性自我扩张的欲望，路德进一步将奴仆式的"证明" 升格为自主的"理性分析"。他设定《圣经》与教会之关系为分析对象，迫使教会权威让位于理性；而《圣经》经过理性的过滤，重新焕发出信仰的活力。

充满活力的大字报贴上教皇冠冕，路德成了历史变革关头的形象代言。

路德的改革奠立在人民革命的基础上。在他之前，威克里夫和胡斯明确要求基督徒直面《圣经》，强调教会的核心是上帝的全体选民，教皇如果不能为教会及信徒造福，连选民的资格都不具备；他们抨击私有制，宣传公正与平等，要求取消教会土地，号召穷人把教会榨取的财富夺回来，为农民革命鼓噪。

人民响应宗教改革的号召，起义此伏彼起。《圣经》从教皇的专利变成起义的火把，反教会，反封建的群众运动不可阻挡。

人民革命的汹涌潮流，推动路德成为"德国民族英雄"和整个欧洲公认的宗教改革领袖。他的"自我"融会于人民的"大我"中，被锻铸成时代之魂。

像当年耶路撒冷的人民狂热拥护耶稣一样，欧洲人民情绪激昂地拥护路德。1521 年，路德在反动势力的逼迫下，赴沃尔姆斯帝国议会迎接审判。沿途群众像对待英雄般地夹道欢呼；沃尔姆斯人民则如同迎接凯旋将军一样，簇拥在路德身旁，高唱圣歌，浩浩荡荡地向帝国议会会场进发。

会场四周，围满了支持的群众。在人民的鼓舞下，路德面对罗马教皇和帝国皇帝的双重压力，态度鲜明，宁死不屈，始终不渝地坚持自己的政治主张。他坚定地表示："我就站在这里，我不可能站在别的立场上。"

路德自豪地承认自己"点着了全世界的火"，他宣称自己"有进行公开辩论的权利。"他说："我有这个权利，不仅仅是为赎罪券辩论，而且是为了上帝的权威。"（《致教皇利奥十世》）

为了信仰的回归！

在赴帝国会议前夕，路德对战友说："我亲爱的弟兄，如果我回不来，如果我的敌人置我于死地，你一定继续传播和忠实地捍卫真理。如果你活着，我的死是微不足道的。"（见赵林：《西方宗教文化》）

人民的力量与信念，给予路德大无畏的牺牲精神。

基佐在《1640 年英国革命史》中写道："人民的宗教改革，是一场真正的道德上的革命，是以信仰的名义和热忱从事的改革。" 这是革命，是文化革命，是公有制对私有制的革命，是公有观念对私有观念的革命。被革命信仰所激发的物质力量，蕴含着冲决一切罗网的能量。路德的宗教改革具有本质的人民性。

然而，它同时又是改革。是在基督教思想体系内的改革，是在私有制条件下为着权利与财富易位的改革，是新兴资产阶级向封建势力第一次冲击的有限改革。有限改革束缚着革命的翅膀。也束缚着路德的精神。

人民要求改革的彻底，彻底的改革走向革命。

德国人民揭竿而起。他们反对教会及封建压迫，反对私有制；他们期盼着财产公有，憧憬着《圣经》所描述的人人平等的千年王国的到来。

公元前，在犹太人推举耶稣担任造反头头的欢呼声中，耶稣逃避了。1500年后，德国人民敦请路德担任造反领袖，路德拒绝了。耶稣与路德，何其相似！

然而，出生于马槽里的穷孩子耶稣尽管不支持起义，却从骨子里迸发着与统治者势不两立的被压迫阶级立场，他以天国的慈爱，与下层人民的心紧紧相连。他很快以十字架的赎罪和血的自白，申明自己的人民立场。

相反，得到世俗君主撑腰的大学教授路德，却惊惧于席卷全国的农民战争，迅速站在了人民的对立面。他发表文章，到处演讲，力图维护剥削秩序，暴露出"知识精英"内心世界的猥琐。

在《劝基督徒勿从事叛乱书》中，路德诅咒起义群众受了"魔鬼的挑动"，他宣扬"上帝禁戒叛乱"，要求人民服从执政者。在《反对杀人越货的农民暴徒书》中，他咒骂农民"像疯狗似的抢劫"，"从事的是恶魔的勾当"；他狂呼："任何虔诚的基督徒，宁愿死 100 次也不能向农民的要求作丝毫让步"。

为助特权集团扑灭人民革命的烈火，路德"这位托庇于萨克森选帝侯保护之下的维登堡名教授，这位一鸣惊人声势煊赫而被一团趋炎附势之徒簇拥着的伟大人物，抛弃运动中的下层人民，倒向市民、贵族和诸侯一边去了。"（恩格斯：《德国农民战争》）

马克思在《资本论》中指出：出现在 14、15 世纪的资本主义萌芽，以其生产社会化的本质要求，与农民运动的"公有"观念相呼应。

公有观念，经过中世纪不熄火种的传递，成为资本主义在质上的指向，这是资产阶级与人民革命相结合的内在原因。但是，资本主义同时又是私有观念在量上的爆发，这决定了资产阶级背弃人民"公有"追求的必然。

资产阶级在其萌芽伊始，已经暴露出软弱动摇的两面性，在公有观念和私有观念之间、在人民和封建统治者之间鼠首两端。

因此，当资产阶级与人民汇聚在一起的时候，路德汲取人民的力量与智慧，成就一个顶天立地的英雄；当资产阶级为自身的阶级利益背弃人民的时候，路德解不开与旧时代千丝万缕的联系，向统治阶级妥协，露出了封建的尾巴。

路德："人民思想家"的本质羞涩地躲在"资产阶级思想家"表象的背后；而"资产阶级思想家"的表象则暗淡了"人民思想家"的光辉。

伴随着世俗王权取代教会神权的斗争，路德以对耶稣的回归和对天国平等的本质把握，完成了对基督教思想体系的"正名"；同时也把托马斯对基督教思想体系的抽象否定落到了实处。

被路德理性分析的肢解，基督教思想体系寿终正寝了。

然而，为了耶稣的光荣和天国的神圣，路德自缚于基督教思想体系之内，为基督教思想体系殉葬。

欧洲人说，16 世纪是教会时代，17 世纪是世俗君主时代，18 世纪是伏尔泰时代。

路德，这位中世纪没落时期的教会圣人，经历君主时代的砥磨后，让位于世俗时代的圣人。

伏尔泰时代，觊觎着被路德夕阳抹上最后一层金辉的耶稣时代，登上历史舞台。

耶稣的太阳，在上升阶段，表现为奥古斯丁形态；在中天阶段，表现为托马斯形态；在下降阶段，表现为路德形态。

宗教改革的路德和戊戌变法的康有为，以重扬耶稣和孔子"天下为公"的精神，成为各自思想体系内的最后一位圣人。

虽然，康有为决不承认，变法维新的实质是否定儒学；路德决不承认，宗教改革的实质是否定基督教。

然而，"信仰与精神把一切意义都表达出来了。"（黑格尔：《历史哲学》）路德的宗教改革，以对上帝的信仰，擎起公有观念的火炬，通过新教的接力，成为资产阶级革命的精神主导。

资本—社会主义的开辟，超越了基督教思想体系；而基督精神，则在上帝绵长而深远的召唤声中，激励人类对信仰的回归。

（4）卢梭与法国大革命

"我无罪啊——！" 晚年的卢梭，向着广袤星空下的黑暗大地，发出一声声撕心裂肺的呐喊。

"整个欧洲针对我响起一片诅咒的声音，气焰之高无与伦比。我是一个异教徒，一个无神论者，一个疯子，一只凶猛的野兽，一只狼。"（卢梭：《忏悔录》）

近乎疯狂的呐喊，穿越时空，与鲁迅笔下狂人的嘶叫共鸣。

被封建君主和宗教势力的通缉追捕，奔逃的卢梭，还不得不与来自友军的明枪暗箭搏杀。"横着站"——这与鲁迅的悲怆何其相似！

旷野上两只嗥叫的狼！东方与西方，鲁迅与卢梭。

卢梭于 1778 年逝世，但他灵魂的强音，吹响了 1789 年法国大革命的号角。

鲁迅于 1936 年逝世，但他思想的狂飙，卷动起 1966 年中国无产阶级文化大革命的第一面旗。

"主权者和人民只能有唯一的共同利益，因之政权机构的一切活动，永远都只是为了共同的幸福。这只有当主权者和人民是同一的时候才能做到。"（卢梭：《论人类不平等的起源与基础》）

人民主权！

在法国巴黎图书馆，保存着一幅 18 世纪的版画：画面上，一位贫苦老农弯腰驼背，背着一个脑满肠肥的高级教士和一位衣着华丽的贵族。版画以浪漫之笔，典型地刻画了法国大革命前夕人民在特权集团压迫下生存权的危殆；如此境况，遑论人民主权？

然而，理想的呼唤从来挣扎于现实的困扰中。恩格斯写道："自从资本主义生产方式在历史上出现以来，由社会占有全部生产资料，常常作为未来的理想隐隐约约地浮现在个别人物和整个整个的派别的脑海中。"（《反杜林论》）

卢梭便是这"个别人物和整个整个的派别"的优秀代表。

卢梭将攻击矛头指向私有制："把保障私有财产和承认不平等的法律永远确定下来，把巧取豪夺变成不可取消的权力。从此以后，便为少数野心家的利益，驱使整个人类忍受劳苦、奴役和贫困。"（《论人类不平等的起源与基础》）

卢梭来自"下流社会"，有着与广大劳动人民休戚与共的感情；虽然经过艰苦打拚，他跻身"上流社会"，但"人民之子"的本色使他无法忍受"上流社会"的虚伪与腐化。他很快反戈一击，成为"上流社会"的叛逆。

昂然置身于"下流社会"的卢梭，由衷地礼赞他的同类："当发生骚乱时，或当街头发生争吵时，贱民们蜂拥而至，谨慎的人们则匆匆走避；把厮打着的人劝开，阻止上流人互相伤害的，正是群氓，正是市井妇女。"（《论人类不平等的

起源与基础》）

鲜明的阶级立场，决不妥协的对立，使反动势力对卢梭恨之入骨，必欲置其死地而后快。在卢梭被追缉得东逃西躲，避居于山村小屋时，曾于夜半，陷入九死一生的险境："冰雹似的石头扔向面对长廊的门窗，哗啦啦地飞到长廊里来……一只有力的手扔来的一块石头，打破了窗户，穿过厨房，撞开我的房门，直落到我的床脚下，如果我走快一秒钟，石头就能打到我的肚子了。"（卢梭：《忏悔录》）

但卢梭绝不肯低下"卑贱者"的头。

"卑贱者最聪明，高贵者最愚蠢"。（毛泽东）卢梭没有寻到与私有制和私有观念决裂的途径，但以彻底落实私有制的辩证思维，重张内置于私有制中的公有精神。把从霍布斯直到洛克、休谟、伏尔泰维护私有制的"上等人的高尚"，升华到"人民神圣"的高度。

"集体在接受个人财富时远不是剥夺个人的财富，而只是保证他们自己对财富的合法享有……享有者便由于一种既对公众有利、但更对自身有利的割让行为而被人认为是公共财富的保管者，他们的权利受到国家全体成员的尊重。"（卢梭：《社会契约论》）

这样一种私有制或个人财产所有权，难道不就是公有制的实现吗？不就是公有制的目的吗？

套用历史形成的"国家"这一概念，赋予其"社会管理机构"的新含义，从而将每一个个体及个体利益融会于社会整体及整体利益中，同时也就实现了个体价值及个体利益，这是个体与整体的对立统一，也是私有制与公有制的对立统一。

孔子的"井田"主张每个人都能公平地得到自己的一份，卢梭则以资产阶级思想家的方式表达了这一主张。他没有提出共产主义的概念，但是，像孔子一样，卢梭思想的核心，难道不是人类共产主义精神的组成部分吗？进而言之，被卢梭思想塑造的法国大革命，在为资产阶级赢得荣誉的眩目辉煌里，就看不到共产主义精神的光源吗？

卢梭的"社会契约"强调每一个人的私有权，通过对整个公民权的奉献，最终使每一个人的私有权彻底回归自身。他明确地提出"公有"的观念："我们每个人都以其自身及其全部的力量共同置于公有的最高指导之下，并且我们在共同体中接纳每一个成员作为全体之不可分割的一部分。"（卢梭：《社会契约论》）

孔子的"从心所欲，不逾矩"更多地寄望于道德伦理，卢梭则寄望于社会制度。"要寻找出一种结合的方式，使它能以全部共同的力量来维护和保障每个结合者的人身和财富，并且由于这一结合而使每一个与全体相联合的个人又只不过是在服从自己本人，并且仍然像以往一样自由。"（卢梭：《社会契约论》）

这是寄望立法来保障社会契约的实施，这是以精辟的辩证思维对社会主义的诉求。私有制与私有观念，因为卢梭而大放异彩。"我们在卢梭那里不仅已经可以看到那种和马克思《资本论》中所遵循的完全相同的思想进程，而且还在他的详细叙述中可以看到马克思所使用的整整一系列辩证的说法。"（恩格斯：《反杜林论》）

卢梭学说是马克思学说的发轫，马克思学说是卢梭学说的确立。卢梭的资本主义与马克思的社会主义是一个思想体系的两个侧面。

颠覆旧世界！

对私有制及其意识形态——基督教思想体系，托马斯是为了肯定的否定，路德是为了否定的肯定；卢梭则是革命。

卢梭出，上帝亡！

然而，卢梭是信仰上帝的。

"他比任何西方人更理解东方观念中的完全忘我的境界，'那种剥光了任何其他感情的感情'，是集中在上帝的深渊里。"（罗曼·罗兰：《卢梭简介》）

上帝之灵挣脱基督教思想体系的束缚，借助自由意志的双翼，充分张扬自我："一颗正直的心，就是上帝的真正殿堂。"（卢梭：《爱弥儿》）

这个上帝，是人类公有制和公有观念的象征。面对法国的君王贵族，以及伏尔泰和《百科全书》的战友阵营统统对私有制的顶礼膜拜，孤傲的卢梭有足够的理由称自己是"法国唯一信仰上帝的人"。

伏尔泰否定上帝，他自己却成了18世纪私有观念的"上帝"；卢梭赞美上帝，上帝却消融在人民中。

理性的自以为是在终结基督教思想体系的同时，也将伟大的耶稣精神一同抛弃。私有观念借助理性的权威，肆无忌惮地践踏公有观念的尊严。因此，推崇上帝真诚的情感，恰恰表现出卢梭超越伏尔泰的深刻和对理性虚伪的逆反。

伏尔泰嘲讽耶稣，却没有挣脱基督教思想体系的世俗之网。伏尔泰时代，只是神权让位于世俗王权，私有制及私有观念褪去基督教思想体系的外衣，把"神圣"的冠冕戴在自己的头上；伏尔泰对私有财产的醉心，使他只能在私有制及私有观念的范围内，进行启蒙的呼唤；他对"开明君主"的幻想，也使他几乎为私有制殉葬。好在他的晚年，终于转而期盼革命，给自己划了一个光明的句号。

卢梭是一个虔诚的基督徒，他心目中的上帝，不是教皇的、等级制的上帝，而是与大自然一体的自由、平等、博爱，是一个有血有肉的活灵灵的耶稣。他高擎着从耶稣到路德整个中世纪的伟大基督教思想家们先后接力的火炬——人类精神。正是在这个意义上，著名学者达朗贝尔把卢梭比作路德。

在反封建、反君主的斗争中，伏尔泰为金钱的追求，时时向后看，希冀君主的"圣眷"，向封建势力妥协。

卢梭则近于苛刻地对原则的执着，时时向前看，寻求无产阶级和人民的支持。他那残疾躯体拖动的蹒跚步履，追逐生存和自由，追逐乡野的风和上帝之灵。

卢梭也寄望"开明君主"，这是历史条件的限制。但卢梭的"开明君主"是一个理想的抽象，伏尔泰的"开明君主"则是一个现实的具体。

为了现实的妥协，伏尔泰寄望君主维护私有制；为了理想的决裂，卢梭寄望君主粉碎私有制。

伏尔泰自缚于私有观念中；卢梭则正视私有观念，寻求对私有观念的突破。

伏尔泰立足于资产阶级思想家的立场，表现出人类思想家的深邃；卢梭则立足于人类思想家的立场，表现出资产阶级思想家的局限。

卢梭、伏尔泰，一个阶级内两条路线的斗争，激进还是渐进？诉诸人民还是祈求"君主"？

伏尔泰也激进，但他的激进不断地屈服于对统治者的妥协；卢梭的激进则是彻底的不妥协。

卢梭没有像伏尔泰那样期待革命，但卢梭却"制造"了革命。

不同于伏尔泰"倡导的开明君主政治和否定人民的平等要求，卢梭开辟了启蒙运动和启蒙思想转向革命的一条新径，正如赫尔岑所说：'当伏尔泰还为了文明跟愚昧无知战斗时，卢梭却已经痛斥这种人为的文明了。'"（转引自唐少杰：《世界圣哲全传·卢梭》）

然而，伏尔泰的世纪，怎容得卢梭咆哮？像毛泽东的文化大革命被中国人抵制一样，激进的卢梭，遭到几乎全欧洲人的反对。然而，被残酷"迫害"郁郁离世的卢梭，仅仅两年之后，便成了全欧洲人蜂拥朝拜的圣灵。苏格拉底、耶酥、卢梭……，这是一切前驱者的命运吗？

伏尔泰有着"上等人的高尚"。他满怀真挚的同情不求报酬地帮助穷人。但他的先决条件是：他首先要做一个有钱的上等人。就像过去的和现在的"青天大老爷"们，高踞于"下流社会"之上，对"下流社会"释以慈悲。

而卢梭有着"下等人的卑鄙"，他偷过东西，说过假话，甚至不养育自己的亲生孩子，把孩子送进育婴堂。然而他却绝不接受国王的大笔赠金，并最终从"上流社会"金碧辉煌殿堂里的相互吹捧和勾心斗角中逃离。

在《忏悔录》中，卢梭无情地解剖自己。"他把自己剥得精光，并把他那时代成千上万人所被迫忍受的一切都暴露了出来。他解放了时代的灵魂，他教它打碎了它的枷锁，教它认识和表达自己的思想。"（罗曼•罗兰：《卢梭简介》）

狄德罗、霍尔巴赫、伏尔泰……一个个伟大思想家内心深处的卑鄙，在卢梭对"丑陋小我"的自我鞭挞的催逼下，被尴尬地曝光。

"没有可憎之处的人是决不存在的。"（卢梭：《〈忏悔录〉讷沙泰尔手稿本序言》）贪欲、自私、忌妒……，人心之同，各如其面。所以才有耶酥、保罗、奥古斯丁、路德为追求圣灵，进行痛苦的自我改造。

卢梭以自我解剖的示范，释放着人性中渴望自由与实现自我的激情，也完成着人类对私欲与丑陋的自省。

马克思说，人所具有的我都具有。可是，在文过饰非和自鸣得意的"上流社会"们眼中，丑陋与卑鄙只属于"下流社会"；"精英们"宁可捂臭了内心的阴暗，也要用浓墨重彩把自己裹严。

"我的忏悔必然和许多别人的忏悔连在一起,凡是与我有关的事，我都以同样的坦率做这两种忏悔，虽然我想对别人多加照顾，但是我不认为我应该对任何别人比对我自己要照顾得多些."(卢梭：《忏悔录》)

"横眉冷对千夫指"！（鲁迅） 卢梭的解剖刀，剥去了"上流社会"雍容大度的画皮和温文尔雅的面具，使"上流社会"的神圣荡然无存。

毛泽东认同这个藐视：一场文化大革命，他撕裂了自己亲手创建的中国共产党的"神圣"，只留下了他自己的"神圣"；然后，随着文化大革命的失败，毛泽东黯然走下神坛，一切神圣都不存在了。

"灵台无计逃神矢"。（鲁迅） 消失了的毛泽东和他的神圣，融会在人民的心中。

人民心中的毛泽东，重新走上神坛，那是人民心灵的神坛。

从卢梭到毛泽东，我们可以听见"人民之子"的心语：让上流社会的虚假神圣让位于人民神圣。人民从被压抑的自卑中挺起了胸，"黑手高悬霸主鞭"；从理所当然的被鞭打，到充满自信地夺过鞭子，向"上流社会"甩去。

鞭子能够砸烂束缚"上流社会"的枷锁吗？

其实，枷锁并不仅仅束缚着"上流社会"。

"人是生而自由的，但却无往不在枷锁之中。自以为是其他一切的主人的人，反而比其他一切更是奴隶。"（卢梭：《社会契约论》）

这是私有制和私有观念的枷锁，是金钱和物欲下的奴隶。

与卢梭同时代的狄德罗、伏尔泰、洛克、休谟等一大串光辉的名字相比，卢梭，只有卢梭，追求着与私有制及私有观念的彻底绝裂。这就是为什么卢梭最终与他的战友分裂而陷入孤独与疯狂的原因。

被伏尔泰视为最高荣誉并绞尽脑汁企图获取的法兰西学院院士这一头衔，卢梭却嗤之以鼻。高贵的卢森堡夫人盛情地为他争取这一荣誉，他拒绝了；著名思想家休谟为贫穷的他争取国王年金，他又拒绝了。不仅拒绝，卢梭甚至神经质地认为卢森堡夫人和休模是在陷害他。卢梭真的疯了吗？

"我既决定在独立和贫穷中度过我的余生，我就竭尽我灵魂的全力去挣断时论的枷锁，勇敢地做着我所以为善的一切，毫不顾忌别人的毁誉。"（卢梭：《忏悔录》）

彻底挣脱枷锁和奴役的决心，使卢梭变得"乖僻"。

不应怀疑卢梭的绝大多数朋友（包括贵族和贵妇人）的真诚与高尚，卢森堡夫人和休谟，还有卢森堡元帅、伏尔泰、狄德罗、达朗贝尔等等，已经是整个社会中最优秀的部分。然而，不可否认，这只是私有制和私有观念中最优秀的部分，他们真诚地以自己的心胸和见解来帮助甚至要求卢梭，却让卢梭不能容忍。"如果我又开始在某一件事情上向世俗的见解低头，不久就会事事都要重新受到世俗见解的奴役了。"（卢梭：《忏悔录》）

"世俗见解"的共识：一个可以不穷的人，怎么能甘心做一个穷人呢？

朋友们以富人的怜悯和公正，要帮助卢梭摆脱物质的贫乏，回到卢梭在"上流社会"本来的位置。

人生在世，有几个这样的朋友，该是多么大的幸运啊！

然而，卢梭不是平原上的丘陵，而是世界之脊珠穆朗玛。于是，伏尔泰、休模式的高尚立刻变得猥琐甚至卑鄙。"诚然，那笔可以说是到手的年金，我是丢掉了；但是我也就免除了年金会加到我身上的那副枷锁。有了年金，真理完蛋了，自由完蛋了，勇气也完蛋了。从此以后怎么还能谈独立和淡泊呢？一接受这笔年金，我就只能阿谀逢迎，或者噤若寒蝉了。"（卢梭：《忏悔录》）

尽管卢梭不得不正视私有制及私有观念的存在，但在他的灵魂深处，已经毅然决然地决定"摆脱物欲的束缚"（《忏悔录》），与私有制和私有观念决裂。朋友们的帮助，等于硬拽他向私有制投降，所以导致卢梭的愤怒，以至绝交。这种"忘恩负义"，这种"不近人情"，怎么能不极大地伤害他的诸多朋友真诚的心。

稍晚于卢梭的英国著名哲学家罗素，对此也耿耿于怀，他愤愤地指责卢梭"欠缺一切平常道德……对最好的朋友有卑鄙行动。"（《西方哲学史》）

然而，这些朋友（加上罗素）就不能反躬自责吗？真诚，将陷卢梭于不义。

当卢梭脱去上层社会的装束，解下高贵标志的佩剑和手表，决心过贫穷日子时，他的心灵，已经向着公有观念的太阳狂奔。这时，让他背叛自我，俯首帖耳地拜倒在国王和贵族的脚下，乞求一份维持上等生活的年金和一顶法兰西院士的荣誉帽，这难道不是对卢梭最大的人身侮辱与品格伤害吗？

中国的庄子曾设喻："朝菌不知晦朔，蟪蛄不知春秋，此小年也。楚之南有冥灵者，以五百岁为春，五百岁为秋；上古有大椿者，以八千岁为春，八千岁为秋。"（《逍遥游》）

—— 五百岁春秋与八千岁春秋之比，其伏尔泰与卢梭与？

18 世纪是伏尔泰的世纪，不是卢梭的世纪。

伏尔泰属于一个世纪，卢梭属于整个人类。

卢梭说："我们所有的智慧，都脱不了奴隶的偏见。我们所有的习惯都在奴役我们，束缚我们，压制我们。文明人从生到死都脱不了奴隶的羁绊。"（《爱弥儿》）这句话或可注解卢梭和他的朋友们。

正在奋力挣脱"羁绊"的卢梭，不会让朋友们再套上"羁绊"，更不会理会罗素在身后的喋喋。

为心灵的革命，卢梭大步甩开了他的朋友，呐喊着冲决"羁绊"。他一头扎进"卑贱者"的群体，将精神的冲决诉诸物质的冲决，一任自由之灵的翔飞，为"自我"的孤独辩护，并导引人民革命前行，

"当人民被迫服从而服从时，他们做的对；但是，一旦人民可以打破自己身上的桎梏而打破它时，他们就做得更对。"（卢梭：《社会契约论》）

挣脱奴隶的枷锁，欢呼心灵的解放。"以绞杀或废除暴君为结局的起义行动，与暴君前一日任意处理臣民生命财产的行为是同样合法。暴力支持他，暴力也推翻他。"（卢梭：《论人类不平等的起源与基础》）

国家，是人民契约的产物，如果特权阶层剥夺人民的自由，人民就有造反的权力。尽管卢梭不愿看到造反所带来的动乱，但他却从法理上论证了人民革命的合理性。

拿破仑说："无卢梭则无法国大革命。"卢梭不仅以自由、平等、天赋人权和主权在民等思想，为法国大革命搭构了理论框架，为建设未来民主共和国绘制了行动蓝图，还亲自吹响了法国大革命的进军号角："首先扫清地面并抛弃一切陈旧的材料，以便重新建造一座美好的大厦。"（《论人类不平等的起源与基础》）

法国大革命成为卢梭灵魂的诉说。罗曼•罗兰赞道："他是共和国的宣布人，法国革命宣称他是革命的肇始人。"（《卢梭简介》）

并不是年青的罗伯斯庇尔拜谒老年卢梭时所许心愿的兑现，而是整个欧洲对卢梭的认同在法兰西这个激情民族的爆发。

1789 年法国大革命，是对旧制度在全世界范围内的第一次颠覆。

从巴黎蔓延至法国全国那摄人心魄的冲天火焰，："是不是一次辉煌的日出？黑格尔说，是。康德说，是。歌德还说，是！"（朱学勤：《道德理想国的覆灭》转引自唐少杰：《世界圣哲全传•卢梭》）

法国革命是对 17 世纪英国革命和 18 世纪美国革命的升华。不彻底的英国革命，凭借高卢雄鸡的鸣唱，提升着人类的精神；不彻底的美国革命，依赖法国精神的指引，最终沐浴在自由女神的光辉下。

英国革命"光荣"地盖着封建的印章，法国革命激昂地喊出社会主义的强音。

被卢梭精神的规定，法国大革命不同于以往历次农民起义。她以维护私有权的"平等"要求，呐喊出彻底挖掘私有制根基的宣言；她以资产阶级革命的形式，抒发出无产阶级和广大人民群众追求"公有"的心声；她以资本主义的胜利，迸发出社会主义精神的辉煌。

第一次完全意义上的资产阶级革命，就不是资产阶级一家独立完成的。而是联合无产阶级和广大人民群众，共同完成的。

这个革命的性质，"资产阶级"四个字，涵盖得了吗？

资产阶级革命，内涵着无产阶级的使命；资本主义社会的建立，同时就是社会主义社会的开始。

如果说，中国孙中山的革命不同于以往历次革命，是因为从改朝换代的造反，升华为对整个私有制的颠覆；那么孙中山的前驱，正是卢梭和法国大革命。

这个革命的性质，是人类文明史上，私有制和私有观念被公有制和公有观念第一次猛烈的冲击。

两个制度、两种观念的斗争，你死我活。

这就不难理解，为什么反对死刑的罗伯斯庇尔违心地走向血腥专政的极端；为什么被一些"知识精英"阴毒咒骂的雅各宾党，却被马克思和列宁热情地讴歌，并自诩为雅各宾事业的继承人。

攻克巴士底狱，法国大革命爆发。人民自决权原则为整个欧洲树立了榜样。

革命的直接目标是自由，然而为人民自由的成果，法国革命政权却迅速走向恐怖。因为，整个欧洲的封建势力联合起来了，贵族、僧侣、教会和面临失去财产的有钱人联合起来了。他们以满腔仇恨和必死的决心保卫他们的地位和财产，他们以血腥的复仇成了无畏的战士。

生与死的搏斗！革命领袖罗伯斯庇尔双手血腥，成千上万地屠杀贵族、教士、保王党，直至处死国王路易十六。"人民自觉"的原则猛烈冲击欧洲封建势力。

路易十六被处死，震惊了各国君主。恐慌于革命的传播，几乎欧洲所有君主国参加了联盟，杀向雄起的法国。

共和国危机！

内部敌人响应外国联军的包围和进攻，使革命政权陷入内外交困，继续革命还是妥协让步？势成骑虎。如果妥协，在强敌包围中无异于跪地投降，不但丧失革命成果与原则，更丧失了气节与精神；继续革命，则是生路渺茫。但即使牺牲了也能留下革命的火种。法国人民选择了后者。

托克维尔由衷地赞颂法国人英勇的牺牲精神："美国的独立战争怎么比得上法国大革命的战争呢？或美国人的努力怎么比得上法国为抵抗全欧的进攻所作的努力呢？在法国抵抗全欧的进攻时，它没有钱，无处举债，没有同盟者，投入1/20 的人力去迎敌，用一只手去扑灭国内燃起的大火，用另只手在国外挥舞火炬。"（《论美国的民主》）

为捍卫脆弱的革命政权，罗伯斯庇尔以坚定的信念，开始了救国专政。他和他的战友"必须对付全部边界线上的外国军队，对付内战，还要对付不同意清除吉伦特派的外省城市……最后还要对付财政与经济困难以及饥荒的威胁。"（加亚尔等：《欧洲史》）

罗伯斯庇尔几乎失去理性，只剩下为革命激情的疲于奔命。屠杀在继续，一批批反对者成为血祭革命的牺牲，曾经的同盟者甚至战友，也一个个被押上断头台。这并不是罗伯斯庇尔一个人的过错，而是你死我活的阶级斗争和危在旦夕的共和国迫切需要的为自由的畸变，也就是罗伯斯庇尔为自己的偏激所辩护的："为美德的恐怖"。

谁也无法否认罗伯斯庇尔对美德的真诚追求，但是当被捍卫的美德日益处于"四面楚歌"的包围中时，罗伯斯庇尔便沦为犹斗的困兽。屠杀与专制只是内心空虚的表象。罗伯斯庇尔被沉重的罪恶感压倒，畸变的刚强掩盖不了内心崇高信仰的失落。为自由与平等的心灵悲歌，成为他被押上断头台的前曲。

无庸讳言雅各宾党人和罗伯斯庇尔的残酷，可是不能淡忘，更不容抹杀，与罗伯斯庇尔相对应甚至有过之而无不及的——反动势力对人民的残酷，

从来都是剥削者对广大被剥削者的残忍，这是天经地义的；人民革命对剥削者的残忍，从来大逆不道。所以，对法国大革命、俄国十月革命和中国文化大革命，至今犹闻控诉声。

要知道，法国大革命的血腥气，绝不是罗伯斯庇尔个人意志的结果，而是人民大众与剥削者斗争尖锐化甚至畸形化的表现。人民大众的义无反顾表现为视死如归的英勇，反动势力同样义无反顾表现为视死如归的英勇，两个阶级被你死我活的残酷搏杀激发出全部的英雄气概。

不看到这一点，沉溺于抽象的自由、平等、博爱的多愁善感，怎能不被血色的铺染吓昏了头？

所以，罗伯斯庇尔魂断巴黎，只是结束了他个人的极端，人民的极端情绪并

不因此消失。当热月党人放弃专政的手段，寻求中庸，便很快使自己陷入软弱可欺的境地。保皇派趁机反攻倒算，竭力恢复君主制，共和国面临失败的危险。

"将出现凯撒"。这是罗伯斯庇尔死前的预言。这预言也许有着对自身的遗憾，但更多的是对未来的企盼——革命的"暴君"。

当人民的伟力浓缩成军队的伟力时，被人民情绪锻铸的拿破仑，便具有了超越罗伯斯庇尔的能量。

革命的法国，在拿破仑的旗帜下，所向披靡。拿破仑的暴力之剑，横扫欧洲封建势力，甚至活捉教皇。被他扫荡的封建国家转变为民主共和国。他成为欧洲各国封建君主和反动贵族眼中的魔鬼。

拿破仑的伟大地位，迫使整个欧洲承认。

于是，"革命被加冕为帝"。（加亚尔等：《欧洲史》）

法国全民投票，350 万张票赞成，0，25 万张票反对——1400：1。几乎全民一致通过拿破仑称帝。人心所向，大势所趋。

法国大革命，是不成熟的资产阶级联合不成熟的无产阶级，在深厚的封建土壤上进行的革命，不成熟的资产阶级理论无法将革命进行到底，广阔的小农经济期盼救世主———一个好皇帝。

拿破仑应运而出，帝制复辟！

然而，革命是帝制之敌。拿破仑一面被欧洲各国君主视为"革命之子"，一面被为他加冕帝制的法国人指责背叛自由。

拿破仑几乎用武力统一欧洲，法兰西帝国功败垂成。帝国崩溃是必然的。因为，专制的欧洲背离人民的愿望。欧洲人民支撑着法国革命的胜利，但欧洲人民不能接受在革命名义下的专制与奴役。

如果说，文艺复兴举起神学的号角，传达了世俗的声音；那么，法国大革命则举起世俗的号角，传达了上帝的声音："社会的目标是为大众谋幸福。""统治权属于人民。"（《人权宣言》）

卢梭曾经预言："欧洲的大君主们已经没有多少日子好混下去了，一切都燃烧起来了，而整个燃烧中的国家正在促使他们衰亡。"（《爱弥儿》）

仅仅是欧洲的大君主们吗？——不！

> "……他的预言，
> 像神秘的古代毕西亚洞的神，
> 把整个世界投进熊熊的火焰，
> 直到所有的王国化为灰烬。"
> ——拜伦

（转引自唐少杰：《世界圣哲全传·卢梭》）

3、穆罕默德：人类解放的使者

这是三个伟大的民族：阿拉伯民族，俄罗斯民族，中华民族。

伟大的民族哺育了伟大的儿子：穆罕默德，列宁，毛泽东。

在人类文明史上，也许只有这三个人，同时兼具思想家的深邃、被压迫阶级领袖的崇高和开国英雄的博大。

剑指魑魅魍魉，思接无垠之宇。他们敞开为人类解放的宽广胸怀，让思想的光辉磨砺着武器的锐利；他们嘲弄知识精英"本来可以不需要动用武器"（考茨基）的慈悲絮叨，"一手拿剑，一手传经"，从不掩饰为"圣战"的扩张。

今天，穆斯林的子孙，俄罗斯的子孙，中华民族的子孙们，能够继承这种精神的扩张吗？

曾经，安拉精神的扩张，铸造了人类文明史的辉煌：

"当欧洲还处于中世纪的蒙昧状态的时候，伊斯兰文明正经历着它的黄金时代……几乎所有领域里的关键性进展都是穆斯林在这个时期里取得的……当欧洲文艺复兴时期的伟人们把知识的边界往前开拓的时候，他们所以能眼光看得更远，是因为他们站在穆斯林世界巨人的肩膀上。"（尼克松：《抓住时机》）

这个巨人就是穆罕默德。

公元 8—9 世纪，被穆罕默德的感召，"阿拉伯人带着他们的宗教狂热迅速地把自己的势力扩展到东方和西方各地，他们也以同样的速度经历了文化的各个阶段，在短期间内，他们在文化方面的进步，大大地超过了西方。"（黑格尔：《哲学史讲演录》）

然而，不仅仅是"宗教狂热"！

在"宗教狂热"的背后，是广大人民自我意识的觉醒。人权的解放、民族的解放和理性的解放，铺天盖地而来的解放狂飙，从阿拉伯沙漠向亚、非、欧广大地区席卷。就象 1000 多年后毛泽东欣喜地评论中国文化大革命一样："从来的群众运动，都没有象这次这样发动的这么广泛、这么深入。"

被穆罕默德广泛而深入地发动起来的群众运动，破天荒地调动起亿万民众、尤其是下层社会的积极性。获得解放的人民以更大的积极性去争取更多的解放，"自我"被激情地扩张着，众多"自我"汇成一股势不可当的洪流，荡涤着特权阶层藏污纳垢的贵族城堡。

"当安拉的援助与胜利一旦来到，
你会看到人们成群结队地加入安拉的宗教。"（《古兰经•援助》）

（注：经文引自林松：《古兰经韵译》，下同）

伟大的伊斯兰解放运动挣脱着基督教世界的枷锁，安拉的旗帜以胜利的自豪永远地镌刻在人类文明史的纪念碑上。

（1）《古兰经》之一：为人权的解放

怎样做一个穆斯林？

穆罕默德回答："为你相识的人和不相识的人提供饮食和安全保证。" 他在麦地那的首次演讲，便托出一副衷肠："你们中有谁能向穷人施舍半个椰枣，切不可因小善而不为；若是无可施舍，说句温心的话也行。" （见麦赫穆德•萨里姆：《穆圣的故事》）

——对人权的尊重！

在穆罕默德为安拉宣谕的经文中，从不掩饰对富人的憎恶：

"贪恋尘世，把私欲追逐。
他的情况就好像狗，
你如果呵斥它，
他便把舌头伸出；
或者你抛弃它，

他也把舌头往外吐。"(《古兰经•高地》)

作为被压迫阶级的领袖，穆罕默德穷毕生精力展安拉之旗，始终把斗争大方向牢牢地指向特权阶层：

"你们并不优待孤儿弱女，

你们也不相互催督勉励，

给贫苦人饮食充饥；

你们竟将遗产侵吞肥己，

你们贪得无厌地聚敛钱币。" （《古兰经•黎明》

正因为穆罕默德以被压迫阶级领袖的鲜明立场登台亮相，所以他的伊斯兰组织就像耶稣的基督教社团一样，早期信徒大多是"下层平民和奴隶"。(林松：《古兰经知识宝典》)他们深切感受着贵族的专横和贫富分化的屈辱，饱尝着被损害被压迫的酸辛；他们对剥削阶级的刻毒仇恨，被穆罕默德高度集中，抽象为安拉的启示，成为千古真言：

"已为悖逆者裁制好火衣，

沸水滚汤将对他们劈头盖脑地泼去，

将会熔化他们的内脏和表皮，

铁质的鞭抽打他们的肌体。"(《古兰经•朝觐》)

面对黑暗的统治势力，穆罕默德表现出无与伦比的勇气和崇高的自我牺牲精神。他宣谕的《古兰经》，得到人民由衷的认同；他率领一支揭竿而起的沙漠之旅，经过血与火的厮杀，气势磅礴地掀翻一个世界，创立了穆斯林的解放区，并向整个西方社会吹响了人权解放的号角。

公元五、六世纪的阿拉伯大地，还处在原始公有制的氏族时期。"在部落内部，牧场、水源、耕地，有时甚至牲畜也是氏族的集体财产，通常只有帐篷和随身携带的物品才属于私有。"(金宜久主编：《伊斯兰教史》)

追求平等的原始精神，流淌在沙漠民族野性的血液中。氏族成员"只知道家庭或部落的血缘关系，只知道结盟和以牙还牙的原始报复，……他们受不了个人之间、部落之间的任何不平等，不甘忍受任何欺压和虐待。" （刘克苏：《世界圣哲全传•穆罕默德》)

部落或部落联盟，是公有制向私有制的过渡；氏族、部落之间的残杀，已经在削弱血缘联系，加速原始公有制的解体。

形式上的公有制，发展着从奴隶占有到土地私有的私有制；而这种私有制没有脱离公有制的外壳。即"动产的私有制以及后来不动产的私有制已经开始发展起来，但它们是作为一种反常的、从属于公社所有制的形式发展起来的。公民仅仅共同占有自己的那些做工的奴隶，因此就被公社所有制的形式联系在一起。这是积极公民的一种共同私有制。"(马克思、恩格斯：《德意志意识形态》)

在罗马、埃及、印度和中华民族的私有制已经日益暴露出腐朽与丑恶之时，阿拉伯人的私有制还保留着原始公有观念的朴实与纯真。这是新生的私有制："贫富矛盾还隐蔽在氏族关系之中，在氏族制的外壳下，队商贸易的急切需要，又把各氏族联结在一起，个别成员还不可能直接突破这一外壳。"(吕大吉主编：《宗教学通论》)

然而，公共利益高于一切的优良传统，却成为在原始公有制中成熟起来的贵族集团愚弄族人的工具。他们借助原始公有制的偶像，麻木族人的灵魂，侵吞氏族的公有财产。人民被驱赶着，为统治集团的利益而流血厮杀；人民的人权，在麻木中被愚弄，被剥夺。

原始公有制在解体，世袭王权和世袭贵族坐大。随着在氏族框架内崛起一个上层贵族的特权集团。"整个氏族制度就转化为自己的对立物：它从一个自由处理自己事务的部落组织转变为掠夺和压迫邻人的组织，而它的各机关也相应地从人民意志的工具转变为旨在反对自己人民的一个独立的统治和压迫机关了。"（恩格斯：《家庭、私有制和国家的起源》）

私有制逐渐成熟。她的日益膨胀的身躯，虎虎生气地冲击伪公有制的外壳。

挣脱这个外壳，解放私有制！在广大民众内心潜涌着革命的呼声。

谁来领导这一革命？

——穆罕默德。

穆罕默德兵指麦加，正是代表人民对借公有之名行特权私有的反抗。

穆罕默德革命第一刀，杀向了偶像崇拜——

"如果你把偶像竖立，

你的功修必定失效无益，

你肯定会被列入亏损者之一。

不然，你只能崇拜安拉！

你应该知恩感激。"（《古兰经·成群结队》）

偶像崇拜作为原始公有制和原始公有观念的象征。在狭隘的氏族、部落的表象利益中，成就着贵族集团特权利益的最大化；而平民和奴隶，则被这象征所束缚，将自身利益与人权拱手让给统治者。

"必也正名乎！"（孔子）在阿拉伯社会，穆罕默德挣脱了伪公有制的枷锁，打碎了伪公有观念的束缚，以安拉的宣谕，为私有制正名。

私有制的本质是什么？

——被解放的公有观念！

"穆罕默德首先通过遗嘱制度确立了个人支配私有财产的权利，否决了氏族所有权；同时，逐步改革了父系男亲属分配遗产的惯例，肯定了直系血亲（包括女子）的继承权。由于私有观念的发展，各个部落内氏族集体的管理权已向家族和个人的所有权转化。氏族首领可以利用集体财产谋取私利。氏族的弱小成员常常受到监护人的欺诈和侵吞，妇女和儿童则被剥夺掉了继承权。穆罕默德为死者的男女近亲规定了以个人身份继承遗产的份额。"（吕大吉主编：《宗教学通论》）

制止贫富向两极恶性分化，让穷人被剥夺的私利回归穷人，让每一个人的私利得到公正实现，就是私有制的本质。

这个本质，是"天下为公"适应社会历史进步的变通。

保证任何个体的私有财产——每个人的私有财产在人权平等基础上的总和，就是公有财产。

这是《古兰经》的精神，这是伊斯兰精神；这是人类精神！

在这种精神的指引下，穆罕默德为确立私有制而奋斗，他以对民主的倡扬，否定上层社会的特权，鼓动下层社会的觉醒。

人权！阿拉伯半岛第一次响起人权的呼声。

"天下为公"，从剥夺富人始！

为劳苦大众争取人权的阶级斗争，刺痛了剥削阶级敏感的神经。贵族集团意识到权力被颠覆的危险，以及《古兰经》"启示的道德观念与他们的致富手段和生活方式的尖锐对立。经文中内涵的批判锋芒，终将导致在教义上安拉与偶像的势不两立。"（金宜久主编：《伊斯兰教史》）

特权阶层一针见血地斥责穆罕默德是"破坏团结的、最恶劣的人"。（见《古

兰经•战利品》注释）

穆罕默德针锋相对，他让安拉的声音彻响阿拉伯上空：

"我每逢派使者对一个城镇劝谕，

城中的富豪总是说，

'我们否定你所传示的东西。'"（《古兰经•赛巴邑》）

"我派过警告者到城镇里，

它的权贵豪绅总是说：

我们发觉先祖奉行一种宗教，

我们要坚定跟从他们的遗迹。"

对这些权贵豪绅，安拉无情地"惩治了他们。"（《古兰经•金饰》）

"你们在尘世生活中已享尽荣华富贵，

今天，有凌辱之刑对你们酬遇，

——只因你们当初在地方上专横跋扈，

只因你们一贯横行无忌。"（《古兰经•沙丘》）

在《布哈里圣训实录精华》里，穆罕默德更决绝地把富人踢下深渊："我站在天国门前，只见进天国者多是穷人。至于富人，他们因被清算而被挡在天国门前。"

这与《圣经•新约》中耶稣的决绝："富人进天国，比骆驼穿过针眼还难"，异曲同工。

进而，穆罕默德将无情的批判指向整个特权集团："你们贪图执政了，在后世之日，你们会为掌权而备尝苦头。当官掌权之初是多好，其后果结局又是多坏。"（坎斯坦勒拉尼注：《布哈里圣训实录精华》）

鲜明的阶级对立和尖锐的阶级斗争！

穆罕默德在麦地那建立的穷人政权向麦加的贵族政权展开了长期战争，麦加贵族组建一支庞大的军队，拼死负隅顽抗。穆罕默德也着手组建武装力量。

血缘联系被以宗教为旗帜的阶级搏杀所取代，在双方的殊死决战中，穆罕默德九死一生，伤痕累累；他的战友也多次被暗算，被杀害。敌我斗争如箭在弦上，紧张激烈。

为鼓动战斗的激情，穆罕默德"以天启名义发出的教诲，与麦加贵族的世俗观念截然对立，直接触及麦加的社会现实，从而拨动了下层群众的心弦，激起强烈反响。"（金宜久主编：《伊斯兰教史》）

穆罕默德大力制造革命舆论，为被压迫者正义的暴力辩护：

"谁受欺压而奋起报复，

对这些人决没有责备的余地。

应受责备的人们是，

欺压别人，在大地上蛮横无理。"（《古兰经•协商》）

"如果他们对你们武装挑衅，

你们就该也动用武力，

对背离者就必须这样还击。

……谁欺压你们，

就以同样的手段有力还击。"（《古兰经•黄牛》）

耶稣追求人类心灵的解放，不肯担任起义领袖；穆罕默德则亲自组织义军，投身解放人权的实践。他设埋伏，打伏击，攻城占地，夺取富人财产，并将其严格地转化为人民公有：

"安拉所收归使者的城镇居民的产业，

都归安拉，归使者，

归亲属、孤儿、贫民和漂流者，

以免它成为你们富豪间周转的东西。"（《古兰经•放逐》

穆罕默德并非对富人有什么成见，他自己就是一个富人。然而，他清醒地认识到：私有制和私有观念的流弊，以及对人权的践踏，集中地反映在富人身上。他剥夺富人，建立并发展公有资产，使之成为规范、制约私有制畸形发展的物质保障。同时，向陷于私欲中的整个人类敲响了警钟：

"对世人的清算已日益进逼，

——他们正在昏暗中远避。"（《古兰经•先知们》）

对于人类的沉迷，穆罕默德非常现实地将"爱"作为"威"的附庸。耶稣之爱被安拉之威所取代：

"在他们以前，我使多少代毁灭？

让他们安居于你们所没遇过的境地？

我为他们降下了足够充分的雨，

我为他们开辟了流水通畅的河渠。

而后，我因他们的罪过而将他们毁弃，

继他们之后，我又让另一个世代兴起。"（《古兰经•牲畜》）

惩恶的目的，为了扬善。人权的解放，表现为对富人的剥夺。但不能止步于此，不能是为私欲争夺的对财产与权力的更替。彻底的人权解放，是人类心灵深处对真、善、美的由衷认同。

真、善、美，来自于原始公有制的深厚积淀。

在麦加，穆罕默德处在贵族集团的包围与危险中。他的幸存，有赖于原始公有制的残余——氏族制的血缘联系。他所属的氏族，长时间承担起传统的血缘责任，保护了穆罕默德这个氏族血缘的叛逆。

不仅是穆罕默德，就是早期的穆斯林们，在被麦加贵族集团残酷迫害时，也得到了氏族内千丝万缕的血缘关怀，反映着原始公有制底蕴的优良传统。

正是对公有观念的心许，穆罕默德强烈地主张回归原始公有制，他早期的传教，就是通过警示和对安拉的"认主独一"来追求世风向善。

然而，经过一番努力，穆罕默德无力阻止私有观念的滋长，也无法改变上层社会的腐败。他逐渐认识到："只有拿起枪杆子，才能消灭枪杆子。"（毛泽东）他开始正视私有制，规范并引导私有制，为私有制正名。他将公有制原理与阿拉伯革命具体实践相结合，动员群众，组织群众，筹建军队，创立了伊斯兰教。

伊斯兰教，处处闪耀着公有观念的光芒：

"对于双亲应该孝敬，

对亲戚、孤儿、贫民应该同情，

……要赈困济穷。

……你们切不可自相屠戮，杀人害命，

你们切不可把同类驱逐出境。"（《古兰经•黄牛》）

"你们的奴仆中有人要求把赎身契约订立，

如果你们知道他们是善意的，

就该跟他们把约订立，

并把安拉赐予你们的一部分财物分配给他们。"（《古兰经•光明》）

坎斯坦勒拉尼注《布哈里圣训实录精华》记载圣人语录："你们的佣人就是你们的同胞，真主让你们管辖他们，只要是在你们手下干活的同胞，你们自己吃啥也应让他们吃啥，自己穿什么也应该让他们穿什么。"

这是正视私有制现实，并以公有观念的变通，制约和规范私有观念。

穆罕默德否定了贵族的特权：凡杀人者，不管居于什么地位，都要抵命。他提升着妇女的命运，从理论上宣告了男女地位的平等。

"你们切不可奢望，

安拉使你们一部分比另一部分优异，

男人们可因其所为而获得一份善遇，

女人们也可因其所为享受同等待遇。"（《古兰经•妇女》）

这一系列对私有制的具体规定，显示了安拉精神的博大。他宣谕穆罕默德："我派遣了你，只为对世人慈爱怜恤。" 他教育先知："我让每一个人都乐善行义"，然后"为楷模去指导人"，启示人类"行善、礼拜、赈济"。（《古兰经•先知们》）

"爱"，从耶稣高踞于云端的上帝抽象，落到了阿拉伯滚烫的土地上，成为有血有肉的人权——

穆罕默德说："你应襄助那虐待他人和遭遇虐待的教胞。"

有人问："使者啊，我们可以襄助被虐待者，但虐待他人者，我们怎样襄助他呢？"

使者道："你应限制他作恶行亏。"（《布哈里圣训实录精华》）

保护弱者，就必须限制恶者；维护平等，就必须剥夺强权；面对"作恶行亏"的恶棍，就应该夺过他的棍子。只有这样，才能保护弱者的人权，也才能让恶者懂得什么是人权。

阶级斗争，反抗特权——耀亮《古兰经》的顽强的精神！

而对于穷苦同人，则是尊重他的人权；对自己，更是对人权的自尊。

在《布哈里圣训实录精华》里，有一个精彩镜头：

一对贫穷的穆斯林夫妻招待陌生来客，将为孩子晚餐预备的唯一的一块干饼捧出，然后哄孩子饿着肚子睡觉，继而弄熄灯烛，在黑暗中让客人以为三人共同进餐，实际上夫妻二人饿着肚子陪客人。这样的舍己助人，连安拉都惊叹了，于是有了这样一段启示：

"即便他们有迫切的需求，

也情愿先他人而后自己，

谁能戒除吝啬自私，

才能够获取胜利。"（《古兰经•放逐》）

安拉欣喜地表彰穷苦的穆斯林，转过身来严肃地批评使者穆罕默德——

穆罕默德正与富人在室内交谈，适逢穷苦的盲人来求教；穆罕默德不耐烦地转身走开。事后他深感不安，借安拉之口沉痛地做了自我解剖和自我批判：

"他紧皱眉头，他转身回避，

……因为那盲人来到那里。

你怎能知道，也许他纯洁可取，

或者，他接受劝戒，教谕对他有益！

至于那富有权势的人，

你则对他亲昵，

他本来就不纯洁，与你没有干系。

至于那（盲）人前来殷切求教于你，

他，怀着（对主的）警惧，

你却对他怠慢冷遇，

错了，它确实是个警戒的事例。"（《古兰经·皱眉》）

还有一次，一个老太婆来求教，她为自己死后能否进天堂而忧郁。穆罕默德粗暴地答道："先知难道没有代人向安拉求情说：'请允许我进入天堂'吗？老太婆是不会被允许进入那种高贵的地方的。"

这是伟人内心的阴暗。但伟人能够迅速自省。很快，穆罕默德认识错误，他追回盲人，和善交谈；他给予老太婆美丽的希望："不要担忧，安拉会使你再次年轻的。"（见罗·派克：《穆罕默德》）

请听穆罕默德代言整个穆斯林的诵念："真主啊，祈你让我同我的罪过如东与西互相隔离一样；真主啊，祈你使我的罪过犹如白布上涤除污垢一样；真主啊，祈你用水、雪和冰雹洗涤我的罪过。"（坎斯坦勒拉尼注：《布哈里圣训实录精华》）

在深重而苦痛的自责中，穆罕默德升华为"圣"。

升华为"圣"的穆罕默德，高擎"人权解放"的烈烈战旗，引领穆斯林和整个人类在反抗特权剥削的阶级斗争中，自我救赎。

（2）《古兰经》之二：为民族的解放

日本学者井筒俊彦对耶稣和穆罕默德做了精辟对比："耶稣是个天才。他虽然出生在这一闪族人的世界中，却完全超越了闪族人的根性。" 穆罕默德也是一个天才，"同样生长在闪族的世界，同样承受了闪族的血统，他不是超越闪族人的根性，而是充分地、深深地开拓它，尽量地应用它，从而创立了伟大的宗教。"（《伊斯兰教思想历程》）

对于《圣经·旧约》，耶稣继承了形式，升华了本质；穆罕默德继承了本质，升华了形式。

一个从耶和华到基督，一个从耶和华到安拉。

作为闪族的后裔，阿拉伯人与犹太人本是同根兄弟；犹太教、基督教与伊斯兰教则是同祖共宗。

伊斯兰教认为，真主曾先后向世人派遣过 315 名使者，其中最著名的有"六大使者"：即阿丹（《圣经·旧约》的亚当）、努哈（《圣经·旧约》的诺亚）、易卜拉欣（《圣经·旧约》的亚伯拉罕）、穆萨（《圣经·旧约》的摩西）、尔萨（《圣经·新约》的耶稣）以及穆罕默德。

闪族人的历史，是一部罪恶与向善交织的历史。这历史，斑斑点点，留下一处处被安拉惩治的残败不堪的废墟，诉说着犹太人对"原罪"的自省，也诉说着穆斯林对真主的畏惧和对末日的警示。

"我已派努哈对他的族人规劝，

他停留在他们中间，

只差五十年就满一千年，

他们终因背义而被洪水所淹。"（《古兰经·蜘蛛》）

这是《圣经·旧约》中诺亚方舟的故事。当原始公有制遭到私有制的猛烈侵蚀而人们陷于私欲而利令智昏时，灾难就会不期而至。那一场淹没世界的大洪水，发泄着安拉因人类"背义"的愤怒。

安拉不是博爱之神，而是惩恶扬善之神。他是《圣经·旧约》中至上神耶和华的再现。善良，被安拉满腔热情地赞美着，表彰着；丑恶，则被安拉一次次地大发烈怒予以毁灭：

"在你们之前的好几代人已被我毁弃，

他们中的使者曾向他们展示过凭据，

他们总是不义，也不肯皈依。

我就这样给作恶的人们报应惩击。

继他们之后，我使你们在大地上代之而起，

以便观察你们怎样处理。"（《古兰经·优努斯》）

穆罕默德认为：对于阿丹之后的人类，安拉把希望和经典寄托于一个民族。当这个民族沉迷于争权夺利而背离安拉正道时，安拉毁灭了它，又把希望和经典寄托于另一个民族……。穆罕默德作为安拉的"封印使者"，寄望于安拉最后选定的民族——阿拉伯人自爱自强，承担起人类解放的使命，不再背离安拉。

伊斯兰教传说，公元 621 年 7 月 27 日夜，穆罕默德随天使至耶路撒冷，于 7 层天上见到真主异景，并会见了《旧约》中的古代列圣阿丹（亚当）、努哈（诺亚）、穆萨（摩西）等，从而确立了穆罕默德绍承正统的圣人地位。耶路撒冷从此成为伊斯兰教圣地，阿拉伯民族也继犹太人和基督教之后，成为一个"为世人而崛起的优秀民族" （《古兰经·伊穆兰的家族》）：

"我就这样派遣你到一个民族中去，

——在他之前已有许多民族消逝——

以便你把我对你的启迪向他们宣谕。"

安拉"必定引导全人类"。（《古兰经·雷霆》）

一个承担着安拉"引导全人类"之重责的民族，首先要取得民族的独立。

麦加克尔白圣殿的 360 个偶像，表征着阿拉伯社会散沙一般的现状。但另一方面，360 个偶像聚首克尔白，却也表明着阿拉伯民族统一的趋向。

在伊斯兰教兴起之前，波斯与罗马的帝国征战，使阿拉伯人民在被奴役的争夺中，激发出强烈的民族意识。这种意识在阿拉伯人的部落融合与商业交往中进一步深化，促使各部落联合成为统一的民族和国家的历史前提渐趋成熟。

与此相应，模糊的一神观念，即安拉作为"天地间唯一最高的神"，则在阿拉伯原有宗教观念与犹太教、基督教的相互影响中升华。

外敌入侵，部落偶像原形毕露，它们听凭氏族和部落被蹂躏，束手无策。偶像威信的下降，为传播一神教让了路；而将麦加打造成一个商业、文化中心的古来什人，在增强阿拉伯人向心力的同时，顽固地坚持分散的偶像崇拜，阻挠民族统一。

民族统一的前提是民族解放。不挣脱氏族制的枷锁，不打碎偶像的权威，民族就不能解放。

穆罕默德克复麦加后的第一件事，就是捣毁圣殿里的全部偶像。

然而，捣毁偶像只是形式，民族解放的根本则是整个民族的精神解放。

一个信奉正义，坚持公正、平等、善良的民族，才是解放的民族。

解放的民族需要解放的意识形态。尽管基督教与犹太教的"一神观"对阿拉伯人的拜物教是一种解放，但它的异族入侵背景，却为阿拉伯人的民族感情所排斥；它日益腐朽的趋向，更不见容于新生的穆斯林。这时，用阿拉伯语降示的《古兰经》，便以其强烈的民族色彩，鲜明展开安拉之旗，承担起民族解放和统一的历史重任。

"认主独一"！

安拉之道在民族解放与统一中的核心地位，成为贯穿《古兰经》的主线。惩恶扬善，是对这条"主线"的诠释；历史的教训，演绎着对这条"主线"的警示。

《古兰经》记载：穆萨高举圣火，带领族人起义，反抗阶级压迫，争取民族独立，奔向自由天地。这一焕发耶路撒冷千年圣光的革命，在安拉的热情鼓励和倾心支持下取得辉煌胜利。"出埃及记"成为犹太人、穆斯林和基督徒们共同讴歌的神圣诗篇。

然而，为民族整体利益和人类解放而奋斗的精神，很快被胜利者的堕落所阉割：

"不肖的后继者承袭了经典，

他们捞取了今世的财富，

还扬言'我们将被饶恕'，

如果有类似的财富来临，

他们也要把他捞足。"（《古兰经·高地》）

一个个民族，一个个王朝，都是在公有观念的指引和人民的支持下兴起，在私欲横行的纸醉金迷和背弃人民中灭亡。从新生走向腐败，难道是不可抗拒的规律？末日审判，难道是不可逆转的结局？

安拉精神，能够融化在人类的血液里和行动中吗？

"在你以前，我已派遣使者到各个民族中去，

但魔鬼尽其力把他们诱迷。

……我把这部经典降示给你，

只是让你剖断他们的分歧，

并把它视为对皈依者的指南和恩遇。"　（《古兰经·蜜蜂》）

一代代的先驱者把自己的血肉作为圣火点燃，指引人类前进的方向。然而，真、善、美必须经受假、恶、丑的炼狱洗礼。

私有观念的侵蚀无孔不入，个人、集团、阶级、政党，无论压迫还是被压迫，先进还是反动，都必然深深地带上私有制和私有观念的印记，方能立足于社会；可是，对私有制的认同，却很容易使人们滑向私欲的泥淖，忘记人类公义，背弃安拉之道，成为罪恶的俘虏。

真实与虚伪，正义与邪恶，这"分歧"应当怎样"剖断"？

穆罕默德迁至麦地那后，曾向当地犹太人示好，力争他们的支持。但犹太人分明感受到伊斯兰教的咄咄逼人。穆罕默德的示好是希望对方的宽容，给自己一个平等的地位和发展的空间；犹太人则痛切感受到这种平等权的给予，只能是自身利益的割让和发展空间的缩小。

这种为私利的碰撞，摩擦出伊斯兰教与犹太教最初的火花。

在安拉的眼里，伊斯兰教与犹太教、基督教本为兄弟一家。然而，犹太失国，离散各地。居住在阿拉伯的一些犹太人经商牟利，放高利贷，剥削民众，发财致富，形成与穷苦穆斯林的鲜明对照。

贫富差别导致阶级对立，有钱的犹太人嘲笑安拉不肯让他的信徒发财，他们傲慢地讥讽："安拉的手被束缚"；这样，使本来就与之对立的穆斯林贫民更加因对他们精神主宰的侮辱而敌意倍增。

穆斯林与犹太人的宗教斗争和民族斗争，说到底是阶级斗争。穆罕默德传教23 年的大部分时间，一直把麦加剥削阶级、即自己的同胞古来什贵族集团视为主要敌人。

"劫"敌人之"富"，"济"战友之"贫"，是古今中外千年史册上阶级斗争的主要表现形式；而改变贫富悬殊，制约两极分化，则是公义反对私欲的基本要求。很明显，穆罕默德与犹太教的斗争，主要针对违背犹太教义倒行逆施的犹太富人；他与基督教的斗争，主要针对违背耶稣精神腐败堕落的教廷贵族；他与多神教的斗争，则针对侵吞公众利益的阿拉伯上层社会。

一句话，针对阶级敌人。

"阶级斗争是纲，其余都是目。"（毛泽东）

民族的新生，是被剥削阶级向剥削阶级斗争的成果，是人民伟力的爆发。穆萨是这样，穆罕默德是这样，列宁是这样，毛泽东也是这样；而民族战争，则在人民反对异族的义愤填膺里，更多的是剥削者为自身利益的争夺，是统治集团维持权力或扩展权力的工具，是对人民意志的愚弄和对人民力量的利用。

"工人没有祖国"！马克思、恩格斯在《共产党宣言》里的坚定表态，实际上是对释迦牟尼、柏拉图、耶稣、穆罕默德世界观的高度抽象。

"人类本来是一个民族共同体。"（《古兰经•优努斯》）引导人类的民族，靠的不是强权、不是高科技，而是人类精神。具有解放人类的胸怀，才能够解放民族。

"他已为你们制定教义，
——即他以此命令努哈的，
我也向你默示启迪，
我还以它对易卜拉欣、穆萨和尔萨授意
你们应当谨守教门，
不可分崩离析。"（《古兰经•协商》）

安拉为摩西、耶稣和穆罕默德，为犹太人、基督徒和穆斯林，为全体人类一视同仁地"制定教义"，这才是民族解放的真谛，才是《古兰经》的精髓。

这一精髓，不但焕发了阿拉伯民族解放的伟力，而且温暖着各族人民。当穆斯林受自己同胞中上层贵族的残酷迫害时，就曾得到基督徒的支持与帮助；有些基督徒甚至因为"博爱"精神被新兴的伊斯兰教义所重新激发，而放弃已经腐朽的基督教，改信伊斯兰教。

穆罕默德时期，犹太教、基督教先后质变为剥削阶级的工具，沉溺于腐败堕落之中，整个世界步入信仰危机。

失去精神力量的民族和国家，便失去了生存活力；而焕发着原始公有观念之人类精神的伊斯兰教闪亮登场，以其朴实无华的内在生机，成为人心所向。不到30 年，伊斯兰教便迅速征服了大量的民族和国家。

《古兰经》促成阿拉伯民族从落后中崛起,更以崛起的精神给世界注入生机。

世界对阿拉伯民族致以崇高敬礼，不是因为穆斯林铁骑，而是因为《古兰经》的安拉精神。

安拉精神鼓舞阿拉伯人和各族人民对民族解放的欢呼和对人权解放的期待；新生的伊斯兰教凝聚起新生的阿拉伯民族，首先向着以麦加贵族集团为中心的反动势力，吹响了解放战争的号角：

"先知啊！你要鼓励信士们奋勇歼敌，
你们中如果有二十个坚忍者，

便能战胜二百个仇敌；

你们中如果有一百个人，

便能战胜一千个悖逆之敌。" （《古兰经•战利品》）

随着私有制得到正名，穆斯林们的正当私利被肯定；而贵族集团的垮台，则使普通民众在人权解放中扬起了自尊的头颅。政治权利、经济利益和社会地位的提升，使穆斯林们释放出原始公有制长期聚集的能量，转化为献身安拉之道的热忱。他们高呼安拉之名，进行了一系列的对外征战。

像罗马人征服世界与日尔曼人征服罗马一样，被原始公有观念所深深浸染的阿拉伯人，尽情地张扬被解放的自由；他们挟新生私有制的朝气，以神圣的人民之威扩张"圣战"，所向披靡，摧枯拉朽般扫荡波斯和君士坦丁堡日渐腐朽的私有制。

伊斯兰教这个征服者的宗教，迅速成为各个被征服民族的宗教。

"伊斯兰教教义简明和戒律易行，作为一种朴实的新信仰和令人敬畏的道德力量，足以与基督教和祆教相抗衡。刚刚脱胎于氏族社会的穆斯林社团与阿拉伯人的部落传统，对于长期呻吟于暴政之下的臣民无疑有一定的吸引力。"（吕大吉主编：《宗教学通论》）

这里说的"部落传统"，实际上就是原始公有制及公有观念。

成千上万的基督徒们没有固执自己的信仰，皈依了伊斯兰教。这是对公有观念的皈依，对人类精神的皈依。

因为这时的伊斯兰教，尽管随着穆罕默德的归真和四大哈里发的各自作为，开始了为私欲的争夺和向腐败的倾斜，但依然大量地保留着原始时代的纯朴与清新，从而成为振奋被压迫人民精神的宗教。

阿拉伯民族的解放狂飙，得到全世界各族人民的千古认同。

"易斯拉仪的子孙们！

你们应该铭记我施予你们的恩典，

我让你们比同时代人更优越体面。" （《古兰经•黄牛》）

阿拉伯人能够把这"优越体面"长久地保持下去吗？阿拉伯人能够不蹈以前诸多民族被毁灭的覆辙吗？穆罕默德情深意长地留下慈祥而坚毅的目光，留下几多热望，也留下几多忧郁！

犹太人因腐败而亡国，基督教在奥古斯丁之后，也步入腐败。这腐败均可视为对安拉（上帝）的背叛，穆罕默德和他的伊斯兰教也会步犹太教和基督教的后尘吗？

穆罕默德在临终之前的"辞朝"演说中，聚集起全身的最后余热，向世人倾注了他的寄托："每个穆斯林都是其他任何穆斯林的兄弟，现在你们都是同胞，因此，别的兄弟所有的任何东西，不得他的同意而为己有，这对你们中任何人都是非法的。" （转引自金宜久主编：《伊斯兰教史》）

穆罕默德要阿拉伯人永远遵循安拉之道，"成为公允正派的民族。" 永远铭记安拉的宣谕：诚信《古兰经》，"也诚信赐予穆萨和尔萨的（经籍典簿）。"即摩西的《圣经•旧约》和耶稣的《圣经•新约》。 （《古兰经•黄牛》）

信仰的一体化，寄托着《古兰经》源自人类、融入人类、引导人类向善的心曲，体现着安拉之道的真谛。安拉将降示《古兰经》的荣誉给予穆斯林，就是把人类解放的重担放在了阿拉伯民族的双肩。

伟大的伊斯兰教在穆罕默德人类精神的激励下，从民族的宗教成为世界的宗教。世界接纳了伊斯兰教，是因为伊斯兰教之根深深地扎在统一世界的土壤中。

伊斯兰教成为世界的宗教，便展开博大的胸怀，像穆罕默德一样，为世界捧出热诚的心。

安拉的解放之光，呼唤着阿拉伯民族的崛起。

安拉必将——

"脱卸他们的重负，

并解除他们的桎梏。

因此，这些人对他皈依、尊重、协助，

并且追求跟他一起降临的光烛。"（《古兰经·高地》）

（3）《古兰经》之三：为理性的解放

公元9—12世纪，是伊斯兰文化百家争鸣的时期，阿拉伯思想家们虔诚地向安拉做着礼拜，同时将探索的目光投向安拉所创造的天下万物。实证科学在医学、数学、天文学等各领域的辉煌成就，确立着理性思维和逻辑论证的重要地位；伊斯兰教的教义与希腊哲学和自然科学原理的有机结合，构建起一套完整的伊斯兰教哲学理性主义体系。

毋庸置疑，这一理性的勃兴，与希腊哲学家被基督教迫害逃往阿拉伯世界有着密切关系。正是希腊思想的风暴，助燃伊斯兰教的理性之火成燎原之势。

然而，"外因是条件，内因是根据。"（毛泽东）如果没有阿拉伯民族的军事扩张和经济繁荣，如果没有穆斯林的生产力进步对理性思维的刺激与需要，尤其是如果没有穆罕默德亲手点燃理性思维之火，那希腊风暴所卷动的，就只能是漫天黄沙了。

在生活实践中摔打出来的穆罕默德，很早就感受着"政治、阶级冲突和争斗以及富人如何对穷人进行剥削。他遇见过自由民和奴隶，遇见过仁人君子和浪荡俗子，还遇见过暴发的显贵和落魄者。生活不平等和社会的不公正、政治的偏见、奴隶制的耻辱、妇女的屈从、对儿童和动物的残忍以及与所谓的宗教相联系的各种罪恶，这一切都给穆罕默德留下了深刻的印象。"（罗·派克：《穆罕默德》）

穆罕默德痛感广大民众对偶像的盲目崇拜致使自我人性的丧失和精神的麻木。他挣脱了传统迷信的束缚，以日益深化的理性思维，堆集起独立的疑问，探究着自我的见解。

穆罕默德不识字，但不等于没有文化。

"水静则明，心静则灵"。安拉之灵给予专心思考的穆罕默德以扫除迷雾的智慧之光，所向披靡的理性思维为他插上冥想的翅膀，引导他穷天地之翻覆，探古今之变化。

这样的理性思维，比起成千上万"文化人"，显然在一个更高的文化层面上。

穆罕默德是深邃的。他将伊斯兰思想之树深深扎根在人类几十万年原始公有观念的厚重土壤中。他生活的阿拉伯氏族社会尽管私有制全面取代公有制成为主导，但原始公有制的习俗与观念，融在穆罕默德的血液中，给他以真、善、美的亲情感受；同时，他贪婪地汲取《旧约》、《新约》对人类历史真、善、美的理论提炼与思想精解。他对原始公有观念的本能认同与自觉追求，使自身的理性思维得到高度提升。

穆罕默德也是简单的。整个《古兰经》洋洋数十万字，却是语句的大量重复。被一些学者用现代科学从《古兰经》字里行间寻出的"高深发现"，其实大多是阿拉伯人民长期实践的知识积累与生活提炼。

伟大出于平凡。任何深刻的思想必然是简单的思想。把思想弄得庞大而复杂，通常都是"学问家们"的故弄玄虚。穆罕默德的简单，使他以最适合当时民众觉悟水平的道理和警示，将深邃的理性灵液缓缓注入人民干渴的心田；如同 1000多年后毛泽东的《为人民服务》、《纪念白求恩》、《愚公移山》，很快成为一代人的行动指南。

理性知识的提炼，被穆罕默德在冥想中升华，深邃的"冥想"牵动着艰巨的理性思维，燃烧着生命之火。中国古代文学家扬雄写文章思虑过度，大病一场。其"呕心沥血"之誉，可为这种"冥想"做注：得到"天启"之后的穆罕默德，几乎被巨大的思虑击倒。他大汗淋漓，浑身颤抖，几近虚脱。

理性思维，饱尝着安拉之道近在眼前却远在天边的熬煎，忍受着对残酷现实愤懑不平的痛苦。穆罕默德从多神教、犹太教、基督教、拜火教中贪婪地寻求知识的启迪，却在烦乱的思索与疑问中经历剪不断、理还乱的苦恼；他更因对经文的反复研磨、反复记忆的慎重斟酌，完善着理性思维在创新中的艰苦探求。

"宝剑锋自磨砺出，梅花香自苦寒来。"在思想领域追逐真理之光欲罢不能的全身心付出，为理性探索废寝忘食的殚精竭智，投身人类解放而忘我的真诚，这一切，使穆罕默德——阿拉伯人民的伟大儿子，成了全人类的圣人。

穆罕默德在安拉的旗帜下进行理性解放。《古兰经》是在安拉名义下的理性解放之果。

氏族制时期对部落偶像的盲目迷信，被安拉抛进"末日的火狱"；对安拉之道的皈依，被加以理性的引导：

"你们应该巡游大地，
以考察前人是怎样的结局。"　（《古兰经•罗马人》）

一部《古兰经》，是在公有制与私有制、公有观念与私有观念两种制度、两种观念的剧烈变革时期，对现实问题的思考与解答。它是变通为安拉形象的原始公有观念与得到解放的私有制的统一，是信仰与理性的结晶。信仰的正义凭借理性的逻辑征服人心，理性的思维被信仰的神圣赋予崇高色彩。

这是善的理性，它对以自我为中心唯利是图的恶的理性，给予血的打击和毁灭性的屠戮；这是公义的信仰，它对巧取豪夺的私欲的信仰，给予刻薄的诅咒和火狱的惩罚：

"我一定给这城镇的居民从天降下灾难，
只因他们肆无忌惮，
我为有理智的人们，
留下明显的征兆借鉴。"　（《古兰经•蜘蛛》）

没有信仰的民族是可怕的民族，也是走向毁灭的民族。

穆罕默德对闪族神系的历史，有着清醒的理性认识。努哈一族、鲁德一族、穆萨一族……，一场场悲剧，一次次覆亡，书写下惨痛的史实和血泪的教训。穆罕默德在大量的对比中，启发着人们的理性思考：人类，究竟向何处去？

固然，在《古兰经》中，理性思维更多地表现为对安拉的证明。大自然的一切，是安拉神威的见证："今夫见草木之偃仰，而知有风；睹绿翠之萌动，而知有春；视己身之灵明，而知有性；参天地之造化，而知有主；必然之理也。"（刘智：《天方典礼》）

但是，安拉不容置疑的人民性，则使人民顺理成章地分有了安拉的理性。为安拉的理性向着世人的理性转化，阿拉伯人的理性启蒙在安拉的权威中进行。

基于对对理性的尊重，穆罕默德从未陷入宗教的狂热。他的冥想，从未失去清醒；他对宗教的热忱，保持着惊人的冷静。

他庄严地向世人，向安拉的子孙们宣告：理性的"自由"绝不是居高临下的自以为是，而是抽象为安拉的权威，承担着对人类整体道义的责任。

因为，人是个体的，更是社会的。理性要求人们对自身社会性自觉认同。这个认同，在《古兰经》中，集中为安拉之神性；而神性催发的理性之花，慷慨地为犹太教，为基督教，为整个人类绽放。

穆罕默德向"异教徒"们张开双臂，袒露博大的胸怀：

"我们相信对我们和你们的降谕，

我们的主和你们的主都是一个，

我们都只对他顺从皈依。"　（《古兰经·蜘蛛》）

毫无疑问，穆斯林应该向"开放"的西方世界学习，应该对基督教精神给予充分的尊重；然而，穆斯林的"保守"和伊斯兰精神，难道对西方就没有深刻的启迪？

理性，除了自由，难道不需要尊重与克制？理性，如果畸变为唯我独尊的自大，便是一种更加可悲的愚昧。对于西方文明的"愚昧"，穆斯林们难道没有责任进行伊斯兰精神的理性扩张？

伊斯兰精神—穆罕默德精神—安拉精神—人类精神！

理性与信仰，开放与保守，未必谁比谁强，兴许半斤八两。二者，需要互相尊重的中庸。

《古兰经》不同意基督教的"三位一体"和"道成肉身"，但穆罕默德却真诚地将耶稣推崇为"安拉的灵气"，而自己则是"封印使者"。灵气：闪耀着逼人的光芒；使者：承担着现实的使命。

穆罕默德为安拉的权威，确立了伊斯兰教思想体系。

穆罕默德认为，追逐财富的欲望是麦加社会罪恶的渊薮，对财富的信赖导致道德的沦丧。

然而，对私欲的沉迷仅仅是麦加社会吗？

穆罕默德的认识是清醒的："倘若人祖的子孙有两山谷畜群，他们定希求第三谷畜群。唯沙土能填满人祖子孙的肚子。"（《布哈里圣训实录精华》）

在《古兰经》中，阿丹（亚当）的传说，伴随着人类理性的开发。人是吃了天园（伊甸园）智慧树的果子，才与魔鬼易卜劣斯（撒旦）一起被逐出的。

——理性萌发私欲，私欲促进理性，私有制因素在公有制肌体中成长。

那么，是让私欲搅乱理性呢？还是理性规范私欲？

安拉通过一个个先知的故事警醒人类，为人类示范：社会公德与个人私欲的斗争，表现着对私有制及私有观念的批判与诅咒，也表现着对私有制及私有观念的正视与制约，如此才有阿丹被逐天园，努哈劝诫族人，鲁德舍己救人，优素福以德报怨，以及穆萨反抗压迫，尔萨辛勤传教……

穆罕默德在麦加的十年宣教，主要体现了对"批判的武器"即理论体系的继承与建树，以及对原始公有观念的强烈向往。迁往麦地那之后，主要是"武器的批判"，即对私有制的正名与规范。

穆罕默德必须正视部落之间为私欲争夺造成的流血冲突；他必须解决：制止冲突，维护和平，恢复秩序。这是麦地那互相残杀的部落民众所寄望于他的。

在这里，回归原始公有制的说教是无用的，现实是如何满足人们的私欲，落实私有制。历史与时代的需要，促成穆罕默德思想历程的重大转折。

"圣之时者与？"（孔子）与时俱进，创新思维，将公有制原则变通为私有制的实用，与麦地那社会发展的实践相结合，指导私有制健康发展，体现出穆罕默德理性的清醒。

正是在这个重大意义上，伊斯兰教迎来了自己的发展期；也因此，这迁徙的一年，被定为伊斯兰教新纪元的起点。

部落权力转化为国家组织，表明私有制从实质上完成了对公有制的颠覆；席卷社会的私有制大潮呼求与之相适应的意识形态。

确立什么样的意识形态呢？

——善的等级制！

在整个闪族人的世界中，《摩西五经》以对公有原则的变通，进行了用善的等级制规范私有制的理论初建。但由于罗马人的入侵，打断了《旧约》的自身发展之链；而犹太人自封"上帝选民"的狭隘性，以及阿拉伯地区的相对落后，使这条发展之链不能与广大闪族同胞连接起来。

于是，耶稣超越摩西，借助希腊文化的底蕴和罗马扩张的博大，将犹太教义发展为世界性的基督教义，适应了罗马帝国统一的需要；但也超前于阿拉伯地区落后的发展水平。

当阿拉伯社会的私有制走向成熟之际，确立与之相应的意识形态，便成为当务之急：

"我确实是安拉，除我之外不再有主，

你应该崇拜我，应履行拜功把我铭记。"（《古兰经·塔哈》）

相异于耶稣的新上帝向"爱"的消融，穆罕默德的安拉不是消融在天下万物中，而是天下万物向安拉集中。

安拉的自我被无限突出，既出于民族统一的需要，也暴露出私有制的基本特征，同时表现出公有观念对私有制的制约。

"安拉"这唯一的我改造每一个小我，自利异变为利他。自我而非我，安拉在"非我"中实现"自我"。"安拉"的自我，规定善的指向，规范每一个小我，并指引小我向大我（安拉）消融。每一个小我（穆斯林）在大我（安拉）的旗帜下，团结与统一于安拉之道，走上归真之路。

这是二律背反：一切都是安拉给予，安拉是无私的；一切都服从安拉，安拉是自私的。自私为了无私，无私规定自私。这是对阿拉伯民族统一的中央集权的正视与肯定，也是以"天下为公"对君主制的规范。

这种规范表现为对善的等级制的追求，它是广大民众对"好家长、好皇帝"心理企盼的映照，也是生产力发展水平和私有制发展的需要。

《古兰经》处处表现出对"善的等级制"的倡扬。如婚娶、济贫、财富、借债、争执等，首先是承认、正视等级的区别，然后以公有制的原则和公义的标准定则立法，并将其置于安拉的监督中，力求公正善良地规范社会。

穆罕默德制定的"天课"制度，"损有余补不足"，直接剥夺富人，救济穷人。这种硬性规定，在无奈于贫富差别的社会现实里，致力着对天下大同的向往与追求："人唯聚敛之心日盛，则其私己之心愈不能已，捐课乃衰多益寡之义，豁达和众之心也。夫能推其豁达和众之心，而体乎吾民吾同胞之意，则天下何者非吾所有？而吾所有者，又何不可为天下之所有乎？此大公无我之象也，此天人合一之机也。"（刘智：《天方典礼》）

大公无我，是精神的指向；善的等级制，是通向大公无我之途径。"田主要宽待农工，救济穷人。……农工应替田主尽力耕种，不误农时。"（见刘克苏：

《世界圣哲全传·穆罕默德》)

对立统一，和谐社会，体现安拉精神对社会现实的引导与规范，即正视私欲，肯定剥削，但把剥削限制在一定范围内；尤其重要的是，将心比心，双方向"仁爱"看齐。贫富差别，在等级的温情中化解。阶级斗争，服务于理性的中庸。

这就是直面社会现实的安拉之道。

为了安拉之道大行于天下，安拉无情地惩罚为恶者与背义者，无限地提升着善行与美德的优遇：

"我怎样使他们这部分比那部分体面，

在后世，等级必定更突出，

优遇必定更明显。"（《古兰经·夜行》）

对应于人间日益扩大的贫富差别，安拉扩大着天园与火狱善恶报应的差别。"等级必定更突出"，是以等级的悬殊激励人们向"善"努力。它将置于"按劳分配"的法则下，将"物质刺激"的承诺，再现于末日的审判。火狱刑罚的哀号声，衬托着诚信的穆斯林们在天堂的享乐——

"床榻，有珠宝镶嵌，

彼此相对卧榻，

青春永葆的童仆在伺候周旋，

传盏递壶，满杯醴泉，

有鲜果可供挑选，

有禽肉可以尝鲜，

有白净、明眸的女伴，

像深藏的珍珠一样鲜艳。"（《古兰经·大事》）

被人服侍的等级制！不过被服侍者从权贵富豪变成了安拉的善良信徒。善，屈从于私欲的追求；也引导私欲的改造。

伊斯兰教"善的等级制"有9个台阶：圣品4级：列圣、钦圣、大圣、至圣，人分5等：大贤、智者、廉士、善人、庸常。

这9个台阶构成一个向善的层次。它规定着人们向善的路途，指引着人类向善的方向，检验着人们向善的成果。

穆罕默德临终遗言，向全人类宣布了伊斯兰教为理性解放的贤学归真路："人是世上最尊贵最伶俐的，人人都可以达到圣人的品格修养；穆斯林由贤学而达到迁士、辅士，再达到圣人，走到真主身边，这就是归真的路。"（见刘克苏：《世界圣哲全传·穆罕默德》）

（4）解放安拉：安萨里与伊斯兰教思想体系的终结

不能不惊叹阿拉伯文化的喷发。

伊斯兰教思想体系于公元7世纪确立，比公元4世纪确立的西欧基督教思想体系晚了300年，比公元前100年确立的中国儒学思想体系晚了700年。

穆罕默德在公元7世纪为私有制正名，比公元前5世纪为私有制正名的柏拉图、释迦牟尼和孔子更晚了1000年。

然而，伊斯兰教思想体系、儒学思想体系和基督教思想体系在12-13世纪几乎同时发展到最高阶段；而集伊斯兰思想之大成的安萨里，较之中国的朱熹与西欧的托马斯，还要早上百年。安萨里甚至成为托马斯的思想先驱，成为"在整个

中世纪时期高举文明火炬的人物。"(希提:《阿拉伯通史》)

为什么短短数百年,后起的伊斯兰教便大步跨越到历史前列,造就了自己的黄金时代?

——因为穆斯林的军事扩张及其带动的文化扩张唤醒了世界,更因为这种所向披靡的扩张,立足于宽容博大的改革开放。

对希腊文化与基督教、犹太教及其他宗教文明的吸收,对各民族的包容与学习,成就了穆斯林的扩张。

没有固步自封的闭锁,所以海纳百川。阿拉伯人大量吸收各先进文明的营养,民族迅速膨胀,文化迅速繁荣,伊斯兰教思想体系大步冲上巅峰,成为世界文化与经济的领导者。

阿拉伯人为什么成就百川归海?

是穆罕默德领导的革命,以伟大的人类精神给予新生的伊斯兰教以人权解放,民族解放和理性解放的激情,促成着伊斯兰教的改革开放。

解放安拉!

原始氏族制时期的安拉,是阿拉伯人最高的神,但这个最高神被成百上千大大小小的偶像神所牵累,不能冲破旧制度、完成民族统一的大业。是穆罕默德打碎了石像木偶,解放了安拉。

解放的安拉以挣脱羁绊的千钧之力,推动人类文明的辉煌爆发。

人类史上,多少回,游牧民族向农业文明发起势不可当的冲击,雅利安人、马其顿人、日尔曼人、蒙古人、女真人……那是原始的剽悍勇猛,更是公有制残余依旧具有的凝聚力。这种凝聚力轻而易举地冲击了内部四分五裂的私有制。

然而,游牧民族很快向农业文明低下高傲的头。被摧毁的私有制渗入征服者部落,在自我复辟中推动新王朝的勃兴。于是,原始公有制残余接受私有制浊流的洗礼,进行脱胎换骨的改造。

被基督教、犹太教和其他宗教文化激发能量的伊斯兰教,不能逃避这个轮回。阿拉伯社会在私欲的急剧扩张中异化,爆裂疯狂的凶猛,强烈要求补偿自身曾经被压抑的沉默。

四大哈里发之后,从倭马亚王朝到阿巴斯王朝,伊斯兰社会以新生私有制朝气蓬勃的生命活力迅速发展。尽管穆斯林上层社会在侵略与掠夺的财富堆上腐化,但广大民众被解放的公有观念却成为推动社会发展的动力。

人民伟力的爆发,造就了伊斯兰教的黄金时代。

阿巴斯王朝建立在人民起义的基础上,基于对人民力量和平等要求的深刻认识,统治者对人民做出让步。人民赢得尊重,为自己争得了权力,提高了生产积极性,推动了生产力的发展和文化的勃兴。

公元9世纪,阿巴斯王朝达到全盛。经济的持续繁荣,军事上对拜占庭的压倒性胜利,文化上以穆尔太齐赖派理性主义为旗帜的百家争鸣,推动着阿拉伯社会的私有制奔向辉煌之顶。

——曾经,穆罕默德为适应私有制取代公有制以及民族统一的需要,确立了伊斯兰教思想体系。

——如今,安萨里为适应私有制发展到最高阶段以及阿拉伯民族大一统的需要,将伊斯兰教思想体系发展到最高阶段。

安萨里时代,与西欧托马斯时代、中国朱熹时代极为相似,都是私有制发展到顶峰和步入下降的开始。

上层建筑落后于经济基础。封建社会在相继获取军事、经济和政治的无限风光之后，才会创造意识形态的高峰；而统一和完整的意识形态，又是封建统治集团维护自身政权的急迫需要。

革命造就繁荣，繁荣滋生腐败；腐败与繁荣并存。腐败扼杀革命，最后葬送繁荣。这规律，竟成了颠扑不破的真理！

10世纪中叶后，阿巴斯王朝分裂。帝国步入衰亡。

生产力的发展和经济的繁荣，为统治者的穷奢极欲提供了物质条件；他们的竭泽而渔，却反过来加速人民的贫困，破坏生产力。穆斯林的"圣战"，成了统治阶级争权夺利的工具，人民之"圣"，让位于剥削阶级为自身利益驱赶人民的"战"。

"圣战"不再"圣"。

新生的私有制步入腐朽，复辟成为必然。

穆斯林新贵族的产生，重演了伊斯兰教之前麦加贵族侵占公产、徇私舞弊的丑剧，贫富差别迅速扩大，表现为宗教派别之争的阶级斗争大规模爆发。伊斯兰教的对外扩张转变为内部的互相残杀。

自我的无限扩张，必然导致众多自我的碰撞。这种"碰撞"形成合力冲击旧世界则所向无敌；而无限扩张的自我沉溺于相互碰撞时，便成了一盘散沙。

穆斯林的扩张随着财富与权利的膨胀而背离安拉的公义，整个伊斯兰教成了私有制和私有观念的附庸。当人们为满足私欲而借助安拉时，安拉就成了"没有偶像的偶像"，降低到曾经的部落偶像的可悲地位。

被捧得高高在上的安拉，却被阉割了革命精神，用形式的教律束缚了手脚，成了剥削者为所欲为的工具。这时的安拉，不再前进，不再发展，不再根据历史的进步发布"最高指示"，于是，伊斯兰教的生命也就趋于停顿。

这种停顿，畸变为生命的虚假泛滥。伊斯兰世界分裂为众多的教派，每派都声称自己代表安拉。于是，每派也就不能代表安拉。

安拉的精神被抹杀了，《古兰经》的真谛淡忘了。

伊斯兰教，被自我否定的阴影笼罩。

信仰危机！

安萨里痛心伊斯兰精神被腐败与贪婪浸透的堕落。他立志重树信仰，重建伊斯兰教。

在安萨里之前，穆尔太齐赖派拓展着伊斯兰教思想体系的理性思维，苏菲派开掘着伊斯兰教思想体系的信仰深度；4大教法学派和"6大圣训集"已经形成。伊斯兰文化思想的发展为安萨里创造了条件。

苏菲派逆反于贫富悬殊带来的私欲恶性膨胀，以极端的苦行反抗私有制。"他们抛弃富裕，选择贫困；喜欢困乏，躲避丰沃；去其腹满，取其饥饿；与其占多，毋宁居少；不企望高官显职，只求对众人众物深怀慈悲之心。"（沙拉吉：《神秘主义诸家学说集成》）

穆尔太齐赖派的理性追求与苏菲派的灵魂追求，本来沿着穆罕默德指引的方向纵深开拓；但其锋芒所向，却从两方面夹击伊斯兰教思想体系，使其陷入分崩离析的窘境。

理性的张扬推动穆尔太齐赖派摒弃伊斯兰教教义学，否定天启，断言"《古兰经》为受造之物"，事实上发起向安拉的挑战；而为灵魂的纯洁导致苏菲派否定"所有穆斯林都是安拉仆人"的定论，将人对安拉的敬畏，升华为安拉与人在"爱"中的平等，于是形成对《古兰经》的冲击。

无须否认，穆罕默德一开始就规定了伊斯兰教思想体系的封闭：

"安拉为世人开放恩裕，

没有人能对他阻拦封闭。

他所阻拦封闭的，

此后，没有人能把他开辟。"（《古兰经·首创者》）

"安拉已为你们选定了宗教，

你们一直到死都必须作为顺服的教徒。"（《古兰经·黄牛》）

安拉的独一性确保阿拉伯民族的统一，伊斯兰教封闭的体系却反过来束缚人性解放、民族解放和理性解放，制约了阿拉伯民族的开拓进取。

但是，《古兰经》并不仅仅是封闭的体系，她内涵的革命激情从来就没有停止过对体系自身的冲击。

穆尔太齐赖派和苏菲派是《古兰经》的直接产物。

穆罕默德自命"安拉的使者"，同时真诚地推崇耶稣的"安拉之灵气"：

"我曾赐予玛尔嫣之子尔萨各种征迹，

以'圣洁的灵魂'辅助他。"（《古兰经·黄牛》）

圣灵——安拉之灵！使者——安拉使命执行者。相辅相成，精神之高远与精神之实用，成为安拉之道的对立统一。

耶稣以超越上帝的宣言升华人性，穆罕默德以向安拉俯首奠基人性的解放；

耶稣闪耀出否定私有制的鲜明亮色，穆罕默德致力于放飞私有制的公有内涵；

耶稣为信仰捐躯，把理性思考留给门徒；穆罕默德为信仰思考，开辟伊斯兰教理性之路。

耶稣用血肉之躯证明"爱"的本质，穆罕默德以"封印"锁定伊斯兰教的终极真理；

耶稣有"灵"的奇迹，穆罕默德有"实"的建树。一个"灵"，一个"实"，一个得天地之气，一个求水火之效。水者，解沙漠之饥渴；火者，警末世之威慑。

灵、实互动。

灵中有实，所以有保罗—奥古斯丁对基督教思想体系的建立；实中有灵，所以有苏菲—安萨里对安拉之道的精神升华。

安萨里如何升华安拉之道？

回归穆罕默德。

安萨里正视：穆尔太齐赖派的理性张力挤占了信仰的领域，苏菲派的信仰执着则排斥了理性的清醒；二者以超越社会发展程度的极端，撕裂了社会。

安萨里对理性与信仰进行了中庸的调和。他继承艾什尔里以理性证明信仰的思辨教义学，对穆尔太齐赖派的研究成果给予充分肯定；他潜心于从肯迪、法拉比到伊本·西那一直发展起来的伊斯兰哲学，让蓬勃的理性丰富体系的内涵；同时，他推崇苏菲派的虔诚与自我改造，重张全体穆斯林对安拉的信仰。

安萨里将苏菲主义、穆尔太齐赖派和伊斯兰教哲学相统一，创建了伊斯兰教恢宏博大的思想体系，被广大穆斯林推崇为仅次于穆罕默德的"亚圣"。

任何完整的思想体系，都是理性与信仰的统一。安萨里为了这个统一，无情地剥夺已经"坐大"的理性阵地，为信仰夺取制高点。他坚定不移地维护伊斯兰教的权威，坚持安拉的绝对性，主张无条件的"认主独一"。

这与基督教教父奥古斯丁的"因信称义"大旨相同，在宗教领域里拒绝理性。安萨里说："无论任何人做任何事，即使那样做完全为了个人自身的利害，也不能从安拉的意志里独立。只是偶尔一次，哪怕一瞬间，从心中掠过幻影般的

思想，也一定完全依赖安拉的睿智、力量、希望和意志。"(《圣学复苏》)

人类的自由意志被否定，人的苦乐、善恶，均是安拉安排，一切归于安拉的决定。

同基督教的"爱上帝"一样，伊斯兰教强调"爱安拉"。 然而，在安萨里之前，所谓"爱安拉"，只是顺从安拉，遵守安拉的圣法、命令，完全是被动屈从。安萨里之后，服从成了爱的结果。只有真诚的爱，才有服从的行为。爱被提升为主导地位。

从穆罕默德到安萨里，伊斯兰教短短的兴教历程，高度浓缩了从《圣经•旧约》耶和华到《圣经•新约》耶稣的变革之路。安拉从一个父权制的惩恶扬善的君主升华为"爱"的光明。

安萨里热烈地鼓吹"真爱"，即无私的爱。通过爱安拉去爱一切人和物；或者说，把对一切人和物的爱，把对真、善、美的爱心，作为向安拉之爱去体验。这里，安拉=人类，安拉成为人类的象征；"爱安拉"，是爱人类的的抽象。

安萨里排斥一切为权力、为私欲、为教义的争斗，坚持对安拉本质的回归。他重申《古兰经》的真谛：只有不一心追求金钱与地位，而是倾心爱安拉，才能延展地爱安拉创造的一切，即一切人和物。这样，以"爱安拉"为核心，伊斯兰教明确了包容宇宙的爱的博大。

"认己明时认主明。" 安萨里继承穆罕默德的这一圣训，将苏格拉底的"认识你自己"与伊斯兰教信仰相结合，强调认识安拉及一切知识的关键，就是认识自我。

认识自我的积极意义在于追求内心的信仰。安萨里反对宗教形式化，他强调：伊斯兰思想先驱把主要精力放在内心，致力于自我修养而非外表。礼拜是为了一心向主，公平只是买卖的最低要求；而关顾弱者，奉献爱心，提升自我才是目的。

相反，如果用外在信仰掩盖内心的腐败与贪婪，只能毁灭真正的信仰。宗教社会化并不能真正净化人的心灵，反而成为锁闭心灵的桎梏。

安萨里努力唤醒人们心灵的宗教精神，复苏生命之"爱"。他融合、超越各派学说，将"爱安拉"提到至高无上的地位，并将这一原则贯彻到哲学、教义学、伦理学、心理学、教育学等学科中。

归根结底，安拉是"爱"的象征。解放安拉，就是解放"爱"。人权解放、民族解放和理性解放，是向"爱"的过渡，更是为"爱"的信仰。

安萨里以《圣学复苏》为"爱"立说。他依经据典，运用理性，纵横驰骋；同时把握理性的限度，绝不允许理性颠覆宗教，颠覆"爱"。 他把真主的启示比作"光"，人的理性比作"眼睛"。人的理性只能借助真主的启示才能发挥作用。这样，理性的野马被套上了辔头，理性以如此方式，像千千万万穆斯林一样，成了"安拉驯顺的奴仆"。

这时的安拉，被理性充实与丰富，也被"爱"的圣洁灵魂升华，已经在深度和广度上大大拓展了。

伊斯兰教思想体系发展到最高阶段。

然而，物极必反。安萨里同时宣告了伊斯兰教思想体系的终结。

伊斯兰教思想体系是私有制的产物，是公有观念在私有制的变通。随着私有制发展到最高阶段，便相应产生对私有制本质说明的要求。安萨里以"爱"的抽象，宣布安拉之道——公有观念为社会的普遍原则，实际上就是对私有制的否定，也同时成为对体系自身的否定。

安萨里集正统派伊斯兰教神学—哲学体系之大成，认同理性对安拉的冲击，又把这个冲击置于神学体系的封闭中。冲击与封闭，肯定与否定，二律背反的内在矛盾，成为不可治愈的致命伤，从内部撕裂体系，终结着伊斯兰教思想体系的历史使命。

安萨里启发了托马斯，安萨里与托马斯并立于中世纪人类思想的高峰。

安萨里与托马斯成就了信仰与理性的中庸。但是，阿拉伯社会因安萨里而封闭，基督教社会因托马斯而开放。

为什么阿拉伯没有文艺复兴？

安萨里之后的伊斯兰思想家伊本·鲁士德发展理性主义，从真主之外找世界的原因，以"拉丁的阿维罗伊"之名启发了西欧的文艺复兴。

然而，这个具有创新思维的伊斯兰思想家，却没有得到伊斯兰世界的认同。

托马斯削弱信仰的领地，给理性以蓬勃发展的土壤，为文艺复兴开路；安萨里剥夺理性阵营，为安拉夺回被蚕食的地盘，支撑苏菲神秘主义的自省。

同是理性与信仰的统一，一个是信仰对理性的收编，一个是理性对信仰的冲击。冲击导致了理性的扩张，收编助长了信仰的固化。

理性的扩张借助信仰激发出基督教世界的蓬勃生机，信仰的固化就不能借助理性促成伊斯兰教的新生之旅？

什么才是伊斯兰教的新生？

回归穆罕默德，回归《古兰经》！

穆罕默德归真不久，哈瓦利吉派便以极端的方式提出这个口号。1300 年来，回归之声不绝。13 世纪的泰米叶、18 世纪的瓦哈布，19 世纪的阿布笃，20 世纪的阿卡德……，一代代思想先驱，从不同角度呼吁纯洁宗教，恢复信仰，向穆罕默德回归。

如何回归？

终结体系！放飞精神！

安萨里之后，阿巴斯王朝在争权夺利中分裂。随着私有制步入下坡路，继之而起的奥斯曼帝国把统治阶级的私欲发展到极端。帝国数百年的专制集权，抹杀了《古兰经》的真髓；作为人类精神象征的安拉，畸变为君主的代言人，成了封建制度维护自身权利的工具。

"安拉的奴仆"穆斯林们，实际上成了上层贵族"驯服的奴仆"。穆斯林曾经的生机，被封闭的思想体系窒息。

"大漠孤烟直，长河落日圆。" 阿拉伯世界野性的呼啸，只余留一抹远古的炊烟。炊烟里，人们麻木地沉醉于向安拉礼拜与祷告的形式中，却折断了早期穆斯林对公有制和公有观念热烈向往的翅膀。

剥削与被剥削，压迫与被压迫，成为天经地义。阿拉伯社会从政治、经济、社会生活到意识形态，在停滞中衰亡，

一潭死水，只能孳生腐朽，曾经"横扫千军如卷席"的穆斯林之剑，雄风不再。在基督教世界的进攻下，节节败退，成为资本帝国蚕食的对象。

不能在安拉面前挺直腰杆，怎能不可悲地沦落为西方文明的奴仆！

然而，《古兰经》除了鼓吹"驯顺"，难道就没有"为安拉而战"的鼓舞？在伊斯兰教思想体系的封闭里，难道就没有革命生机的躁动？。

侵略者的文化激发伊斯兰教的强烈逆反，延缓着宗教改革的进程；而进步文化的输入，也同时深化着伊斯兰宗教改革的认识。

19 世纪，伊斯兰宗教改革席卷阿拉伯世界。紧随其后的，是各国人民反对殖民压迫与封建压迫的民族民主运动，

巴布教派认为穆罕默德时代已经过去，提出以《默示录》取代《古兰经》，表现出对《古兰经》的超越，他们主张消除压迫，人人平等，废除私有制，实行财产公有，张扬终结伊斯兰教思想体系、放飞安拉精神的强烈愿望。

马赫迪运动甚至以"清除世界上一切荒诞和腐化现象"为己任，号召将争取贫富平等的基本方略推行到全世界。

无论是回归早期宗教，还是以新教义发展伊斯兰教，近代伊斯兰运动出现的两种倾向，其实都是对伊斯兰教思想体系的否定。

这种否定的本质是否定私有制，是对安萨里倡扬公有观念的继承与落实。

穆罕默德之为伟人，是因为他将公有制原理与阿拉伯革命具体实践相结合。他的"停经"，即安拉后降的启示废除以前的经文，表明穆罕默德注重启示对现实社会的指导，接受实践的检验修正自我，而不拘泥于经文的规定。

今天，如果抛弃公有制原理，脱离阿拉伯革命的具体实践，用伊斯兰教思想体系束缚自己，不肯根据社会发展予以必要的"停经"，那只能是对穆罕默德的背离。

当公有制被私有制蚕食得只剩一个外壳，而为私有制藏污纳垢时，穆罕默德打碎这个"外壳"，解放了私有制，明确了私有制不可曲解的公有内涵。

当安拉被他仆人的私欲蚕食得只剩下一个虚名，而为腐败与贪婪藏污纳垢时，就必须打碎伊斯兰教思想体系的外壳，解放安拉。

穆罕穆德对安拉的第一次解放，开辟了人权解放、民族解放和理性解放之路，安萨里在伊斯兰教思想体系之内，将这一解放运动推进到最高阶段。

随着私有制和伊斯兰教思想体系的自我否定，被体系束缚的人权解放、民族解放和理性解放也丧失了活力，整个阿拉伯世界的人权危机、民族危机和理性危机充分暴露。

20 世纪下半叶，阿拉伯思想界展开理性危机问题大讨论，实际上是这三大危机集中为理性形式的表露，是建设阿拉伯新文化的迫切需要。

学者们将阿拉伯思想界的理性危机作了形象比喻：一位盲人在漆黑的夜里进入一间封闭的黑屋，去寻找一只黑猫，而猫不在那里。

猫在哪里——

拆毁封闭的黑屋，打碎伊斯兰教思想体系，让每一个穆斯林去亲身感受安拉太阳光芒的温暖，去亲身感受"爱"，在"爱"中建设阿拉伯新文化。

埃及开罗大学哈桑·哈乃菲教授感触颇深：人们被围在古代遗产与神圣的宗教藩篱之中，严重地影响了思维创造。或固守僵死的教条，用宗教经文附会和解释最新科学理论；或盲目引进西方文化，不顾本民族的特点和现实状况。

这些，将一个急迫的问题摆在阿拉伯人民的面前：沿着穆罕默德开辟的道路，将人权解放、民族解放和理性解放进行到底，彻底解放安拉。

这一次安拉的解放，不仅仅是伊斯兰教和阿拉伯人的解放，而是整个人类的解放。

阿拉伯人能够接过穆罕默德的旗帜，成为人类解放的使者吗？

自主、公义而强大的民族国家平台，是人类解放和世界统一的前提。

没有阿拉伯民族的统一，就没有到全世界的统一；同样，全球一体化需要统一的阿拉伯民族，也需要伟大的伊斯兰精神。

世界伊斯兰大会、伊斯兰世界联盟、伊斯兰会议组织……，阿拉伯人为民族统一作着努力，

世界统一，大势所趋。欧洲众多的民族开始走一体化之路，为什么阿拉伯民

族却不能结束内部的四分五裂？

阿拉伯人民不能解放自己，如何解放全人类？

阿拉伯人民要解放自己，首先要解放安拉。

如何解放安拉？

利比亚总统卡扎菲曾自豪地宣布：推翻君主专制的利比亚革命，是"奴婢时代结束的先声"。（《在的黎波里女子军事学院学员毕业典礼上的讲演》）

伊朗宗教领袖霍梅尼曾鼓动伊斯兰革命："正义和平等会取代不公正和邪恶，虔诚的人会取代野蛮的吃人者。"（见弗•哈利迪：《革命与世界政治》）

1977年11月，埃及总统萨达特在以色列国会真诚演说，向全世界宣谕安拉精神："在人类牺牲者的尸骨中间，是没有征服者和被征服者的。真正的被征服者永远是人类。……所有穆斯林、基督教徒、犹太教徒——起来为建立和平而创造一种新的生活。"

埃及、利比亚、阿尔及利亚等阿拉伯国家，依据《古兰经》，先后进行伊斯兰社会主义"第三条道路"的积极探索。"企业国有化的赞同者以《古兰经》为依据，宣称土地和一切财富皆为安拉所有，任何个人无权占有，因而私人占有制是非法的；既然伊斯兰教的根本使命是铲除社会不公正现象，而保留私人占有和经营制度必然会导致社会不公正，所以国家应当建立一种社会主义的经济秩序。"

然而，社会主义遭到抵制。"反对派……援引经训，论证私人占有制是天经地义、神圣不可侵犯的。"

在公有制与私有制的斗争中，阿拉伯社会选择了"第三条道路"："伊斯兰教既不提倡社会主义，也不提倡资本主义，而伊斯兰社会主义是'亲大资本家的'。"（以上引文均为金宜久主编：《伊斯兰教史》）

"亲大资本家"！阿拉伯社会如此误读社会主义。

然而，从西欧到东欧，从苏联到中国，社会主义向特权阶层与腐化专制倾斜，也确实演绎着社会主义的悲剧，黯淡着社会主义的光荣。社会主义如何在几千年私有制和私有观念的解读中，为自身正名，显然是整个人类长期而艰巨的使命。

——没有不断的自我革命，社会主义就没有在资本世界的生存权。

20世纪末，一位阿拉伯记者向时任伊拉克总统的萨达姆提问："革命是一个没有尽头的过程？还是像在中国那样是通向一种灵活形式的序曲？……难道革命不就像战争，革命者不就像士兵吗？一个士兵去从事战争，如果胜利了，就会自动地走向腐败。这不是也适用于夺取了政权以后的革命者吗？"（徐学初等编：《世纪档案》）

曾经革命的中国，曾经革命的阿拉伯！

毛泽东说："历史的经验值得注意，一个路线，一种观点，要经常讲，反复讲。"——一个"公天下"的路线，一种"继续革命"的观点。

革命不是目的，但革命不能被遗忘。革命之后的辉煌绝不是否定革命的结果，而是革命冲击波的余响。这余响成为长久的激励，推动社会繁荣。

曾经的穆罕默德革命是这样，其后的英国革命、美国革命、法国革命、俄国革命，还有中国的文化大革命，也是这样。那一股被遗忘的内在动力，造就着革命之后的文明。

然而，当革命精神被抛弃，革命棱角被磨平，革命的壮观成为歌舞升平的点缀，社会便在繁荣昌盛的自鸣得意中，陷入贫富悬殊的腐败和分配不公的对立。

"千里之堤，毁于蚁穴"。几代人辛勤培育的文明，因为对"一个路线、一种观点"的遗忘，而被腐败的沙尘暴霎时间扫荡成茫茫大漠。

呜咽黄沙，低吟着阿拉伯社会的历史兴衰，以及穆斯林们心头的悲凉。

然而，物极必反，哀兵必胜。

期待伊斯兰世界的崛起！

4、犹太人民只有解放全人类，才能解放犹太人民自己

犹太民族是一个伟大的民族！

因为，犹太民族是一个自省的民族。

大和民族缺乏自省，所以被世界诟病；德意志民族以其思想内涵的深刻，将真诚的自省换取世人敬重。

当然，在日本的文过饰非中，听得到老兵自省的忏悔；在德国的自省中，也时时传来纳粹残余的不谐和音。人类在自省中的成熟，离不开与不自省的斗争。

在世界各民族中，有哪一个民族像犹太民族在《塔纳赫》（犹太人的圣经，即基督教的《旧约》，下同）中记载的那样时时自省？

这个民族的自省，使他们流落异邦近 2000 年后，又聚拢在耶路撒冷圣殿中。

公元 70 年，罗马帝国毁灭圣城，犹太人国破家亡，流离四方，寄人篱下，受尽屈辱……

公元 21 世纪，在中东这个被阿拉伯世界所包围的弹丸之地，犹太人会蹈曾经的覆辙吗？

美国广播公司在以色列人中作了一项调查："34%的成年人认为以色列还能够生存 50 年，23%的人认为以色列将和巴勒斯坦共同组成一个国家，巴勒斯坦人掌握大部分权力，有 18%的人甚至认为以色列很快就将从地球上消失。"（见《北京青年报•环球周刊》2002 年 4 月 4 日：《以色列路在何方》）

以色列会亡国吗？

黑格尔曾经表述过这样的思想：历史上重大事件通常会出现两次，不过第一次以悲剧的形式，第二次以笑剧的形式。

悲剧不会重演！以色列不会亡国！

"雅赫维（犹太人的上帝，即《旧约》中的耶和华，下同）以色列的神如此说：'我在怒气、忿怒和大恼恨中，将以色列人赶到各国。日后我必从那里将他们招聚出来，领他们回到此地，使他们安然居住……我要使他们彼此同心同道，又要与他们立永远的约。"（《塔纳赫•耶利米书》）

犹太人返回巴勒斯坦，是历史的定数，是数千年人类文明史不息的呼声；犹太人在巴勒斯坦"安然居住"，与上帝"同心同德，立永远的约"，更强烈地提升着犹太人的荣耀与责任：

"我令你做外邦人的光，

开瞎子的眼，

领被囚的出牢狱。"（《塔纳赫•以赛亚书》）

现代犹太思想家马丁•布伯对自己的民族怀着令人尊敬的期盼："只有那些每一个都生活在正直和正义之光下的真正的民族才能够进入到一种相互诚实的关系中。以色列人民被委以引领朝向此种实现的道路的使命。……以色列世世代代保存了它的传统，既上述的使命。"（《论犹太教》）

那么，今天的犹太民族能够趟出战争与谋杀的深渊，进行深刻的自省，承担

起"上述的使命"吗？

犹太民族能够鼓舞人类走出一条自省之路吗？

黑格尔在《历史哲学》中说：犹太民族所以取得他们世界历史的重要性，在于"他们言辞中的主要命意即是灵魂对于上帝的渴慕，对于逾越规矩的深忧，和对于正义与神圣的向往……犹太民族有的是'恶'之意识和向往上帝之心。"

对真、善、美的追求，对个人私欲违犯社会公德的自责与警醒，伴随着苦难深重的犹太人。在这伟大的民族性中，黑格尔说的"恶之意识"分量极重，这就是对自身罪孽的沉重负罪感。

有了这个负罪感，才有民族的自救与自觉。

今天的人类在浮华与醉生梦死中忘却这种负罪感，犹太人曾经的命运便成为一面宝贵的镜子，冷酷地映射出人类难以避免的苦难；而犹太人奇迹般的复国伟业，则启示着人类的惟一前程：在自省中救赎！

无论是犹太正教徒为传统的固执，还是犹太新一代倾倒在西方文明前对传统的蔑视，都应低下头来自省，并引领人类的自省，提升犹太教的精髓。

什么是犹太教的精髓？

"忏悔不仅能阻挡邪恶的洪水，它还能化解邪恶，从而让蒙受了罪恶玷污的生活柳暗花明。忏悔比一切都伟大。……悔过不仅会被接受，它简直就是犹太教的'精髓'。"（《塔木德》）

（1）自省之一：为着民族的救赎

耶路撒冷的哭墙，每天从日出到日落，络绎不绝的犹太人来此默祷，反省，诉说，痛哭与忏悔。

为着什么？

为着犹太人自己的古老传说：

在罗马城门外坐着一个患麻风病的乞丐，他一直在等待。他就是弥赛亚——救世主。

他等待什么？

一位老人深沉地说："他在等你！"

等每一个犹太人！等每一个犹太人的觉悟与行动。

这一等就等了2000年。

2000年的救赎，终于使犹太人重返世界民族之林。1948年5月14日，当本·古里安吹响《独立宣言》的号角时，世界各个角落的犹太人与耶路撒冷的犹太人一起，喜极而狂，喜极而泣。

这是民族的救赎。

"希伯来人在历史的舞台上是迟来者。早在公元前3000年，埃及人已经有了金字塔，苏美尔和阿卡德乃是世界帝国。到了公元前1400年腓尼基正在殖民。在这些强大的漩涡中犹太人在哪里呢？他们被忽视了。一小撮游牧民族在阿拉伯沙漠的上游区域附近活动着，他们太不显眼了……"（史密斯：《人的宗教》）

谁能想到，这个"太不显眼"的一小撮人，以后竟成为世界历史进程的明星？

明星何以诞生？

犹太人的祖先是居住在苏美尔帝国都城乌尔的部落，从苏美尔帝国、阿卡德帝国到巴比伦帝国，这个部落与西亚1000多年的历史进程同步，经历着从原始氏族公有制向私有制的过渡。

过渡期中的原始公有制尽管形式上权威犹存，但作为财富象征的土地，已经被少数特权人物侵吞。在土地私人买卖的颠覆下，公有制沦为私有制的遮羞布。

社会在纵欲、贪婪、残忍与屠戮中沉溺，袒露着私有制的全部丑恶。

不堪特权阶层的剥削与压迫，犹太人的祖先、部落首领亚伯拉罕举起反抗之旗，带领他的族人，从巴比伦国王汉谟拉比统治下的乌尔逃离，一路风尘，来到迦南（即今巴勒斯坦）。

为着救赎的反抗，高扬雅赫维的正义之光，犹太民族诞生了。

然而，亚伯拉罕占领迦南，夺了迦南人的土地和财富。迦南人被驱逐，流落他乡。

犹太民族，从它诞生的那一天起，就是正义与非正义的扭结，就与罪孽同在。

这个民族的两面性——"最勇敢的诚实与弥天大谎并存，奋不顾身的牺牲紧随着最贪婪的自私自利。没有哪个民族产生出了如此卑鄙的冒险家和背叛者，没有哪个民族产生出了如此崇高的先知和拯救者，……崇高绝不等于最初的犹太教，低劣也不等于其退化，相反，他们一直并行存在。"（马丁•布伯：《论犹太教》）

正义与邪恶，这是所有民族的两面性。在两面性中追求统一，对于犹太人来说，其积极指向就是上帝。上帝指引着犹太人的救赎之路。

受着古埃及文化的浓重影响，在苏美尔、阿卡德、巴比伦历史中成长起来的犹太人，为着部落神雅赫维的召唤，继承、结晶苏美尔等西亚古文明的精华，汇集成犹太色彩浓重的《塔纳赫》——《圣经•旧约》。

《塔纳赫》属于犹太人，也属于西亚各族人民。

《塔纳赫》提升着西亚古文化，唤醒着犹太人对苏美尔、阿卡德、巴比伦世界帝国的记忆。它外在地表现为对不平的抗争，以亚伯拉罕——摩西的反抗形成永恒的巅峰；又内在地表现为对自我的救赎，将亚当、诺亚、摩西直至以后众先知们代表犹太民族的深深自省贯穿其中。那是对私欲及私欲所造罪恶的自省。

抗争与自省，是犹太人救赎的两个侧面；自省，是更重要的侧面。

这种自省，以他责的形式，通过上帝大发烈怒，施罚于人类。

《塔纳赫》的开篇《创世纪》，揭示了"圣经"的主旨：世界从原初的纯朴和善良堕落下来，为权利的残杀，为私欲的疯狂，以及背信弃义，巧取豪夺……愤怒的上帝痛恨人类之恶，却无法改造人类，只能笨拙地用一场大洪水，将丑恶与人类一同毁灭。

人类自由意志之"恶"，无情地嘲笑上帝的全能。上帝竟然"技穷"。

犹太人的上帝就这样近乎透明地登场。

然而这种透明，却揭示着上帝纯朴的原始伟力和内涵的本质崇高："我憎恶雅各的繁荣，厌弃他的宫殿，因此，我必将城和其中所有的都交付敌人。"（《塔纳赫•阿摩司书》）

如此"卖国"！试问：千载以降，道貌岸然的君主们、总统们、首相们，谁敢效法？

也许，只有马克思、列宁，还有毛泽东清算自我的文化大革命，才内涵着这种另类的无畏。

无私才能无畏！

上帝痛恨自己选民的私欲："在地上万族中我只认识你们，因此我必追讨你们的一切罪孽。" 追讨是无情的："必在过约旦河得为业的地上速速灭尽！你们不能在那地上长久，必尽行除灭。雅赫维必使你们分散在万民中，在他所领你们到的万国里，你们剩下的人数稀少……但你们在那里必寻求雅赫维你的神。你尽心尽性寻求他的时候，就必寻见。日后你遭遇一切患难的时候，你必归回雅赫维你神。"（《塔纳赫·申命记》）

为民族的赎罪，必须归回上帝！黑格尔为之注："犹太人既然失却了国家和一切世间的善，于是犹太精神不得不只在上帝里求安慰。"（《历史哲学》）

这个上帝不是别的，就是公平与正义。

"以色列人三番四次犯罪，

我不会免去他们的刑罚；

因为他们为了银子出卖义人，

为了一双鞋子卖了穷人。"（《塔纳赫·阿摩司书》）

上帝以无情的惩罚和暴烈的毁灭，向人类划下一道道霹雳般的闪电，——惩恶扬善的闪电。

在《塔纳赫·列王记》中记载道：拿伯被国王诬陷致死，财产被侵夺，神指令先知以利亚："你去见以色列王亚哈，对他说：'主如此说，你杀了人还得了他的产业。狗在何处舔拿伯的血，也必会在何处舔你的血。"

这是救赎。 这是以上帝的名义，表达人民对剥削者的愤怒和反抗，它揭示出"救赎"所具有的广泛社会意义：灾难，是神的警告，要清洗民族的生命肌体，维护公平，维护正义。

伊斯兰教的《布哈里圣训实录精华》曾直观地总结："以色列人颓毁的原因是他们对贵族偷盗放纵不管，对下等人偷盗则行刑执法所致。"

特权与专横，剥削与压迫，贫富畸化与严重的社会不公，彻底瓦解了一个民族的凝聚力。富人可以为自己的发财编造出千百种勤俭致富的堂皇理由，穷人却绝不认可这些理由而为保卫富人的财富舍生忘死。上帝都理解阶级斗争，雅赫维说："那些以强暴抢夺财物、积蓄在自己家中的人，不知道行正直的事……敌人必来围攻这地，使你的势力衰微，抢掠你的家宅。"（《塔纳赫·阿摩司书》）

淡忘民族的救赎，必是民族的衰亡。

摩西，这个伟大的名字，之所以在犹太史册乃至人类史册上占有不朽的地位，就在于他以反抗强暴的英勇和"与上帝立约"的自省，全面地解读了"救赎"的精神，为犹太人，也为全人类指明了一条必由之路。

摩西的反抗并不是个别的，而是被压迫人民反抗剥削与压迫之大潮的一朵绚丽浪花，

古埃及与其邻国赫人和基底斯的长年征战，消耗了双方的实力。老大帝国摇摇欲坠，处于依附地位的弱小民族纷纷揭竿而起。受着此伏彼起的人民革命的激励，被埃及法老残酷剥削的犹太人，也在他们民族英雄摩西的领导下，汇入起义的浪潮，并成功地赢得自由。《出埃及记》，以其对革命的生动礼赞，成为世界文明史的辉煌象征。

胜利了的犹太人何去何从？

与上帝立约！

摩西确立上帝的一神地位，使雅赫维成为民族统一的旗帜，这面旗帜以其公正与威严，制定下著名的"摩西十诫"。

"'摩西十诫'在宗教与道德方面给予世界一个新标准，成为其后许多伟大法典的基础。"（黄陵渝：《犹太教学》）

这个基础就是"善的等级制"。

公元前 1000 年，大卫——所罗门王制确立，父子相传的世袭制得到以上帝

名义的认同，但这个认同同时道出了"善的等级制"的内涵。《塔纳赫》明确规定：大卫之子所罗门继承王位后，上帝支持他行正义之事；若行邪恶，上帝将抛弃他。

这个上帝，象征人民。所罗门最终在人民的抗争中覆灭，便是上帝在正视私有制又规范私有制的基础上，对惩恶扬善的落实。

反抗与自省，犹太民族以摩西的救赎精神鞭策自己。

在《塔纳赫•列王记》中，约西亚王说："因为我们列祖没有听从这书上的言语，没有遵循书上所吩咐我们的去行，雅赫维就向我们大发烈怒。"

基于对自我罪恶的批判，约西亚王召集众人，"一同上到雅赫维的殿，王就把雅赫维殿里所得的约书念给他们听。王站在柱旁，在雅赫维面前立约，要尽心尽性的顺从雅赫维，遵守他的诫命、法度、律例，成就这书上所记的约言。众民都服从这约。"（《塔纳赫•列王记》）

这事发生在公元前 650 年，比孔子的生年早上 100 年，约与中国"春秋"同期。约西亚王以律法形式，确立善的等级制，与孔子遥相呼应：为私有制正名。

私有制决不是放纵私欲，而是通过对每个人私利的尊重与落实，彰扬公有精神。抽掉私有制所内涵的公有精神，背离"摩西十诫"，背离与上帝立的约。就必然造成民族的罪孽，被上帝所惩罚。

如何对待上帝的惩罚？以斯拉解说犹太亡国之后的巴比伦之因："我们在这地上作了奴仆！这地许多出产归了列王（即侵略者），就是你因我们的罪所派辖制我们的。他们任意辖制我们的身体和牲畜，我们遭了大难。"（《塔纳赫•尼希米记》）

对于民族的灾难，不是怀疑、指责上帝，不是推诿于侵略者的不义和暴行，而是反省自己的罪孽。

"生于忧患，死于安乐。"犹太民族不灭，是因为对苦难的自省，成就着民族的净化与振奋。 有了这种精神，才能忍辱负重，卧薪尝胆，才挺起了民族的脊梁。

为民族救赎的犹太精神，2000 年来，一直流动在犹太人的血液中：

罗什•哈沙纳——这一犹太新年的喜庆日，同时是犹太人的忏悔赎罪时。在一年伊始，犹太人将自己付与上帝的审判。而在审判前的一个月，则是犹太人自省的时间，他们反省自我，认罪悔改，励志更新，以求回归上帝。

喜庆不忘赎罪，赎罪才有喜庆，只有向上帝赎罪，才能洁净灵魂，获得来自上帝的圣洁的喜庆。

喜庆因为有了赎罪的内涵，于是增加了严肃的色彩。严肃与喜庆使犹太人的新年在欢乐中呈显庄重，在庄重中呈显纯洁。犹太人在上帝的审判里，经历自省自察、自我改造的心路历程，然后，以善与爱的新人形象迈入新的一年。

曾经"为地上万国所诅咒"（《塔纳赫•耶利米书》）的犹太民族，在"地上万国"中最先觉醒着。因为他们有着比"万国"更为深厚的救赎底蕴。

直面敌人的侵略，施之以反抗的牺牲，是伟大；把敌人的侵略进一步视之为民族自身的罪恶——对私有制社会人与人之间争夺劫掠、相互残杀、腐败堕落的自责与警醒，是对伟大的升华。

这样的民族，流散 2000 年后重新复国，实在是不可阻遏的必然。

（2）自省之二：为着自我的救赎

犹太民族从历史中走来，与一路旅尘相伴的，是辗转无依的颠沛流离，是不断被征服与被迫害的寄人篱下。除了大卫王——所罗门王建都耶路撒冷的一时昌盛和麦嘉比王国的回光返照，几千年来，犹太民族饱尝凌辱，自公元前 13 世纪被埃及法老征服开始，先后沦于非利士人、亚述人、巴比伦人、波斯人、马其顿人、埃及托勒密王朝、叙利亚塞琉西王朝及罗马帝国统治之下。

罗马人焚毁耶路撒冷，犹太人流落他乡，苟延残喘，痛苦不堪，先后被逐于西班牙、葡萄牙、法兰西，遭辱于英国、俄罗斯、德意志，更有十字军的屠杀和犹太社区的覆亡，以及纳粹的毒气室…… 一部血泪史写不尽千古悲情，漫长抗争路锤炼成民族硬骨。

离散在"万国"中的犹太人，在摩西精神的感召下，艰难地为着自我救赎而求索。

曾经，在耶路撒冷圣殿，有一个被称为"策达卡室"的永久黑暗的房间。在这里，富人悄悄地留下他们的捐赠，穷人则自主地取走他们的生活必需。

罗马帝国之后，顽强地结成社团的犹太人救亡图存，继承和发扬"策达卡"优良传统。遍布犹太人社区的"策达卡"救济穷人，养育孤老，为穷孩子提供教育和嫁资，保护无家可归者。

在欧洲的犹太社区，"策达卡"还有一个灵活的变异：一位使者提着口袋，逐次走进犹太人的家，捐赠者把钱物放进口袋，贫穷者从口袋里取出必须之物。

上帝的惩恶扬善，在拉比犹太教的维系下，成为犹太人的自觉。

塞尔茨在《犹太的思想》中写道：拉比犹太教"吸收了个人不朽的概念而没有贬低此世的价值"，它反对守株待兔地等待来世的幸福，主张立足于犹太人受尽漂泊的苦难现实，以自我为核心，自力更生，自我救赎，为自己谋福利，在创造财富和拥有能力的前提下，去帮助别人，去"爱你的邻居"。

这与中国孔子思想大旨相同："己欲立而立人，己欲达而达人。"上帝是"仁"的象征，上帝鼓励勤劳致富，认同贫富差别，同时用"仁"制约这种差别："己所不欲，勿施于人。这就是犹太教全部经文的核心，其余都是对经文的解释。"（《塔木德》）

从《密西拿》到《塔木德》，拉比犹太教适应私有制社会的发展进程，继承和丰富《塔纳赫》，深入开掘《塔纳赫》的宝藏，以公有原则规范私有制，在思想观念和风俗习惯上全面推进善的等级制，将摩西精神渗入到犹太人的生活中，构建了犹太教思想体系，成为指引私有制健康发展的理论指南。

拉比犹太教没有超越《塔纳赫》。

然而，公元 12 世纪，犹太思想史上崛起了一座高峰——被誉为"第二摩西"的著名思想家迈蒙尼德横空出世。

迈蒙尼德调和亚里士多德与犹太教，主张"只有理解了才能信仰"（《迷途指津》）。他论证上帝的存在，使上帝成为理性研究的对象；他以"存在=良善"的抽象，彰扬上帝之"爱"与人性之"爱"的同一；他以"爱"的升华和理性的证明，将犹太人的自我救赎明确提升到上帝的高度，从而将犹太教思想体系发展到最高阶段。

发展到最高阶段的犹太教思想体系，同时步入自我否定的下坡路。

迈蒙尼德以理性开拓提炼犹太教信仰，又以"犹太律法是神向摩西所传，不能更改"的主张，坚持犹太教的一神观；他将升华的"爱"超越《塔纳赫》，又以"律法永不改变，也不会被取代"的固执，自缚于《塔纳赫》的框架内。如此

"二律背反"，扼杀了犹太精神的活力，也宣告了犹太教思想体系的终结。

迈蒙尼德与中国儒学的朱熹、西欧基督教的托马斯•阿奎那和阿拉伯伊斯兰教的安萨里，在人类历史进程的节点，以不同的民族形式和思想形态回应时代之呼，共同构成人类文明史上的伟岸群峰。

他们适应发展到最高阶段的私有制，将各自的思想体系推上顶峰；同时以对公有制和公有观念的倡扬，分别以精神的超越，从实质上否定私有制，否定了各自为私有制服务的思想体系和上层建筑。

质变促量变。私有制的自我否定，需要一个漫长的"量变"过程。

迈蒙尼德之后 500 年，被视为"第三摩西"的犹太著名思想家门德尔松亮相。尽管他依然在犹太教思想体系内论证上帝的至善，但却以灵魂对真善美的永恒追求和理性对信仰的冲击，适应了资产阶级革命对私有制的宣战，为哲学的进军夺取了犹太人上层建筑的桥头堡。

犹太教思想体系遭到颠覆；犹太人的自我救赎，从此展开一个宽广的天地。

在中世纪，犹太人不准拥有土地，被禁止从事农业、军事、行政等工作；社会对他们唯一开放的是经商和借贷。于是，他们不能成为中世纪"光荣"的贵族、领主、军官和地主，却在前资本主义时代成为资本家的雏形。

作为财富的土地与犹太人无缘；作为财富的商品和金币却在中世纪虚伪的道德面纱后面，放射出资本主义的诡异之光。高利贷，被基督教社会斥责；然而，犹太人通过经商与高利贷所获得的金钱，却让教士、贵族和国王们馋涎欲滴。

卢梭激励的法国大革命以"天赋人权"的慷慨激昂，将资产阶级革命追求的公有制和公有观念广泛传播。犹太人欣喜地获得了从天而降的公民权利，在他们眼前，两千年的自我救赎展开一派光明的前景。

时值欧美各国资本主义蓬勃发展的上升阶段，一向善于经商理财的犹太人如鱼得水，办商店，建工厂，修铁路，成了时代的弄潮儿。

犹太人的自我救赎，为资本主义积聚了第一桶金，成为资本主义先驱；同时，也以资本与生俱来的血腥，暴露出资本主义剥削的残酷。

长年来，犹太人无权无势无祖国无家园，在依附国甚至被隔离在独立的社区内，围墙和铁锁将他们排斥在主流社会之外。这使犹太人解脱了一切血缘的、地域的、民族的、国家的义务与责任，在他们畸形扩张的"自我"面前，人与人之间只剩下赤裸裸的商品关系和金钱关系，这些关系被犹太人对契约的认真所规定，便形成了抛弃一切虚伪面纱的典型——夏洛克。

在莎士比亚的名作《威尼斯商人》中，夏洛克的疯狂反映出的，是充满公有精神的资本主义早期人文道德观对自身的另一面——惟利是图的辛辣嘲讽。夏洛克的残忍，是整个人类在私有制条件下人性中残忍因素的提炼；夏洛克所暴露的，是被犹太民族的族性所抽象的整个私有制的劣根性。

马克思在他的《论犹太人问题》中入木三分地指出："犹太人的社会解放就是社会从犹太中获得解放。" 他直截了当：资本主义社会的特性就在于它的犹太性。"犹太"意味着做生意和金钱势力，反映了现代社会也就是市民社会的自私性、狭隘性、财迷性。

犹太人现实地代表了资本主义社会的发展方向，以其经济普遍性而成为人类问题。马克思说，什么是犹太人尘世的宗教呢？金钱！

被金钱的驱使，在世界各地到处被视为敌人的犹太人，也将其他一切人视为敌人。资本主义将私有制追求的"一切人对一切人的斗争"公开化，极端化，犹太人被压迫的抗争强化了，为自省的救赎淡化了，他们引领资本主义，与资本主义最大限度地相融，成为资本世界的既得利益者。

但是，资本主义同时反过来制约并规定犹太人。

俄国契诃夫写了一个"套中人"，犹太人也无法挣脱资本主义羁网之"套"。

19 世纪的欧洲，资本主义全面登上历史舞台，蓬勃发展的民族民主运动激动着犹太人，他们两千年的救赎情结，得到资本主义法理的证明。拿破仑甚至以人类精神的博大，允诺在法国给予犹太人一个"耶路撒冷"。

但是，拿破仑迸发的资本主义内在的公有精神之光，很快被资本主义的现实利益所遮掩。取得政权的资产阶级迅速与欧洲传统势力相勾结，反犹排犹，浪潮再现。犹太人突然醒悟：乘资本主义蓬勃发展之机争得自身解放，是不可能的。

为什么不可能？

法国大革命高扬人类解放的本质，宣告了犹太人的解放。

但是，法国大革命的资产阶级性质，则同时内含着私有制的全部追求。私有制建立在剥削与压迫的基础上，它怎肯轻易放弃剥削与压迫的权利？怎肯给予别人、别民族以真正的解放？

因为，任何对别人、别民族的权利给予，都是对自身权利的削弱。

帝国主义战争所抽象的民族沙文主义，尤其是纳粹大屠杀，使犹太人强烈感受到对资本主义的失望乃至于绝望，他们认识到：犹太人只有依靠自我救赎，在资本世界的民族之林中挺起伟大的犹太之树，才是唯一的希望。

这个希望，就是复国。

复国，在犹太人中，是一个不解的情结。16 世纪的大卫·流便尼，17 世纪扎巴泰·茨维，18 世纪的雅各·弗兰克以及犹太著名思想家亨利·芬斯、摩西·赫斯、利昂·平斯克，直到西奥多·赫茨尔明确提出"重建犹太国家"，犹太复国主义之旗终于展开，融入资本——社会主义民族解放的洪流。

毋庸置疑，激发犹太人民族解放意识的，是以拿破仑为代表的高扬公有精神的资产阶级革命运动，"天赋人权"赋予犹太人与其他一切民族一切人平等的解放权利。

但是，犹太人的复国主义之旗，却鲜明地闪耀出社会主义色彩。当资本主义背弃公有精神，异变为帝国主义扩张的私欲——野心，从而制约，甚至迫害、屠戮犹太人时，必然导致犹太人对资本主义的普遍仇恨与坚决抗争。

因此，当与资本主义同步发展起来的社会主义接过公有精神的旗帜，推动民族解放运动，领导被压迫阶级和人民反对资产阶级和帝国主义的压迫时，便赋予犹太人的自我救赎以新的动力，成为犹太复国主义的本质要求。

资本主义向帝国主义霸权政治的畸变，关闭了犹太人的希望之窗。而"四海之内皆兄弟"式的共产主义社会，不但是《塔纳赫》内在的激励，而且是受尽漂泊之苦的犹太人心中的渴望。"工人没有祖国"这个口号被犹太人广泛接受，犹太人成了共产主义运动的中坚。共产主义学说的创始人马克思是犹太人，德国著名工人运动领袖卢森堡、李卜克内西是犹太人，俄国革命家托洛茨基也是犹太人。

空前的灾难，唤醒犹太人的觉悟：犹太人要想解放自己，只有走公有制的道路，解放全人类；但要承担起人类解放的使命，首先需要犹太人成为一个聚集在雅赫维旗下的民族！

犹太人的复国主义运动，伴随着深刻的自省。戈尔东尖锐地批评：2000 年的流散生涯和长期经商，已使犹太人变为一个不从事体力劳动并且鄙视劳动的不正常民族。这使犹太人不为当地社会所容，并且自身缺乏生存能力。他强调：只有通过劳动，一个民族才能扎根于他的土地和他的文化。

戈尔东向雅赫维与先知们的理性回归，给犹太复国注入了冲决一切的激情，自省的指向明确地显示着对原始公有观念的推崇与升华。纳曼·希尔金强调：要想把犹太国建成能消除内部冲突的社会，"犹太国必须是社会主义的，否则它就无法存在。"（参见杨曼苏主编：《以色列——谜一样的国家》）

消灭人剥削人、人压迫人的资本主义之丑恶，走社会主义道路，成为催动犹太民族肌体迸发伟大生机的根本动力。

正是社会主义指针，指引着以色列的复国与建国。

以色列建国后 4 名杰出的国家领袖本·古里安、夏里特、艾希科尔和梅厄夫人都是社会主义者，他们的民族复国主义奠立在工人阶级解放的思想基础上。

以色列建国之父、第一任国家领导人本·古里安这样表达他的犹太国与资本主义的对立："如果巴勒斯坦的所有资本家都是犹太人，他不会成为犹太国；而如果这个国家的工人是犹太人，他将是一个犹太国。"（见杨曼苏：《以色列——谜一样的国家》）

以色列，一个工人阶级和人民大众当家作主的社会主义国家。

这是犹太人自我救赎的指向！

（3）自省之三：为着人类的救赎

以色列有一个享誉世界的"基布兹"。

"基布兹"是一个真正公有制的社会。土地和生产资料公有，财富公有，所有成员为集体劳动，他们的衣食住行、生老病死、教育、医疗、娱乐甚至到国外度假，均由集体负责。

"基布兹"成员没有工资，内部没有金钱往来。儿童从小过集体生活，不由父母抚养，各家生活水平相差不大，无贫富之别。

"基布兹"实行各尽所能，按需分配。 成员在收入和消费方面享受同等待遇，每月领取少量津贴；领取衣服；衣服的洗烫缝补可获得免费服务；免费在大食堂吃自助餐；房屋、家具电器、日用消费品等免费提供；社里备有公共汽车和自行车等交通工具，供成员免费使用。成员可以外出劳动，在外打工收入上交财务部门，然后与其他成员得到一样的收入待遇，

"基布兹"的成员有比较大的民主权利。全体成员大会是最高权力机构，一切重大行动方案都要经全体大会批准实施；日常管理工作交给选举出来的常务理事会。

这是以色列的共产主义实验。

1824 年，英国的欧文在美国创办的共产主义乌托邦——"新和谐村"，很快淹没在资本主义的海洋中。

1917 年，列宁——斯大林在苏联进行了共产主义实验，甚至建立了一个威震帝国主义阵营的共产国际，然而失败了。

1949 年，毛泽东在中国进行了共产主义实验；随后，他的文化大革命将这一实验发展到顶峰，然而接着便是失败。

犹太民族在巴勒斯坦这块古老的土地上进行共产主义实验，也失败么？

为着人类的救赎！

犹太民族的祖先早已向世界敞开了宽广的胸怀，在他们的历史珍品中有一套"用不同文字抄录的《五卷书》。其中《雅歌》用拉丁文，《路得记》用德文，《耶

利米哀歌》用法文,《法道书》和《以斯帖记》用希伯来文。" 他们表示:"凡摒弃偶像崇拜者,均被视为犹太人。"(《塔木德》)

四海之内皆兄弟姐妹。这是从犹太民族的角度,道出了世界各族人民的相互认同。

犹太传统中的上帝,为这种相互认同恳切地指出一条共同富裕之路:"你若留意听从雅赫维你上帝的话,谨守遵行我今日吩咐你这一切的命令,就必在你们中间没有穷人了。"(《塔纳赫•申命记》)

没有穷人,也就没有富人。人类文明史上千年万年最深沉最悲愤的呼唤——平等与正义,给予"基布兹"在沙漠上的拓荒以无穷的力量;而"基布兹"的辉煌,则坚定着这种呼唤的不屈信念。

听从上帝的声音,以色列进行着成功的社会主义实验。"基布兹"对公有制和公有观念的顽强追求,为以色列工总大规模进行社会主义经济建设添彩,充满生命活力的以色列工党在民族振兴的道路上,得到了世界各民族人民的深厚同情与广泛支持。

犹太复国建立在民族解放和人民革命反剥削反压迫的基础上,便拥有了不是一个犹太民族而是整个世界的力量,所以复国之潮滚滚,"而谁与易之?"。

这时的犹太人和她的以色列工党,也真诚地准备向世界做出他们的贡献,本•古里安为新兴国家向全世界宣读《独立宣言》:"以色列国准备与联合国的机构和代表们合作履行1947年1月29日大会的决议并将采取步骤在全巴勒斯坦实现经济联盟。……我们对一切邻邦和它们的人民伸出和平与善邻之手,并且请求他们与独立的犹太国为大家共同的利益而合作,以色列国准备对整个中东的进步事业作出它的贡献。"

能说本•古里安的飞扬激情没有深深的诚意吗?能说他没有被自己所希望的美好未来深深感动吗?

作为国家支柱的以色列工总,领导以色列人民沿着社会主义道路奋勇前进;一个新生的民族为共产主义理想所激励,就能以忘我的精神投身人民当家作主的事业。以色列经济、文化、教育、科技等各方面一日千里地跃进,在中东这块贫瘠的沙漠上创造着奇迹。

以色列工总不但全方位地提升整个犹太人的生活水平,甚至从70年代起,吸收大量阿拉伯人入会,其福利待遇与平等观施及非犹太人,表明了犹太人对原初追求的忠诚。

然而,奠立在追求工人阶级解放基础上的犹太复国主义,却很快地掉过头来,要求工人阶级解放的长远利益,迁就犹太复国的现实利益。

犹太人首先需要一块土地,那是民族国家的土地。而哪一个民族国家,不是立足于资本世界或私有制的土壤上?于是,理所当然,理念的社会主义很快向资本主义倒戈,以色列终究建设着一个资本主义国家。

这是现实的选择!

既然苏联和那么多的社会主义国家终究回归资本主义,那么,精明的犹太人又何必去经历一个反复呢?

以色列立国建立在购买巴勒斯坦私有土地的基础上,尽管以色列自身坚持了土地的公有,但在整个世界私有经济的包围中,这种土地的公有必然地沦落为以色列资本主义私有制的附庸。

建国伊始,以色列人被人类精神与先知的理想所激励,向往一个没有人剥削人、人压迫人的平等社会。他们艰苦奋斗,励精图治,要把国家"建立在先知们的自由、正义和平等的理想之上"（《独立宣言》）。

公有经济的奠基者、"基布兹"的创建人本·古里安，就是以这样的风貌带领前期拓荒者在沙漠上创业。然而这以后，为自我的生存逐渐膨胀为"大以色列"私欲的野心，对战争的不安，对土地的贪婪，美援对斗志的涣散，以及前景暗淡，使以色列像世界上其他一切新生的民族国家一样，失去了蓬勃的生机。一位以色列公民说："以前人们一无所有，但有希望。现在人们什么都有了，但却成为没有希望的人了。"（见杨曼苏：《以色列——谜一样的国家》）

希望丧失！正剧演变成悲剧。

一个民族终于汇聚于锡安山，然而锡安山的光辉却黯淡了。犹太人"发现自己行走在曾经发誓不走的道路上，干着自己原先决不肯干的事情……祖祖辈辈都希望结束那种靠别人的慈悲和庇护苟活的生涯的以色列人，突然发现，自己又在靠别人的施舍度日，没有美国人的支持，以色列的经济就不能维持运转。"（杨曼苏：《以色列——谜一样的国家》）

这是交易，是资本主义的商品交易。从以色列工党执政到易手利库德集团，以色列全面向资本主义投降。

苏联、中国、以色列，以及整个社会主义阵营，还有利比亚、巴基斯坦等等为社会主义的实验，最终不得不立足于现实的土壤，孕育激情的种子重新萌发。

与社会主义阵营的整体蜕变同步，以色列的"基布兹"和平演变，雇工剥削产生了，脏活累活雇用阿拉伯人来干，等级制在潜移默化中滋生，私有制因素渗入这个肌体中。

以色列工党也从代表工农利益演化成维护等级的特权阶层，社会主义的追求成了特权的同义语。"1978 年的一期《星期日泰晤士报》曾透露说，工党统治集团大约包括 250 个显赫家族，'统治集团的许多成员，尤其是他们的子弟中的许多人已转变了方向。许多基布兹的平等社会主义分子的子弟已成为资本家、技术专家或军队领导者，他们带着右派观点，但仍虚情假意地应付着劳工运动。"（转引自杨曼苏：《以色列——谜一样的国家》）

这就是以色列"党内走资本主义道路的当权派"，而且，"走资派还在走"。（毛泽东）

于是，资本主义反倒成了穷人的现实追求。

以色列工党的腐化与特权集团的形成，在社会主义招牌下，顽固地维护贫富悬殊的等级制，压制下层群众，使本来属于社会主义基础的劳苦大众，转而支持资本主义。

人口众多而又穷苦的塞法尔丁（东方犹太人）欢迎利库德集团的资本主义改革，深刻而讽刺性地证明了毛泽东在中国文化大革命前后对"社会帝国主义"、"社会特权阶层"的深层忧虑和批判——在社会主义的光环里掩盖特权的泛滥，偷运封建货色，维护事实上的等级制，反不如资本主义更能体现人民利益。

在这种意义上，利库德集团的资本主义以其公开的明确性和普适的自由性，反倒比工党社会主义伪善的私欲和封建的特权来得进步，利库德集团获得人民群众的广泛支持，就像苏联与中国的改革呼声一样，是人民对历史进步的选择。

这是世界资本主义最终战胜社会主义的主要原因——社会主义已经丧失了"社会"真谛，成了"伪社会主义"。

但是，当人民选择了资本主义时，也就同时选择了资本主义的丑陋，即对私欲、私有制、私有观念乃至民族沙文、损人利己等等的认同。以色列战机的嗜血证实了这一点，中国一度愈反愈烈的腐败证实了这一点，泛滥于世界的军备竞赛和毒品交易证实了这一点，还有霸权、绑架、斩首、核竞争与核扩散……都在残酷地证实这一点。

只是犹太人选择资本主义，是历史的定数。

为了复国立国，犹太人不得不面对残酷的现实。

基布兹、莫沙夫和以色列工总，坚持走集体化与社会主义道路，是能够成功的。但是国家，这个在私有制深厚土壤中崛起的国家，如果决意改变私有性质，那么自身便失去了立足之地。"皮之不存，毛将焉附？" 犹太国没有立足之地，基布兹、莫沙夫和工总的理想追求又岂能独存？

正因为基布兹、莫沙夫和工总的公有制努力得到国家私有制的保护，所以最终不得不屈从于国家利益和私有制现实。以色列工党的腐化和基布兹的"和平演变"，以及"走资本主义道路当权派"的粉墨登场，实在是客观规律使然。

殊途同归。以色列工党反对列宁主义的暴力革命和无产阶级专政学说，主张通过合法的、逐步改革的办法来消除资本主义弊端，建设一个"民主的、人道的社会主义"；但最终，建设社会主义的努力成就了资本主义的繁荣，同苏联的演变一起，站在了资本主义的同一个起跑线上。

事实证明，当资本主义的胜利未达到彻底之时，社会主义的胜利只能是昙花一现。尽管这"一现"的"昙花"鲜活地展示出社会主义终将超越资本主义的永恒生机，却不得不为私有制让出现实的阵地。

资本主义在全世界的胜利，使它可以骄傲地为私欲的争夺镀金，但无论是怎样冠冕堂皇的招牌，也掩盖不了私有制轮回的残忍与血腥。

犹太人的救赎仅仅是开始。那个在罗马城门口的乞丐——弥赛亚，还在等待。

等每一个犹太人！等每一个地球人！

因为，这是为人类的救赎。

（4）以色列："上帝的选民"

心语：
在耶路撒冷，竖立一座雕塑——一对巴勒斯坦父母和一
对犹太父母拥抱在一起，泪眼与欢笑，都望向他们 8 条
手臂上的一个孩子。

2005 年 11 月 3 日，12 岁的巴勒斯坦男孩艾哈迈德·哈提卜在以色列士兵的枪口下饮弹身亡。艾哈迈德的父母吞咽着痛苦，却毅然把儿子的心脏等器官捐献给急需救治的以色列人。

巴勒斯坦少年的心脏在以色列儿童的胸腔里跳动。

巴勒斯坦父亲伊斯梅尔希望捐献行为能够向以色列人和巴勒斯坦人传递一个和平的信息："让我们的心贴得更近，让和平离我们更近"； 母亲阿卜拉悲痛地呼吁："别再夺走孩子的生命！"（见《北京晚报》2005 年 11 月 7 日，39 版）

期待有一天，巴勒斯坦的大师和以色列的大师携手为这对父母塑像，就在巴勒斯坦和以色列的土地上，就在阿拉伯人和犹太人的心上，就在犹太教、伊斯兰教和基督教的圣城——耶路撒冷。

《塔木德》说："人首先是以个体被创造出来的，这样做是要教导人们无论谁毁灭了一条生命，上帝便视其为毁掉了整个世界；无论谁拯救了一条生命，上

帝便视其为拯救了整个世界。"

如果说一部犹太史册记载了犹太人太多的自省的诉说，那么，他们这种诉说的使命并未完结。当以色列的坦克碾碎巴勒斯坦的难民营，以色列士兵枪口的子弹射向黎巴嫩少年时，自省与救赎的忏悔就更沉重地压在犹太民族的心窝。他们无法躲避自责，他们终究有一天要担起这个自责。

这是他们的民族根性。

然而这是伟大的根性！犹太复国运动的著名思想家马丁•布伯在 100 多年前为救赎的自省，终究会强烈地震撼以色列国民的心弦："通过重建犹太国而使犹太人重新进入各民族的历史，也深深地打上了那种裂缝的痕迹。实现我们存在的原则的家园与自由重新给予了我们，但是以色列和它的存在原则已经分道扬镳了。"（《论犹太教》）

什么是"存在的原则"？

"我们已经找到了正确的而且是唯一的道路，它就是经过锡安山通往人类共同体复兴的道路。" 以色列国"一定不要成为一个占有取代存在、相互利用取代相互帮助的共同体"，不能加入"所有人反对所有的战争"。他说："只有当民族的人性成分（即渴望解放又渴望救赎，既为一个人自己的土地而奋斗又为真正的共同体的土地而奋斗）都被焊接成一种新的形状时，也只有到那时，犹太民族才能获得新生。"（马丁•布伯：《论犹太教》）

复国的新生，已经变得苦涩。犹太民族已经成为资本主义争权夺利、弱肉强食的世界民族之林的一员。

曾经，纳粹的魔爪扼杀了 600 万犹太生灵。

上帝为什么不拯救犹太人？

上帝为什么要拯救犹太人？

资产阶级革命否定私有制的本质诉求，使犹太人踏上了解放之路。但是，随着资本主义向帝国主义畸变，革命因素被否定，资本主义的私有制内涵得到充分张扬。在这个畸变中，犹太人引领了资本主义的发展，资本主义"恶"的贪婪又锁定了犹太人，犹太人成为资本剥削的同义语。

上帝该怎样拯救犹太人？

理查德•卢本斯特恩在《犹太信仰的现状》中写道："希特勒集中营是迄今为止人类历史上发生的最可怕的、违反人性的总爆发，正是上帝意志的一次意味深远的表达。"

表达什么？

表达着在私有制羁绊下追求解放的悲剧。上帝意志：600 万条生命的毁灭？

600 万犹太人被屠杀的血债， 无可争辩地记在资本主义——私有制的账上。犹太人背弃先知的教诲，将对金钱的追求异变为资本的残酷，成为资产阶级统治集团的同盟军和剥削人民大众的"夏洛克"。

屠杀犹太人，成全了希特勒转移阶级矛盾来维持剥削统治的阴谋；奥斯维辛集中营，吞噬着资本集团——帝国主义为私欲争夺的"替罪羔羊"。

善良不会清算善良；邪恶却时刻准备谋杀邪恶。资本集团最先屠戮的，决不是人民大众，而是较弱的其他资本集团。

当年，纳粹党魁希姆莱看到毒气室的旁边，堆放着从大批死亡犹太人身上搜刮来的美元、英镑、法郎、里拉……他明白：屠杀犹太人，同时是在剥夺他们的财产，用以支撑帝国的经济。

犹太人成了私有制的牺牲品。

当然，是德意志民族的罪孽支持了希特勒。

但德意志民族为什么支持希特勒？

第一次世界大战，德国战败，被迫签署了割地赔款、条款苛刻的《凡尔赛条约》；从此，德国经济萧条，丧权辱国之痛令德意志民族在心头淌血。

帝国主义战争侮辱了德国人民，资本主义的贪婪剥削了德国人民，私有制将自己的罪孽转嫁给德国人民。于是，"德国复兴"、"民族崛起"之呐喊，让全体德国人激情躁动。

这种激情在希特勒"人民高于一切，你却微不足道"的冠冕下，在纳粹"国家社会主义"所允诺的美好憧憬里，在清算犹太资本家剥削的煽动中，迅速地膨胀了，几乎全体德国人，默许着"水晶之夜"迫害犹太人的疯狂，渴盼着一个无比纯洁无比强盛的新德意志帝国的诞生。

"真理和谬误，相差只有一步。"（列宁）德国战车在膨胀的民族激情里，"义无反顾"地卷起"大德意志"民族沙文主义的巨澜，成为战争狂人。

相较而言，被两千年屈辱所压抑的以色列人，比及受辱于资本——帝国主义战争的德意志民族，有着更充足的理由为民族振兴让激情膨胀。从购买巴勒斯坦土地到复国，从为自身生存到驱逐数百万阿拉伯人，从忧虑国家安全到侵略扩张，直至"大以色列"野心的蠢蠢欲动……

德国战车的前车之鉴，不值得以色列人深思吗？难道让后代子孙为前人的罪孽而羞耻而忏悔而自责吗？

一位以色列要人曾愤愤不平："在犹太人历史上，一代又一代重复着的一个现象就是自责，犹太人自己应该受到谴责。如果有人要杀他，那是犹太人的错！有人要放犹太人的血，也是犹太人的错！" 这愤愤并没有错，因为，私有制对竞争的崇尚畸变为狼的嚎叫，而犹太人"唯一的希望是加入狼群。"（马丁•布伯：《论犹太人》）

犹太人真的要加入狼群吗？

"一个人拜会拉巴并说：'我们的镇长一次又一次命令我去杀人，否则他就杀死我。'拉巴说：'让他杀死你吧，你不应承担谋杀罪名。为什么你要认为你的血比他的更红呢？大概他的血比你的更红。"（《塔木德》）

犹太先哲的冷酷回答，分明在对恶的愤然中，捧出一颗热爱人类的滚烫的心。

2000 多年前，先知耶利米和以西结对于被侵略的亡国之痛，不满于仅仅归结为 "祖先之罪的报应"，而是痛责犹太人 "各自所犯的罪"。（《塔纳赫•耶利米书》）

2000 多年后的今天，以色列不是被侵略，而是驱逐数百万巴勒斯坦人，夺占了阿拉伯人民的家园，这时，自责却没有了，取而代之的是为私欲的贪婪和狼的嚎叫。

鲜明的对比！

资本世界"一切人对一切人的战争"，以其无耻与丑陋，玷污了犹太精神。

人民，渴望结束这无耻的战争。

"那些平凡普通、不善言辞的犹太人、阿拉伯人，他们中绝大多数都不希望战争。他们渴望理解，渴望合作，为了这一目的他们愿意做出妥协和牺牲。" 巴勒斯坦 "既不能说是犹太人的土地，也不能说是阿拉伯人的土地。阿拉伯人在这里有他们的天赋权利，很多世纪以来，他们一直生活在这里，在这里耕种。而犹太人在这里也有自己的历史的权利， 很多世纪以来他们一直渴望着这片土地；圣经就是产生于这里， 而最近的时间里犹太人所付出的辛劳证明，他们配得上

享有他们的这项历史权利。"（马格内斯：《阿拉伯人和犹太人的联合体》）

2002 年 11 月，前巴解主席阿拉法特针对以色列把他赶走的威胁，激动地说：'我是阿拉法特，我也是亚伯拉罕的子孙。'"（2004 年 11 月 12 日 《燕赵都市报》）

《塔纳赫》记载，闪族的祖先亚伯拉罕生有二子：以撒和以实马利。前者即犹太人祖先，后者是阿拉伯人祖先。然而，今天的两个兄弟民族，"相煎何太急？"

以色列总理拉宾诉说以色列人民对战争的厌倦："巴勒斯坦人，让我对你们说，我们命中注定要共同生活在同一块土地、同样的土壤上，我们的军人已从鲜血染红的战场上回来；我们亲眼目睹了我们的亲朋好友在我们的面前被杀害；我们参加了他们的葬礼，却不敢正视他们父母的眼睛；我们来自一块父母掩埋孩子的土地；我们来同你们巴勒斯坦人作战，今天，我们用宏亮又清晰的声音、饱含着鲜血和热泪的声音对你们说：'够了！'"（《睦邻友好的新起点》）

阿拉法特则向世界敞开阿拉伯人的肺腑："在我们说到巴勒斯坦人的明天时，我们也包括了那些与我们和平共处的居住在巴勒斯坦的犹太人，我们不希望阿拉伯人和犹太人再流一滴血，我们也不想再有杀戮。"（（《阿拉法特在联合国大会上的讲话》1974 年 11 月 13 日）

拿破仑曾经声称：犹太民族可以在法国找到一个耶路撒冷。那么，犹太人能够像拿破仑那样，将耶路撒冷开放给巴勒斯坦人、阿拉伯人和整个世界吗？

林太等在《犹太人与世界文化》中确信："尽管犹太人长期以来一直处于悲痛苦恼中，但他们却能回归到和解的信念。" 当世界各民族奔忙着争夺私利，扬起一张张苍白而贪婪的脸时，期待犹太人——"上帝的选民"，第一个扛起和解之旗。

今天，巴以冲突，乃至于犹太人与阿拉伯人的冲突，是西欧基督教社会与犹太教社会冲突的转移；历史，不希望这种冲突再度转移。但解决冲突，不能仅靠以色列、巴勒斯坦，更不能靠亲亲疏疏将以色列或巴勒斯坦甚至阿拉伯世界当作棋子摆布的大国外交。

解铃还须系铃人。当年，是联合国的决议创立了以色列，同时创立了巴勒斯坦和整个阿拉伯人的屈辱，公正与偏颇，正义与邪恶，是联合国在中东地区留下的印记。

犹太教的经典，立足于公正的基础上。

基督教、伊斯兰教的经典，以及一切人类文明史的伟大经典，统统立足于公正的基础上。

然而，联合国，这个貌似公正的国际联盟，在公正的面纱下，每一个成员国都有着自己的"小九九"，心中的算盘珠子拨拉得很精。公正被私利撕扯着，被撕扯的公正在各方面力量的均衡下得到显露，而借着公正的显露，每一个民族、国家，统治者的私利也得到显露，这就是犹太复国的公正和公正后面的邪恶。

其实，假如每一个联合国成员可以放弃 1%的私利，都会给巴以问题一个公正的解决。然而，每一个国家都在民族振兴的旗帜下向别国攫取更多的经济、科技、军事乃至土地的权利，又有谁可以当"卖国贼"而让出 1%的民族私利呢？

印度总理尼赫鲁在给爱因斯坦的信中，说得十分坦率：国家领导人不得不追求"本质上是自私的政策，每一个国家都首先考虑自己的利益，如果国际政策与一个国家的国家政策相符，那么这个国家就会理直气壮地运用国际政策，可是，一旦国际政策与一个国家的利益和自私自利相违背，那么这个国家就会找出一大堆理由不遵守国际政策。"

以色列人不相信国际社会对以色列的安全保证，实在无可指摘。这不但显示了犹太人自力更生的铮铮硬骨；而且很显然，犹太人的立国与否，首先是英、美等资本巨头的利益需要，然后是包括苏联、东欧等一切民族国家利益的考虑。

在争夺中东的战略地位和石油资源中，"援助"只是为获利的投资，"友好"则是对利用价值的认可。这种"棋子"命运伴随着以色列的建国史和阿以冲突的战争史。

公正，被利益弱化。

这样一个被私欲的勾心斗角扯得四分五裂的国际社会，岂能真有力量给以色列一个安全？如果以色列人放弃"犹太人国"的狭隘，在虎狼相视的"世界大家庭"里，其自身的存在难道不是一个问题？

以色列胸怀的博大，有赖于人类社会的普遍进步，有赖于世界大家庭中每一个民族"把视野及财富施及家人、朋友和社会，从只想自己转变为强调自我以外的世界的重要性。"（《塔木德》）

联合国需要更新！

联合国需要精神层面的提升与超越！

谁来促成这种提升与超越？

我们能把希望寄托在犹太人身上吗？

"谁是强者？化敌为友的人。"（《拉比纳坦对"神父们"一词的阐释》）

犹太人能成为真正的强者吗？

两千年流离失所的犹太人，只有在巴勒斯坦的土地上，建立起自己的家园，在世界挺起了腰杆。因此，迈出自省与救赎的一步，才是对巴勒斯坦人和整个阿拉伯人民的回报，才是对资产阶级革命解放犹太人的回报，也才是对世界人民认同犹太复国，走出富强之路的回报。

全世界人民（包括伊斯兰人民）的本质愿望，共同支撑了以色列的复国。

没有这样一个世界大势，弱小的以色列民族是不可能重返世界民族之林的。

失去多少，便会得到多少。

犹太人失去太多，于是，得到了世界各族人民的回报。

得到多少，便应该奉献多少。

神对亚伯拉罕说：万国因你得福。

万国真的能因你得福吗？

亚伯拉罕的子孙，会在万国的史册上，也镂刻下震撼人心的一章——"华沙之跪"吗？。

1970 年 12 月 7 日，空气肃穆，正在波兰访问的联邦德国总理勃兰特前往当年的犹太人隔离区，向死难者纪念碑敬献花圈。当迎接仪式上奏起联邦德国国歌时，勃兰特被震动了，他置身在波兰人民悲愤的目光和滚动的泪水中——当年的纳粹就是在这里，在德国的国歌声中，屠杀犹太人和波兰人民的。

勃兰特将花圈敬献在纪念碑前，就在他垂首致意时，双膝弯了下去，跪在冰冷的石阶上！勃兰特以他发自内心的真诚，震撼了波兰人，震撼了世界，成为世界历史瞬间的伟大定格。（摘自《世界博览》2005．8）

勃兰特是替希特勒下跪吗？一个反法西斯的老战士怎能替人类的罪人赎罪？

勃兰特是为德意志民族赎罪，因为是一个德国人的整体支撑了纳粹党徒和希特勒。

没有德国人民的认同，希特勒不会上台，不能掀起屠杀犹太人的恶浪，也不能发动残酷的侵略战争。

"大德意志民族"和"国家社会主义"的伪善，让年轻人发狂，甚至让工人、农民等普通劳动者发狂，他们认同希特勒，认同纳粹分子残酷迫害犹太人。

这就是德意志民族，一个令人诅咒的民族。

为了这诅咒的赎罪，勃兰特向犹太人下跪，向世界人民下跪。

这不是勃兰特个人的一跪，这是整个德意志民族的一跪，是整个欧洲的一跪。这一跪，跪出了德国人民以及欧洲的本质——伟大的德意志民族！伟大的欧洲！

救赎，从这里开始

日本人能够向"南京大屠杀"的被害者下跪吗？

以色列人会向被逐出家园的阿拉伯人和成千上万被杀害的巴勒斯坦人下跪吗？

以色列人，该如何解读勃兰特的"世纪之跪"？

忏悔！自省！投之以桃，报之以李。勃兰特勇敢地捧出了"世界良心"，整个世界何时分享他的伟大真诚？这无声之跪，洪钟大吕般地呼唤着日本人、以色列人和人类整体捧出"世界的良心"。

迈蒙尼德说：犹太人的理想是，"当弥赛亚到来的时候，世界上将不再有饥馑和战争，没有嫉妒和冲突，福泽无边，人人享受安逸。"（《塔木德》）

犹太民族的自我解放，有待于全人类的共同解放。

人们期待着：在这个"上帝选民"的民族，一个"先知"像勃兰特那样崛起，再跪下，为以色列，为阿拉伯，为美利坚，为整个世界的罪恶——强权与恐怖，屠戮与暗杀，毒品与腐败，还有伪善、纵欲以及资本主义和私有制。

这是犹太人的先知，也是全世界的先知。

弥赛亚，你注定要产生在犹太民族吗？

"上帝的选民"，任重道远！

结语：两种制度的嬗变

恩格斯说："一切文明民族都是从土地公有制开始的，在已经经历了一定的原始阶段的一切民族那里，这种公有制在农业的发展过程中变成生产的桎梏，它被废除，被否定。经过了或短或长的中间阶段之后转变为私有制。"(《反杜林论》)

公有制与私有制，是人类文明史上两种基本的社会制度。二者是对立的，更是同一的。这种同一表现为人类社会彼此依存的统一性，更表现为两种制度之间的相互包容与相互转化。

转化不仅是一种制度向另一种制度的单向嬗变，更表现为两种制度在某个社会形态下，通过无休止的此消彼长的斗争，维系着人类社会在向"中庸"趋近与偏离的运动中，生存与发展。

事实上，公有制与私有制，从来不是单一存在的，而是如影随形地纠缠在一起。公有制内涵着私有制的因素，私有制则承担着公有制的诉求。

一、私有制是原始公有制内部矛盾的产物。

在特定的生产力条件下，原始公有制以其自身所包含的私有因素，成为排他性的公有制，即维护本氏族或部落的公有利益而排斥其它氏族或部落的公有利益。这是私有制能够从原始公有制脱胎而出的社会原因。

相反，私有制则包含公有制的内容，正如阳光、空气不能独占，道路、水利等公共设施也只能公用，不能独占；更重要的，社会整体的存在与发展是个体存在与发展的前提。

离开人类整体，个体利益和价值无法实现。私有制中个体向整体分离与对抗的趋向，必然受到社会整体的严格制约，这给予私有制在更高阶段上回归公有制以内在驱动力。

二、奴隶社会是公有制的别样形态。

在原始公社后期，奴隶的存在是原始公有制的有机构成。周启迪主编的《世界上古史》这样分析：战俘奴隶还维持着氏族公有制的形式，而债务奴隶的出现，则开始瓦解着这种形式。

奴隶社会其实是公有制与私有制的两种制度的混合物，是公有制向私有制的过渡。它脱胎于公有制的母体但仍伏雏于母体羽翼之下。因而，一般地说，作为原始公有制内部"变异体"的奴隶制，保有着原始公有制的"身份证"，而悄悄地向私有制嬗变，反噬母体。

公元前 1000 余年，"迈锡尼文明各国的经济基础是土地双重所有制，即土地财产的私有制和公有制并存，这是早期阶级社会共有的特点。……迈锡尼文明的土地私有制还不发达，尚未充分地排挤公有制。"(周启迪:《世界上古史》)

迈锡尼文明未取公有制的社会形态而代之，到了公元前 500 年的希腊时代，奴隶制发展到顶峰，但社会形态仍然是公有制；只是私有制得到充分发展，迫切要求为自身"正名"，以冲破落后的原始公有制的束缚，确立私有制的社会形态。

三、只有封建社会，才是严格意义的私有制。

季羡林在《罗摩衍那初探》中写道："研究印度历史的学者，不管抱的是什么观点，几乎都一致承认，公元前五、六世纪，在印度历史上是一个激烈变动的时期"，新辟土地，使用铁犁，商品经济发展，新兴国家相互征伐，思想上百家争鸣，"印度奴隶社会开始向封建社会过渡"。

印度的剧烈变革，与同一时期的古希腊及古中华春秋战国类同。

何以漫长的奴隶社会的发展相对平稳，而进入封建社会如此动荡？那是因为：奴隶社会是私有制在原始公有制形态下的缓慢量变，而封建社会则是私有制取代公有制在质上的剧烈变革。

封建社会的确立，完成了公有制向私有制的过渡。

四、封建社会明确对个体私利的肯定。

新兴的封建社会以勃勃生机鄙弃"伪原始公有制"假公济私的丑恶面目，冲决"普天之下，莫非王土"的特权剥削，公开鼓吹土地私有，从而焕发了生产者的积极性，辟土开疆，改良工具，极大地发展了生产力，推动了社会进步。

对生产资料即土地的占有，成为私有制的主要特征，无论是统治阶级"分封"土地，使新兴地主阶级占有社会资源；还是被压迫阶级追求"耕者有其田"，使劳动人民享有不被剥削的权力，实际上都是以对生产关系的变革给予个体私利以明确的认同。

五、变通公有原则，为私有制正名。

围绕着如何确立私有制，古代希腊、印度、中国……进行了旷日持久的"百家争鸣"，展开为公有制原则与私有制内涵的大论战。

事实上，从私有经济出现到原始公有制解体，人类社会经历了数千年或更长的时间。这期间两种经济并存，而公有制原则成为广大民众反对特权剥削的武器。

然而，私有经济的发展不可遏止。于是，如何定义私有制，成为一个重要课题。古印度的《摩奴法论》、古犹太的《摩西五经》等都是以公有原则规范私有制的尝试。但真正确立私有制，却有待于私有经济的充分发展，尤其是作为财富主要载体的土地私有化。

当社会的发展将彻底解决这个课题的任务提上日程之时，东方的孔子和西方的柏拉图与其同时期的先哲们先后脱颖，敏锐捕捉到私有制的公有内涵，明确赋予私有制以积极的意义，即以公有原则规范私有制。

其后，对这一理论予以确立并在制度上加以落实的是中华大儒董仲舒、基督教先驱耶稣——奥古斯丁，以及伊斯兰先知穆罕默德。

六、私有制落实得越彻底，公有制的实现越充分。

公有原则是人类社会包括私有制的本质；私有制只是以异体形态对公有制的变通。因此，以公有原则规范私有制不但是必须的，而且是必然的。

公有制最大限度地将公正、平等、善良施于每一个社会成员；而当私有制被公有原则规范，每一个社会成员能够依据按劳分配使自身私利得到相对公正的保证时，便是以别样方式对公有制的推进与落实。

孔子说"仁"，佛陀说"平等"，柏拉图说"善的理念"，犹太先知说"救赎"，千说万说，所确立的就是这样一种观念。2000多年来，这一观念以强大的生命力展示着理想的崇高，抵抗着私有制向特权剥削的畸变，规范、警醒并指引私有制中人，为着"天下大同"投身艰巨而伟大的实践。

七、资本主义为私有制的彻底落实创造条件。

既然只有封建社会是严格意义的私有制，那么，资本主义正是以相反形态成为奴隶社会的呼应：资本主义是私有制与公有制两种制度的混合物，也是私有制向公有制的过渡。

资本主义大工业相对地降低了土地的价值，却最大限度地将财富集中在少数人手中，使私有制产生了惊人的爆发力；而当私有制从对自身无限膨胀的最初惊喜中冷静下来，却发现"剥夺者被剥夺"。

生产社会化，资本社会化，信息社会化，福利社会化……，私有制的膨胀掩盖了公有制的内核；而公有因素以普遍社会化对私有制躯体的蚕食，却显示着自身之内核所具有的源源生机。

资本主义并不是完全意义上的私有制，它脱胎于私有制母体，增长着否定母体的力量，但还伏雏于母体的羽翼之下。因而，一般地说，资本主义社会仍保留着私有制的形态，却持着私有制的"身份证"悄悄向公有制异变。

公有制不断得到发展，迫切要求为自己"正名"，以冲破落后的私有制的束缚，最终确立公有制的社会形态。

八、社会主义是资本主义的社会形态。

社会主义是取得政权的无产阶级以公有制能动地引导并改造私有制；而资本主义则是被动地承受着公有制因素对私有制外壳的冲击与蚕食。

社会主义与资本主义是在不同形态下从私有制向公有制的过渡，是公有制与私有制两种制度的混合体。所不同处，社会主义否定了私有制，成为公有制的社会形态，但仍旧大量保留着私有制的内容。

正像资本主义发展必然同时伴生社会主义生产关系一样，社会主义发展也必然同时伴生资本主义生产关系。这给予社会主义无法回避的尴尬：必须直面私有制继续存在继续滋生的现实与她所标榜所追求的公有制蓝图相违背的矛盾。

在社会主义时期，两种制度更加错综地交织在一起，互相依存、互相包容、互相转化。可以说，社会主义是转变为公有制形态的资本主义，而资本主义则是仍保留着私有制形态的社会主义。

无论资本主义还是社会主义，私有制向公有制的嬗变，虽然缓慢，却是坚定地进行着。

九、资本主义或社会主义必然向更高阶段的公有制过渡。

这个更高阶段的公有制有两个显著的特征：

其一，她超越了局限于氏族或部落私有利益的狭隘原始公有制，而以一种豁然开朗的广阔胸怀吐纳天地万物，她以对原始公有制给予高度抽象的理想"大同"，展示了整个人类公有制的灿烂画面。

其二，她是整个人类文明的结晶。高度发展的生产力，高度发展的实证科学，不但提供了充分涌流的物质，而且为人类精神的质变积聚了充足的能量，从而推动人类自身的进化。

人类将从被物的奴役中脱颖，而与大自然浑然一体。当人类以能动的作为和理性的精神完成"天人一体"时，人类便从必然王国步入了自由王国。

附录：关于"道德"的界说

道德从何而来？

茅于轼说："至今还没有任何一派学说能被公认为已经完全答复了道德观来源的问题。"（《中国人的道德前景》）

赵敦华指出了两种关于道德意识的学说：

一种起源于休谟的经验主义哲学，主张道德教育弥补人在道德上的先天不足。即通过后天教育抑制非道德的本能冲动，培养道德意识。

一种是以卢梭、康德为首的道德理论，认为人的向善倾向根植在人的本性之中。如果没有外在因素的干扰，这种潜在倾向会自然发展为道德意识。（见《当代英美哲学举要》）

那么，道德到底是什么？

1、道德是人类生存的自觉。

道德是人为了自身生存需要而对人的本性的能动提升。

孟子说："食色，性也。"

道德是对"食色"的提升。

"老吾老以及人之老，幼吾幼以及人之幼。"

道德自觉认同："食色"为"吾"之"食色"，亦为"人"之"食色"。道德是对"人我之食色"的类认同。

食欲，是自我生存的需要；色欲，是自我生存向两性的扩张；而社会欲，则是自我生存向类存在的提升。道德，是提升的结晶。

人是个体与社会的统一，人性是私欲与公义的统一。这种统一，是道德生发的土壤。

休谟说："自私是和人性不可分离的。"（《人性论》）他说对了一半。事实上，利他和人性同样不可分离；利己和利他作为人性的对立同一，是先天的，是与生俱来的。

母爱之利他性毋庸置疑，但是婴儿就没有利他性吗？

婴儿给予母亲欣喜与慰藉，是被动的利他；儿女对父母之情的回馈与反哺，是被动利他向主动利他的升华。

异性相互之间的利己同时就是利他，性欲的利己同时就是延续人类社会的利他。

利己与利他从来不是绝对的。不管主动还是被动，利己总支撑着利他，利他总蕴含着利己。

道德是后天的，是对"利己"的认同，也是对"利他"的认同。"道德这事，必须……自他两利，才有存在的价值。"（鲁迅：《坟·我之节烈观》）

道德是对"自他两利"的类认同。

"类认同"反转来成为人类生存的伦理规范与理性指导。

2、道德是人对自身社会性的主观认同。

孟子说"性善"，荀子说"性恶"。

其实，从人类为自身行为规定善恶之际，人性便是善与恶的对立同一体。

人是个体的；整体发展，在于个体创新的推动。

然而人更是社会的，即马克思所谓"有意识的类存在物"；人类是群体进化的成果，个体生存，在于整体向心的稳定。

不管是个体变异带动整体进化，还是整体进化推动个体变异，人只能在"类"中生存，在"类"中发展。个体价值只有在"类"中实现，被"类"喝彩。

"人"对"类"的主观认同，便是善，"人人相善其群者谓之公德。"（梁启超：《论公德》）相反，人对自身个体性的偏执，则是恶。

因为"恶"，所以必须尊重每个人的利益；因为"善"，所以每个人都具有接受教育，扩展对自身社会性认同的"觉性"。

韩非作《五蠹》："古者仓颉之作书也，自环者谓之私，背私谓之公，公私相背也。"然而，"公"中有"私"，私在公中，难道不是公私一体？

认同公私一体，"私在公中"，即是认同人的个体性对整体性的本质屈从，人类也因此具有了道德教育的社会基础。

几千年私有制中人，形成偏执个体性的畸重；但人的社会性，内在着道德的呼求。

道德不是居高临下的说教与灌输，而是对人的社会性的唤醒与张扬。

道德建筑在利益的基础上。

孔子说："义者宜也。"但是，"义"不能屈从于"宜"，而是对"宜"的提升，是从个体利益向"类利益"的提升。

在封建统治下，帝王将相的个体实现以"类利益"的名义剥夺广大民众的个体利益，于是爆发文艺复兴为人性的张扬；而资本社会拼凑为私欲的"神圣同盟"，支撑个体利益对"类利益"的排斥，则演绎人类社会的分崩离析。

假公义而行私欲的伪善，与倡私欲而毁公义的堕落，形成对道德的两面剥蚀。道德于是危殆，人类生存于是危殆。

为道德正名！

人的社会道德，是人对自身社会性的主观认同；人的时代道德，是人对自身时代性的主观认同；而人类道德，则是人对自身自然属性的主观认同。

天人一体！道德是人类追求自由的理性自觉。

斯宾诺莎说："一个受理性指导的人按照共同决定生活，比只服从自己更自由"（《伦理学》）

雅斯培尔斯说："一个人愈是真实地自由，他对上帝的确定性也就愈大。当我是真实地自由时，我才确知我不是通过自己而自由的。"（《智慧之路》）

自由是"自我"在集体中的自我约束和自我实现，道德是对自由的鼓励。孔子说："从心所欲，不逾矩。"只有人对社会的主观认同，才有人对社会的主观实现。

3、道德是具体的。

人对自身阶级属性的主观认同，是阶级道德。

人对自身民族属性的主观认同，是民族道德。

人对自身宗教属性的主观认同，是宗教道德。

人对自身企业属性的主观认同，是企业道德。

三口之家，甚至夫妻二人，如果没有自身对家庭（小社会）属性、夫妻（小社会）属性的主观认同，家庭会破裂，夫妻会反目。这是家庭道德，夫妻道德。

同样，"盗亦有道"，维护强盗群体利益的自觉，是强盗道德。

具体形态的道德分有了"人类道德"，是"人类道德"的存在形式。

原始社会没有道德。个体与小集体休戚与共，同生共存。"道德"是小集体成员的自然行为，是约定俗成的习惯与传统。有了阶级社会才有了道德。有了私有制才有了为维护私有制整体而对个体行为的道德规范。

作为私有制的产物，道德不能不带有强烈的私有制和私有观念的色彩。

休谟说：人性的根本特征是自爱，对他人的爱，只是自爱的延伸；而人的自私"情感通过约束，比起通过放纵可以更好地得到满足。"（《人性论》）

"吃小亏占大便宜"！以利己为基础，通过利他，实现利己。这是道德被斥为"伪善"的根本原因。

然而这却是几千年人类文明全部道德的精髓！甚至无产阶级。

马克思直言不讳："无产阶级只有解放全人类，才能解放无产阶级自己。"那个中心点依然是无产阶级自身的利益。

正是"因"私有制之"势"，而以阶级私"利"引"导"之，无产阶级才催生着推翻全部旧道德的道德。

具体道德升华为"人类道德"，道德也就不存在了。

4、道德是公有制的诉求和公有观念的伦理表达。

道德具有二重性。

道德是私有制的产物。但私有制不是单一的，私有制从来内涵公有制的成分。私有制的二重性决定了道德的二重性。

道德为私有制服务；但是，道德更是对私有制的规范，是以公有观念制约并指导私有制的进程。

"利己"是道德的基点，"利他"是道德的指向。换句话说，道德服务于每一个人的"利己"，是一定群体、阶级、集团、社会乃至于人类所有成员"利己"的总和。这个"总和"就是公有制及公有观念。

卢梭颠倒休谟："当豁达的心怀使我把自己看成与我的同类是形同一体的时候，而且，当我可以说是把自己看作为他们的时候，我希望他不受痛苦，也正是为了使我自己不受痛苦；我爱他，也正是为了爱我。"（《爱弥儿》）

升华自我！

对"类"的自觉认同，扭转个体凌驾整体的趋向；对私欲的超越，实现个体融于整体的自由。这是道德的原因，也是道德的本质。

苏格拉底为什么痛感雅典法律的谬误却尊重法律，能够逃生却坦然赴死？

因为他是雅典民主制之子，有着认同这个制度的自觉。

他抨击民主制，是因为这个制度已经被私有观念腐蚀得千疮百孔；他认同民主制，不肯损害民众判决的权威，是因为这个制度的本质闪耀着公有观念的光辉。

苏格拉底所献身的，是他那个时代的道德，更是人类的总体道德。他认同个体与群体的休戚相共，认同"私欲"向"公义"的提升；他以个体的生命之火点燃整体的灵魂航灯，张扬着私有观念对公有观念的诉求。

公与私两种制度、两种观念的矛盾与斗争，归根结底是人类社会的本能——个体性与社会性对立同一的政治表达。

5、中庸是最高的道德。

孔子说："中庸之为德也，其至矣乎。"

父亲为了自身的尊严律己，子女为了自身的利益自爱；统治者为了自身的权利尊重人民，人民为了自身的生存维护统治者。

"己所不欲，勿施于人。"

"己欲立而立人，己欲达而达人。"

立足"自我"，推及社会；即从个体性、私利性，推及社会性、利他性。互相体贴，利己利人，人我相融。

孔子以"中庸"给予私有制以道德抽象。他变通公有观念以制约私有观念，规范统治者也规范被统治者，试图建立和谐社会。

然而，这几乎是孔子的一厢情愿。

崇奉私有制和私有观念的"社会"，不会有真的"和谐"。孔子哀叹：这最高的道德，竟"民鲜久矣"！

在贫富悬殊的社会，"和谐"是相对的。只有劳动人民通过抗争赢得剥削者的尊重，双方势均力敌，才有短暂的"社会和谐"。

不和谐是绝对的。"统治阶级的思想在每一时代都是占统治地位的思想。这就是说，一个阶级是社会上占统治地位的物质力量，同时也是社会上占统治地位的精神力量。支配着物质生产资料的阶级，同时也支配着精神生产资料。因此，那些没有精神生产资料的人的思想，一般地是受统治阶级支配的。"（马克思、恩格斯：《德意志意识形态》）

私有制社会是分裂为阶级的，阶级是对立的。对立的阶级表现为一方对另一方的统治与压迫。人类追求统一的指向掩盖不了对立。

社会的分裂决定道德的分裂。抽象的道德让位于具体的道德，"其至矣乎"的道德不能不异化，成为服务于剥削阶级的道德。

然而，孔子的乌托邦，毕竟给予分裂的社会一抹朦胧的灿烂。这灿烂足以激发人民的美好希望和道德幻想，给予私有制社会以崇高的制约。

6、社会的统一决定道德的统一。

纪元伊始，耶稣奋力拉开阶级斗争的幕布，戳破了剥削阶级虚假"统一"的梦幻；然后，又让对立的阶级统一于"爱"的抽象。

从此，"上帝之爱"的空灵，指导着阶级斗争，也规范着阶级斗争。

于是，与中国农民起义对孔子亡灵的礼祭相呼应，欧洲起义农民诵读着向耶稣祈祷的经文。

于是，被压迫阶级向压迫阶级造反，农民阶级对地主阶级宣战，胜利也罢，失败也罢，最终总是拜倒在封建王朝一统君权的脚下。

人类社会是统一体。它规定了对立阶级的统一，也规定了对立阶级的道德统一。

为着统一体的代价，是被压迫阶级的忍辱含垢。

统一制约着对立，统一遮掩着对立。被压迫阶级对人权的道德"出让"，粉饰着压迫阶级对人权的道德践踏。

然而，道德是统一的！当特权阶层以极端的私欲诠释"道德"时，又怎能指望人民以崇高的公义来保卫"道德"？

可堪回首？

岳飞"精忠报国"，孤忠流芳千古，但秦桧卖国却是人民的认同。

不是人民赞同投降，而是南宋小朝廷的腐败令人民齿冷。人民抛弃了统治者。南宋之国已非人民之国，而是少数特权者之国。人民早已家徒四壁，妻离子散。横亘在人民面前的，是悬天地之间的大问号：谁之国？

私有制和私有观念的恶性膨胀，必然草菅人民，于是国灭朝亡，正是人民意志的曲折表现。新的道德观没有出现，旧的道德观背叛人民而失去统治力量。"公义"信仰的缺失导致道德的困惑，人民家破人亡作鸟兽散的深层次原因，是统一社会与统一道德作鸟兽散。

7、转化是道德同一性的主要特征。

比尔·盖茨捐出了巨额财富。

希腊奥林匹亚的道德神殿于是翻新。

赵敦华在《西方哲学史》中分析道："希腊哲学的理性特征是：二元对立与一元中心的统一。"即"以对立的一方为中心，以另一方为边缘。"

毛泽东精辟地把握了希腊哲学的理性特征，他通俗地解释为矛盾的主要方面和次要方面："矛盾着的两方面中，必有一方面是主要的，他方面是次要的。其主要的方面，即所谓矛盾起主导作用的方面。事物的性质，主要地是由取得支配地位的矛盾的主要方面所规定的。矛盾的主要和非主要方面互相转化着，事物的性质也就随着其变化。"（《矛盾论》）

比尔·盖茨前期，投身为私欲的竞争，实现了对社会财富的大聚敛；虽然以科技成果推动了社会进步，但"利己"是中心，"利他"是边缘。

比尔·盖茨后期，悟到财富的社会属性，实现了对个体财富的大放弃。虽然成就着个人名声，但"利他"是中心，"利己"是边缘。

比尔·盖茨实现了转化。

转化是同一性的主要特征。

当人性主要表现为对私欲的贪求时，人的社会欲便处于边缘状态；反之，当人性主要表现为社会欲时，人的私欲便处于边缘状态。

比尔·盖茨证明着："中心"与"边缘"的同一性，"私欲"与"公义"的同一性，资本家与无产者的同一性，资本主义道德与社会主义道德的同一性。

置身私有制社会，便被私有制所规定，个人价值的流光溢彩乃至个人形象的出人头地，便一般地通过财富来体现。"私欲"无可指摘。

然而，作为"类存在"的人，不能没有对人类精神的"悟"。

俗话说：生不带来，死不带去。——这是被动的"悟"。

没有人类文明的积聚，没有高度发展的生产力，没有整个社会的科技探索与投入，一句话，没有人类进步的百花齐放，哪有比尔·盖茨的一花独秀？而这一花满园不有赖千花万花零落成泥的滋养吗？"公义"不须美誉。

他说："回馈社会"。——这是主动的"悟"。

比尔·盖茨是一个符号，标示着对万千捐赠者慈善行为的抽象。

比尔·盖茨是一个箭头，明确着个体资本向社会财富转化的宿命。

比尔·盖茨是一个启示，激励着整个人类从道德的个体性向社会性的提升。

这是社会的自重，这是社会从对资本剥削的纵容和对私有制的屈从中的自强。

社会，呼唤道德！

8、社会的解体决定道德的解体。

资本主义在解体中。

资本世界的繁荣昌盛只是社会主义生命活力的表象。

社会主义已经全面侵蚀资本主义的躯体。

于是，社会主义也在解体中。

马克思在《<黑格尔法哲学批判>导言》中写道：无产阶级"是一个表明一切等级解体的等级；……它本身表明了人的完全丧失，并因而只有通过人的完全恢复才能恢复自己。这个社会解体的结果，作为一个特殊等级来说，就是无产阶级。"

无产阶级是人类在阶级社会中所造就的唯一的非阶级群体，它在社会上已经不算是一个阶级，它已经不被承认是一个阶级，它已经成为现今社会一切阶级、民族等等解体的表现。

资产阶级的阶级性被它自身所创造的生产社会化、资本社会化所否定；无产阶级的阶级性被它一无所有而没有任何特定阶级利益所否定。资产阶级与无产阶级在尖锐对立中同步消融着自身。社会在解体中。

社会的解体决定道德的解体。

资本主义与社会主义是对立的同一体。资本主义道德与社会主义道德也是对立的同一体。资本主义道德在解体中，社会主义道德也在解体中。

资本主义道德是社会主义道德的资本形态，它同时是对社会主义道德的反抗。

资本主义道德君临天下。但资本主义已经没有道德。

资本主义屈从私有制与私有观念，否定人类精神的道德指向。而垄断资本集团高度抽象资产阶级的阶级性，形成"个体性"对"社会性"的排斥；其对道德的垄断，则形成大资本阶级伪道德的一统天下。

随着社会主义向资本主义俯首，资产阶级世界观横行，"个人利益至上"、"发财致富"乃至于损人利己、坑蒙拐骗在大资本家们的示范下，成为社会风潮。

社会道德在伪道德的蹂躏下解体。

9、道德呼唤回归。

道德在解体中回归。

回归的道德已经不是原来意义上的道德了，而是在道德形态下对全部旧道德的否定。

这便是社会主义道德。

社会主义道德是资本主义道德的社会形态，它同时是对资本主义道德的颠覆。

在整个资本世界，资本主义道德居于主导地位。但资本世界在解体中，资本主义道德也在解体中。给予资本世界以生命活力的是社会主义，给予资本主义道德以生命活力的是社会主义道德。

社会主义道德以资本主义形态实现自己。

社会主义道德肯定私欲，但私欲被"边缘化"，退居次要地位；而公义则"中心化"，居于主导地位。

社会主义道德鲜明地体现"道德"的本来意义——对人性的自觉提升与能动作为。因而它坚持以公有观念教育人，变革社会，引导潮流。

资本主义形态压抑社会主义道德，社会主义道德需要挣脱私有制和私有观念的桎梏，为自己正名，实行对资本主义道德的转化。

转化的完成就是道德的终结。

庄子说："莛与楹，厉与西施，恢、诡、谲、怪，道通为一。其分也，成也；其成也，毁也。凡物无成与毁，复通为一。"（《齐物论》）

草茎与屋柱，丑女与美女，宽厚、狡诈、奸邪、怪异、都是一回事。有了分别，便成了与他物相别的"自我"，自我一形成也就走向毁灭。

为了毁灭的强化。

只有私有制和私有观念的毁灭，才有人类解放和天下大同。

这是社会主义道德的历史使命。

主要参阅文献及引文书目

《庄子》 北京燕山出版社 1995 年 4 月版

《韩非子》 北京燕山出版社 1995 年 4 月版

《墨子选译》 巴蜀书社 1990 年 6 月版

《新旧约全书》 中国基督教协会 1994 年版

《红楼梦学刊》 百花文艺出版社 1980 年 5 月版

《道教三经合璧》 浙江古籍出版社 1991 年 6 月版

《文艺复兴书信集》 学林出版社 2002 年 12 月版

《周礼•仪礼•礼记》 岳麓书社 1989 年 7 月版

《<红楼梦>研究资料》 云南大学中文系 1975 年 2 月

《布哈里圣训实录精华》 中国社会科学出版社 2006 年 1 月版

朱熹：《四书集注》 北京古籍出版社 2000 年 4 月版

林松：《古兰经韵译》 中央民族学院出版社 1988 年 7 月版

林松：《古兰经知识宝典》 四川人民出版社 1995 年 9 月版

杨真：《基督教史纲》 生活•读书•新知三联书店 1979 年 10 月版

卢梭：《忏悔录》 人民文学出版社 1982 年 9 月版

卢梭：《社会契约论》 红旗出版社 1997 年 3 月版

卢梭：《论人类不平等的起源和基础》 红旗出版社 1997 年 3 月版

司马迁：《史记》中州古籍出版社 1994 年 9 月版

杨伯峻：《论语译注》 中华书局 1980 年 12 月版

杨伯峻：《孟子导读》 巴蜀书社 1987 年 5 月版

章诗同：《荀子简注》 上海人民出版社 1974 年 7 月版

马中著：《中国哲人的大思路》 陕西人民出版社 1993 年 8 月版

成穷著：《从<红楼梦>看中国文化》 上海三联书店 1994 年 4 月版

李劼著：《历史文化的全息图像——论红楼梦》东方出版中心 1995 年 8 月版

赵林著：《西方宗教文化》 长江文艺出版社 1997 年 10 月版

郭沫若著：《十批判书》 东方出版社 1996 年 3 月版

吕思勉著：《理学纲要》 东方出版社 1996 年 3 月版

陈钟凡著：《两宋思想述评》 东方出版社 1996 年 3 月版

匡亚明著：《孔子评传》 南京大学出版社 1990 年 12 月版

王永祥著：《董仲舒评传》 南京大学出版社 1995 年 9 月版

张智彦著：《老子与中国文化》 贵州人民出版社 1996 年 1 月版

姜广辉著：《理学与中国文化》 上海人民出版社 1994 年 6 月版

赖永海著：《佛学与儒学》 浙江人民出版社 1992 年 9 月版

祝瑞开著：《两汉思想史》 上海古籍出版社 1989 年 9 月版

杨荣国著：《中国古代思想史》 人民出版社 1973 年 7 月版

陈咏明著：《走进上帝的世界》 宗教文化出版社 1996 年 9 月版

李翔海著：《生生和谐——重读孔子》 四川人民出版社 1996 年 3 月版

成中英著：《合内外之道——儒家哲学论》 中国社会科学出版社 2001 年 10 月版

吴雁南著：《孙中山与辛亥革命》 贵州人民出版社 1986 年 8 月版

洪源编著：《孙中山传》 伊犁人民出版社

尚明轩著：《孙中山与国民党左派研究》 人民出版社 1986 年 7 月版

唐逸主编:《基督教史》 中国社会科学出版社 1993 年 5 月版

赵紫宸著:《耶稣传》 上海社会科学院出版社 1988 年 12 月版

陈泽民著:《基督教常识答问》 江苏古籍出版社 1994 年 9 月版

汉斯·昆:《论基督徒》 生活·读书·新知三联书店 1995 年 8 月版

周汝昌著:《红楼艺术》 人民文学出版社 1995 年 9 月版

冯育栋著:《红楼探秘》 北岳文艺出版社 1995 年 3 月版

杜景华著:《红楼梦的心理世界》 北京燕山出版社 1993 年 10 月版

梅新林著:《红楼梦哲学精神》 学林出版社 1995 年 5 月版

霍国玲等著:《红楼解梦》第一集,中国文学出版社 1995 年 3 月版

霍国玲等著:《红楼解梦》第二集,中国华侨出版社 1996 年 5 月版

霍国玲等著:《红楼解梦》第三集,中国文学出版社 1997 年 5 月版

裴传永汇释:《论语外编》 济南出版社 1995 年 12 月版

吕大吉主编:《宗教学通论》 中国社会科学出版社 1989 年 7 月版

周启迪主编:《世界上古史》 北京师范大学出版社 1994 年 7 月版

山本七平著:《圣经常识》 东方出版社 1992 年 9 月版

远藤周作著:《耶稣的生涯》 吉林文史出版社 1988 年 4 月版

井筒俊彦著:《伊斯兰思想历程》 今日中国出版社 1992 年 2 月版

金宜久主编:《伊斯兰教史》 中国社会科学出版社 1990 年 8 月版

杨曼苏主编:《以色列——谜一般的国家》 世界知识出版社 1992 年 5 月版

赛尼亚编译:《塔木德》内蒙古人民出版社 2004 年 3 月版

戴金波编著:《伏尔泰》 辽海出版社 1998 年 10 月版

托克维尔著:《旧制度与大革命》 商务印书馆 2012 年 8 月版

罗·派克著:《穆罕默德》 生活·读书·新知三联书店 1988 年 4 月版

李秋零主编:《世界圣哲全传》 中国人事出版社 1998 年 4 月版。

张立文等主编:《玄境——道学与中国文化》 人民出版社 1996 年 10 月版

任自斌等主编:《诗经鉴赏辞典》 河海大学出版社 1989 年 12 月版

李济琛等编著:《戊戌百年祭》 华文出版社 1998 年 3 月版

陶阳 钟秀著:《中国创世神话》 上海人民出版社 1989 年 9 月版

乐峰 文庸著:《基督教知识百问》 中国建设出版社 1989 年 6 月版

曹雪芹 高鹗著:《红楼梦》华夏出版社 1994 年 4 月版

文史知识编辑部:《儒、佛、道与传统文化》 中华书局 1990 年 3 月版

孙以楷 甄长松著:《庄子通论》 东方出版社 1995 年 10 月版

林太 张毛毛编译:《犹太人与世界文化》 上海三联书店 1993 年 4 月版

广东省孙中山研究会编:《孙中山研究》 广东人民出版社 1986 年 6 月版

易卜拉欣·冯今源等著:《伊斯兰教文化百问》今日中国出版社 1989 年 11 月版

易卜拉欣·冯今源等著:《伊斯兰教历史百问》今日中国出版社 1989 年 11 月版

中国社科院基督教研究室:《基督教文化面面观》 齐鲁书社 1991 年 10 月版

中华孔子学会编辑委员会组编:《国学通览》 群众出版社 1996 年 9 月版

www.ingramcontent.com/pod-product-compliance
Lightning Source LLC
Chambersburg PA
CBHW080419270326
41929CB00018B/3082